Biblioteca de Derecho Procesal

Marco de Cristofaro
(Director)

Carlos Antonio Agurto Gonzáles
Sonia Lidia Quequejana Mamani
Manuel Enrique Valverde Gonzáles
Benigno Choque Cuenca
(Coordinadores Generales)

Horst-Eberhard Henke
Profesor emérito de la Universidad de Kiel
(Alemania)

La cuestión de hecho

El concepto indeterminado en el Derecho Civil y su casacionabilidad

Edición al cuidado de
Carlos Antonio Agurto Gonzáles
Sonia Lidia Quequejana Mamani
Benigno Choque Cuenca

Ediciones Olejnik

Edición homenaje a
Santiago Sentís Melendo, y
Tomas A. Banzhaf
Adelantados a su época, baluartes del derecho mundial.
Hacemos justicia al recuperar su legado
Ediciones Olejnik

Título: La cuestión de hecho.
El concepto indeterminado en el Derecho Civil
y su casacionabilidad

Traducción de Tomas A. Banzhaf

© Ediciones Olejnik
Huérfanos 611, Santiago - Chile
E-mail: contacto@edicionesolejnik.com
Web site: http://www.edicionesolejnik.com

Primera edición en Ediciones Olejnik: 2023

ISBN: 978-956-407-288-3

Diseño de Carátula: Ena Zuñiga
Diagramación: Luis A. Sierra Cárdenas

Impreso en Argentina 2023 Printed in Argentina

ÍNDICE

PRESENTACIÓN

Hace ya más de diez años que la editora alemana Duncker Humblot iniciaba, con la versión original del presente libro, una colección titulada Schriften zum Prozessrecht *(Escritos de derecho procesal). Tal esfuerzo editorial tenía que llevar, casi forzosamente, al contacto con nuestra casa, que siempre ha marchado a la cabeza, en España y Latinoamérica, en publicaciones sobre temas procesalísticos.*

La ciencia jurídica alemana fue por largo tiempo vanguardista en el campo procesal y sigue siéndolo aún hoy, juntamente con la italiana. Tal vez no tarde en sumárseles nuestra ciencia procesalista hispano-latinoamericana, la cual, habiendo sabido ser principalmente receptora en los comienzos, es ya indudable acreedora de reconocimiento internacional por sus logros. Sin que ello haya de llevarla a caer, por supuesto, en una actitud de autosuficiencia. Los canales por los cuales somos abrevados del saber de otras culturas no deben cerrarse. Ni se cerrarán, si empresas como la nuestra cuentan con la necesaria continuidad.

Presentamos aquí, pues, la obra de un estudioso catedrático, civilista y procesalista civil, dirigida a todos los profesionales del derecho – docentes, magistrados, abogados – deseosos de calar más hondo en el pedregoso campo de la ciencia.

El tema que acomete es arduo y complejo. No en balde señala el autor que «la cuestión de hecho está aún a la espera de solución» (Prólogo) y que su separación de la cuestión de derecho es «uno de los pocos problemas jurídicos en los cuales no ha podido hacer mella ni siquiera el transcurso de toda una centuria» (pág. 3). Ello no obstante ser tema trillado, en Alemania y en otros países.

Otra característica del tema es su vastedad. Consciente de ello, el autor pone límites al objeto de su investigación, ciñéndose a los conceptos indeterminados en el derecho civil (página 2). Pero aún así, la complejidad de la materia lo lleva a tocar una amplia gama de problemas y a incursionar, incluso en los terrenos de la filosofía y la semántica.

Se trata, en verdad, de un venero inagotable, lo que no extraña si se tiene en cuenta que la contraposición entre cuestión de hecho y cuestión de derecho se remonta al mismo derecho romano y es consecuencia forzosa, de la aplicación en juicio de un derecho escrito. Más tarde, habría de cobrar aún mayor relevancia con la creación del instituto de la casación en sus diversas formas nacionales.

Contraposición entre cuestión de hecho y cuestión de derecho. Casación. Concepto indeterminado. He aquí los temas de análisis. El núcleo de la investigación es, sin embargo, el concepto indeterminado, lo que hace que ella tenga valor también fuera del campo de la casación y del ámbito estrictamente procesal.

El autor define su esfuerzo como un intento de sistematización de jurisprudencia, pero, al hacerlo, arroja también abundante luz sobre la evolución de la doctrina y de la legislación alemanas en torno a esta materia.

Si de la riqueza del mater al expuesto por el profesor Horst-Eberhard Henke hubiera que destacar, en suma, algunos puntos concretos, señalaríamos, a título personal, su análisis del concepto indeterminado (§ 3) y de su aplicación (§ 4), con las lúcidas consideraciones sobre la función del silogismo en la jurisprudencia, así como las incisivas cuestiones que van jalonando la investigación, tales como las referentes a cómo puede transformarse una cuestión de derecho en una de hecho (pág. 5) o a si ha de llamarse jurídico a todo concepto mencionado en la ley (pág. 167), y asimismo la bien ajustada síntesis en la que el autor resume al final sus conclusiones.

Esperemos que los frutos de este paciente y meritorio trabajo –tesis de habilitación profesoral cuya publicación fue recomendada por la Facultad de Ciencias Jurídicas de la Universidad Libre de Berlín y realizada con el apoyo de la Deutsche Farschungsgemeinschaft *(Sociedad Alemana de Investigaciones) en su versión original– sean abundantemente aprovechados en nuestro medio.*

La publicación de esta traducción se vio demorada por algunos años por causas de diversa índole. Queremos agradecer aquí a la editorial alemana por su espíritu de comprensión y por las facilidades que en todo momento nos brindó, dando prueba de que las empresas editoriales no persiguen sólo fines puramente lucrativos, sino que aspiran a colaborar también en la activación y difusión del pensamiento científico.

Es éste el primer libro nuevo, tanto de esta colección como de nuestra editorial, que publicamos desde la desaparición de Santiago Sentís Melendo, alma y nervio de ambas. El último de los aparecidos en vida de él fue su propia obra sobre La prueba, tema de su predilección. Finis coronat opus.

Fue Sentís Melendo quien eligió el presente título para que fuera traducido y apareciera bajo nuestro sello. Habría sido él a quien hubiera tocado escribir esta presentación. Hoy, al suplirle en esta tarea, queremos hacer público al mismo tiempo que la obra del máximo impulsor de la ciencia procesalística de la Hispanidad continúa.

Tomás A. Banzhaf

PRÓLOGO

Un trabajo sobre el concepto indeterminado *y su casacionabilidad se hace hoy fácilmente sospechoso – tras haberse publicado tesis de habilitación profesoral, monografías, tesis doctorales y estudios sobre el mismo tema – de presentar bajo un ropaje nuevo cosas dichas hace ya tiempo. Pero si lo escrito en estos últimos tiempos se mide por sus resultados aprovechables, se verá que la «cuestión de hecho» está aún a la espera de solución. Y ello se debe no solamente a un insuficiente aprovechamiento de una casi centenaria práctica de la casación. Lo que también impidió obtener resultados mejores fue la tendencia moderna a rechazar de plano, por razón de fallas menores, criterios de deslinde de eficacia probada.*

Comparada con esa tendencia, la investigación que aquí presentamos tiene un carácter «conservador», pues en ella se trata de sistematizar lo que la jurisprudencia ha expresado hasta ahora guiándose puramente por el sentimiento, bien que con acierto sorprendente en los resultados. Al hacerlo, no se pudieron pasar por alto, ciertamente, las cuestiones de método jurídico relativas a la estructura, finalidad y aplicación del concepto jurídico indeterminado, así como de la separabilidad de la «cuestión de hecho» y la «cuestión de derecho».

Estoy profundamente obligado a mi mujer por los sacrificios que hizo para posibilitarme la conclusión de este trabajo. Doy las gracias a mis respetados maestros, el profesor Dr. A. Blomeyer y el profesor Dr. K. A. Bettermann, que por muchos años me dispensaron cálido interés y me estimularon y ayudaron con su crítica. Agradezco también al profesor Dr. von Lübtow por sus valiosas sugerencias.

El trabajo, tesis de habilitación profesoral, estuvo sometido al juicio de los examinadores de la Facultad Jurídica de la Universidad Libre de Berlín durante el semestre estival de 1965. El manuscrito fue terminado, en su forma definitiva, el 1° de octubre de 1965.

Berlin-Lichterfelde, octubre de 1965

HORST-EBERHARD HENKE

PARTE PRIMERA

LA PROBLEMÁTICA

§ 1. INTRODUCCIÓN. HISTORIA DE LA CUESTIÓN DE HECHO

I. Introducción

De los diversos recursos que la Ordenanza procesal civil pone a disposición de las partes, la casación reviste interés especial, por estar limitada a las reclamaciones por «infracción a la ley» (§ 549 ZPO), vicio consistente en pasar por alto o aplicar incorrectamente una norma jurídica (§ 550 ZPO). Esta limitada eficacia se explica por la finalidad que inspira a la institución: que el tribunal de casación resuelva únicamente cuestiones cuya solución provea puntos de apoyo para juzgar otras controversias. Esas cuestiones de valor señero nacen sobre todo de la aplicación de normas jurídicas. Dado que la ley ordena las relaciones vitales *[Lebensverhältnisse]* tipificándolas, la aplicación de una norma jurídica en un caso que se ha tornado contencioso, permite sacar deducciones sobre su aplicabilidad a otros casos.

A las cuestiones señeras *[richtungsweisende Fragen]*, que marcan rumbos, se les contraponen las conclusiones que no trascienden el caso singular. Estas serán sustraídas al reexamen *[Nachprüfung]*, a fin de exonerar al derecho de casación de controversias desprovistas de interés general. En estos casos se trata sobre todo de la constatación del cuadro fáctico *[Sachverhalt]* que el juez tiene que tomar como base para su juicio (§ 561 II ZPO). Por ser las relaciones vitales tan diversas, los resultados de esa constatación son normalmente inaprovechables en otros procesos.

Una terminología que ha cobrado arraigo en el derecho procedimental llama «cuestiones de derecho» a las conclusiones casacionables, que reposan en la aplicación de normas jurídicas, y «cuestiones de hecho» a aquellas que llevan a la constatación del cuadro fáctico, y no son casacionables.

Al campo de esa «cuestión de derecho» casacionable ¿pertenece igualmente la aplicación de los conceptos jurídicos indeterminados, esto es, de aquellos elementos legales cuyo contenido sólo queda fijado con exactitud a través de la concretación judicial («contrario a las buenas costumbres», «buena fe», «equitativo», «adecuado»)? Su inclusión no se entiende por sí sola. Veamos por qué: si el criterio para marcar los límites de la casación es que se sometan al control de la última instancia tan sólo cuestiones de interés general, la casacionabilidad tendrá que restringirse por ser diversos los objetivos que el legislador persigue mediante el empleo de esos conceptos.

El concepto indeterminado le sirve, en efecto, para la tipificación de las relaciones vitales, en la cual una decisión judicial conserva su valor para otros casos. Pero sirve también para la valoración «equitativa», predominantemente individualizadora, que no puede trasladarse sin más a otras controversias. En vista de esta diversidad de funciones, la casacionabilidad de los conceptos indeterminados depende de las consecuencias jusmaterialísticas del resultado de la subsunción: lo que cuenta es si la aplicación del concepto arroja resultados de validez general o sólo individual.

En la casacionabilidad del concepto indeterminado influye también la posición que se adopte con respecto a cuestiones de método. Si se parte del criterio de que los resultados de validez general pueden deducirse sólo de las premisas mayores de un fallo, formuladas también en forma general, el reexamen tendrá que limitarse a la premisa mayor. La opinión contraria, según la cual también podría señalar rumbos la decisión de un caso concreto cuando fuere idónea para juzgar casos similares, extiende el control de casación a la valoración del caso en la premisa menor.

Como conclusión cabe sentar: el concepto indeterminado es, por cierto, una componente de normas jurídicas, mas esto por sí solo no basta para que su aplicación sea una «cuestión de derecho» casacionable. Valuada por la finalidad del instituto de la casación, la subsunción puede ser también una «cuestión de hecho» no casacionable, al igual que una constatación del cuadro fáctico. En el caso singular se la clasificará como «cuestión de derecho» o «cuestión de hecho», según criterios jusmaterialísticos y de método.

La dependencia de la casacionabilidad de cuestiones previas jusmaterialísticas y de método obliga a limitar el tema a los conceptos indeterminados del derecho civil. No podremos por tanto detenernos a considerar, ni la interpretación de declaraciones de voluntad ni los conceptos indeterminados de otras disciplinas jurídicas, ni mucho menos investigar si son casacionables actos tan extraños al ámbito civil como la graduación de la pena. Al contentarnos así con un campo bien ceñible, podemos alentar la esperanza de superar la infecundidad de otras teorías sobre la casación, las cuales, por querer abarcar demasiado, sólo pueden alardear de un mínimo de resultados concretos.

Por otra parte, la fuerza de los criterios jusmaterialísticos y de método permite establecer la casacionabilidad para las distintas variantes del recurso (por cuantía del litigio *[Streitwertrevision], por* importancia fundamental *[Grundsatzrevision]* y por razón de divergencia *[Divergenzrevision]* [§ 546 ZPO, § 72 ArbGG]) de una manera uniforme. Por lo tanto, no influyen en el alcance del control los requisitos exigidos para que el remedio sea admitido, a saber: la suma mínima *[Erwachsenheitssumme]*, la «importancia fundamental» de una causa, o la divergencia por apartamiento de un fallo de casación o de apelación.

II. Acerca de la historia de la cuestión de hecho

La cuestión de los límites de la casación, o sea la que versa sobre cuándo una conclusión es una «cuestión de derecho» casacionable y cuándo una «cuestión de hecho» no casacionable, es uno de los pocos problemas jurídicos en los cuales no ha podido hacer mella ni siquiera el transcurso de toda una centuria.

La «cuestión de hecho» fue invocada ya por el *Obertribunal* (tribunal supremo) de Prusia en fallos sobre recursos de nulidad deducidos con arreglo al *Decreto sobre los recursos de casación y nulidad [Verordnung über das Rechtsmittel der Revision und der Nichtigkeitsbeschwerde]* del año 1833[1]. Aduciendo que se trataba de una «cuestión de hecho», el *Obertribunal* –equivalente al actual Tribunal de quejas *[Rechtsrügegericht]*– rechazaba los ataques de los «implorantes [recurrentes] en nulidad» contra la aplicación de un concepto indeterminado a un caso singular, por considerar que resolver «cuestiones del caso singular» no era tarea de su incumbencia. Limitaba su control a comprobar si la instancia inferior había pasado por alto o malinterpretado «radicalmente» alguna norma jurídica[2].

Aún hoy, pasado más de un siglo, la jurisprudencia sigue invocando la «cuestión de hecho». Cuando en nuestros tribunales de casación se dice que la aplicación de un concepto indeterminado es una «cuestión de hecho», se quiere poner en claro que:

No se atenderá en casación al recurrente que alega la «infracción de un derecho» *[Rechtsverletzung]*[3]. El tribunal de casación renuncia pues entonces a ocuparse de ese recurso que ataca un juzgamiento judicial «fáctico», es decir, concreto.

Algunas veces, quiere incluso decir que:

El tribuna] de casación estima que la concepción de la instancia anterior es «sustentable» *[vertretbar]* y, por tanto, no procede a rectificarla, aunque, su propia opinión sea distinta[4].

Cuando el tribunal procede, en cambio, a reexaminar una «cuestión de derecho» casacionable, ello significa que tiene que estudiar la pretendida infracción jurídica y pronunciarse sobre la bondad de lo juzgado[5]. Si un juez de apelación ha incurrido en un «error in indicando» *[Rechtsfehler]* casacionable, su conclusión deberá invalidarse por un fallo de casación y, si los autos están para sentencia, la causa deberá ser resuelta por otro tribunal mediante una sentencia reformatoria.

Hasta ahora, la jurisprudencia no ha explicado convincentemente por qué una conclusión que es en *sí* jurídica («el demandante ha actuado con culpa burda») deviene «cuestión de hecho» en la instancia de casación.

1. El fallo fundamental BGH 10, 14

Los problemas que la «cuestión de hecho» sigue planteando aún hoy se desprenden de un fallo fundamental *[grundsätzliche Entscheidung]* de la Corte federal de justicia *[Bundesgerichtshof* (BGH)] sobre la casacionabilidad del concepto indeterminado de la «culpa burda»[6].

---

1 Este punto se trata más detenidamente *infra*, § 6, II, 1.

2 O. Bähr, *Das Rechtsmittel zweiter Instanz im deutschen Civilprozess* (1871), pág. 20; Benedict Waldeck, *Die Nichtigkeitsbeschwerde als das alleinige Rechtsmittel höchster Instanz* (1861), págs. 51-52; J. F. Woeppe, *Die Rechtsmittel der Revision und der Nichtigkeitsbeschwerde des Preussischen Prozesses* (1847), págs. 59-61.

3 *BGH FamBZ* 1963, págs. 345/46, así comí: *BGH WM* 1961, págs. 649/50 sub *2a*: «La casación nada puede hacer aquí».

4 Cfr. verbigracia RG *Warn. Rechtspr.* 1925, n. 176: «Si el juez de apelación ha estimado en este caso que los intereses del demandado son los más importantes, no hay aquí un error de derecho, aun cuando en el orden de los hechos uno fuese de opinión distinta».

5 Jesch en la nota *ad BAG AP* nr. 18, § 3 TOA. Ver también Bettermann, *JZ* 1962, págs. 167/69 sub III, 1 (nota). Las cuestiones de casacionabilidad e incasacionabilidad versan sobre el carácter fundado del recurso de casación, y no sobre su admisibilidad (Bettermann, *ob. cit.).*

6 Una decisión similarmente señera se encuentra también en la jurisprudencia del Tribunal federal del trabajo: *BAG* 2, 175.

El pleito versaba sobre una adquisición, hecha de buena fe, pero de un enajenante no autorizado. El tribunal de apelación había negado validez *in concreto* a la operación, fundándose en que la demandada había pasado por alto «con culpa burda» el derecho de propiedad de la demandante.

En la casación, la demandada sostuvo que, atento el estado de las cosas, era equivocado reprocharle «culpa burda».

La demandada, temiendo que su recurso no prosperara, en vista de que los tribunales de casación siempre habían declarado que el supuesto de «culpa burda» era una «cuestión de hecho» no casacionable, presentó a la Corte un dictamen de Rosenberg[7], que se pronunciaba a favor de la casacionabilidad. Esto obligó a la Corte a poner las cartas sobre la mesa y a pronunciarse sobre el problema de la «cuestión de hecho», lo que hasta entonces los tribunales de casación habían rehuido medrosamente.

Pero la opinión que emitió resultó muy vaga. En la sentencia se busca fundamentar, valiéndose de giros intrincados, por qué la subsunción bajo el concepto de «culpa burda» debe clasificarse como «cuestión de hecho» no casacionable[8]:

«El concepto de colpa burda, como tal, es, por cierto, un concepto de derecho... Pero la calificación de 'burdo' es, en el caso que nos ocupa, una cuestión que tiene que resolver el juez de los hechos. No es posible darle una respuesta uniforme, válida para todos los casos. Hay que contestarla *caso por caso.* Y en eso hay que tener en cuenta también circunstancias subjetivas, fundadas en la individualidad del actuante. . . El juez tiene que examinar, guiándose por su libre y leal discreción, si, atentas las circunstancias en su conjunto, es descuido resulta particularmente grave. El concepto de 'burdo' deviene así, en ese sentido y esa medida, un *concepto de hecho* y, con ello, una cuestión de hecho, que en la instancia de casación sólo puede reexaminarse con el mismo alcance que en toda otra *constatación* y apreciación de *hechos*».

El análisis de este razonamiento plantea dos cuestiones, a las cuales la sentencia no da respuesta convincente;

¿Cómo puede una «cuestión de derecho» devenir «cuestión de hecho»?

La Corte federal de justicia parte del «concepto jurídico» de la culpa burda, pero termina hablando del «concepto de hecho» y de la «cuestión de hecho», con los cuales no cabría proceder en la instancia de casación de un modo distinto que con la apreciación de la prueba. Esta metamorfosis contradice, de cualquier manera, la distinción lógico-conceptual entre «cuestión de hecho» y «cuestión de derecho»: El *«concepto natural»* o *«concepto de hecho»* es una noción pre-jurídica, determinada principalmente por el uso idiomático, sobre cuyo contenido el legislador no puede disponer. El contenido del «concepto de derecho», en cambio, se guía por la finalidad que el legislador persigue con la norma jurídica. En la aplicación del derecho, los «conceptos fácticos (o de hecho)» *[Tatsachenbegriffe]* y los «conceptos jurídicos (o de derecho)» *[Rechtsbegriffe]* deben mantenerse separados, porque la valoración jurídica de un cuadro fáctico presupone que el juez se compenetre previamente con las exposiciones de los hechos formuladas por las partes[9].

---

7 *Ob. cit.*, pág. 15.

8 El entrecomillado es mío. La formulación está tomada textualmente de la sentencia *BGH VersR* 1963, págs. 711/12.

9 Sobre la diferenciación lógica entre cuestión de hecho y cuestión de derecho, véase *infra* § 5.

Como no es de suponer que la Corte federal de justicia haya querido establecer una nueva diferenciación lógica entre «cuestión de hecho» y «cuestión de derecho», sólo pueden haber sido razones *práctico-procesales* las que la movieron a tratar el concepto jurídico (lógico) de la «culpa burda» como un concepto de hecho.

¿Tiene el tribunal de casación que abstenerse de fallar, cuando una cuestión jurídica sólo pueda ser resuelta «caso por caso»?

Evidentemente, la Corte federal de justicia tuvo en vista también razones *procesales* que llevan a una división distinta entre «cuestión de hecho» y «cuestión de derecho» que aquella a la cual conduce la lógica jurídica, y esas razones la movieron a rechazar el reexamen del resultado de la subsunción. Porque la tesis, asentada en la sentencia, de que la determinación de la «culpa burda» sería incasacionable por no poder realizársela de un modo uniforme, válido para todos los casos, se refiere, sin mencionarla, a la *finalidad jus-unitaria [Rechtseinheitszweck] de la casación.* En consecuencia, sólo serían casacionables aquellas conclusiones de las cuales el tribunal de casación pudiera extraer pautas para juzgar una cuestión jurídica con miras unitarias.

Una comparación con otras sentencias, sin embargo, hace surgir dudas. ¿Es sostenible la argumentación de que las «cuestiones del caso singular» son incasacionables por razón de la finalidad jus-unitaria de la casación? Pasando revista a la jurisprudencia, se descubre que la Corte federal de justicia ha sometido *sin reservas* a control casacional otras sentencias dictadas en las instancias de los hechos, aunque también en esos casos estaban a discusión solamente «cuestiones del caso singular». Una sentencia de casación sobre el «carácter contrario a las buenas costumbres» *[Sittenwidrigkeit]* de una disposición de última voluntad observa, por ejemplo[10]:

«Sin embargo, en los fallos (citados) se destacaba repetidamente que, cuando toca resolver si una disposición de última voluntad es inmoral por sus móviles, contenido y finalidad, hay que considerar todas las circunstancias del caso, y que no pueden establecerse reglas fijas, sino que lo decisivo es en cada caso el cuadro global».

Y la Sala no olvida añadir:

«En cuanto a la cuestión del carácter contrario a las buenas costumbres, que se presenta como una cuestión de derecho, el tribunal de casación ha de tomar posición por si». (RGZ 160, 52/56.)

Precisamente el fallo sobre el «carácter contrario a las buenas costumbres» de un negocio jurídico, que se rige por un patrón válido *erga omnes,* hace preguntar al lector si la solución de un caso singular no proporcionará también puntos de apoyo para juzgar otros casos. Porque si faltan pautas que determinen el contenido del concepto de una manera general-abstracta, el juez podrá guiarse siempre por el «efecto ejemplarizador» del fallo en el caso singular, y comparar el cuadro fáctico sub examen con otros similares ya resueltos[11].

A todos estos interrogantes, el fallo sobre la casacionabilidad del concepto de la «culpa burda» nos deja sin respuesta. Aun partiendo de la base de que la Corte federal de justicia haya tenido buenas razones para dejar a cargo del juez de los

10 *BGH FamRZ* 1954, págs. 195/96.

11 Sobre el «efecto ejemplarizador» y la «comparación de casos», véase *infra* § 2 III 7 *b,* § 4 II.

hechos la decisión sobre la mala fe del demandado, cabe preguntarse cuáles serán los criterios que determinan la casacionabilidad de una conclusión. ¿Tal vez la circunstancia de que el juez de casación estime que un caso es común y corriente o casacionable?

2. La «cuestión de hecho» en la jurisprudencia de los tribunales de queja [rechtsrügegerichte] alemanes

Pese a la falta de criterio de deslinde claramente reconocidos, la «cuestión de hecho» atraviesa como un hilo visible todas las sentencias de los tribunales de queja alemanes.

a) Según el § 4 II, n. 1 del mencionado *Decreto prusiano sobre los recurso de casación y nulidad* del 14 de febrero de 1838[12], el recurso de nulidad sólo podía deducirse ante el *Obertribunal* si se fundaba en la infracción de un «principio de derecho'. El tribunal interpretó restrictivamente el precepto, y limitó el recurso: sólo la interpretación incorrecta de la ley habría de ser sometida a la crítica del juez de la nulidad; la aplicación de la ley al caso concreto era materia discrecional del juez de los hechos. Este uso discreto y medido del control se manifestó justamente en los conceptos indeterminados, que muchas veces remiten al juez a las «circunstancias del caso» a los efectos de la determinación del derecho. Para remediar los errores de subsunción —entiendo por ello la apreciación incorrecta *in concreto*— no se podía acudir al juez de la nulidad.

Siguiendo enteramente ese razonamiento, una sentencia de nulidad del año 1837 declaró que la comprobación de la «imposibilidad» de prestar asistencia familiar (hoy § 1603 BGB) era un «juicio» no casacionable «sobre el *factum*»[13]. Por la misma razón de mediar solamente «consideraciones fácticas», el *Obertribunal* se negó a estudiar reclamaciones contra juicios sobre el *descuido burdo o leve*[14], la *fuerza relevante* de inmisiones[*][15], la *desobediencia pertinaz* de un obligado a prestar un servicio[16], así como sobre el *conocimiento* del hecho ¿afoso (§ 151, Ley general de minería de Prusia)[17].

El control de la «cuestión de hecho» se excluía no solamente en lo atinente a los conceptos de tinte subjetivo, ajustados a las condiciones personales de las partes. La exclusión era general. Otto Bähr, en su época magistrado de apelación en Prusia, señala que las deducciones derivadas de los hechos concretos no eran recurribles en nulidad «siempre que no las rigiera una norma jurídica abstracta»[18].

Esta jurisprudencia del *Obertribunal* obedecía a la idea de que un tribunal supremo no debía dedicar sus esfuerzos a casos concretos, por ser su misión velar

---

12 *Gesetz-Sammlung,* pág. 302.

13 *Entscheidungen des Pr. Obertribunals,* tomo 2, 345/48.

14 *E* 33, 107/16.

* Inmisión (1. *immissio,* de *immittere:* enviar, dirigir contra): producción de cualesquiera efectos en un inmueble vecino. (N. del T.).

15 *E* 79, 7.

16 G Striethorst. *Arch. für Rechtsfälle,* tomo 17, págs. 90/94.

17 *Zeitschrifl für Bergrecht,* tomo 17 (1876), pág. 100.

18 *Das Rechtsmitlel zweiter Instanz,* pág. 21. Bähr menciona como ejemplo las cuestiones de si «una posesión, una prescripción, una tradición, una culpa, un daño, un interés jurídico está o no fundado según los hechos precedentes».

por la unidad del derecho. La última instancia sólo «soportaría» el recurso si se lo limitaba a las infracciones de «principios jurídicos»[19].

b) Del *Obertribunal* la «cuestión de hecho» siguió su camino al Tribunal superior de comercio de la Confederación *[Bundesoberhandelsgericht]*, más tarde Tribunal superior de comercio del Imperio *[Reichsoberhandelsgericht]*, que, a raíz de una ley de la Confederación nordalemana del 12 de junio de 1869[20], asumió las funciones de los tribunales supremos de los Estados confederados en materia comercial. Según el recurso procedente en el derecho territorial, este tribunal era competente para entender en reclamaciones de hecho y de derecho[21].

Las razones por las cuales dicho tribunal se negó a reexaminar cuestiones jurídicas concretas, están expuestas en una sentencia del año 1873, en la que tuvo que ocuparse, a raíz de un recurso de nulidad, de la «causa grave» para despedir antes de término a un dependiente de comercio (hoy § 70 HGB)[22]. Textualmente, esa sentencia dice:

«En especial, el legislador creyó, al prever las violaciones de deberes Imputables a un dependiente de comercio, que tendría que dejar al juez plena libertad para resolver, sintetizando y apreciando las circunstancias lácticas del caso, si esas circunstancias eran lo suficientemente *graves* para justificar o no la cesación de la relación de servicio. De ahí se desprende que la resolución que al efecto dicte el juez no es, en la inteligencia que le da la ley, de naturaleza jurídica, sino fáctica. Esa resolución tampoco puede contener una infracción de la ley, por cuanto el juez cumple precisamente la voluntad de la ley al hacer uso de la libertad de apreciación que ésta le confiere».

Es instructiva la argumentación jurídico-conceptual con la cual el tribunal defiende la tesis de que se está en presencia de una «cuestión de hecho»; como el legislador ha conferido al juez libertad para juzgar a su criterio la «gravedad de la causa», el juez no haría más que *cumplir* la voluntad de la ley al hacer uso de la libertad. El resultado de la subsunción, que da respuesta, en uno y otro sentido, a la «cuestión de hecho», no podría por tanto «infringir» la ley.

c) El Tribunal superior de comercio del Imperio, que al final tuvo que trabajar con los distintos ordenamientos procesales de treinta Estados federados[23], había nacido en el umbral de la época vieja a la nueva. Ya antes de su creación, los Congresos I y II de juristas alemanes (1860 y 1861) habían deliberado sobre las posibilidades de uniformar el derecho procesal civil en Alemania y, especialmente, de crear una Corte de justicia suprema, común para todos los Estados, que juzgara los pleitos civiles[24]. Ambos Congresos convinieron en que la competencia de ese tribunal debía limitarse a examinar la «cuestión de derecho»[25] porque su tarea sólo

---

19 BÄHR, ob. cit., págs. 24 y 30. En el mismo sentido las *Bemerkungen zum preussischen Entwurf einer Nichtigkeitsbeschwerde von 1860, Justiz-Ministerial-Blatt,* págs. 183/281/85-86, y WACH, *Kritische Vierteljahresschrift für Gesetzgebung und Rechtswissenschaft,* tomo 15 (1873), págs. 83/104.

20 *Bundes-Gesetzblatt,* págs. 201 y sigtes.

21 § 16 *ob. cit.*, y L. GOLDSCHMIDT, *Handbuch des Handelsrechts,* 2ª ed. (1875), tomo I, pág. 153.

22 *Entscheidungen des Reichs-Oberhandelsgerichts,* tomo 10, 185.

23 BOYENS, *Grenze zwischen Tatfrage und Rechtsfrage, Sachsisches Archiv,* número especial 1904, pág. 153.

24 *Verhandlungen des 1. Deutschen Juristentages* (1860), págs. 30 y sigtes., 274 y sigtes., 347; *Verhandlungen des 2. Deutschen Juristentages,* tomo 1 (1861), págs. 25 y sigtes., 63 y sigtes., 69 y sigtes.; tomo II (1862), págs. 560 y sigtes., 639 y sigtes.

25 *Verhandlungen des 1. Juristentages,* págs. 279-80; *Verhandlungen des .2. Juristentages,* tomo II, págs. 575 y 641.

podría consistir en «sujetarse a la unidad del derecho y cumplir la más alta función judicial mediante una interpretación auténticamente científica de la ley»[26]. Pero el Congreso no hizo suyo el deslinde, demasiado poco diferenciado, entre «cuestión de hecho» y «cuestión de derecho», que había empleado el *Obertribunal* de Prusia, guiándose por el distingo entre apreciación «concreta» y «abstracta». Por eso, un dictamen de von Sternenfels, magistrado del *Obertribunal* (tribunal supremo) de Wurtemberg, incluye también el examen de cuestiones de derecho concretas[27]:

«Si se trata tan sólo de *interpretar* una ley, las funciones del juez supremo son las más sencillas, porque tiene a la vista la interpretación impugnada del juez inferior, y le basta limitar su cognición a la interpretación del texto legal.

La labor apreciatoria se torna por cierto más difícil cuando se trata de la correcta *aplicación* de una ley al caso concreto. Esto requiere no solamente ahondar más el examen de los hechos; muchas veces es arduo determinar el linde entre una cuestión de hecho y la aplicación de la ley.. . No es posible establecer aquí principios más precisos que sirvan a la corte de casación de elementos de juicio para deslindar lo fáctico de lo jurídico. Pero una práctica jurisprudencial consecuente, ayudada por una legislación en vías de paulatino progreso, tendría que hallar solución a esta dificultad».

Apoya decididamente el reexamen concreto el dictamen de Planck, que destaca aquí por primera vez la importancia de la decisión en el caso singular para la unidad del derecho[28]. El fallo judicial, sostiene Planck, parte siempre del caso singular, y su significación para casos similares sólo puede apreciarse en conexión con las circunstancias del caso. De ahí se sigue: «También la corte suprema de justicia promueve de la manera más segura la excelencia y unidad de la labor jurisdiccional *[Rechtspflege]*, no cuando dicta reglas abstractas en ocasión de casos que se le presentan, sino cuando resuelve esos casos de una manera ejemplarizadora».

En concordancia con estas expresiones, la Ordenanza procesal civil de 1877 propicia extender la casación a la cuestión jurídica concreta[29]. Oponiéndose claramente a las tesis de Báhr, las actas legislativas observan que, «sin duda alguna», también está sometida al control del tribunal de casación la cuestión de «si el tribunal de apelación había errado al subsumir los hechos comprobados judicialmente bajo el concepto jurídico de 'posesión, 'culpa', etc.; (porque) el tribunal de casación está atado a los hechos comprobados judicialmente en la instancia de apelación, pero no a las conclusiones jurídicas que el tribunal de apelación dedujo de esos hechos».

d) Pese a haber definido el legislador su posición con tanta claridad, el *Reichsgericht* (Tribunal supremo del Imperio) sólo se decidió vacilantemente a extender la casacionabilidad de los conceptos indeterminados, más allá de los límites fijados por el *Obertribunal* prusiano[30]. El error de pensar que el contenido jurídico

---

26 *Verhandlungen des 2. Juristentages,* tomo II, pág. 567 (Volkmar).

27 *Verhandlungen des 2. Juristentages,* tomo I, págs. 3/29.

28 *Verhandlungen des 2. Juristentages,* tomo I, págs. 66/70. Propugna la misma solución al opinar tiempo después sobre el deslinde entre «cuestión de hecho» y «cuestión de derecho»: *Preussische Jahrbücher,* tomo 31 (1872), págs. 162/85-89.

29 HAHN, *Die gesammten Materialien zur Civilprozessordnung,* 1ª sección (1880), pág. 367.

30 Sobre el desarrollo de la práctica de casación del *Reichsgericht:* WACH, *JW* 1881, págs. 73/76; BOYENS, *ob. cit.,* págs. 156 y sigtes.; FÖRSTER- KAHN, *ZPO,* 3ª ed. (1926), Apéndice *ad* § 550.

de una decisión judicial sólo podía hallarse en su premisa mayor, se puso de manifiesto también en los conceptos de *culpa [Fahrlässigkeit]* y *carácter contrario a las buenas costumbres [Sittenwidrigkeit],* tan importantes para el desarrollo del derecho. Así, la Sala II en lo civil del *Reichsgericht* sostuvo una vez, ante una reclamación de que un juez de apelación habría resuelto incorrectamente la cuestión de la culpa[31]:

«Ante esa reclamación, cabe observar que el concepto de culpa es, efectivamente, un concepto de derecho, pero es deducido de hechos, y la cuestión de si determinados hechos son aptos para configurar una culpa es una cuestión fáctica».

Del mismo modo, la Sala IV en lo civil sostuvo que era una «cuestión de hecho» no casacionable, determinar si contravenía a las «buenas costumbres» la promesa de una multa convencional»[32]:

«El juez de apelación ha condenado al marido, en el ínterin divorciado, al pago de la multa convencional que había prometido abonar si llegaba a maltratar a su mujer. Esa promesa, según el juez, no sería contraria a las buenas costumbres. Qué es acorde a las buenas costumbres es una cuestión de hecho, dependiente de la conciencia moral de la sociedad».

La transición de la «cuestión de hecho» a la plenamente casacionable «cuestión de derecho», reexaminable también *in concreto,* se da recién al cabo de veinticinco años de práctica casacional[33].

En lo atinente al concepto de *causa grave* para resolver prematuramente un contrato de servicio (§ 626 EGB § 70 HGB), el *Reichsgericht* siguió siendo partidario del control abstracto, que fue defendido por una sentencia de casación del año 1925 en los siguientes términos[34]:

«Saber si está dada una causa grave en el sentido del § 626 BGB es, en lo sustancial, una cuestión de hecho. En la instancia de casación sólo corresponde controlar si un determinado actuar, una determinada cualidad o un determinado acontecimiento puede constituir *in abstracto* una causa grave para resolver una relación de servicio». (RGZ, t. 78, pág. 22).

Sin embargo, también aquí se terminó por comprender que el control abstracto es inidóneo para promover el desenvolvimiento de la jurisprudencia, porque le imposibilita al juez de casación crear paulas *[Richtlinien]* especiales para juzgar un caso[35]. Aproximadamente desde mediados de la década del 30, el *Reichsgericht* y el Tribunal de trabajo del Reich *[Reichsarbeitsgericht]* exigieron al juez de los hechos que *apreciara exhaustivamente las circunstancias que eran sustanciales* in concreto[36]:

«La apreciación de las circunstancias especiales del caso está sujeta al libre criterio del juez de los hechos y, por tanto, obliga al tribunal de casación, con tal de

31 *JW* 1896, pág. 628, nr. 73.

32 Bolze, *Praxis des Reichsgerichts in Civilsachen,* tomo III, Nr. 1432 (15-11-1886).

33 RG 58, 214/16 y 220 del 1-6-1904 (sobre el concepto de «buenas costumbres»); *RG* 64, 159 61 del 9-10-1906 (sobre el concepto de vacilación «culposa», según el § 121 I BGB).

34 RG 110, 297; 300. Otras sentencias de casación *in abstracto: RG Warn. Rechtspr.* 1925, nr. 63; *RAG* 1, 104/08; RAG 14, 56/58.

35 Ver al respecto la crítica de Titze, *JW* 1919, pág. 504 y *JW* 1921, pág. 744 (siempre en la nota); y de Hueck, *Arbeitsrechts-Sammlung,* tomo 17 (1933), pág. 77 (nota).

36 *RAG* 14, 161/62-63 y 27-6-1934. Conformes: *RAG* 14, 306/10; *RAG* 17, 70/72; RAG *ArbRS* tomo 40 (1941), pág. 52; RG *JW* 1937, pág. 2827, Nr. 7.

que la sentencia impugnada repose en un examen exhaustivo de todas las facetas del cuadro fáctico y en la aplicación de conceptos jurídicos intachables».

Quiere decir que, en el campo del derecho del trabajo, al juez de los hechos sólo le queda un «margen de juicio» *[Beurteilungsspielraum]* limitado por la sustentabilidad del resultado de la subsunción[37]. Si el resultado de la subsunción se mantiene dentro de esos límites, sigue siendo una «cuestión de hecho».

e) La Corte federal de justicia[38] y el Tribunal federal de trabajo *[Bundesarbeitsgericht]*[39] han sancionado un paso para permitir la casacionabilidad concreta también de la «causa grave». Mas esto no debe llevarnos a pensar que la jurisprudencia haya hallado criterios seguros para deslindar las cuestiones de derecho plenamente casacionables de las limitadamente casacionables. La práctica ha hecho ciertamente que la subsunción bajo los conceptos de «culpa» y «carácter contrario a las buenas costumbres» pueda casacionarse sin restricciones, mientras que, por el otro lado, la suposición de una «causa grave» sigue siendo una «cuestión de hecho» si el juez de apelación ha apreciado exhaustivamente el cuadro fáctico. Pero ¿por qué la subsunción es unas veces una «cuestión de hecho» y otras veces una «cuestión de derecho»? Esto sigue siendo, como lo demuestra el fallo fundamental sobre la casacionabilidad de la «culpa burda», una «cuestión de derecho» no resuelta. Y tampoco ofrecen una solución convincente las teorías de las cuales daremos cuenta a continuación.

---

37 Sobre el margen de juicio del juez de los hechos ver *infra* § 7 III.

38 *LM* nr. 4 *ad* § 9 PatG.

39 *BAG* 2, 214.

§ 2. LOS MÉTODOS DEL DERECHO DE CASACIÓN

Las cuestiones casacionables y las no casacionables pueden deslindarse según diversos métodos. La doctrina tradicional subraya la diferencia *lógica* entre la constatación de los hechos y la aplicación del derecho. Una teoría de raíz penalística hace depender la solución de las *posibilidades de obrar* del tribunal de casación, o sea de la cuestión: ¿qué conclusiones está en condiciones de examinar ese tribunal sin que se efectúe un nuevo debate principal sobre la cuestión de hecho? Y una tercera orientación ve la clave para la inteligencia del recurso en la *finalidad del instituto de la casación.* Cabe pues distinguir, prescindiendo de muchas divergencias en puntos menores, los métodos siguientes:

el método lógico (I),
el método de las posibilidades de obrar (II),
el método teleológico (III).

Esta división no supone que sólo los partidarios de la orientación teleológica se ocupen de la finalidad de la casación; la discusión en torno a ella es tan vieja como el problema del deslinde entre las partes casacionables y las no casacionables del pronunciamiento judicial[1]. Pero en ninguno de los otros dos métodos la finalidad es un criterio decisivo para determinar los límites de la procedencia del recurso. Esto cabe deducirlo, con respecto al método *lógico,* por cuanto allí rige el principio de que el divorcio entre la cuestión de derecho y la cuestión de hecho es *conceptual*[2] y en cuanto al método de las *posibilidades de obrar,* poique éste parte del supuesto de que las dos finalidades concurrentes (la garantía de la decisión correcta del caso y la salvaguarda de la unidad del derecho) son *equivalentes,* lo que lo obliga a hacer derivar las inevitables limitaciones que hay que ponerle al recurso, de las peculiaridades del procedimiento casacional y de la capacidad que tiene la tercera instancia de cumplir con su cometido[3].

I. El método lógico

1. La doctrina tradicional determina los límites de la casación valiéndose de la diferenciación *lógica-(jurídica)* entre la «cuestión de derecho» y la «cuestión de he-

---

1 Entre las primeras reacciones que suscitó la puesta en vigor de la CPO de 1877, se cuentan la de WACH, quien subrayó el interés del litigante en que la sentencia sea justa (JW 1881, págs. 73/74) y por otro lado la de WEISSMANN, quien destacó el interés público en la salvaguarda de la unidad del derecho (ZZP tomo 9 [1886], págs. 169/81).
La finalidad determinante de la casación se estudia detenidamente *infra* § 6 I-II.

2 Así se desea que la finalidad de la casación triunfe también de esa atadura que le nace del actual *concepto* de ese recurso, al instituto de la casación tendré que dársele, de todas maneras, una estructura totalmente distinta de la que se le ha dado en el derecho vigente». (Lo subrayado es mío).

3 Verbigracia KAHL PETERS, *Strafprozess* (1952), pág. 513: «La centralización de la jurisprudencia, sin la cual la casación no puede servir a la unidad del derecho, obliga a restringir el campo de las tareas a lo que en la instancia central puede resolverse fiablemente y bien, e incluso mejor que en las muy ramificadas instancias inferiores».

cho»[4], o bien —usando una formulación que se atiene a la letra de las normas legales correspondientes (§§ 549, 550 y 561 II ZPO)[5]— entre la casacionable «infracción de la ley» y la no casacionable «constatación de los hechos»[6].

¿Cómo saber si se está en presencia de una «cuestión de derecho» o de una «cuestión de hecho», de una conclusión «aplicadera de la ley» o de una conclusión «constatadora de hechos», en el sentido lógico-jurídico? El criterio diferenciador está en la naturaleza de los conceptos que el juez aplica en cada caso[7]; si subsume bajo un *concepto jurídico,* se trata de una cuestión jurídica casacionable o, en su caso, de una aplicación de la ley («cabe afirmar que existió una relación causal 'adecuada' entre el accidente y la muerte del lesionado»); si, en cambio, se sirve de un concepto *natural* (pre-jurídico), su conclusión pertenecerá al campo de la cuestión de hecho o, en su caso, al de la constatación de los hechos («en el momento del accidente caía una lluvia 'menuda' y no 'torrencial' «)[8].

Orientaciones más modernas dentro del método lógico, aun considerando correcta en principio la confrontación de «aplicación de la ley» y «constatación de los hechos», limitan la casacionabilidad de las cuestiones-límite:

Entre éstas se cuentan, según una de las opiniones, algunos problemas a los cuales no dan respuesta ni la ley ni las concepciones de la sociedad[9].

Verbigracia: cinco botellas de vino ¿constituyen aún objetos de valor «insignificante» en el sentido del § 370 n. 5 StGB? ¿O está dado ya el tope in *concreto* cuando suman tres?[10]

Por cuanto el juez no podría atenerse a ningún módulo seguro, no habría aquí una cuestión de derecho, sino tan sólo una «cuestión de discrecionalidad» *[Ermessensfrage],* insusceptible de casación[11]. Según otra orientación, están sustraídas al reexamen todas las deducciones subsuntivas en las cuales la constatación de los hechos y la apreciación jurídica aparecen entrelazadas[12] [«esa expresión fue 'injuriosa'»[13]]. Porque si el juez de los hechos no pudiera indicar con exactitud los hechos que dan apoyo a la sentencia, el juez de la casación se vería imposibilitado de controlar también la apreciación jurídica, por faltarle el conocimiento exacto del caso.

---

4 WACH, *JW* 1881, págs. 73 y sigtes.; así como *Vorträge über die Reichs- Civilprozessordnung,* 2ª ed. (1896), págs. 285-86; STEIN-JONAS-SCHÖNKE, *ZPO,* 18ª ed., Ill *B adn* §549; NIKISCH, *Zivilprozessrecht,* 2ª ed. (1952), § 125 I; MANIGK, *RG-Feslgabe* (1929), tomo VI, págs. 123 y sigtes.

5 MANNHEIM, ob. cit., pág. 38: «El derecho vigente conoce sólo el concepto de infracción a la ley».

6 STEIN, *Das private Wissen des Richters* (1893), págs. 107-20; MEZGER, *Der psychiatrische Sachverständige im Prozess* (1918), págs. 175-203; MANNHEIM, ob. cit., págs. 33 y sigtes.; ROSENBERG, *Zivilprozessrecht,* 9ª ed. (1961), § 140 III y III 2.

7 Ver *infra* § 5 II.

8 Discrepa sin embargo MANNHEIM, ob. cit., págs. 37-41, 58 y sigtes., quien distingue entre «constatación» y «valoración» de hechos; los errores en la «valoración de los 'hechos» son, en su opinión, «infracciones a la ley» (ver *infra* § 5 II 1).

9 DHOST, *Das Ermessen des Strafrichters* (1930), págs. 54-55, 72-73; PAGENDAHM, *Verstösse gegen die Denkgesetze, die Erfahrungssätze und das Ermessen als Revisionsgründe* (tesis), Marburg 1928, págs. 54-55, 59-60.

10 DROST, *ob. cit.,* págs. 72-73.

11 DROST, *ob. cit.,* págs. 55, 72-73; PAGENDAHM, *ob. cit.*

12 POHLE, *Revision und neues Strafrecht* (1930), págs. 75 y sigtes.; PAGENDAHM, *ob. cit.,* págs. 61-62.

13 POHLE, *ob. cit.,* pág. 75.

2. El método lógico puede esgrimir en su favor, por cierto, el hecho de que también el legislador se dejó guiar, al fijar los límites de la casación, por la diferenciación lógica entre constatación de hechos y aplicación del derecho[14]. En principio, esta diferenciación es también correcta, porque la «cuestión de derecho» tiene, debido a la tipicidad de las regulaciones jurídicas, más posibilidades, de repetirse que la «cuestión de hecho», cuya configuración es siempre distinta. Así pues, concentrando el control judicial en el tribunal supremo, puede lograrse, aunque sea aproximadamente, el funcionamiento uniforme de la actividad juzgadora. Con todo, el método lógico ha menester ulterior desarrollo. Esta necesidad surge de las peculiaridades del procedimiento de casación y de la finalidad jus-unitaria del instituto y se manifiesta precisamente en la aplicación de conceptos indeterminados:

El concepto indeterminado muchas veces le manda al juez decidir la cuestión de derecho según la configuración del caso; teniendo en cuenta la individualidad de las partes o las especiales condiciones locales[15]. Pero la indagación de esos puntos especiales obliga a coartar el reexamen de la apreciación concreta. Si el juez de los hechos, al hacer la subsunción, ha aprovechado la impresión personal que le han causado las partes, impresión que en el procedimiento casacional no puede reproducirse por falta de una nueva instrucción de la prueba, el juez de casación no estará en condiciones de controlar esas conclusiones, por faltarle la impresión viva del asunto: está «lejano (del asunto)» *[sachfem]*[16]. No ocurre otra cosa cuando se aprovechan condiciones locales especiales que el juez de casación normalmente desconoce[17]. Pero aun cuando el juez, de los hechos no haya resuelto según la impresión personal, sino que se haya guiado simplemente por las características personales, de alguna de las partes, como podrían serlo su edad, su sexo o su educación, o sea cuando haya aplicado un módulo de juicio individual, el reexamen por el tribunal de casación deberá excluirse, porque una valoración hecha *ad personam* no proporciona ningún punto de apoyo para decidir otros casos[18].

Estos obstáculos a la procedencia de la casación, que aquí sólo, se dan a guisa de ejemplo, no pueden derivarse de la diferenciación lógica entre «cuestión de hecho» y «cuestión de derecho». El principio lógico de deslinde necesita ser complementado con criterios procesalísticos, que tomen mejor en cuenta la finalidad del instituto y la 'lejanía» *[Sachferne]* del tribunal de casación.

Las orientaciones más modernas que propugnan el método lógico reconocen también la necesidad de este complemento. Pero no resultan convincentes sus tesis de que el control de casación tendría que excluirse cuando falte el módulo legal o social de valoración, o cuando la cuestión de hecho y la de derecho no puedan separarse en la conclusión subsuntiva. Si el juez de casación tuviera que abstenerse de juzgar cuando la valoración es insegura, se excluiría su influencia precisamente allí donde resulta más necesaria[19]. Y si el reexamen casacional no procediese cuando la cuestión de hecho y la de derecho son inseparables, no se resolvería cuándo el

---

[14] Ver *infra* § 5.
[15] Ver *infra* § 3 I 2 b y d.
[16] Ver *infra* § 8 II.
[17] Ver *infra* § 8 I.
[18] Ver *infra* § 10.
[19] Piénsese en esta cuestión, hasta ahora discutida: ¿tiene un fabricante de magnetófonos la obligación de exigir que la venta de esos aparatos se efectúe sólo contra presentación del documento de identidad, a fin de impedir que los compradores violen derechos de autor? (BGH 42, 118).

juez de casación tendría que aceptar esa inseparabilidad como insuperable y cuándo objetarla por estar la sentencia deficientemente fundada[20].

II. El método de las posibilidades de obrar

1. El método de las posibilidades de obrar da respuesta a la cuestión de los límites de la casación con el auxilio de criterios *práctico-procesales*. Se ajusta a lo que el tribunal de casación puede «realizar» con sus posibilidades de cognición, más limitadas que las del juez de los hechos[21].

Según este método, son *casacionables* todas las constataciones (sean de naturaleza jurídica o fáctica) que el tribunal de casación está en condiciones de reexaminar sin una nueva instrucción de la prueba[22], *incasacionables*, en cambio, aquellas hipótesis cuya verificación requeriría una instrucción nueva.

Según esto, la aplicación de conceptos *indeterminados* es en parte cuestión de derecho, en parte cuestión de hecho: de derecho (casacionable) «en cuanto la discreción se practique dentro de reglas de validez general»; de hecho, «en cuanto se la practique sobre la base de circunstancias valorables sólo de una manera personal, recognoscibles y captables en el debate principal inmediato y oral» [23].

Anima a este método la idea de que la finalidad jus-unitaria de la casación está lo suficientemente bien servida con el establecimiento de un tribunal central de casación, de modo tal que en el procedimiento ante ese tribunal dicha finalidad no tendría ya importancia decisiva. Se trataría entonces solamente de «limitar el ámbito de las tareas a lo que en la instancia central puede ser resuelto bien y fiablemente, e incluso mejor que en las muy ramificadas instancias inferiores»[24].

2. El método de las posibilidades de obrar no puede aplicarse a la casación *procesal civil*[25]. Por un lado, el orden de las instancias está estructurado en los procesos penal y civil de manera diversa. Para los casos graves de criminalidad que se juzgan ante la Gran cámara en lo criminal y el Tribunal de jurados, está prevista una sola instancia de los hechos, y por eso en el proceso penal hay necesidad de compensar la falta de una segunda instancia de los hechos ampliando el examen en la instancia de casación. Tal necesidad no se da en el proceso civil.

Por otro lado, la Ordenanza procesal civil no conoce el riguroso principio de oralidad del procedimiento penal, por lo que le falta también el eficaz regulador que en las causas penales protege al tribunal de casación contra el exceso de trabajo.

---

[20] Ver *infra* § 5 I y III 2 c.

[21] PETERS, *Strafprozess*, págs. 513-14, 517; EB. SCHMIDT, *Lehrkommentar zur StPO*, parte II (1957), 5-7 y 37 y sigtes. *ad* § 337; HEINHICH HENKEL, *Strafverfahrensrecht* (1953), pág. 432; WARDA, *Dogmatische Grundlagen des richterlichen Ermesseng im Strafrecht* (1962), pág. 77 *ad* n. 220 y págs. 178 y sigtes. (limitado a la casacionabilidad de los conceptos indeterminados y de la decisiones discrecionales); KG *JW* 1929, pág. 885, nr. 44.

[22] Verbigracia, cuestiones relativas al cuadro fáctico que pueden contestarse consultando los autos o recabando el tribunal de casación informes de algún organismo oficial: PETERS, *ob. cit.*, pág. 519. En contra EB. SCHMIDT, 34 *ad* § 337.

[23] PETERS, *ob. cit.*, pág. 517. De opinión similar: EB. SCHMIDT, 6 y 37 *ad* § 337: «reconocible por todos» o «reconocible sólo en su peculiaridad»; WARDA, *ob. cit.*, pág. 76 *ad* n. 218.

[24] PETERS, ob. cit., pág. 513. Sobre la equivalencia de las finalidades de la casación, véase también EB. SCHMIDT, ob. cit., 39 *ad* 296 y sigtes.; WARDA, *ob. cit.*, págs. 71 y sigtes.

[25] En contra del igual tratamiento doctrinal de la casación civil y de la penal: BÄHR, *Das Rechtsmittel zweiter Instanz*, págs. 42-43; BÖTTICHER, *DRiZ* 1950, págs. 251/53.

En el procedimiento penal, la base fáctica de la sentencia sólo puede obtenerse en el debate principal oral[26]. Esto por sí solo lo torna en buena medida incasacionable, porque en la casación no tiene ya lugar un debate principal sobre los hechos.

En el proceso civil, que es sustancialmente escrito[27], esas limitaciones son ineficaces. Si se le aplicara el método de las posibilidades de obrar, el tribunal de casación tendría que estudiar, sobre la base de los escritos (a los cuales se hubiese hecho referencia) y de las actas de sesiones, casi toda la labor cumplida por los jueces[28]; conclusión a todas luces incontenible[29].

III. El método teleológico

1. En la versión de Schwinge[30], este método está estructurado sobre la tesis de que, en el orden lógico, la constatación de los hechos y la aplicación del derecho son inseparables. Y para demostrar esto, sus partidarios invocan la teoría del conocimiento[31]: el conocimiento de un hecho se adquiriría seleccionando mentalmente y valorando las impresiones sensoriales, bajo determinados puntos de vista sentados por el cognoscente. De ahí se seguiría que también en la constatación de los hechos practicada en el proceso, la cuestión de hecho y la cuestión de derecho estarían indisolublemente concatenadas. Porque cuando el juez tomara vista del material procesal y separara los hechos jurídicamente relevantes de los jurídicamente irrelevantes, se dejaría guiar por las normas jurídicas que previsiblemente correspondería aplicar. En vista de la conexión entre constatación de los hechos y aplicación del derecho, de la contraposición lógica entre «cuestión de hecho» y «cuestión de derecho» no podrían obtenerse criterios para fijar los límites de la casación. El punto de partida tendría que buscarse en algo totalmente distinto: en la *finalidad del recurso.*

La mejor manera de comprender el método teleológico consiste en entenderlo como una reacción ante los intentos de deslinde lógico de MANNHEIM y de POHLE.

MANNHEIM intentó fijar los límites del recurso mediante la problemática contraposición de «constatación de los hechos» y «valoración de los hechos»[32]. POHLE se sirvió del fluido concepto de la «realidad»: lo único no casacionable debería ser la «sentencia de hecho», esto es, una sentencia que se limitara a «reflejar la realidad sin otra labor mental que la necesaria para determinar su esencia»[33].

---

26 Véase un estudio más detenido de este punto en EB. SCHMIDT, parte I, 2ª ed. (1964), págs. 244 y sigtes.

27 Recordamos aquí el descollante papel de los escritos básicos y de los escritos preparatorios, la referencia que se hace a los escritos en el debate oral, el dictamen escrito del perito, la constancia exacta en el acta, la decisión según el estado de los autos y el procedimiento sin debate oral. Más detalles sobre la oralidad y la escritura en el proceso civil pueden leerse en: A. BLOMEYER, *Zivilprozessrecht* (1963), § 20.

28 Sobre las diversas posibilidades de reexamen de que dispone el juez de casación en el proceso civil y en el penal; HAUSS y SABSTEDT, *DRiZ,* 1962, págs. 162/63-64.

29 No opinaremos aquí sobre la aplicabilidad del método de las posibilidades de obrar, a la admisión de alegaciones *nuevas* en la instancia de casación (MATTERN, *JZ* 1963, págs. 649/53).

30 *Grundlagen des Revisionsrechts,* D ed. (1935), 2ª ed. (1960). Siguen el método teleológico en la versión de SCHWINGE: HANACK, *Der Ausgleich divergierender Entscheidungen in der Oberen Gerichtsbarkeit* (1962), págs. 88-89, 141-143; BÖTTICHER, *Die Gleichheit vor dem Richter* (1954), págs. 27-29; DUSKE, *Die Aufgaben der Revision* (tesis) Marburg 1960, págs. 30-38, 86-97, 159; DAPPRICH, *Das sozialgerichtliche Verfahren* (1959), pág. 171.

31 SCHWINGE, *Zeitschrift für die gesamte Strafrechtswissenschaft,* tomo 51 (1931), pág. 437; *Grundlagen des Revisionsrechts,* 2ª ed., págs. 56-57; HANACK, *ob. cit.,* pág. 142; DUSKE, *ob. cit.,* pág. 33.

32 *Beiträge zur Lehre von der Revision,* págs. 37 y sigtes.

33 *Revision und neues Strafrecht,* pág. 38.

En un comentario de las teorías lógicas de la casación, SCHWINGE niega toda perspectiva de éxito a todos los intentos de separación que transitan por esa senda[34]. Y en sus *Grundlagen des Revionsrechts* hace un llamamiento a la «liberación de la falsa y desencaminadora interpretación (lógica) de los conceptos de cuestión de derecho y cuestión de hecho»[35]. En el derecho de casación, sólo un método «decididamente teleológico» podría conducir a la meta deseada[36].

2. La indagación de la finalidad del instituto demuestra, según Schwinge, que el recurso —en cuanto se trate de la aplicación del derecho material[37]— tiene por función primordial garantizar la *uniformidad de la jurisprudencia*[38]. Por cierto que la casación satisfaría *también* el interés del recurrente en que se reexamine un fallo que le causa agravio. Pero, por sus reducidas posibilidades, el tribunal de casación no estaría en condiciones de conceder a los intereses de las partes la misma atención que a la salvaguarda de la unidad del derecho. Porque cuanto más liberal y generosamente se dedicara a atender las reclamaciones de las partes, tanto menos lograría, por razón de su creciente sobrecarga de trabajo, uniformar la jurisprudencia. La inevitable pugna entre esos dos objetivos, la unidad del derecho y la justicia del caso, obligaría a retacear la tutela jurídica a las partes: en caso de colisión, el alcance y los límites de la casación habrían de determinarse por la *finalidad jus-unitaria* [39].

Schwinge deriva la prioridad de este objetivo de la evolución histórica de la casación[40],. Las raíces de este recurso estarían en el de nulidad prusiano, cuyo fin primordial habría sido uniformar el derecho; «Su objeto era impedir que surgiera un principio jurídico incorrecto»[41]. Y Duske, discípulo de Schwinge, complementa la fundamentación histórica con una interpretación según la «naturaleza de la cosa»: salvaguardar la unidad del derecho sería la función «natural» de la tercera instancia (casación). Puesto que el tribunal de casación no podría servir por igual a la justicia del caso concreto y a la unidad del derecho, la solución cabal del conflicto de esos dos principios consistiría en encomendar al juez de los hechos la decisión que haga justicia en el caso concreto y al juez de casación la decisión señera, que marque los rumbos[42].

3. De la finalidad jus-unitaria de la casación, el método teleológico extrae consecuencias de vasta repercusión para los *límites de la casacionabilidad*[43]. La meta del afán jus-unitario sería crear certidumbre jurídica, y por eso el juez de casación tendría que dar, en sus sentencias, reglas de conducta para el ciudadano y pautas para el juez de instancia. De ahí se sigue, como Schwinge deduce literalmente, «que

---

[34] *ZStW*, tomo 51, pág. 437.

[35] 1a ed., pág. 55, 2ª ed., pág. 53.

[36] *Ob. cit.*, 2ª ed., pág. 6.

[37] Distinto es el caso, como SCHWINGE lo señala, cuando se lo interpone por infracción al derecho procedimental, supuesto éste que no nos interesa aquí; su objetivo es entonces compeler al juez de los hechos a la observancia concienzuda del ordenamiento procesal. Funciona así como un «correctivo en el caso concreto», y la solución no puede hacerse depender, por tanto, por la gravitación que la infracción tiene para la unidad del derecho (*Grundlagen des Revisionsrechts,* 2ª ed., págs. 34-38; DUSKE, ob. cit., págs. 97-111).

[38] SCHWINGE, *ob. cit.*, págs. 26-34; DUSKE, *ob. cit.*, págs. 86-97.

[39] En este sopesamiento, como se ve, el método teleológico tiene en cuenta también los intereses jurídicos.

[40] *Ob. cit.*, págs. 6-23.

[41] *Ob. cit.*, pág. 12.

[42] *Die Aufgaben der Revision,* págs. 64 y 69.

[43] SCHWINGE, *ob. cit.*, págs. 48-53; DUSKE, *ob. cit.*, pág. 159; HANACK, *ob. cit.*, págs. 97 y sigtes.

el juez de casación tiene que ocuparse solamente de aquella parte de la sentencia de la instancia anterior que tenga *carácter de pauta*, o sea que pueda servir como modelo para fallos futuros». Puesto que el juicio sobre las cuestiones referidas al caso singular no podría pretender validez general y no serviría como norte de conducta, todas las consideraciones concretas estarían, por otro lado, sustraídas al control ulterior: «El principio de la casacionabilidad reside pues en la contraposición entre cuestión-pauta *[Richtlinienfrage]* y cuestión del caso singular *[Frage des Einzelfalls]*. Reexaminables son sólo las violaciones típicas, que quebrantan principios jurídicos; el material fáctico concreto es insusceptible de casación». En la diferenciación entre «cuestión-pauta» y «cuestión del caso singular», la contraposición lógica de «cuestión de derecho» y «cuestión de hecho» hallaría una interpretación más adecuada al asunto (teleológica).

4. También el problema de la casacionabilidad de los *conceptos indeterminados* podría ser resuelto, según la concepción de la escuela teleológica, distinguiendo entre «cuestión-pauta» y «cuestión del caso singular»[44]. La sentencia que aplicara un concepto indeterminado contribuiría, en verdad, a concretar ese concepto mediante una «norma intermedia» *[Zwischennorm]*. Pero sólo las consideraciones «que importaran principios jurídicos» *[«rechtsgrundsätzliche» Erwägungen]* tendrían efecto jurígeno. La significancia de una decisión para la unidad del derecho dependería, por ende, de si es determinado por las condiciones especiales del caso o por principios generales: «Conforme a esto, el alcance de la reexaminabilidad no es el mismo en todos los conceptos, sino distinto según la esencia y carácter peculiar del elemento de figura legal *[Tatbestandsmerkmal]*. En todos los casos, sólo son reexaminables las conclusiones subsuntivas que pueden cobrar interés desde el punto de vista de la unidad del derecho»[45].

5. Estas tesis, que Schwinge mantiene conscientemente[46] indeterminadas, han menester por de pronto una interpretación. Las interpretaciones posibles son dos:

El juicio de un caso es siempre reexaminable, si el juez de casación es de opinión que el caso *podría repetirse en la misma forma o en forma similar (a):*

> el juicio de un caso es siempre reexaminable si el juez de casación puede, con el auxilio de ese caso, forjar una *premisa mayor abstracta de validez general (b).*

a) Si se determina la casacionabilidad de las normas en blanco según los criterios de *comparabilidad* y *repetibilidad* de los casos, entonces también son reexaminares, en principio, las conclusiones subsuntivas concretas de la sentencia de apelación. Porque siendo así que el derecho, como ordenamiento social, parte de la regulación tipificadora y no de la individualizadora[47], se pueden sacar conclusiones, hasta del juzgamiento de circunstancias perfectamente «concretas», respecto de la valoración de otros casos, con la única condición de que sean congruentes con el caso comparado:

---

44 Schwinge, *ob. cit.*, págs. 118-140.

45 Schwinge, *ob. cit.*, págs. 130 y 132.

46 *Ob. cit.*, pág. 130: «Al respecto no puede establecerse una fórmula general; lo que cuenta es hasta dónde la aplicación del concepto concreto penetra en las circunstancias del caso singular»; véase también la pág. 132, donde se previene contra la «generalización incorrecta» y la «creación apresurada de principios».

47 Véase Heinrich Henkel, *Recht und Individualität* (1958), págs. 6 y sigtes.

Durante una fiesta escolar navideña, un alumno de trece años había sufrido quemaduras por efecto de una «luz de Bengala» prendida por uno de sus condiscípulos.

Se planteó la cuestión de si, dadas las circunstancias, cabía imputarle al maestro una violación «culposa» de su deber de vigilancia, por cuanto había dejado solos a los alumnos por unos momentos. Al dictar el fallo de casación, la Corte federal de justicia pudo apoyarse en un accidente similar ocurrido también durante una fiesta escolar navideñ[48], pero en el cual los alumnos habían tenido solamente nueve y no trece años, y, además, la quebradura había sido producida por una vela común y no por una «luz de Bengala».

No obstante, la Corte sostuvo que la similitud estaba dada y que por con. siguiente correspondía dar' igual tratamiento jurídico a ambos cuadros fácticos.

Como se ve, la «repetibilidad» no debe entenderse en el sentido dé igualdad de todos los pormenores, o sea en el sentido de cuadros tácticos idénticos, porque entonces ningún caso sería «repetible». Lo que se presupone es tan sólo una igualdad de las circunstancias jurídicamente relevantes[49], que en este caso serían los elementos «maestro», «fiesta escolar navideña» (con la consiguiente excitación de los alumnos), «necesidad de vigilancia», «objetos incendiarios peligrosos». Esta igualdad de casos en sí diversos podría descubrirse con cada vez mayor facilidad a medida que el material jurisprudencial fuera creciendo, o sea, ser fomentada mediante un número en lo posible grande de fallos. Desde ese punto de vista, cabría suponer casacionables a todas las conclusiones subsuntivas a las cuales les subyaciera un módulo de juicio universalmente válido; el reexamen quedaría excluido sólo en caso de un enfoque a-típico, esto es, cuando se aplicare un módulo individual, variable de un caso a otro.

A este resultado se llegaría también con una interpretación amplia (no técnica) del concepto de «pauta» usado por Schwinge. Verbigracia, si un caso consiste en las circunstancias jurídicamente relevantes a)-k), se podría, mediante el simple expediente de encerrar esos elementos en una fórmula general[50], derivar de él una regla general, aplicable a todos los demás casos que reunieren los elementos a)-k) y pasible también, por consiguiente, de reexamen por el tribunal de casación. Por ejemplo: «Dados los elementos a)-k), cabe afirmar que (no) hubo violación culposa de deberes por parte del maestro». A la inversa, sólo escaparía a la generalizabilidad, y por ende a la casacionabilidad, el caso atípico.

Tenemos aquí pues un manejo *concreto-general* de la casación, fundado en la idea de que al juicio concreto le corresponde por lo menos un efecto «ejemplarizador», cuando no de «pauta» (en sentido no técnico), válido para otros casos. Schwinge ofrece también puntos de apoyo para sostener esto: así por ejemplo, defiende al método teleológico contra el malentendido de que dicho método sólo autorizaría la casación para resolver cuestiones jurídicas abstractas, o sea limi-

---

48 Con respecto a los dos cuadros fácticos comparados, ver *BGH VersR* 1961, págs. 1091 y sigtes.

49 LARENZ, *Methodenlehre der Rechtswissenschaft* (1960), pág. 221; HENNING OHLMER, *Richterfreiheit und Begründungspflicht* (tesis), Mainz 1953, págs. 60-62.

50 O sea que en vez de decir: «el maestro A, demandado, dejó sin vigilancia al alumnado *X* el día...», habría que formular la proposición de esta manera «Cuando un maestro deja sin vigilancia a un grupo de alumnos, viola culposamente su deber de vigilancia». De la determinación del derecho generalizado nos ocupamos más detenidamente *infra* § 4 I 2 y 3 a.

taría la función del tribunal de casación a la de una comisión interpretadora de la ley, que no se interesaría para nada por el caso concreto[51]. En su concepción, también el juicio eoncreto puede «sentar principio jurídicos» [*«rechtsgrundsdtzlich» sein]:* «¡Hay también cuestiones de derecho concretas!»

b) Pero el empleo, en este contexto, del adverbio «también», deja entrever que la escuela teleológica *no entiende la casacionabilidad concreta como regla.* En efecto, el celo misionero con el cual sus partidarios salen a batallar contra el tradicional método lógico[52], sería inexplicable si la escuela teleológica tampoco pudiera ofrecer más que la conclusión de que, en principio, son casacionables todas las conclusiones subsuntivas; tesis ésta que podría explicarse de una manera menos forzada sosteniendo que, en el orden lógico, todas las cuestiones jurídicas son susceptibles de generalización. Lo que va en contra del supuesto de la casacionabilidad básicamente concreta es, sobre todo, el concepto de «pauta» usado por el método teleológico. Según Schwinge, la pauta es una norma «equivalente» a la ley; por consiguiente, el fallo-pauta daría vida a una nueva «regla jurídica»[53].

Pero, desde ese punto de vista, los conceptos de «pauta», «cuestión-pauta» y «fallo-pauta» no pueden ser entendidos en el sentido amplio, no técnico, que se tomó como base en el ejemplo de la violación culposa de los deberes de un maestro. Si se creasen pautas generalizando *todos* los elementos relevantes de un caso determinado, ellas no sólo podrían degenerar en monstruos del lenguaje (lo que los haría inaprovechables en la práctica), sino que también serían inaplicables a otros casos por su formulación demasiado casuística[54]. Y otro argumento contra el empleo de un concepto tan amplio de «pauta» es que un juez de casación con sentido de responsabilidad se cuidará de convertir a las circunstancias relevantes de cada caso que él decida, en una «pauta» que pudiera sentar precedente en otras controversias.

La suposición de que el concepto de «pauta» tiene otro sentido que el de generalización de todos los hechos jurídicamente relevantes *in concreto,* es confirmada por Hanack, otro representante de la escuela teleológica[55]. Haciendo referencia a un fallo de la Corte federal de justicia[56], Hanack distingue entre «cuestiones singulares que se plantean en cada procedimiento de una manera más o menos distinta y que surgen cada vez en una constelación diversa» y «principios de interpretación generales, típicos»[57], que él califica también de «cogniciones más generales, que preceden a los resultados concretos»[58] o de «reglas intermedias»[59]. Sólo

---

51 *Ob. cit.,* págs. 56-57.

52 *Ob. cit.,* pág. 5: «Es difícil que en alguna otra de las subdivisiones del derecho procesal se evidencie con mayor nitidez la insuficiencia de la, jurisprudencia de la construcción y de los conceptos del viejo estilo, que en el derecho de casación». Véase además la pág. 53, donde se afirma la «falta de sentido» del deslinde lógico entre la cuestión de hecho y cuestión de derecho.

53 *Ob. cit.,* págs. 127-28.

54 Es dudosa y objetable, por ende, por su formulación demasiado especial, la directriz de la Corte federal de justicia reproducida en VersR 1960, pág. 305: «Una lancha de aprovisionamiento de 8 metros de largo y 2,35 metros de ancho, y dotada de un motor de 55 HP, que sirve para aprovisionar los buques que circulan por un canal de navegación interior, es un buque en el sentido del § 1 BinnSchC».

55 *Der Ausgleich divergierender Entscheidungen,* págs, 96 y sigtes.

56 *BGH* 18, 13 y sigtes.

57 HANACK, *ob. cit.,* pág. 99.

58 *Ob. cit.,* págs. 100 y 104.

59 *Ob. cit.,* págs. 105 y sigtes., 119.

esos «puntos de vista jurídicos abstractos» habrían de garantizar la uniformidad de la jurisprudencia[60] y solamente a ellos cabría atribuirles, por tanto, valor «de principio jurídico» *[«rechtsgrundsätzliche» Bedeutung]*.

El fallo citado por Hanack, que se ocupa del sentido del § 48 II EheG (Ley de matrimonio) (antigua redacción), establece dos principios de interpretación generales, que han de entenderse como «pautas» en el sentido del método teleológico:

«En su forma final y comprensiva, el interrogante que se plantee no debe ser: ¿qué valor o disvalor moral tiene ese proceder (v. g. el pedido de divorcio o la oposición al divorcio)? sino: ¿es compatible con el orden moral la subsistencia de ese matrimonio?[61]».

Y más adelante:

«Sentando como base ese patrón (moral), la oposición sólo será inatendible, por lo común, cuando la convivencial conyugal haya estado *ab initio* tan gravemente viciada por fallas objetivas independientes de la voluntad de los cónyuges —voluntad a la cual habría cabido la responsabilidad moral—, que no cupiera esperar que el matrimonio llegara a convertirse en una auténtica comunidad de vida»[62].

A diferencia de esto, serían «cuestiones singulares», según las entiende Hanack, las siguientes especificaciones de la sentencia:

«Consecuencias especialmente perniciosas tuvo para las relaciones entre los cónyuges, según lo ha podido comprobar el tribunal de apelación, el hecho de que, después del nacimiento del segundo hijo, las relaciones sexuales de la pareja ya no continuaron según el orden establecido por la naturaleza. Mas en esto habría una falta moral que no alcanzaba a eliminar o enervar la fuerza vinculante de la promesa matrimonial y del matrimonio, iniciado y vivido ya por varios años»[63].

«Eva K. no tiene un derecho moral a que el demandante la despose»[64].

«Pauta» es pues una norma general, o sea aplicable a un número cualquiera de casos, del derecho judicial[65]; «cuestión singular», en cambio, la valoración del caso concreto según las normas dadas en la «pauta»[66].

En el mismo sentido el concepto es empleado por la Corte federal de justicia[67]. Según la terminología de ese tribunal, es «pauta», por ejemplo, la proposición:

---

60 *Ob. cit.*, pág. 105, n. 55.
61 *BGH* 18, 17.
62 *Ob. cit.*, págs. 19-20.
63 *Ob. cit.*, págs. 20-21.
64 *Ob. cit.*, pág. 22.
65 Así también OTTO SCHWEIZER, *Freie richterliche Rechtsfindung intra legem als Methodenproblem* (1959), págs. 36 y sigtes.; HENKEL, *Recht und Individualität*, págs. 62 y sigtes. El concepto de «pauta» *[Richtlinie]* tiene aquí, pues, un significado distinto que en derecho fiscal, para el cual las «pautas» son *reglas administrativas* para la interpretación de una ley fiscal, como por ejemplo las «pautas para la aplicación del impuesto a los réditos» *(Bundessteuerblatt* 1962, parte I, pág. 611). Y otro es también su significado en la teoría de la técnica legislativa, donde «pauta» es una «norma jurídica de alcance programático»: F. VON HIPPEL, *Richtlinie und Kasuistik im Aufbau von Rechtsordnungen* (1942), págs. 30 y sigtes.; *BGH* 11, apéndice, pág. 52.
66 La pauta equivale por tanto a la premisa mayor de la forma silogística, la cuestión singular a la premisa menor y a la *conclusio* (véase *infra* §41).
67 *MDR* 1962, pág. 377, nr. 22.

«Normalmente, cabrá sostener que un funcionario no incurrió en culpa cuando un tribunal colegiado compuesto por varios jurisperitos ha considerado objetivamente justificada su conducta».

La sentencia citada demuestra que hoy día las pautas están normalmente insertas en las directrices *[Leitsätze]* formuladas en sentido afirmativo[68]. En cambio el *Reichsgericht,* con el fin de prevenir el culto de los precedentes, no fijaba su posición en directrices, sino que se limitaba a anteponer a sus fallos un *syllabus* en forma interrogativa[69] o de remisión[70].

Si, conforme a esto, se interpreta el método teleológico como enfoque *abstracto-general,* según el cual, por principio, sólo fomentaría la unidad del derecho la creación de pautas abstractas, pero no la valoración de casos singulares, se entiende también la tesis, expuesta por Schwinge, de la casacionabilidad meramente abstracta de los conceptos de «culpa» y de «causa grave».

En la aplicación del concepto civilístico de «culpa» (§ 276 BGB) sólo sería reexaminable, según Schwinge, aquella conclusión «cuya significación jurídica vaya más allá del caso concreto, o sea que afecte por ejemplo los presupuestos *conceptuales* de la culpa»[71]. Confirma esta tesis una cita[72] de Mendelssohn-Bartholdy, quien había manifestado, ya antes de Schwinge, su oposición al reexamen indiscriminado de la cuestión de la culpa[73]: una cuestión de derecho sólo debería tenerse por casacionable cuando el fallo del tribunal de casación pudiera dar a las instancias inferiores un punto de apoyo para la aplicación uniforme del derecho. Pero como en la mayoría de los casos de culpa sería «totalmente imposible» crear una pauta, el tribunal de casación tampoco debería ocuparse del reexamen concreto de esa cuestión.

El ejemplo de la «culpa» civilística es especialmente importante para la inteligencia del método teleológico. Si ese método partiera realmente de la casacionabilidad concreta, tendría que afirmar precisamente que ella se da en el campo de los deberes de diligencia, donde también el juicio concreto tiene un efecto fuertemente ejemplarizador para cuadros fácticos de configuración similar[74]. Pero según Schwinge ocurre lo contrario: lo casacionable son solamente los presupuestos «conceptuales» de la culpa.

En concordancia con el principio del control abstracto, también el concepto de la «causa grave» es casacionable sólo en abstracto, según el § 626 BGB[75]: «En la

---

[68] Así también RAMM, *JZ* 1964, 494/96, así como BBÜCGEMANN, *JR* 1963, págs. 162/68 sub. 4.

[69] «¿Quién es el tenedor de un automotor que ha sido entregado a un tercero para que éste lo use, en virtud de las disposiciones de la ley de subsistencias, pero que el propietario vuelve a usar temporariamente con fines particulares?» (RG 171, 375).

[70] «Sobre la cuestión del peligro de repetición en la acción de abstención precautoria» (*RG* 171, 380).

[71] *Ob. cit.,* págs. 51 y 136 (el subrayado es mío).

[72] *Ob. cit.,* pág. 51, n. 10.

[73] *JW* 1921, pág. 1237, nr. 14 (nota).

[74] Basta pues vincular el caso del accidente ocurrido durante una excursión escolar, comentado por MENDELSSOHN-BARTHOLDY, con otros fallos relativos al deber de vigilancia de un maestro en ese tipo de excursiones, para darse cuenta de su importancia como ejemplo para juzgar las pretensiones por responsabilidad civil de los funcionarios (pueden verse los fallos citados por KAYSER-LEISS, *Die Amtshaftung,* 2ª. ed. [1958], cois. 1650-1656).

[75] SCHWINGE, *ob. cit.,* 51. Ver también la reseña jurisprudencial sobre la casacionabilidad de la «causa grave», págs. 134-35.

instancia de casación sólo cabe examinar si, en abstracto, un determinado actuar, una determinada cualidad o un determinado acontecimiento puede constituir una causa grave para disolver una relación de servicio». También Duske habla inequívocamente, por tanto, del pensar abstracto, determinante para la casación jusmaterialística»[76].

El método teleológico de Schwinge puede resumirse, por ende, en las tesis siguientes:

El deslinde lógico entre las cuestiones de derecho, casacionables, y las cuestiones de hecho, no casacionables, es impracticable; un deslinde utilizable para el derecho de casación sólo puede arbitrarse siguiendo criterios teleológicos.

La casación por infracción del derecho material tiene por finalidad, sobre todo, afianzar una jurisprudencia uniforme.

La uniformidad de la jurisprudencia es afianzada por las «pautas» abstractas. No tiene trascendencia para la unidad del derecho el juicio sobre las «cuestiones concretas del caso singular».

6. Si bien los despropósitos en que incurrieron los partidarios, del método lógico al deslindar las cuestiones de derecho, casacionables, y las cuestiones de hecho, incasacionables, fueron el móvil externo para que se desarrollara el método teleológico, queda por aclarar cuál fue el *origen intelectual* de las tesis de Schwinge. Se lo puede rastrear hasta mediados del siglo pasado. Ya en aquel entonces se comprueba —también fuera del *Obertribunal* prusiano— el afán de exonerar al tribunal supremo de la carga de apreciar el caso concreto, porque la cuestión jurídica concreta parecía demasiado común y corriente y demasiado poco fructífera para la evolución del derecho, como para poder justificar su reexamen por la última instancia.

a) Ya el *proyecto prusiano de reforma del recurso de nulidad* del año 1860 distinguía, anticipándose de una manera notable a las tesis del método teleológico, entre cuestiones de derecho «que tienen en general trascendencia para el ejercicio de la justicia *[Gerechtigkeitspflege]*» y aquellas «cuyo interés se limita al caso singular»[77]. Mediante el recurso de nulidad sólo podrían someterse al tribunal supremo las cuestiones jurídicas que fueran más allá del caso singular», porque sólo la infracción de «principios jurídicos» haría temer la solución defectuosa de otros casos, mientras que el ejercicio incorrecto de la discreción judicial quedaría circunscripto al caso singular. Aquí bastaría, para satisfacer la ley y las exigencias de la administración de justicia, que el juez haya ejercido de alguna manera su discreción. Justamente por estar abstraída la cuestión de derecho de las contingencias del caso singular[78], el tribunal supremo gozaría de una influencia poderosísima sobre la jurisprudencia de las instancias inferiores.

---

[76] *Die Aufgaben der Revision,* pág. 110.

[77] *Justiz-Ministerialblatt* 1960, págs. 281/8586.

[78] Bähr, *Das Rechtsmittel zweiter Instanz,* pág. 22: «Siempre es lo concreto, lo que no está regido por una regla jurídica abstracta, lo que se sustrae al examen practicado desde el punto de vista del recurso de nulidad».

En concordancia con estas ideas, Wach critica el enfoque concreto adoptado para la casación por el Proyecto de ordenanza procesal civil para el Imperio de 1877[79], y afirma: «Sólo una *revisio in abstracto,* no *in concreto,* cumple la finalidad de conservar la unidad del derecho»[80].

b) Esta crítica es recogida poco más tarde por Stahl [81], quien fustiga la casacionabilidad concreta tildándola de «extensión innatural e ilegal de la casación, que lleva a convertirla en apelación» [82]. Mientras que Wach, igual que antes el proyecto de reforma del recurso de nulidad, defendía el enfoque abstracto basándose en la finalidad del recurso, Stahl argumenta con el concepto de la «cuestión de derecho», el cual presupone que se puede formular una regla jurídica general desentendiéndose del caso singular[83]. Partiendo de ese concepto, distingue tres posibilidades de subsunción:

El caso de «identidad necesaria» de cuadro fáctico y elemento de la figura legal («la instigación a la complicidad en un homicidio es *siempre* moralmente reprobable») pertenecería a la cuestión de derecho[84], porque la actividad del juez se agotaría en constatar la concordancia «conceptual»[85] del cuadro fáctico con la ley, y sería por consiguiente pura interpretación de ésta. También el caso de «incompatibilidad» de cuadro fáctico y elemento de la figura legal («penetrar en un aposento desde el interior de una casa no constituye *nunca* un 'escalamiento' en el sentido del § 243, n. 2 StGB») debería clasificarse como cuestión de derecho, por la comparación puramente «conceptual» con la ley[86]. Pero si sólo pudiera comprobarse —como ocurre normalmente cuando se aplican conceptos discrecionales— una «identidad posible» entre el cuadro fáctico y el elemento de figura legal («el olvido de una cosa *puede* encerrar una pérdida de posesión»), la aplicación de la regla al caso concreto sería una cuestión de hecho, porque entonces se trataría de la apreciación de todas las circunstancias, que desde el punto de vista conceptual podría resultar positiva o negativa[87].

Estos resultados coinciden también en buena medida con los del método teleológico. También para Schwinge la apreciación con-i creta en los casos en los cuales se dice: «puede» *[Kannfälle],* es cuestión del caso singular[88]. La diferencia entre las dos doctrinas está solamente en el método. Stahl se vale del criterio jurídico-conceptual; Schwinge, del criterio teleológico.

c) La diferenciación entre cuestiones de derecho «típicas» y «concretas» es también el tema central de un análisis de la determinación de la sentencia

79 Ver la fundamentación *ad* § 461 y § 479 en la pág. 374.

80 *Kritische Vierteljahresschrift,* tomo 15 (1873), págs. 88/104. Más tarde, sin embargo, Wach se apartó de esta tesis (*JW* 1881, pág. 74).

81 Juez de distrito en Rottweil; no el conocido jurisfilósofo y politicista Friedrich Julius Stahl.

82 *Goltdammers Archie,* tomo 24 (1876), págs. 169/214.

83 *GA, ob. cit.,* pág. 177, con una notable invocación de Savigny, *System des heutigen römisohen Rechts,* tomo III (1940), págs. 327/28.

84 *Ob. cit.,* págs. 72/73.

85 Obsérvense la notoria concordancia con la formulación de Schwinge (pág. 51) sobre la limitación de la casacionabilidad a los presupuestos «conceptuales» del dolo y de la culpa.

86 *Ob. cit.,* págs. 173/74.

87 *Ob. cit.,* págs. 174/76.

88 Schwinge, pág. 51, sobre el concepto de «causa grave». A pág. 132, Schwinge se ocupa también de la reexaminabilidad de la cuestión de si los calificativos «alto instituto estatal», «infalibilidad», «señores de gabinete» encierran injurias en el sentido del § 185 StGB.

[*Urteilsfindung*] escrito por Wehli[89]. Según este autor, la cuestión de derecho típica se distingue de la cuestión de derecho concreta por su mayor repetibilidad y su mayor trascendencia social[90]. Una cuestión de derecho típica podría ser por ejemplo: ¿pueden garantizarse con una multa convencional también los créditos no reclamables judicialmente?; una cuestión de derecho concreta: ¿ha procedido ese motorista con la diligencia que exigían las circunstancias?[91]. En esos ejemplos, la cuestión de derecho típica es idéntica a la interpretación de la ley; la cuestión de derecho concreta, idéntica a la subsunción bajo la norma en blanco, subsunción que no da origen a una norma general. También Wehli sostiene, como precursor de la escuela teleológica, que la diferenciación entre cuestiones de derecho «típicas» y «concretas» está estrechamente relacionada con la casación[92].

d) Entre los precursores de esta escuela cabe mencionar, por último, a Philippi, magistrado del *Reichsgericht*, partidario de limitar radicalmente la casacionabilidad mediante el enfoque teleológico[93]. Descontento con la poco clara y a menudo contradictoria jurisprudencia del *Reichsgericht* sobre la casacionabilidad de normas en blanco[94], le reprocha también a ese órgano haber ocasionado él mismo su crónica sobrecarga de trabajo, al extender desmedidamente los límites de la casación[95]. El liberal y generoso reexamen de cuestiones tales como «culpa», «inmoralidad» y «buena fe», así como la aplicación de reglas experienciales, habría ensanchado el campo de la jurisprudencia de ese tribunal hasta lo inmensurable, aunque el fallo en estos casos sería normalmente de índole «fáctica» y sólo excepcionalmente sentaría algún principio de derecho *[rechtsgrundsätzlich sei]*[96]. Mas como el instituto de la casación habría sido creado con el fin de uniformar la jurisprudencia, *de le ge ferenda* también podría fundársela solamente en la interpretación incorrecta de normas en blanco; los ataques en casación contra las conclusiones concretas del tribunal de apelación deberían vedarse mediante una reforma de la Ordenanza procesal civil[97].

1. Crítica del método teleológico de Schwinge

Cuando intrincadas investigaciones lógicas hechas para deslindar la cuestión de hecho de la cuestión de derecho arrojaban resultados incongruentes[98] y además embarcaban a la ciencia procesalística en una contienda en torno a los conceptos «hecho», «juicio de hecho» y «juicio de valor»[99], era harto comprensible que se sustentara el postulado de determinar los límites de la casación según la finalidad

89 *Festschrift für Adolf Wach* (1913), tomo I, págs. 405/16.
90 *Ob. cit.*, pág. 421.
91 *Ob. cit.*, págs. 416 y sigtes.
92 *Ob. cit.*, pág. 437.
93 *Judicium*, tomo I (1928/29), págs. 126 y sigtes.
94 *Ob. cit.*, págs. 127/28, 34.
95 *Ob. cit.*, págs. 131/32.
96 *Ob. cit.*, págs. 126, 131/32, 135. También SALINGER (JW 1917, pág. 9) recomienda la casacionabilidad puramente abstracta del concepto de «contrario a las buenas costumbres»; MENDELSSOHN-BARTHOLDY, en la nota arriba comentada, la casacionabilidad abstracta de la «culpa» (JW 1921, pág. 1237).
97 *Ob. cit.*, págs. 135/36. Los casos de «aplicación» incorrecta de una norma jurídica, que PHILIPPI considera casacionables (pág. 135 *ad* § 550, nr. 2-3 ZPO), deben clasificarse igualmente como de interpretación incorrecta. Lo que aquí se quebrantó es la «identidad necesaria» o la 'incompatibilidad» de caso concreto y concepto jurídico en el sentido de la teoría desarrollada por STAHL.
98 Según MANNHEIM, la enunciación «este caballo es zaino» sería un juicio fáctico no casacionable, mientras que la aserción «este caballo vale 500 marcos» contendría un juicio de valor, sí casacionable (*Beiträge zur Lehre von der Revision*, págs. 62/63).
99 Véase un estudio más detenido de este punto en MANNHEIM, págs. 41 y sigtes.

del recurso, siendo así que el objetivo de ese postulado es adoptar un modo de trabajo científico reconocido hace ya mucho en el derecho civil, y por ende desarrollar el derecho de casación en concordancia con el espíritu de la dogmática civilística moderna. Sin embargo, el método teleológico tal como lo manejan Schwinge, sus precursores y sus discípulos, debe rechazarse decididamente en lo tocante a la aplicación de conceptos indeterminado[100], puesto que no ha sabido liberarse de las fallas del recurso de nulidad prusiano. Con la tesis, influenciada por el derecho prusiano, de que el tribunal de casación sólo tendría que ocuparse de la «cuestión de la pauta», con prescindencia y abstracción del caso, se olvida que la pauta y el caso singular guardan entre sí una relación funcional y que por tanto no puede usárselos como criterios contrapuestos para fijar los límites de la casación. *La casacionabilidad del caso singular sirve no solamente al interés del recurrente en que sea casada una sentencia incorrecta, sino en principio*[101] *también al interés público en una jurisprudencia uniforme.*

a) Suscita ya dudas el que Schwinge se adhiera[102] a la tesis, que por algún tiempo sostuvo el *Reichsgericht*[103], de que la aplicación del concepto de «causa grave» en el sentido del § 626 «a lo sumo» habría de ser reexaminada para determinar «si, en abstracto, un determinado actuar, una determinada cualidad o un determinado acontecimiento *puede* constituir una causa grave para disolver una relación de servicio». Si el tribunal de casación realmente sólo pudiera juzgar reglas de formulación tan general como: «La ofensa al empleador puede constituir una causa grave para el despido sin preaviso», le estaría vedado incluso crear pautas más especiales para aplicar el concepto[104]. Mas esto contrariaría ostensiblemente la finalidad del instituto, porque los conocimientos que el tribunal de casación adquiere reexaminando casos singulares, siempre distintos el uno del otro, le brindan ocasión para desarrollar pensamientos jurídicos generales, tales como el que dice que en el caso de despido por ofensa al empleador también entran en cuenta el motivo de la ofensa, la justificación de lo que el trabajador tuviera que reprocharle a su patrón, así como las consecuencias que el despido sin preaviso tiene para aquél[105]. Esta refinación sería imposible si se aplicara la «fórmula en abstracto» cruda, y la jurisprudencia se agotaría entonces en la repetición de floreos archiconocidos y para colmo, vacuos. Con buena razón se le achacó esterilidad al enfoque abstracto de esta versión[106].

Quiere decir que, con respecto a la casacionabilidad del concepto de «causa grave», Schwinge ni siquiera guarda la debida lógica. De aplicárselo consecuentemente, el método de reexamen abstracto tendría que fijarse como objetivo mínimo la creación de pautas especiales.

b) Pero la objeción decisiva contra el método teleológico de Schwinge es que pasa por alto el *efecto ejemplarizador* que dimana del juzgamiento del caso concreto,

---

100 No opinaremos aquí sobre su utilidad en otros terrenos.

101 En cuanto a excepciones, ver *infra* §§ 8-10.

102 Véase *supra* § 1 II 2 d.

103 *Ob. cit.*, pág. 51 («¡Singularmente buena!»), pág. 123.

104 Sobre la creación de pautas especiales: Hueck-Nippebdey, *Arbeitsrecht*, tomo I, 7ª ed. (1963), § 59 III 12; Esser, *Grundsatz und Norm in der richterlichen Fortbildung des Privatrechts*, 2ª ed. (1964), págs. 80, 84/85, 120, 162, 221/22 y *passim*; Ohlmer, *Richterfreiheit und Begründungspflicht* (tesis), Mainz 1953, págs. 68/70. Es instructivo asimismo el ejemplo de *BGH JZ* 1961, pág. 377, con nota de Scheyhing,

105 *BAG* 3, 193; *BAG AP* nr. 1 ad § 124-*a* GewO.

106 Fuchs, *JW*, 1917, págs. 633 y sigtes.

aunque los ejemplos de subsunciones son imprescindibles para entender y aplicar las pautas, formuladas a menudo de manera indeterminada y por ende difíciles de apreciar en sus alcances[107]. Sólo los ejemplos que brindan las subsunciones hacen posible el procedimiento, determinativo del derecho, de la comparación de casos, que es de importancia considerable en el campo de los conceptos indeterminados.

aa) La a menudo citada regla de que los «conceptos sin imagen son vacuos»[108], porque solamente la imagen *[Anschauung]* proporcionaría la idea clara de un objeto, es válida especialmente en lo tocante al concepto indeterminado.

Los conceptos indeterminados nacen de una formulación poco precisa de la ley, cuyo fin es dar cabida a la determinación del derecho por el juez[109]. Su falta de perfil acarrea sin embargo un inconveniente que se torna patente en el momento en el que el derecho ha de aplicarse: que la definición del concepto, que conduce a datos *[Gegebenheiten]* más concretos[110], da siempre un resultado sólo parcial. Yendo más allá, sólo se puede —digámoslo recargando las tintas— sustituir un factor desconocido por otro[111].

Hasta los padres del Código civil (BGB) tuvieron que reconocer que los elementos de figura legal con límites borrosos son indefinibles. Tras haber fracasado todos sus intentos de determinar con mayor exactitud el concepto de «culpa burda» (§ 277 BGB), tuvieron que dejar librada esa determinación al juez[112].

bb) El juez encargado de «suplir *[ausfüllen]* la ley» puede atenuar la falta de certeza relativa al contenido de un concepto indeterminado —una falta de certeza que nace de esas lagunas en las definiciones— creando pautas casuísticas[113]; por ejemplo, estableciendo:

«El cargo de presidente de Sala de un superior tribunal regional sólo estará cubierto reglamentariamente si ese presidente, por el volumen de sus actividades, ejerce una influencia tal que señale rumbos a la jurisprudencia de esa sala. A tal efecto, tendrá que verificar personalmente por lo menos el 75 % de las tareas que se efectúen en carácter de presidente de sala»[114].

Sin embargo, el suplir la ley mediante tales reglas es una labor sujeta a límites muy estrechos, porque —si se prescinde del juzgamiento de grupos de casos jurídicamente unívocos[115]— esas reglas hacen que la jurisprudencia quede peligrosamente

---

[107] Véase por ejemplo, la siguiente directriz: «El desquiciamiento insanable de un matrimonio, debido en un primer momento a la culpa exclusiva de uno de los cónyuges, no tendrá que considerarse más adelante como debido a la culpa única o predominante de éste, si circunstancias posteriores, hijas del destino, han tornado imposible y parecen vedar también para el futuro el restablecimiento de la comunidad conyugal» (*BGH* 36, 357). Sólo si se clarifica la paula mediante el ejemplo subsuntivo, resulta sostenible la opinión del Tribunal federal de trabajo (E 1, 85-89) de que el concepto indeterminado es aún «lo suficientemente determinado» como para permitir que se juzgue algún caso.

[108] Para un estudio más detenido véase EISLER, *Worterbuch der philosophischen Begriffe*, 4ª ed. (1927), voz «Anschauung» (imagen). Es instructivo también W. JELLINEK. *Gesetz, Gesetzesanwendung und Zweckmässigkeits- erwägung* (1913), págs. 160/61.

[109] Sobre la esencia y función de los conceptos indeterminados véase *infra* § 3.

[110] «Compraventa» es el «cambio de derechos o cosas por dinero»,

[111] «Culpa en el sentido del § 276 BGB consiste en no observar la *diligencia necesaria* en las relaciones del tráfico social».

[112] *Motive* I, pág. 280.

[113] Sobre el método casuístico: ENGISCH, *Die Idee der Konkretisierung* (1953), pág. 79-81, con otros justificantes: F. VON HIPPEL, *Richtlinie und Kasuistik im Aufhau von Rechtsordnungen* (1942).

[114] *BGH* (GZS), 37, 210.

[115] Véase, por ejemplo, el caso *BGH LM* nr. 3-a *ad* § 136 (Ca) BGB.

afincada e inmóvil; sus inconvenientes son comparables a los de las leyes de formulación casuística. Porque una vez trazada una pauta casuística, el cambio de las condiciones o los nuevos conocimientos adquiridos sobre la base de nuevos casos, sólo pueden tomarse debidamente en cuenta abandonando la jurisprudencia[116], lo cual resiente siempre la confianza en la justicia. Las pautas casuísticas deberían, por tanto, ser preparadas por decisiones que se orienten por el caso singular y que le proporcionen al juez la experiencia necesaria en el correspondiente terreno, hasta que logre percibir en su globalidad la trascendencia de las premisas mayores de formulación concreta[117].

Los límites fijados a la creación de pautas casuísticas, pueden verse también en el citado fallo de la Gran sala en lo civil de la Corte federal de justicia sobre el concepto indeterminado de la composición «reglamentaria» de la sala de un superior tribunal regional (§ 551 n. 1 ZPO, § 115 GVG). La Gran sala no vio la manera de concretar el concepto, ni siquiera por la *índole* de los negocios comprendidos en la cláusula del 75 % (sentencias, quejas, cuestiones de beneficio de pobreza, etc.). Al sentar la regla de que, para determinar ese porcentaje, los distintos actos tendrían también que «pesarse», restó eficacia a la pauta casuística[118].

Al crear premisas mayores de formulación concreta, el juez tiene que proceder con cautela. Schwinge no advierte esto y sólo así se explica que considere casacionable el concepto de valor «insignificante» que prevé el § 370 n. 5 StGB, por cuanto aquí todo fallo casacional contendría un «pronunciamiento que sienta un principio jurídico *[rechtsgrundsätzlicher Ausspruch]* con carácter de pauta»[119] («una cosa de un valor 7,50 marcos es siempre/no es nunca de poco valor»). Schwinge olvida que, por la mutabilidad de las condiciones económicas, en los campos de valor problemáticos[120] esas pautas sólo pueden pretender validez por un tiempo breve y que lo mejor que puede hacerse es no aplicarlas[121].

Similar desconocimiento de los presupuestos del fallo-pauta casuístico muestra Hanack, quien afirma que una sentencia que sienta principio *[Grundsatzurteil]* señala rumbos «casi siempre de inmediato y sin esperar a que esté acreditada la solidez del pronunciamiento»[122] (I).

cc) Si el juez no puede crear una pauta casuística por no poder sujetarse a un resultado interpretativo de validez general, puede sin embargo señalar el rumbo aproximado que la jurisprudencia tiene que tomar, enunciando una premisa mayor de formulación elástica. Aquí entra en cuenta, por un lado, la forma de la *sentencia problemática:*

---

116 Véase A. O. Germann, *Präjudizien als Rechtsquellen* (1960), págs. 35 y sigtes. Véase el ejemplo de BAG 12, 278/80: «La sala desestima algunas de estas razones».

117 Esser, *Grundsatz und Norm,* págs. 80, 84-85, 120, 162, 221-22, así como *JZ* 1962, págs. 514 y sigtes. y pág. 672; Arndt, *NJW* 1963, págs. 1273/82; Schweizer, *Freie richterliche Rechtsfindung intra legem,* págs. 83 y sigtes.; Steindoref, *Summum jus - summa iniuria* (1963), págs. 58/68, 78.
El fallo *BGH* 35, 27, fue precedido por la sentencia *BGH LM* nr. 18 *ad* § 839 (Fe) BGB. Nótese la diversa redacción de las directrices.

118 Véase también la crítica de Erdsiek, *NJW,* 1963, págs. 241 y sigtes.

119 Págs. 122-24.

120 Actualmente oscila entre 8.- y 15.- marcos.

121 El *Reichsgericht* y la Corte federal de justicia limitaron prudentemente su control a la observancia de los límites de los conceptos, y en cuanto a lo demás, sostuvieron que la decisión era una «cuestión de hecho» no casacionable (*RGSt* 10, 308/10; 13, 371; 55, 182; *BGH GA* 1957, págs. 18 y 19), lo que Schwinge, con olvido de la regla de que la ley tiene que integrarse con prudencia, tilda de «poco claro y titubeante».

122 *Der Ausgleich divergierender Entscheidungen,* pág. 102.

«La donación hecha por un municipio *puede* violar las buenas costumbres, si las partes contratantes saben y aceptan el hecho de que la entrega sólo puede ser efectuada infringiendo groseramente las normas legales sobre presupuesto»[123].

Aparte esto, existe la posibilidad de elastificar la pauta mediante el solo empleo de *conceptos indeterminados:*

«Aquél a quien se le haya inferido una lesión antijurídica y culpable en su derecho de personalidad, puede reclamar una indemnización por el daño inmaterial, si las *circunstancias,* especialmente la *gravedad* de la lesión o de la culpabilidad, exigen una satisfacción de esa índole»[124].

Por último, se encuentra frecuentemente una cláusula con la salvedad de que la pauta vale para el *caso normal:*

«Tampoco en los casos de cáncer está *normalmente* eximido el médico de hacerle saber a los pacientes los especiales peligros que encierra un tratamiento radiológico»[125].

dd) La pauta de formulación indeterminada ha menester ser aclarada —y esto Schwinge no lo advierte— por el ejemplo subsuntivo, que señala el contenido y el alcance de la premisa mayor en un caso dado[126], pero evita que mediante la regla casuística se adopte una peligrosa posición irreductible[127]. Una pauta que diga: «La donación hecha por un municipio puede violar las buenas costumbres» no es más, como agudamente observa Fuchs, que una «trascendente burbuja de aire»[128], que sólo se torna inteligible al conocerse el caso que le subyace. Por eso, la Corte federal de justicia destaca con buena razón que, cuando se aplica un concepto indeterminado, lo que sería de interés decisivo es una valoración y apreciación de datos concretos[129].

La importancia que puede tener el ejemplo subsuntivo para clarificar una pauta puede verse especialmente en fallos de la Corte federal de justicia en materia de derecho de la competencia (comercial), en los cuales, para dar una imagen viva de la premisa mayor, se adopta una designación que sintetiza el cuadro fáctico en forma de una rutilante frase compendiosa: «Pfiffikus-Dose» [caja chusca (con cola)] (LM n. 98 ad § 1 UWG), «Tiefenfurther Bauernbrot» [pan de campaña (moreno de Tiefenfurth] (LM n. 19 *ad* 3 UWG), «Hautleim» [cola de piel (animal)] (LM n. 45 *ad* § 3 UWG)[130].

Incluso en las pautas que pretenden tener validez para el «caso normal», es necesario aclarar la premisa mayor mediante la apreciación jurídica concreta[131],

---

123 *BGH* 36, 395 (relativo a la donación de un cuadro hecha a la hija de Hermann Göring por la municipalidad de Colonia).

124 *BGH* 35, 363 («raíz de *gin-seng*»).

125 *BGH* 29, 176.

126 Véase Engisch, *Die Idee der Konkretisierung,* pág. 122; F. von Hippel, *Richtlinie und Kasuistik,* págs. 30 y sigtes.; Larenz, *Methodenlehre,* págs. 220 n. 2; Esser, *Schuldrecht,* 2ª ed. (1960), § 202, 3 y sigte.

127 Cfr. La pauta: «una cosa de valor de 7,50 marcos es *siempre* de poco valor», con la constatación: «una cosa que 7,50 marcos es de poco valor, *dadas las circunstancias presentes*».

128 *JW* 1917, págs. 634. La sentencia BGH 39, 26/32 previene contra el uso de pautas sin hacer aplicación del cuadro fáctico subyacente al fallo.

129 *VersR* 1961, págs. 176/77 sub 3.

130 No son éstas caracterizaciones privadas, como lo demuestra el hecho de que también se las encuentre mencionadas en la recopilación oficial de fallos de la Corte federal de justicia (por ejemplo *BGH* 28, 387).

131 Tratándose de pautas referentes a la configuración «normal» del caso, sin embargo, el tribunal de casación puede abreviar su toma de posición con respecto a la subsunción.

porque sólo acudiendo al cuadro fáctico resuelto se percibe cuál era la situación que la sentencia consideraba «caso normal».

ee) La clarificación de la pauta de formulación indeterminada mediante el ejemplo subsuntivo hace posible la comparación de casos. Es éste un procedimiento de determinación del derecho en el cual el juez compara un cuadro fáctico con un caso ya resuelto para establecer la similitud entre ambos, a fin de pronunciar el mismo juicio jurídico si los halla congruentes y si aprueba el fallo anterior[132]. La comparación de casos se siempre necesaria cuando la premisa mayor no permite, por ser indeterminada su formulación, obtener el resultado de la subsunción por la vía deductiva. Esa comparación le suple al juez la falta de un módulo seguro para la valoración concreta, que en otros casos le brinda la premisa de formulación casuística. Por ser frecuente el empleo de premisas mayores de formulación casuística. Por ser frecuente el empico de premisas, mayores de formulación indeterminada, la comparación de casos desempeña en la determinación del derecho un papel de importancia considerable[133].

c) Por último, y prescindiendo de su efecto ejemplarizado!, la valoración concreta tiene importancia para el *control* de la pauta, de formulación indeterminada[134]. Pero hace falta cierta buena voluntad para darle cabida a este reconocimiento en la doctrina teleológica[135].

Veamos cómo funciona esto. Dado que la pauta de formulación indeterminada no resulta lo suficientemente inteligible sin el caso-concreto, tampoco puede sometérsela, si ese caso concreto falta a un examen suficiente. La proposición de que el juez tendría que fijar una «indemnización equitativa por daño personal», teniendo en cuenta «todas las circunstancias esenciales del caso» es un lugar común que no compromete a nada y no nos dice nada sobre la verdadera premisa mayor de una decisión. Errores de interpretación que se esconden tras una explicación que, por el sentido material de las palabras, hace referencias correctas, a veces sólo pueden descubrirse repitiendo la subsunción.

En cierta oportunidad, un juez de apelación, al fijar una indemnización por daño personal, había invocado textualmente pautas establecidas por la Corte federal de justicia; pero *in concreto* adjudicó al damnificado una suma desproporcionadamente baja. El resultado de la subsunción sólo permitía inferir que el juez de los hechos se había dejado guiar por el deseo de no- cargar una obligación demasiado onerosa sobre el danmificador, consideración ésta que desconocía radicalmente el concepto de indemnización «equitativa»[136].

d) Fuerza es reconocer que una comparación de casos no puede practicarse en todos los conceptos indeterminados[137]. En algunos supuestos, por ejemplo en las

---

132 De esto nos ocupamos más detenidamente *infra* § 4 II.

133 Cfr., por ejemplo, las sentencias *BGH* 35, 363/66; *BGH* 37, 94/97 y sigtes.; *BGH FamRZ* 1954, págs. 195 y sigtes.; *BGH VersB* 1962, págs. 1185/86; *BGH VersR* 1965, págs. 503/04 (derecha). Lo dice con claridad el Tribunal regional de Hamburgo, *NJW* 1964, págs. 773/75 *in fine:* «el caso semeja al caso normal».
Incluso la conocida sentencia del *Reichsgericht* en el «caso Bonifatius» se apoya en la comparación con otro caso similar: RG 83, 223/31 *i. f.*

134 Ver *infra* J 4 IV I e.

135 Cfr. SCHWINGE, *ob. cit.*, pág. 153 *(Handhabung des Rechtsfolgeermessens i. S. des hlg. Crispin)* [Manejo del cálculo de las consecuencias jurídicas en los autos: San Crispin].

136 *BGH NJW* 1953, págs. 1626 con comentario de GELHAAR, *ob. cit.*, págs. 1281.

137 Acerca de las excepciones al principio de la casacionabilidad ilimitada *infra* §§ 8-10.

cuestiones jurídicas de grado y medida[138] o en la valoración individualizadora (personalísima)[139], no se cuenta con el común módulo de juicio que toda comparación supone; falta pues una condición decisiva para la casacionabilidad de la apreciación concreta. Otras veces, el reexamen se malogra por la «lejanía» del tribunal de casación, como bien lo señala el método de las posibilidades de obrar[140].

Con todo, el alcance del reexamen que supone Schwinge es demasiado estrecho también en estos grupos de casos. Si se limita el control a la pauta, al tribunal de casación le resultará imposible descubrir errores cometidos en el método de subsunción por olvido de circunstancias esenciales[141] o por haberse separado defectuosamente la constatación del cuadro fáctico y la apreciación jurídica[142], todo lo cual redunda en perjuicio de la unidad del derecho. Porque si bien el tribunal de casación no está autorizado para pronunciarse sobre la exactitud de la subsunción, por cuanto de ese fallo no emanaría fuerza ejemplarizadora, debe al menos poder controlar el camino que lleva a la subsunción, a fin de asegurar la uniformidad del método de determinación del derecho aplicado[143].

En síntesis, cabe constatar;

El método teleológico, en la versión desarrollada por Schwinge, sobreestima las posibilidades de la creación casuística de pautas. Subestima en cambio la importancia que tiene el resultado concreto de la subsunción para la *clarificación y* el *examen* de las pautas de formulación indeterminada, así como para el procedimiento (de determinación del derecho) de la *comparación de casos.* Aunque hace bien en otorgar a la finalidad de la casación mayor relieve que otras teorías, vista en su totalidad cabe valorarla como un retroceso a los enfoques abstractos de doctrinas pretéritas.

e) Frente a estas fallas radicales de la escuela teleológica, sus otros errores pasan a segundo plano, por lo cual aquí sólo los mencionaremos al margen:

aa) Su *premisa* de que la constatación de los hechos y la aplicación del derecho confluyen en un todo inseparable es, dicho de esa manera general, insostenible. Si se elige el método de separación correcto, la cuestión de hecho y la cuestión de derecho pueden deslindarse límpidamente[144] Los casos excepcionales, en los cuales a la separación se le oponen dificultades en cuanto a la exposición del resultado de la determinación del derecho[145], son de importancia tan secundaria que no justifican el abandono del sistema de casación lógico-conceptual preconizado por el método teleológico; tanto menos cuanto la separación conceptual de los dos campos es imprescindible para aplicar el derecho siguiendo un razonamiento correcto. Porque si el juez no quiere incurrir en una «determinación irracional del derecho», tiene que formarse una idea clara sobre el material procesal *antes* de acometer la tarea de juzgarlo desde el ángulo jurídico[146].

---

138 Véase *infra* § 9.
139 Véase *infra* § 10.
140 Véase *supra* II. Sobre la lejanía, véase *infra* § 8.
141 Véase *infra* § 4 IV I c y 2 b.
142 Véase *infra* § 4 IV 2 d, § 5 I.
143 Véasee *infra* § 7 I 2.
144 Véase *infra* § 5 II 2.
145 Véase *infra* § 5 III 2 c.
146 Sobre el pape] meramente preparatorio de los actos de ver y ordenar el material probatorio con vistas a las normas jurídicas a aplicar, ver *infra* III 9 a y § 5 III 2 a.

bb) Son también objetables los ejemplos de los cuales Schwinge se sirve para desarrollar su tesis de la casacionabilidad de conclusiones subsuntivas abstraíbles y generalizables: Por ejemplo, estima generalizable la subsunción bajo el concepto de «contrario a las buenas costumbres» (§ 138 BGB), dando como razón que, como aquí se ordena aplicar un módulo o patrón medio, la decisión sería independiente del caso singular[147]. Mas esto es equivocado. La remisión al patrón medio sólo quiere decir que no cabe tener en cuenta ni ideas laxas ni una manera de pensar especialmente distinguida; el juez ha de tener presente que en un ordenamiento jurídico viven personas de diferentes ideas y modos de ver[148]. Aunque se aplique un módulo supraindividual, la decisión queda referida al caso singular, porque el concepto de «contrario a las buenas costumbres» hace referencia a las máximas de la ética práctica, que dan reglas de conducta para una situación determinada, y por consiguiente regulan el comportamiento que se exige *hic et nunc* [149]. Puesto que la decisión está ligada a la situación, lo que interesa para determinar el «carácter contrario a las buenas costumbres» de un negocio jurídico en su «carácter global», de manera tal que, como todos subrayan, es básicamente imposible crear en este terreno «reglas fijas» (es decir, pautas casuísticas)[150]. Si bien el concepto de «contrario a las buenas costumbres» es plenamente casacionable[151], sólo en pocos casos esto se debe al efecto de pauta, sino, por lo común, al efecto ejemplarizador de la sentencia.

Tampoco es generalizable sin más ni más. tal como lo afirma Schwinge[151a], la subsunción bajo el concepto de «accesorios» (§ 97 BGB). La calidad de accesorio presupone, entre otros requisitos, una «relación espacial respecto de la cosa principal, que corresponda al fin al que la cosa (accesoria) está destinada»: la cosa accesoria debe hallarse cerca de la cosa principal, de modo que esté en todo momento disponible para ser usada en beneficio de aquélla[152]. ¿Cuándo está dada esa cercanía? Esto sólo puede determinarse caso por caso[153], teniendo que ver en ello también la movilidad de los objetos en cuestión[154]. Además, el juez tiene, al resolver esto, cierta «libertad para estimar a ojo», porque la distancia que excluye la calidad de accesorio sólo se puede determinar por aproximación y no con exactitud.

Un caso sometido al *Reichsgericht* versaba sobre góndolas, un cisne y una casilla para el ave, todos adquiridos para recreación de los pasajeros de un hotel, y ubicados en una laguna a 40 metros de distancia de éste[155].

Sería difícil determinar unívocamente que la distancia de 40 metros es aún compatible con la calidad de accesorio, mientras que una distancia de 50 metros desvirtuaría la necesaria relación espacial con la cosa principal.

---

147 *Ob. cit.*, pág. 130.
148 *Staudinger-Coing,* 11ª ed., 5 a *ad* § 138; Enneccerus-Nipperdey, *Allgetneiner Teil,* 15ª ed., tomo 1/2, § 191 I 1-2.
149 Véase *infra* § 3 I 2 c.
150 *BGH* 10, 228/32; *BGH FamRZ* 1954, págs. 195 y sigtes.; *BGH LM* Nr. 12 *ad* § 138 (Cb) y Nr. 11 *ad* § 138 (Cd) BGB; Staudincer-Coing, *ob. cit., 7 ad* § 138; Enneccerus-Nipperdey, *ob. cit.*, § 191 II 1.
151 Véase *infra* § 6 IV 1 b.
151 *Ob. cit.*, pág. 124.
152 Soergel-Siebert, 9ª ed., 21 *ad* § 97; Enneccerus-Nipperdey, *ob. cit.*, tomo I/1, § 126 I 4.
153 RG 51, 272/74.
154 Véase el caso *RG Warn. Rechtspr.* 1909, Nr. 176 (locomóviles atascados).
155 *RG* 47, 197.

Por consiguiente, los tribunales de casación han declarado con acierto que la cuestión de la existencia de una «relación espacial correspondiente» es una decisión discrecional limitadamente casacionable[156] o bien una cuestión «fáctica»[157].

2. La teoría teleológica de Kuchinke

Una nueva versión de la teoría teleológica de la casación ha sido desarrollada últimamente en un *Beitrag zum Problem von Rechts- und Tatfrage* (Aporte al problema de la cuestión de derecho y la cuestión de hecho)[158] escrito por Kuchinke.

a) Al igual que Schwinge, también Kuchinke parte de la base de que la «cuestión de hecho» y la «cuestión de derecho» son inseparables desde el punto de vista lógico-conceptual[159]. Su crítica a la teoría tradicional se dirige ante todo contra la posibilidad de establecer una distinción entre conceptos «naturales» (pre-jurídicos), cuya aplicación correspondería incluir en el campo de la cuestión de hecho, y «conceptos jurídicos», de los cuales el juez se serviría para formarse el juicio jurídico[160]. Según Kuchinke, la diferenciabilidad tiene que ser, en principio, negada: no existiría un especial sistema de conceptos «jurídico», que pudiera confrontarse, en la subsunción, a un sistema de conceptos «natural»[161].

Para demostrar esta tesis, Kuchinke se vale de la llamada «interpretación *ad hoc*», consistente en ajustar la ley al cuadro fáctico estableciendo una premisa mayor de formulación exacta[162]. A título ilustrativo, construye, entre otros, el siguiente caso: un motorista ha conducido su vehículo a una velocidad de 60 km/h., y el juez encargado de juzgar un delito de tránsito está en condiciones de afirmar que una velocidad de 60 km/h. es «excesiva» en el sentido de una determinada norma jurídica[163]. Aquí, señala Kuchinke aparece el concepto de «conducir un automotor a una velocidad de 60 km/h.», tanto en la premisa mayor como en la premisa menor de la sentencia. La hipótesis concreta: «el motorista Y ha conducido a una velocidad 60 km/h.» contendría por tanto una declaración que enlazaría la constatación del hecho y la subsunción[164]. Por consiguiente, cuanto más exacto sea el concepto empleado por la ley, tanto menos cabrá esperar que puedan separarse, en una declaración de esa índole, la cuestión de hecho y la cuestión de derecho, porque de la igualdad de concepto de derecho y concepto de hecho en la premisa menor resultaría la igualdad de ambas cuestiones[165].

En última instancia; la inseparabilidad de cuestión de hecho y cuestión de derecho reposa, según Kuchinke, en el concepto tradicional de subsunción[166]. La

---

156 *RG* 51, 274.
157 *RG* 157, 47.
158 «*Grenzen der Nachprüfbarkeit tatrichterlicher Würdigung und Feststellungen in der Revisionsinstanz - Ein Beitrag zum Problem von Rechts- und Tatfrage*» (1964).
159 *Ob. cit.*, págs. 67-117, 119, 154, 193, 222-23.
160 Ver *supra* § 2 I 1 e *infra* § 5 II 2.
161 *Ob. cit.*, págs. 87, 222.
162 *Ob. cit.*, pág. 76. También lo que dice en las págs. 69-70, 73, 75, 77 y 85 deja ver que el autor se orienta por este caso.
163 *Ob. cit.*, págs. 70 y 77 a continuación de un ejemplo de Engisch, *Logische Studien zur Gesetzesanwendung*, 3ª ed. (1963), págs. 97, 99-101.
164 *Ob. cit.*, pág. 77.
165 *Ob. cit.*, pág. 73.
166 *Ob. cit.*, págs. 78-82, 115 (abajo), 116, 118-19, 146, 154.

doctrina tradicional definiría la subsunción como la equiparación de un caso a los casos a que alude la ley[167]; por tanto, la subsunción se lograría si hubiere identidad entre «la imagen que da el cuadro fáctico» y «la imagen de la figura legal que tuvo en mente el legislador», y no se lograría en caso contrario[168]. Ahora bien, si se subsume por equiparación, se llegará a conceptos coincidentes en cuanto al contenido en el campo de la llamada «cuestión de hecho» y la llamada «cuestión de derecho» (concreta). Porque: «Para que se pueda situar un caso dentro de una clase de casos, ese caso deberá haber sido determinado según los mismos principios, o sea ubicado ordenadamente dentro del sistema conceptual jurídico, lo que quiere decir: apreciado jurídicamente»[169]. Por lo tanto, no se podría, por ejemplo, constatar la «celebración de un contrato», aunque estuviesen descritos con toda exactitud los actos de los contratantes y se tuviese un perfecto conocimiento de lo sucedido, sin acudir al concepto jurídico de «contrato»; ni tampoco entender el choque de dos cuerpos como un «accidente» sin hacer aplicación de ese elemento de figura legal: «accidente»[170].

KUCHINKE admite, por cierto, que existen también casos en los cuales la cuestión de hecho y la cuestión de derecho serían separables desde el punto de vista lógico-conceptual. La separación sería factible cuando no se lograra la «interpretación *ad hoc*», o sea resolver un concepto legal mediante una premisa mayor ajustada exactamente al cuadro fáctico[171]. Haciendo referencia a un ejemplo dado por Engisch[172], Kuchinke dice textualmente: «Comprobar a cuánto asciende la tasa de interés en un préstamo, es cuestión de hecho; lo es también la determinación de si esa tasa excede la habitual. Pero determinar si, según las circunstancias del caso, los beneficios patrimoniales están en manifiesta desproporción con la prestación (§ 302 *a)* StGB), es cuestión de derecho. Aquí es evidentemente imposible suponer una identidad o similitud entre el concepto de la desproporción manifiesta y el concepto del monto de la tasa de interés. Ambos conceptos cobran su significado por su posición dentro de un sistema conceptual radicalmente diferente». [173]

Y si, visto todo esto, es imposible contraponer lisa y llanamente un sistema de conceptos «natural» a un sistema de conceptos «jurídico» y establecer, dentro del acto de determinación del derecho, una división tajante entre la «cuestión de hecho» y la «cuestión de derecho», habrá que entender la determinación del derecho como un «avanzar» sin gradaciones, que vaya de los conceptos legales generales a los conceptos individuales de cuadros fácticos siguiendo una cadena de subsunciones singulares conexas. Su «uni-dimensionalidad» no permitiría una separación conceptual entre una dimensión de la «constatación fáctica» y una dimensión de la «apreciación jurídica»[174].

b) Quiere decir que si con los criterios lógico-conceptuales no es posible determinar dónde comienza y dónde termina la subsunción bajo un concepto jurídico[175], sólo se podrían extraer, de la suma de las constataciones judiciales, algunos elemen-

---

[167] Véase ENGISCH, *ob. cit.*, págs. 24 y sigtes.
[168] KUOHINKE, *ob. cit.*, pág. 79.
[169] *Ob. cit.*, pág. 81.
[170] *Ob. cit.*, pág. 80.
[171] *Ob. cit.*, págs. 73, 76.
[172] ENGISCH, *ob. cit.*, pág. 97.
[173] KUCHINKE, *ob. cit.*, págs. 76, N. 151.
[174] *Ob. cit.*, pág. 115.
[175] *Ob. cit.*, págs. 116-17.

tos singulares, elegidos con vistas a las especiales funciones de la instancia de casación, y contraponerlos, como «cuestiones de derecho» casacionables (en sentido teleológico), a las «cuestiones de hecho» no casacionables[176]. La solución del problema de la separación tendría que orientarse, según Kuchinke, únicamente por la función jurígena del tribunal de casación [177], cuya misión señalaría al mismo tiempo los límites de su competencia[178].

De ahí resulta: según Kuchinke, *desde el punto de vista del derecho de la casación son relevantes* las cuestiones «cuyos problemas son de tanto peso, en relación con los fines generales de una determinada norma del derecho material y los fines específicos del derecho procesal, que tienen que valer como cuestiones de derecho»[179]. Son en cambio *irrelevantes,* desde el punto de vista del derecho de la casación, las «peculiaridades individuales que se tienen que considerar al dictarse el fallo» [180]. Por consiguiente, el tribunal de casación sólo podría reexaminar una constatación «cuando su decisión promueva la creación de conceptos, esto es, cuando haga un aporte a la conceptuación y exponga de manera ilustrativa los elementos constantes que contiene una apreciación».[181]

c) De esas premisas, Kuchinke deriva las pautas siguientes:

La aplicación de conceptos indeterminados es casacionable cuando los cuadros lácticos con los cuales el concepto tiene que ser puesto en relación «son típicos y entran evidentemente en el campo donde el concepto se muestra grávido *[Prägnanzbereich des Begriffs]*». Porque en la medida en que mediante el reexamen «pueden ganarse criterios generales, que comprendan una pluralidad de cuadros fácticos, que a su vez presenten una estructura típica, parece tener sentido someter la cuestión a un juicio uniforme»[182].

Son en cambio obstáculos a la casación[183]: la *conceptuación insuficiente,* que se manifiesta en los conceptos con transiciones flúidas, porque aquí una cuestión no puede recibir una respuesta categórica afirmativa o negativa (deslinde entre culpa «burda» y culpa «leve») [184]; la *irracionalidad de una valoración* que tiene que suponerse «cuando la apreciación se mueve en el campo de la incerteza que tiene su origen en lo irracional»[185] (¿cuándo alcanza una manifestación desdeñosa el grado de ofensa?)[186], así como la *atipicidad de la estructura del cuadro fáctico*[187] (¿existe en concreto una causa grave de despido?)[188].

d) Kuchinke entiende por cierto estas pautas solamente como guías para la facultad discrecional del tribunal de casación de determinar el alcance del reexamen

---

176 *Ob. cit.*, pág. 117.
177 *Ob. cit.*, págs. 93, 113-14, 132, 138.
178 *Ob. cit.*, pág. 132.
179 *Ob. cit.*, pág. 126.
180 *Ob. cit.*, págs. 130-31.
181 *Ob. cit.*, págs. 132 y 212.
182 *Ob. cit.*, pág. 133.
183 *Ob. cit.*, págs. 143, 211-12.
184 *Ob. cit.*, págs. 133-34.
185 *Ob. cit.*, págs. 134-40.
186 *Ob. cit.*, pág. 138.
187 *Ob. cit.*, págs. 141-42.
188 *Ob. cit.*, pág. 141.

bajo su responsabilidad propia. Porque dado que la cuestión de hecho y la de derecho no podrían separarse conceptualmente, tampoco sería determinable con exactitud el límite entre la «apreciación de la prueba», que es libre, y la «apreciación jurídica, sujeta a reglas»: «Su determinación en el caso singular está sometida, dentro de una zona delimitada por las posiciones extremas del acto singular de aplicación del derecho (concepto general que sirve de punto de partida, propio de la ley – concepto individual que sirve de límite, propio del cuadro fáctico) a la discreción del tribunal de casación»[189]. Por consiguiente, merecería aplauso «si los tribunales de casación derivaran en mayor medida su legitimación para reexaminar las constataciones y las apreciaciones de los jueces de los hechos, del reconocimiento de que ellos están llamados, por razón de su competencia, a decidir, dentro del marco de los complejos concatenamientos del juicio, qué es todavía cuestión de hecho y qué es ya cuestión de derecho».

3. Crítica de la teoría de Kuchinke

a) Tal como ya se dijo al analizar el método teleológico de Schwinge[190], no resiste el análisis la tesis de que la constatación del cuadro fáctico no se podría separar, en el orden lógico, de la valoración jurídica. Pero con ello cae también la premisa sobre la cual se fundan las conclusiones a que arriba Kuchinke.

No se puede negar que Kuchinke se ocupa más a fondo que la escuela teleológica de Schwinge del criterio tradicional para trazar la línea demarcatoria en la contraposición de «conceptos naturales» y «conceptos jurídicos». Este criterio Kuchinke incluso lo considera acertado «como punto de arranque», porque las diferencias entre la constatación de] cuadro fáctico y la valoración jurídica, si es que se las puede señalar, «sólo pueden ser de conceptos»[191].

Más adelante habremos de ver que tras esa confrontación de «conceptos naturales» y «conceptos jurídicos» hay un principio objetivo de hondas proyecciones[192]. Aquí bastará señalar que el contenido de los «conceptos naturales» es determinado por instancias extrajurídicas, v.g. el uso idiomático, y por consiguiente no está a disposición del legislador o del juez. El contenido del «concepto jurídico» se orienta en cambio por la finalidad que la ley persigue con una norma jurídica; mediante la interpretación jurídica podrá cobrar un significado que se aparte del «concepto natural» (no es lo mismo «conocimiento» en el sentido del lenguaje corriente, y «conocimiento» en el sentido del § 852 BGB).

Si, no obstante, Kuchinke niega más adelante su separabilídad', esto se basa – llevado a común denominador– en la opinión de que la equiparación del cuadro fáctico a los casos a que alude la ley, tornaría indeferenciables, en la premisa menor, a los conceptos de cuadro fáctico *[Sachverhaltsbegriffe]* y los conceptos jurídicos *[Rechtsbegriffe]* y en consecuencia también a la cuestión de hecho y la cuestión de derecho de un caso. Porque una «equiparación» sólo sería posible *stricto sensu* habiendo igualdad de contenido, pero la igualdad de contenido precisamente destruiría toda diferenciación conceptual.

---

189 *Ob. cit.*, pág. 215. La referencia al deslinde practicado a discreción del juez de casación, se encuentra en varios otros pasajes del trabajo: págs. 57, 132, 211, 227.

190 *Supra* III 7 e.

191 *Ob. cit.*, pág. 68.

192 § 5 II 2 b.

Prescindiendo de que esas tesis han sido desarrolladas partiendo del poco significativo caso de la «interpretación *ad hoc*»[193], la argumentación de Kuchinke es a primera vista pasmosa[194]: si el juez subsume bajo una premisa mayor de formulación exacta, la cuestión de hecho y la de derecho coincidirán en la premisa menor, porque el concepto (relevante) del cuadro fáctico y el concepto individual jurídico («el motorista Y condujo el vehículo a una velocidad de 60 km/h.») coinciden en cuanto al contenido. Si se somete el caso destacado por Kuchinke a un examen más detenido, se descubre que la supuesta inseparabilidad lógico-conceptual no está fundada; *Kuchinke resta importancia a la subsunción, que es el eslabón entre la premisa mayar y la declaración sobre la existencia de un determinado cuadro fáctico.*

La mejor manera de poner en claro la importancia del acto mental que enlaza el cuadro fáctico con los conceptos jurídicos de la premisa mayor, es volver al silogismo de la sentencia en el ejemplo de Kuchinke:

«Una velocidad de 60 km/h. es excesiva en el sentido del § X» (premisa mayor jurídica).

«El motorista Y condujo su vehículo a una velocidad de 60 km/h.» (cuadro fáctico formulado en conceptos pre-jurídicos).

«Estando dados los elementos presupuestos por la ley (subsunción que debe clasificarse como cuestión de derecho),

la velocidad a que condujo el motorista Y es excesiva en el sentido del § *X*» (conclusión jurídica, obtenida equiparando el cuadro fáctico a la premisa mayor).

Kuchinke no discute que es necesario equiparar el cuadro fáctico al concepto jurídico[195], pero no le reconoce operancia a la grada entre la cuestión de hecho y la de derecho que presenta aquí el esquema silogístico. En su concepción, la subsunción ya estaría cumplida en realidad con la «constatación» de que el motorista Y había conducido a una velocidad de 60 km/h.[196]. La suposición de que la sola «constatación» del cuadro fáctico implicaría ya una subsunción, por cuanto no se podría «constatar» nada sin acudir a la correspondiente norma jurídica,[197] lleva a Kuchinke a la conclusión (obligada, dados esos presupuestos) de que la cuestión de hecho y la de derecho son conceptualmente inseparables.

---

[193] ¿Cuándo puede un juez afirmar que —como lo hizo una vez la Corte federal de justicia (*VersR* 1960, pág. 305)—: «una lancha de aprovisionamiento de 8 metros de largo y 2,35 metros de ancho, y dotada de un motor de 55 HP, que sirve para aprovisionar los buques que circulan por un canal de navegación interior, es un buque en el sentido del § 1 *BinnSchG»?* – Sobre la objeción de que, desde el punto de vista del método, la jurisprudencia no está exenta de dudas y reparos en cuanto a la creación de pautas de formulación casuística, véase *supra* III 7 b, bb e *infra* § 4 I 3 b.

[194] Algo similar había pensado ya RADRUCH, *Arch. f. Rechts- and Wirtschaftsphilosophie,* tomo 17 (1923/24), págs. 343/49.

[195] *Ob. cit.,* págs. 78-82 («Der Subsumtionsbegriff» [El concepto de subsunción]).

[196] Dice textualmente en la pág. 80: «Por lógico que sea la calificación de 'exceso de velocidad' presuponga un movimiento, no lo es menos que no hay ningún puente que una la constatación de la velocidad al reconocimiento de un 'exceso' en tanto el hecho no sea contemplado desde puntos de vista a los cuales ya no les subyazca un sistema conceptual físico-matemático, sino otro de índole totalmente diversa...». Más especificaciones pueden léase en las págs. 78/82, 115 (abajo), 116, 118-19, 146, 154.

[197] Es ésta una opinión que goza de mucha estima en la literatura jurídica (véase § 5 III 2 a) y parte, tácitamente, del tipo de juez que procede de un modo sistemático.

El dudoso acto de anteponer la subsunción a la constatación del cuadro fáctico se explica en buena medida por la elección del ejemplo: si se construye un caso consistente en una circunstancia única, relevante para la decisión («conducir a una velocidad de 60 km/h.»)[198], hallará pronta cabida la suposición de que la constatación del cuadro fáctico y su apreciación coinciden inseparablemente.

Ya hemos señalado que Kuchinke admite la separabilidad en caso de existir otros cuadros lácticos. El monto de la tasa de interés convenida en un préstamo es, en su opinión, diáfanamente una cuestión de hecho, como lo es también el monto de los intereses pagados habitualmente. En cambio, saber si, según las circunstancias del caso, la prestación y la contraprestación guardan una «desproporción notable», sería una cuestión de derecho, que se destacaría nítidamente a causa del carácter típico-jurídico de los conceptos que allí aparecen[199].

Los cuadros fácticos jurídicos no suelen limitarse sin embargo a un elemento único, relevante para la decisión, ni siquiera cuando el juez ha visto y ordenado las alegaciones de las partes. Por un lado, todo cuadro fáctico tiene que informar sobre *él tiempo y el lugar* del acontecimiento que va a juzgarse, lo cual constituye una individualización que recién torna aprovechable el caso jurídico para el proceso y que lo caracteriza como un acontecer histórico que debe clasificarse unívocamente como cuestión de hecho[200]. Pero también en otros aspectos el número de hechos que figuran en el cuadro fáctico difícilmente coincidirá con los elementos de la premisa mayor. Porque para garantizar una decisión objetiva, que sopese el pro y el contra de una cuestión jurídica, el juez tiene la obligación de tomar en cuenta, al constatar el cuadro fáctico, *todos los hechos que guarden relación con el caso,* aun cuando en una apreciación posterior hubiere que descartarlos por jurídicamente irrelevantes; cuando se van desentrañando la forma y el perfil de un caso, sólo pueden dejarse de lado alegaciones enteramente extrañas a la causa[201]. Pero si el juez tiene que recordar también hechos irrelevantes, no puede afirmarse que la subsunción esté cumplida ya con la constatación del cuadro fáctico.

El acto de dar forma a la figura que la terminología jurídica designa como «cuadro fáctico» o «caso jurídico»[202] exige, como ya se señaló, que lo alegado por las partes sea visto y ordenado teniendo en mira la norma jurídica a aplicar. No obstante, ese acto es tan sólo *preparatorio,* y se destaca de la interpretación de la ley y de la equiparación de los hechos relevantes a los elementos de la premisa mayor, por el hecho de que solamente dentro del marco de la «cuestión de derecho» se decide si corresponde hacer lugar a la petición de la parte. Por el carácter puramente preparatorio de la acumulación de materiales, la subsunción adquiere peso propio: en ella, el juez resuelve si el cuadro fáctico reúne los presupuestos establecidos en la figura legal *[tatbestandliche Voraussetzungen]* de la consecuencia jurídica que se pretende.

---

198 En la investigación de ENGISCH este caso cobra también una forma mucho más concreta (*Logische Studien zur Gesetzesanwendung,* pág. 92).

199 KUCHINKE, *ob. cit.,* pág. 76, nota 151.

200 La indicación del tiempo y del lugar de un acontecimiento pertenece también, según KUCHINKE (*ob. cit.,* págs. 107, 119, 126-27), al campo de la cuestión de hecho.— Pero ¿cómo distinguir entre la constatación de un hecho y su individualización según lugar y tiempo?

201 Esto se contempla más detenidamente *infra* § 5 III 2-a. Aquí cfr. únicamente la premisa mayor y el cuadro fáctico de la mencionada sentencia *BGH VersR.* 1960, pág. 305.

202 Véase JOACHIM HRUSCHKA, *Die Konstitution des Rechtsfalles-Studien zum Verhältnis con Tatsachenfestellung und Bechtsanwendung* (1965), págs. 9 y sigtes.

Las diferencias entre la cuestión de hecho y la cuestión de derecho se ponen de manifiesto precisamente en los conceptos indeterminados[203], cuya aplicación requiere por lo común penetrar en las particularidades del caso singular[204]. Si el número de circunstancias relevantes contenidas en el cuadro fáctico es más bien elevado, como ocurre normalmente cuando se determina el derecho «según el estado de la causa», el juez no podrá subsumir por «equiparación» en el sentido estricto del término, porque a tal efecto tendría que forjar una premisa mayor con elementos correspondientemente numerosos. Por ejemplo, si para juzgar si un negocio jurídico es «contrario a las buenas costumbres» hubiere que echar en la balanza veinticinco hechos, tendría que formular una premisa mayor consistente en veinticinco elementos. Mas esa premisa no solamente sería un monstruo verbal[205], sino también inservible como pauta para juzgar otros casos, por ser su formulación demasiado especial[206]. Puesto que la subsunción exige aquí una valoración *per se stante,* que siga pautas formuladas de manera sólo elástica[207], ella constituye un acto de determinación del derecho verdaderamente «creador»[208], nítidamente separable de la cuestión de hecho.

b) Pero no solamente es insatisfactoria la premisa que Kuchinke usa como guía. También es insatisfactorio el resultado de su investigación. Las pautas que elucubra para deslindar las conclusiones casacionables de las no casacionables son a tal punto indeterminadas («promoción de la conceptuación», «tipicidad de un cuadro fáctico», «campo donde el concepto se muestra grávido», «irracionalidad de una valoración»), que se queda sin decirnos cuándo hay cuestión de hecho y cuando cuestión de derecho. El resultado es especialmente magro en lo tocante a las cuestiones prácticas, y esto lo subrayan aún las remisiones a la «discreción del juez de casación». La investigación desatiende la necesidad de determinar nítidamente los términos del recurso, para que las partes puedan calcular sus posibilidades y no acudan inútilmente a la instancia superior. En la práctica, esas tesis impulsan a interpretar conceptos tales como «tipicidad» «racionalidad» y «gravidez» en el sentido que parezca más favorable al recurrente.

Resultados de la crítica de los métodos

Como se desprende del análisis de las teorías hasta aquí expuestas, el defecto principal de éstas consiste en haber descuidado las cuestiones básicas de derecho material y de método que plantea el concepto indeterminado. El problema de la «cuestión de hecho» sólo podrá resolverse, empero, cuando se complete el enfoque procesal incluyendo el derecho material y la teoría del método. Daremos un primer paso en esa dirección en los capítulos siguientes, que versan sobre el concepto indeterminado y su aplicación.

---

203 Según KUCHINKE, *ob. cit.,* pág. 75 *ad* nota 147, la mayoría de los conceptos jurídicos son indeterminados.

204 Véase *infra* § 3 I 2 a-c.

205 «Si una persona... y si... y si... y si..., el negocio jurídico será nulo por violación de las buenas costumbres».

206 Esto ya se vio *supra* III 7 b, bb.

207 Sobre la forma silogística «elastificada», véase *infra* § 4 I 3 c.

208 ENGISCH, *Einführung in das juristische Denken,* 3ª ed. (1964), pág. 123; WIEACKER, *Zur rechtstheoretischen Präzisierung des § 242 BGH* (1956), págs. 14/15; LARENZ, *Methodenlehre der Rechtswissenschaft* (1960), págs. 212 y sigtes., especialmente págs. 218-20.

PARTE SEGUNDA

LAS CUESTIONES BÁSICAS DEL MÉTODO

§ 3. EL CONCEPTO INDETERMINADO

El siglo xx ha colocado ante tareas nuevas no solamente al derecho público, sino también al derecho privado[1]. El derecho privado del siglo xix sirvió preponderantemente para asegurar los derechos subjetivos adquiridos por el uso de las libertades de contratar, de propiedad y de testar. A tales efectos, se caracterizaba por su claridad conceptual y su hermetismo sistemático. Hoy día su función, su arquitectura y su designio tradicionales han menguado en importancia. El derecho privado actual tiene por cometido vigorizar las bases éticas del ordenamiento jurídico, equilibrar tensiones sociales y contribuir a domeñar una impetuosa y turbulenta evolución técnica y social. El refinamiento de sus normas, su «carácter abierto» *[Offenheit]* y su adaptabilidad, llevan a ahondar! el examen del caso singular.

Para la realización de estas nuevas tareas del derecho privado, el concepto indeterminado ha probado ser un medio auxiliar indispensable. No es que sea una conquista de nuestro tiempo. También las Pandectas preveían un ámbito del *ius aequum,* en el cual el hermetismo y el rigor del sistema cedían ante la consideración «equitativa» del caso concreto[2]. Los cambios ocurridos en la última centuria constituyen sólo un desplazamiento de los lindes entre el derecho abstracto y el concreto: por el creciente empleo del concepto indeterminado, con sus múltiples posibilidades de aplicación —que en lo que sigue expondremos más detenidamente—, el *ius aequum* ha ido arrebatándole mucho territorio al *ius strictum.*

I. La potencialidad [Leistungsfähigkeit] del concepto indeterminado

1. Si se intenta poner orden en las múltiples causas que han Favorecido el avance del concepto indeterminado, resaltan *dos aspectos dominantes:* el concepto indetermi-

[1] Sobre lo que sigue: Wieacker, *Privatrechtsgeschichte der Neuzeit* (1952), págs. 253 y sigtes.; *Das Sozialmodell der klassischen Privatrechtsbücher und die Entwicklung der modernen Gesellschaft* (1952); *Das bürgerliche Recht im Wandel der Gesellschaftsordnungen, Festschrift zum hunderljährigen Bestehen des Deutschen Juristentages* (1960), tomo II, págs. 1 y sigtes.; Coing, *Rechtspolitik und Rechtsauslegung in hundert Jahren deutscher Rechts- entwicklung, Verhandlungen des 43. Deutschen Juristentages* (1960), tomo II, B 1 y sigtes.; Esser, *Wandlungen con Billigkeit und Billigkeitsrechtsprechung im modernen Privatrecht, Summum jus – summa iniuria* (1963), págs. 22 y sigtes.; Arndt, *Gesetzesrecht und Richterrecht, NJW* 1963, págs. 1273 y sigtes.; Merz, *Fünfzig Jahre Schweizerisches Zivilgesetzbuch, JZ* 1962, págs. 585 y sigtes.; Müller-Freienfels, *Ehe und Recht* (1962), págs. 265 y sigtes.

[2] Cfr. Windscheid-Kipp, *Lehrbuch des Pandektenrechts,* 8ª cd. (1900), tomo I, § 28, así como el índice analítico en el tomo 3 referente a la voz «actio bonae fidei»; M. Rümelin, *Die Billigkeit im Recht* (1921), págs. 21-30.

nado se destaca por su «carácter abierto» (a); con el auxilio del concepto indeterminado el legislador puede *transferirle al juez* la concretación de una norma (b).

a) El concepto indeterminado es, tal como lo denota su nombre, un elemento de figura legal con límites flúidos[3]. Puesto que su contenido debido a esa fluidez, no está fijado, tal concepto resulta especialmente apto para dar cabida a significados nuevos.

La «justificación moral» del divorcio en la llamada acción de separación de hogares *[Heimtrennungsklage]* (§ 48 EheG, antigua redacción) podía interpretarse, como lo muestra el viraje que sufrió la jurisprudencia de la Corte federal de justicia[4], tanto en el sentido de un derecho de divorcio liberal, como en el de uno en que gravitaran convicciones religiosas.

Otra de las características del concepto indeterminado es la remisión a valores y reglas extrajurídicas: el concepto indeterminado le manda al juez que, al determinar el derecho, se oriente por valores culturales (v. g. el concepto de «obra de arte»), principios experienciales de las ciencias naturales («causalidad»), reglas de la vida económica («carácter inmediato» de la protesta por vicios redhibí torios en la compraventa comercial) o exigencias de la ética social («buena fe», como deber de mostrarse considerado en las relaciones jurídicas), esto es, que emplee esos datos en la construcción de sus premisas mayores y les dé así acceso al derecho[5].

Por su receptividad, el concepto indeterminado es un elemento «abierto». Sistemas jurídicos estructurados sobre la base de conceptos indeterminados, como los derechos de la competencia comercial, del divorcio y del contrato de trabajo, pueden por tanto calificarse de sistemas «abiertos»[6].

Debido a ese carácter abierto del concepto indeterminado, la determinación del derecho se cumple tomando como puntal el «pensar tópico»[°] o «problemático»[7]. Conceptos indeterminados tales como «tolerabilidad» *[Zumutbarkeit]*, «equidad», «adecuadez», «carácter contrario a las buenas costumbres» y «causalidad» sirven de puntos de arranque *(topoi)* para la determinación del derecho. Partiendo de ellos, el juez penetra en tierras vírgenes. El método de esta determinación del derecho consiste en la argumentación que va de un caso-problema a otro, creando pautas y comparando casos[8]. Mientras que el pencar sistemático busca «incorporar» un caso al sistema, el pensar *tópico* sigue una vía diametralmente opuesta: aprovecha las lagunas del sistema creadas por el legislador, para resolver un caso fuera del sistema, de una manera cabal, haciendo justicia a la *res [sachgerecht]*. Hecho esto, por cierto, si el método se observa correctamente, habrá que situar dentro del sistema el resultado obtenido[9].

---

3 Esto se contempla más detenidamente *infra* III I.

4 Véase MÜLLEU-FREIENFELS, *Ehe und Recht*, págs. 153-60.

5 Véanse mayores detalles *infra* V.

6 Cfr. ESSER, *Grundsatz und Norm*, págs. 218 y sigtes.; MÜLLER-FREIENFELS, *ob. cit.*, pág. 265; MERZ, *JZ* 1962, págs. 585/88-89.

° Llámase «tópica», en filosofía, a la teoría de los *topoi*, los «tópicos» o «lugares comunes», puntos de vista generales que sirven para el análisis de un tema. La denominación proviene de ARISTÓTELES (N. del T.).

7 Véase VIEHWEG, *Topik und Jurisprudent*, 3ª ed. (1965), especialmente págs. 53 y sigtes.; ESSER, *ob. cit.*, págs. 6 y sigtes., 46 y sigtes., 80, 98-99, 218 y sigtes.; HENKEL, *Einführung in die Rechtsphilosophie* (1964), págs. 418-20, con mención de un «catálogo de tópicos»; WIEACKER, *JZ* 1957, págs. 701/704; ARNDT, *NJW* 1963, págs. 1274/77; E. SCHNEIDER, *MDr* 1963, pág. 563.

8 Véase *infra* § 4 II.

9 Véase *infra* § 4 I 2 b.

Ejemplos de desarrollo del derecho civil sobre base tópica, son:

- la evolución de la figura delictiva del § 823 I BGB, de formulación casuística, hasta aproximarse a ser una «cláusula general jurídico-delictual»[10]
- la actualización del principio de la «buena fe»[11] y su vigorización en el campo del derecho del trabajo, hasta el punto de crearse, como una de sus formas de manifestación, el «deber de previsión» del empleador[12], del cual surgió a su vez más recientemente el instituto de la «compensación de daños sufridos en el establecimiento» entre el patrón y el trabajador[13], y por último
- el descubrimiento del instituto del «actuar a riesgo propio» [14].

Acentuando algunos' puntos, puede decirse que el método tópico consiste en la determinación del derecho según la *rerum notitia*[15]: apoyándose en valores y reglas extrajurídicas, se obtienen pautas y resultados subsuntivos, tomados del conocimiento de «todas las circunstancias del caso». La importancia que tienen las «circunstancias» en la determinación del derecho tópica, permite entender por qué la apreciación incompleta del material procesal se considera siempre error jurídico casacionable, mientras que una apreciación incorrecta podría ser eventualmente incasacionable[16].

c) Lo dicho permite ver que el empleo de conceptos indeterminados sirve por un lado para exonerar de trabajo al legislador[17]: allí donde una norma exacta se perdería en medio de una casuística confusa por la multiformidad de la materia, o envejecería rápidamente por el cambio de las condiciones, se impone delegar la determinación del derecho al juez, que está más cerca de los hechos. Dando a la ley una formulación vaga («equidad», «intolerabilidad», «justificación social»), el legislador puede crear «lagunas *intra legem*»[18], que dan cabida a la interpretación («suplencia») por el juez. Las normas de formulación indeterminada son por tanto en parte «derecho todavía no vigente»[19], un trozo de legislación que el juez tiene que terminar de excogitar[20]. Sería empero una simplificación engañosa calificarlas de derecho todavía no vigente de ningún modo, porque ellas contienen siempre un

---

10 Véase Caemmerer, *Wandlungen des Deliktsrechts, Festschrift zum hundertjährigen Bestehen des Deutschen Juristentages,* tomo II, págs. 49/65 y sigtes., especialmente 80, 90, 113.

11 Véase Wieacker, *Zur rechtstheoretischen Präzisierung des § 242 BGB* (1956).

12 Véase Hueck-Nipperdey, *Arbeitsrecht,* tomo I, 7ª ed. (1963), § 48.

13 Véase Hueck-Nipperdey, *ob. cit.,* § 35 II 4 y Nikisch, *Arbeitsrecht,* tomo I, 3ª ed. (1961), § 27 V 4.

14 Véase Hans Stoll, *Das Handeln auf eigene Gefahr* (1961), especialmente págs. 246 y sigtes.; BGH 34, 355.

15 Cfr. W. G. Becker, JR 1949, págs 489/90 *ad* N. 12; Esser, *ob. cit.,* pág. 151, N. 37; 152, 221-22; Ohlmer, *Richterfreiheit und Begründungspflicht,* págs. 69 y sigtes.

16 Véase *infra* § 4 IV 1 c y 2 b.

17 No corresponde resolver aquí la cuestión jurispolítica de si los conceptos indeterminados constituyen un «peligro para el derecho y el Estado», por cuanto causan enervamiento, incerteza y arbitrariedad (Hedemann, *Die Flucht in die Generalklauseln* (1933), págs. 66 y sigtes.).

18 Enneccerus-Nipperdey, *Allgemeiner Teil,* 15ª ed., tomo I. 1. § 58 1; Meier-Hayoz, *Berner Kommentar zum Schweizerischen Zivilgesetzbuch, Einleitungsband,* 3ª ed. (1962), 137 y 262 y sigtes. *ad* Art. 1: O. A. Germann, *Methodische Grundfragen* (1946), págs. 8, 11, 117; *Festgabe für Erwin Ruck* (1952), págs. 173/84 y 186; O. Schweizer, *Freie richterliche Rechts- findung intra legem als Methodenproblem,* págs. 25 y sigtes.

19 Michaelis, *Göttinger Festschrift für das OLG Celle* (1961), págs. 117/35; Esser, *ob. cit.,* pág. 150.

20 Cfr. Ohlmer, *ob. cit.,* pág. 19.

núcleo de ideas de valor y de orden que sirven de guía al legislador y obligan al juez igual que el derecho positivo[21].

La importancia de los conceptos indeterminados no se apreciaría debidamente si en ellos se viera tan sólo un medio técnico para exonerar de trabajo al legislador. El siempre creciente empleo de elementos de figura legal de formulación indeterminada se explica igualmente por el deseo de someter el derecho, en lo posible, al *imperio de valores éticos,* y de dar al enfoque valorativo prioridad sobre la decisión técnico-jurídica[22]. Mas como la ética social que se aplica en el derecho depende de las situaciones, la mejor manera de realizarlas es mediante la decisión judicial del caso[23]; lo cual presupone que el legislador haya renunciado a dar una regulación jurídico-positiva.

2. Si se pasa de los aspectos dominantes a las *razones singulares* que sugieren el empleo de conceptos indeterminados, cabría mencionar las siguientes:

la adaptabilidad de las normas de formulación indeterminada (a),

la individualización de la determinación del derecho (b),

el carácter abierto de los conceptos indeterminados a las máximas ético-sociales (c),

la atención a las «costumbres» del tráfico social *[Verkehrssitte]* (d),

a) Mediante la formulación indeterminada de las figuras legales *[Tatbestände],* la ley y el pronunciamiento judicial adquieren la *aptitud de adaptarse* a materias multiformes (complejas), a las peculiaridades del caso singular, así como al cambio de las condiciones externas[24].

Para regular cabalmente una *materia multiforme,* como podrían serlo las causas de resolución prematura de los contratos de servicio o las múltiples formas de la competencia comercial, la norma de formulación exacta resulta inidónea por la excesiva especialidad de su campo de aplicación, y ni siquiera una casuística copiosa podría evitar el bien conocido inconveniente de la lagunosidad de las normas casuísticas[25]. El inconveniente se presenta incluso cuando una regulación casuística es elastificada mediante conceptos indeterminados tales como los que contiene v. g. la Ordenanza industrial, relativos al derecho de denuncia prematura de los contratos de trabajo industriales: según el § 123 I, n. 4 GewO, los oficiales y ayudantes pueden ser despedidos antes de vencido el plazo contractual «cuando, pese a las admoniciones recibidas, hacen uso negligente del fuego y de la luz». No obstante tener cierta elasticidad («pese a las admoniciones», «uso negligente», la norma produce ya a primera vista la sensación de rigidez e infecundidad si se tiene en cuenta la multiplicidad de condiciones en las cuales trabajan los oficiales y auxilia-

---

21 Verbigracia, a la norma ética de que el cohecho y el soborno son contrarios a las buenas costumbres. En cuanto a la sujeción del juez a ideas de valor y de orden que vienen ya dadas, véase también *infra* § 4 III 2.

22 Esser, *Ermessensfreiheit und Billigkeitsspielraum des Zivilrichters* (1964), prefacio, págs. 7-11, 19.

23 Más detalles *infra* 2 c.

24 Véase Hedemann, *ob. cit.,* págs. 60-64; Engisch, *Die Idee der Konkretisieruing* (1953), pág. 199 y sigtes., especialmente 212 y sigtes.; Henkel, *Recht und Individalität,* pág. 24 y sigtes., *BAG* 9, 113.

25 Véase al respecto F. von Hippel, *Richtlinie und Kasuistik,* pág. 11 y sigtes.

res industriales, que no solamente hacen uso de «fuego y luz», sino que también operan con alta tensión, productos químicos tóxicos y máquinas peligrosas.

Para dar abasto a una materia multiforme, el legislador tiene que recurrir entonces a una *cláusula general.* Esta se diferencia de la norma casuística y con ello también de los conceptos indeterminados empleados para edificar una casuística, por su carácter más abierto, que amplía el ámbito de los efectos de la norma[26]. Mientras que la norma casuística se limita a regular grupos especiales de casos[27], la cláusula general está creada con el objeto de regular un campo no especialmente circunscripto[28]. A tal fin, hay que formularla renunciando a elementos de figura legal exactos, que tengan efecto especializador.

Un ejemplo de implantación de cláusulas generales para adaptar la ley a materias multiformes puede verse en los §§ 626 y 826 del BGB. La Comisión que estudió el primer proyecto de Código civil, decidió hacer depender el derecho de resolver un contrato de servicio antes de término, de un único presupuesto: la existencia de una «causa grave» (hoy § 626 BGB)[29]. Justificó esta autolimitación con la insuficiencia de toda regulación casuística. Los contratos de servicio serían de naturaleza tan diversa que resultaría imposible enumerar exhaustivamente las causas de su resolución o tan sólo destacar algunos ejemplos, una normación casuística sólo tendría perspectivas de éxito en terrenos especiales[30]. En la Exposición de motivos se dice textualmente: «En la sección correspondiente a la regulación del contrato de servicio en general, la ley tiene que limitarse a sentar el principio de que son causas graves aquellas que confieren el citado derecho. Cuáles causas han de considerarse graves, es un problema que puede dejarse librado a la apreciación judicial».

La fecundidad dogmática del § 626 BGB prueba que esta solución fue feliz[31]: gracias a su formulación como cláusula general, se pudo deducir de esa norma el principio general de que las obligaciones de tracto sucesivo que requieren cooperación personal de los contratantes, tales como el contrato de servicio, pueden ser resueltas antes de término por una «causa grave» si la confianza entre las partes ha sido quebrantada[32] El campo de aplicación del § 626 BGB excede así en mucho el contrato de servicio.

Para el § 826 BGB, la Comisión dio argumentos que coinciden, en cuanto al sentido, con las razones dadas para el § 626 [33]. Sostuvo que la tutela jurídico-delictual no podría mejorarse con respecto a las disposiciones del derecho común incrementando el número de normas especiales (esto es, la casuística), porque de ese modo sólo se «sostendría que el postulado principal (de que el daño causado en

---

26 Sobre la diferenciación de conceptos indeterminados y cláusulas generales: Hedemann, *ob. cit.*, págs. 53-54; Engisch, *Einführung in das juristische Denken,* 3ª. ed. (1964), págs. 118-22; Henkel, *Rech und Individualität,* pag. 30 y 35.

27 «El que lesionare intencional y antijurídicamente la vida, el cuerpo. . . la propiedad o algún otro derecho de otra persona...».

28 «El que intencionalmente causare a otro algún daño, de una manera contraria a las buenas costumbres...».

29 *Motive* II, págs. 468-69.

30 Véanse los §§ 123, 124, 133 *c* y 133 *d* GewO, así como los 71 y 72 HGB.

31 La fecundidad de las cláusulas generales es señalada también por Hedemann, *ob. cit.*, págs. 62-64.

32 A. Blomeyer, *Allgemeineg Schuldrecht,* 3ª ed. (1964), § 9 II 3.

33 *Motive* II, págs. 726-27.

violación de las buenas costumbres obliga a indemnizar) es insuficiente y excesivamente estrecho, y se crearía un gran número de delitos especiales que no podrían subordinarse a ese postulado y coexistirían con éste como singularidades». Por eso, los casos pertinentes tendrían que someterse a un principio único, que permitiera prescindir de todas las singularidades y respondiera a las exigencias de la vida. Una ojeada a cualquier comentario[34] nos muestra la multiplicidad de materias que, gracias a ese procedimiento, pueden subsumirse bajo el § 826 BGB: al lado de la adquisición ilícita de derechos patrimoniales figura el no respeto de los bienes jurídicos inmateriales; junto a la obtención de una sentencia por medio de malas artes se mencionan la lucha laboral y la competencia comercial desleales.

Las normas de formulación indeterminada permiten, además, adaptar el pronunciamiento judicial a las *peculiaridades del caso.* El campo de aplicación de una norma de formulación exacta es cerrado y limita la apreciación judicial a aquellas circunstancias que se encuentran dentro del marco del plan normativo del legislador. Dado que éste acuña sus normas más o menos según la configuración típica de las cosas[35] y tampoco puede hacerlo de otro modo, quedan descartados de ese campo de aplicación todos aquellos elementos que le dan a un caso un cufio «atípico», o sea especial.

Si una norma de formulación exacta autorizara al empleador para despedir sin preaviso a un motorista en caso de «serle retirado el registro de conductor», el juez no podría indagar ni las razones por las cuales ese registro le fue retirado (tal vez dolencias físicas contraídas en su trabajo al servicio de ese mismo empleador), ni la dureza que ese despido implica.

La rigidez de las normas de formulación exacta le resulta con frecuencia repugnante precisamente al sentimiento de justicia de nuestros días[36]. Una formulación indeterminada, que permite tomar debidamente en cuenta también el caso de configuración especial, le abre la vía (a la «equidad»), como lo destaca el ejemplo de la evolución sufrida por la *figura civilística de la ventaja usuraria [bürgerlich-rechtlicher Wuchertatbestand]*[°]*:*

El derecho común no conocía la figura (legal) de la ventaja usuraría en su actual forma elástica (§ 138 II BGB) y le confería al vendedor que había recibido por la cosa menos de la mitad de su valor (común) «verdadero», el derecho de rescindir el contrato por *laesio enormis*[37], remedio éste que la práctica jurisprudencial confirió también, por analogía, al comprador que había pagado más del doble del valor real[38]. Mas este criterio de juzgar según una relación de valor fija no resultaba justo en los negocios con tinte especulativo, porque era chocante que hiciera valer la

---

[34] Por ejemplo del *RGR-Kommentar,* 11ª ed. (1960).

[35] Véase ENGISCH, *Die Idee der Konkretisierung,* págs. 272-75.

[36] RADBRUCH, *Klassenhegriffe und Ordnungsbegriffe im Rechtsdenken, Revue Internationale de la Théorie du Droit,* tomo 12 (1936), págs. 46 y sigtes.; ESSER, *Summum ius - sumima iniuria,* págs. 22 y sigtes.

[°] La palabra alemana *Wucher,* que suele traducirse por «usura», significa propiamente: «obtención de una ganancia desproporcionada en relación con la propia prestación, aprovechando el estado de necesidad, la inexperiencia o la ligereza de otra persona» [WAHRIG, *Deutsches Wörterbuch,* col. 4184, 1975]. Dentro de esa misma acepción se le da también un significado más restringido, el de *Zinswucher* o interés excesivo, lo que equivale a nuestra palabra *usura* en sentido propio. Traducimos aquí *Wucher por ventaja usuraria por respeto* a la precisión terminológica.

[37] Véase WINDSCHEID-KIPP, *Pandekten,* 9ª ed. (1906), § 396 y DERNBURG-BIERMANN, *Pandekten,* 6ª ed. (1900), § 102.

[38] Cfr. RG 10, 116 del año 1883.

laesio enormis un contratante que había vista frustradas sus esperanzas de obtener una ganancia fácil. El *Reichsgericht* comprendió esto y desestimó, aún bajo el imperio del derecho común, la invocación de la *laesio enormis* en una compraventa concertada con fines «individuales» (v.g. especulativos)[39]. Quedaba así señalado el camino para el tratamiento diferenciado de la ventaja usuraria, que recibió sanción legislativa en el Código civil (BGB)[40]. La formulación abierta del actual § 138 II BGB permite al juez examinar, «apreciando cuidadosamente todas las circunstancias reales y personales», el «carácter global» del negocio[41]. Es digno de notar que en este caso la formulación indeterminada de la ley beneficia a la seguridad del negocio, porque los contratantes no cuentan ya con la posibilidad esquemática de resolver el contrato que les confería la vieja *laesio enormis*[42].

Por último, el concepto indeterminado puede también adaptar a la ley al *cambio de las circunstancias,* preservándola así de la petrificación. Daremos de esto una idea general. Aplicando el muy amplio concepto del «derecho general de la personalidad», pueden penarse tanto una grabación magnetofónica secreta[43] como la invasión de la esfera de intimidad mediante la instalación de micrófonos espías y telecámaras[44], delitos éstos que hizo posibles recién el progreso técnico de los últimos tiempos. La cláusula general sobre el derecho de la competencia que contiene el § 1 UWG permitió aprovechar tanto el ideario liberal como el de la planificación económica y el de la economía de mercado[45]. El elástico concepto de la «tolerabilidad» de intervenciones médicas a las cuales tiene que someterse un lesionado para restablecer su salud y aminorar así el daño (§ 254 II BGB), tiene en cuenta los progresos de la medicina. Todavía en 1913, el *Reichsgericht* estimó «inexigible» una operación quirúrgica con anestesia general «por no poder descartarse plenamente la posibilidad de un desenlace fatal, aun precediéndole un examen médico cuidadosísimo»[46]. Pero ya en 1932 pudo quitar esta limitación, gracias al perfeccionamiento logrado por la técnica anestésica[47]. Desde entonces, también la anestesia general se considera inocua y es por tanto exigible al lesionado, conforme al § 254 II BGB[48].

b) Si el concepto indeterminado permite adecuar la sentencia a la configuración especial de un caso, nada se opone a que su estructura abierta sirva también a la *individualización* del pronunciamiento judicial[49]. La determinación del derecho individualizadora persigue un objetivo que va más allá de la apreciación puramente especializadora de la configuración particular del caso[50]. Mientras que ésta contempla el cuadro fáctico de configuración especial tan sólo como un fenómeno entre muchos, esto es, en conexión con un género de casos similares, aquélla busca

---

39 RG 10, 126.
40 *Motive* II, pág. 321.
41 *BGH LM* nr. 4 *ad* § 138 (Ba) BGB.
42 Así también los *Motive* y el BGH *ob. cit.*
43 Cfr. *BGH* 27, 284.
44 Gfr. NIPPERDEY, *Verhandl. des 42. Dtsch. Juristentages* (1958), tomo II, D y 3 sigtes.
45 BAUMBACH-HEFERMEHL, *Wettbewerb.- und Warenzeichenrecht,* tomo I, 9ª ed. (1964), n. 74 de la Introducción al UWG.
46 *RG* 83, 15/19.
47 *RG* 139, 131/34.
48 HANS GÖBBELS, *Die Duldung ärztlicher Eingriffe als Pflicht* (1950), págs. 93-94.
49 Cfr. HENKEL, *Recht und Individualität,* págs. 1-6, 10-11 y 74 y sigtes.; MÜLLER-FREIENFELS, *Ehe und Recht,* págs. 265 y sigtes.
50 Sobre la especialización y la individualización ver también *infra* § 4 II 1 b.

captar un dato *[Gegebenheit* = hecho dado] precisamente en su unicidad y así hacer justicia a la individualidad de los que tienen parte en el mismo. La determinación del derecho especializadora aplica, para hacer valer la conexión genérica, un módulo de juicio general («la diligencia exigible en el tráfico»: § 276 BGB); el enfoque individualizador, en cambio, valora según un módulo tomado del respectivo caso («la diligencia que el demandado acostumbra poner en sus propios asuntos»: § 277 BGB). Si el juicio especializador descarta por irrelevantes las cualidades y condiciones personalísimas, la apreciación individualizadora las incluye precisamente por considerarlas relevantes.

El enfoque individualizador se impone —como lo analizaremos en una de las secciones siguientes[51]— en las relaciones jurídicas referidas a personas. Uno de los dominios de la individualización es el derecho material del divorcio; pero también en el derecho laboral y en el societario los elementos humano-personales del contacto exigen a menudo que se acuda a la valoración individualizadora. El instrumental para cumplir esa tarea lo proporcionan los numerosos conceptos indeterminados que integran las normas jurídicas de esas disciplinas («grave falta conyugal», «desquiciamiento insanable del matrimonio», «deber de previsión», «deber de fidelidad»).

c) Las normas de formulación indeterminada ponen al juez en condiciones de dar debido cumplimiento a las *máximas de la ética social,* máximas que son flexibles, por ser dependientes de la situación. La ley hace referencia a máximas ético-sociales, exigencias de moral elementales que deben observarse en el tráfico jurídico[52], en muchos conceptos indeterminados, sobre todo cuando remite a

- las «buenas costumbres» *[guie Sitten]* (§§ 138, 817, 819, 826 BGB y § 1 UWG) entendidas como el «sentimiento de decencia de todo los que piensan con equidad y justicia» *[Anstandsgefühl aller billig und gerecht Denkenden[53]]*
- «buena fe» *[Treu und Glauben]* (§§ 157, 162, 242 BGB entendida como el «precepto general de respetar los justos intereses de la otra parte»[54])
- la diligencia «exigible» en el tráfico (§ 276 BGB)[55], así como
- la «tolerabilidad» *[Zumutbarkeit]* (§ 906 II BGB [nueva redacción] § 48 II EheG [nueva redacción]) como la «expresión de justo miramiento a lo que el obligado puede buenamente cumplir»[56].

Si se niega la aplicabilidad directa de los derechos fundamentales a las relaciones jusprivadísticas, esto es, el llamado efecto hacia terceros, se puede al menos dar validez jusprivadística a los preceptos y prohibiciones basadas en derechos

---

51 *Infra* § 10 I 3.

52 HENKEL, *Einführung in die Rechtsphilosophie,* págs. 133-35 y 144; WIEACKER, *JZ* 1961, págs. 337/39-40.

53 *Motive* II, pág. 727; RG 48, 114/24; *BGH* 17, 327/32; GUNTHER ARZT, *Die Ansicht alter billig und gerecht Denkenden,* tesis, Tübingen 1962.

54 SOERGEI,-SIEBERT, 9ª ed., 1 *ad* § 242.

55 También el precepto de emplear la diligencia exigible en el tráfico, tiene una conexión *ético-social* (Cfr. HENKEL, *ob. cit.,* pág. 133; *BGH* 30, 7/15).

56 HENKEL, *Festschrift Edmund Mezger* (1955), págs. 249, 61 y sigtes.; STAUDINGER-WEBER, 11ª ed., B 123 y sigtes. *ad* § 242.

fundamentales, mediante una interpretación, arreglada a la Constitución, de los conceptos indeterminados de «buenas costumbres» y «exigencias de la buena fe»[57].

El concepto indeterminado es pues abierto a las máximas ético-sociales (eventualmente también a los preceptos y prohibiciones basados en derechos fundamentales) y este carácter se ha destacado como una de sus ventajas. Mas esto no debe hacer pensar que solamente la norma en blanco puede abrir la puerta del derecho a las exigencias de la moral. También normas de formulación exacta, tales como el § 1 BGB (reconocimiento de capacidad jurídica a todos los seres humanos)[58], el § 312 BGB (nulidad de los pactos sobre la herencia de un tercero vivo), el § 356 BGB (falta de acción del corredor matrimonial para cobrar remuneración), el § 1297 BGB (falta de acción por cumplimiento de los esponsales) y el § 42 EheG (divorcio por adulterio) tienen a menudo un claro contenido ético.

Pero la norma de formulación indeterminada se caracteriza también por responder más cabalmente que la regla exacta —que hace abstracción de la configuración del caso— a las exigencias de la ética social, referidas mayormente a situaciones concretas. Y ello es así porque las máximas de moral elemental que debe aplicar el juez no poseen la incondicionalidad abstracta de una «elevada ética» religiosa o cosmovisional[59], sino que, de ordinario, tienen en cuenta la situación en que se encuentra la persona que actúa[60]. Postulados ético-sociales tales como «ayudar al prójimo», «ser leal», «aplicar diligencia para no dañar a otros», no significan, bien entendidos, otra cosa que: hacer todo lo que responda, en la situación concreta, a las exigencias de la «solidaridad humana», de la «lealtad» y de la «diligencia»[61]. Por tanto, estos postulados plasman mejor en normas jurídicas que le posibilitan al juez dictar una sentencia lelacionada con la situación pertinente.

Aquí el legislador sólo recurrirá a una norma exacta cuando también la moral elemental pueda sentar un precepto absoluto (la capacidad jurídica de todas las personas) o cuando la seguridad jurídica o razones educativas exijan una regulación general-abstracta (por ejemplo, la nulidad de todos los pactos sobre la herencia de un tercero vivo[62]).

A qué resultados insatisfactorios puede conducir la fijación exacta de máximas éticas, lo muestra el intento, de actualidad aún hoy, de hacer valer el orden moral frente a la libertad de testar[63]. El código civil prusiano (ALR) buscó resolver este conflicto sirviéndose de una norma que establecía lisa y llanamente;

I 12 § 35: «Los codelincuentes de un adulterio o de un incesto no pueden dejarse el uno al otro bien alguno por disposición de última voluntad, cuando esa

---

57 De las obras recientes: MIKAT, *Gleichheitsgrundsatz und Testierfreiheit, Festschrift Nipperdey* (1965), tomo I, págs. 581/87, con comprobantes.

58 Fundamento ético del § 1 BGB es el respeto de la personalidad humana, sobre lo cual puede verse D. LEUZE, *Die Entwicklung des Persönlichkeitsrechts im 19. Jahrhundert* (1962), págs. 117 y sigtes.

59 HENKEL, *Einführung in die Rechtsphilosophie,* pág. 132.

60 Con especial claridad lo dice el § 330-c StGB: «El que en caso de accidente... no prestare auxilio, siendo éste necesario y siéndole posible prestarlo. . . sin un considerable peligro propio y sin violar otros deberes importantes, será castigado con prisión... o con multa».

61 Cfr. HENKEL, *ob. cit.,* págs. 133-35, 156-57, 246-47; WIEACKER, *JZ* 1961, págs. 339, n. 19; *Gesetz und Richterkunst* (1957), págs. 10-11; OERTMANN, *Gesetzeszwang und Richterfreiheit* (1909), pág. 47; MÜLLER-FREIENFELS, *Ehe und Recht,* pág. 276.

62 La Exposición de motivos (tomo II, págs. 184-85) da como fundamentos de la norma del actual § 312 BGB las exigencias de las buenas costumbres, la finalidad de poner freno a la especulación y a la ligereza, y la necesidad «de acabar con toda incertidumbre».

63 Desde el punto de vista del derecho actual: GERNHUBER, *FamRZ* 1960, pág. 326.

relación prohibida haya sido la causa de la separación de un matrimonio, o cuando el adulterio o el incesto entre el causante y el beneficiario haya sido de algún otro modo probado judicialmente».

Mas pronto se vio que esta norma era demasiado rígida y ya en 1811 hubo que dejarla sin efecto para el caso de que el causante y la adúltera hubieran contraído matrimonio, cuadro fáctico éste que el legislador no había previsto[64].

Además, la forma categórica en la cual el ALR buscaba imponer aquí máximas morales, impedía al juez tratar debidamente las exigencias más dúctiles de la ética social. El rigor de la norma invalidaba también los testamentos hechos por motivos aceptables, como podrían serlo la gratitud por sacrificios o por cuidados prodigados al causante[65]. La jurisprudencia actual reconoce que las máximas ético-sociales están condicionadas por la situación y evita resolver el conflicto entre la libertad de testar y el orden moral mediante normas generales. Subraya, por el contrario, que lo decisivo es siempre el «cuadro global del caso»[66].

No ocurre otra cosa con la aplicación de las máximas que ordenan proceder de «buena fe» en el tráfico jurídico, observar la «diligencia exigible en el tráfico» y reclamar el cumplimiento de una prestación sólo en cuanto ello resulte «tolerable» para el obligado. En todos estos supuestos, se destaca el juicio valorativo dependiente de la situación[67].

No ha menester un tratamiento especial, dentro del marco de este trabajo, la función de *reajuste social [sozialer Ausgleich]* que cumple el fallo judicial y para lo cual pueden servirle los conceptos indeterminados[68], porque en cuanto las normas pertinentes revisten algún interés para el derecho de la casación —y conviene señalar que la ley de protección de inquilinos, el manejo del «derecho arrendaticio social» (§ 556-a BGB) y muchas otras decisiones destinadas a resolver conflictos sociales[69] no son casacionables— también el reajuste social tiene que entenderse como aplicación de máximas éticas:

Así, la protección contra el despido estriba en una concretación legal del deber de lealtad del empleador[70] y la compensación de daños ocurridos dentro de un establecimiento es fruto de la idea de la previsión que el empleador les debe a quienes pertenecen a su empresa[71].

d) De las funciones del concepto indeterminado mencionadas hasta ahora, se destacaba la solución justa del caso singular. Contrasta con esto la determinación del derecho que se efectúa según las «costumbres del tráfico» (§ 242 BGB), los

---

64 Véase la Orden de gabinete del 28-2-1811 (*Gesetz-Sammlung,* pág. 156).

65 Desde la perspectiva del derecho actual cfr. el fallo comentado *infra BGH FamRZ* 1954, pág. 195; además *GBH LM* Nr. 9 *ad* § 138 (Cd) BGB así como GERNHUBER, *ob. cit.*, págs. 330-31.

66 *BGH FamRZ* 1954, pág. 196; *BGH LM* nr. 11 *ad* § 138 (Cd.) BGB.

67 Sobre el concepto de «buena fe»: WIEACKER, *Zur rechtstheoretischen l'razisierung des § 242 BGB* (1956), págs. 12 y sigtes.; sobre el concepto de «culpa»: ESSER, *Schuldrecht,* 2ª ed., § 56 2; sobre la «tolerabilidad»; STAUDINGER-WEBER, 11ª ed., B 136 y 161 *ad* § 242.

68 Véase BAUR, *JZ* 1957, pág. 193; BÖTTICHER, *Lent-Festschrift* (1957), pág. 89; ESSER, *Summum jus - summa iniuria,* págs. 22/34-35; MOHNEN, *Der Inhalt des Sozialbegriffs im neuen Mietrecht, Festschrift Nipperdey,* tomo I, págs. 605/16 y sigtes.

69 Cfr. BAUR, *ob. cit.*

70 *BAG* 8, 132; A. HUECK, *Kündigungsschutzgesetz,* 5ª ed. (1965), págs. 38-42; NIKISCH, *Arbeitsrecht,* tomo I, 3ª ed., § 51 XII 2.

71 HUECK-NIPPERDEY, *Arbeitsrecht* tomo I, 7ª ed., § 35 II 4; NIKISCH, *ob. cit.*, § 27 V 4; *BAG (GS) 5,* 1/8.

«modos de ver del tráfico» (§ 97 I 2 BGB), lo «usual» (§§ 612 II, 632 II, 653 II), los «usos locales» (§ 906 II) o lo «conforme al tráfico» (§ 276), la cual adopta un *carácter generalizador*[72].

Este cambio de método se explica porque una manera general de actuar y de juzgar sólo se va formando con respecto a aquellas situaciones que son típicas y reiterativas[73]. Sin un concepto indeterminado le manda al juez resolver de acuerdo con los usos y los modos de ver del tráfico, a la sentencia le está vedado entrar a ocuparse de circunstancias concretas especiales. La decisión sólo podrá derivarse de premisas mayores de formulación exacta, que excluyan la apreciación según la ley propia del caso. Y esas premisas, que el juez tiene que construir con el auxilio de las costumbres del tráfico, etc., pueden rezar:

«Los ruidos ocasionados por pistones neumáticos y topadoras en trabajos (obras) de demolición, son usuales en esa urbe desde las... hasta las... horas»[74].

«Según los usos vigentes en Francfort del Meno, un oficial de plomero tiene derecho a aceptar y a ejecutar trabajos similares de valor exiguo en nombre de su principal, aunque sea excediendo los límites de su mandato»[75].

«Según los modos de ver del tráfico nordalemanes, una casahabitación terminada tiene que estar provista de cocina y de una instalación de calefacción completa en las habitaciones»[76].

Cuando normas de formulación indeterminada mandan resolver según las costumbres del tráfico, ello obedece a los motivos siguientes: las «costumbres del tráfico» *[Verkehrssitte]* y los «modos de ver del tráfico» *[Verkehrsanschauung]* le proporcionan al juez el *conocimiento de máximas ético-sociales,* porque en ellas plasma con frecuencia la conciencia colectiva de cuáles son los imperativos dela moral[77]. Observando las costumbres del tráfico, el juez puede controlar su propio juicio valorativo y fundamentarlo de manera que puedan controlarlo otros. Esta conexión entre «costumbres» [Sitie] y «moral» *[Sittlichkeit]* halla nítida expresión en sentencias del *Reichsgericht*[78] y de la Corte federal de justicia[79]: si una costumbre del tráfico representa la cristalización de muchos años de experiencia, quiere decir que coinciden «lo usual en el tráfico» *[Verkehrsüblichkeit]* y «lo que en el tráfico se requiere» *[Verkehrserforderlichkeit]*. En consecuencia, el juez no puede desechar una práctica jurisprudencial avalada, por discrepar personalmente de ella.

---

72 Diverge empero el concepto de colaboración «usual» en la profesión o comercio del cónyuge (§ 1356 II BGB), que toma en cuenta las condiciones y relaciones individuales de los cónyuges y puede por tanto ser concretado también según un módulo individual; *BGH RzW* 1961, pág. 317; LM Nr 12 *ad* § 1356 BGB; MÜLLER-FREIENFELS, *Festschrift Nipperdey,* tomo I, págs. 625/27-28. La decisión es, en cuanto aplica un módulo individual, «de competencia del juez de los hechos»: *BGH, ob. cit.*

73 OERTMANN, *Rechtsordnung und Verkehrssitte* (1914), págs. 346, 367, 450; *RG* 77, 241/44.

74 Cfr. *BGH LM* nr. 14 *ad* § 906 BGH. La formulación indeterminada de la directriz sentada por la Corte federal de justicia («durante el tiempo en que fueron necesarios los trabajos») se explica, por cuanto los usos del tráfico aquí invocados sólo son relevantes en cuanto no contravengan a la máxima ético-social de mostrar respeto por los colindantes. Por razón de aplicarse máximas ético-sociales, la sentencia se ocupa también detenidamente de las circunstancias del caso.

75 *RG SeuffArch,* tomo 59, nr. 177.

76 *BGH LM* Nr. 1 *ad* § 94 BGB.

77 OERTMANN, *ob. cit.*, pág. 314, 339, 345, 357 y *passim;* LARENZ, *Methodenlehre der Rechtswissenschaft* (1960), págs. 219-20.

78 *RG* 102, 47/50; *JW* 1909, pág. 489, Nr. 11.

79 *LM* nr. 2 *ad* § 286 (D) ZPO y nr. 4 *ad* § 823 (Eb) BGB.

Las «costumbres» y los «modos de ver» del tráfico pertenecen asimismo a las «nociones grupales jurígenas» *[rechtsbildende Gruppenvorstellungen]*[80] cuya aplicación hace posible la *diferenciación y la especificación [Fortbildung] de las reglas jurídicas.* Esto quiere decir: cuando llega el punto en el que el legislador no está ya en condiciones de moldear como es debido la multiplicidad de relaciones vitales y necesidades del tráfico, la diferenciación necesaria puede sin embargo hacerse, siguiendo las prácticas y los modos de ver de grupos especiales del mundo del tráfico. Remitiendo a estas prácticas e ideas, la ley puede lograr que reciban un trato diferenciado relaciones que no pueden someterse a una regulación esquemática por razón de diferencias profesionales o locales. Las costumbres y los modos de ver del tráfico funcionan aquí como guías para establecer premisas mayores especializadoras. La remisión a la pertinente costumbre del tráfico le confiere además a la ley una nota elástica, que permite su ulterior especificación.

La función diferenciadora y adecuadora a la ley que cumplen los usos del tráfico se desprende sobre todo[81] de las actas legislativas correspondientes al actual § 906 II BGB (denegación de tutela jurídica contra inmisiones «usuales en el lugar»). Allí se dice[82]:

«Cuando se tiene que determinar si las inmisiones que se producen en algún sitio son excesivas, hay que recordar que la necesidad de producirlas varía según las zonas, y que tampoco es constante en el tiempo, puesto que cambia sobre todo con el desenvolvimiento de la industria. La legislación no puede comprobar y tener en cuenta todas las necesidades locales, ni tampoco seguir con la suficiente celeridad todo cambio que ellas sufran. De ahí se sigue que los límites de la inmisión excesiva tienen que determinarse con cierta elasticidad, a fin de que se adecúen a las diferencias y cambios...

En atención a las condiciones locales, el grado de inmisión permitida debe establecerse según la tradición del lugar... Asimismo, la usanza es un regulador un tanto móvil, que cambia con las circunstancias».

También el concepto de la diligencia exigible «en el tráfico» posibilita (y exige) un juzgamiento diferenciado! según las necesidades de los círculos profesionales en los cuales el deudor ejerce sus actividades[83].

II. Concepto determinado y concepto indeterminado

1. La concepción de la doctrina

Si se tienen en cuenta los fines que se persiguen con el concepto indeterminado, no parece problemático deslindarlo del concepto «determinado» (v. g. el concepto de «capacidad jurídica» entendido como aptitud para ser titular de derechos y obligaciones) por razón de la función que cumple. Los conceptos «determinados» («cerrados») constituyen la *armazón del ordenamiento jurídico;* ellos hacen posible edi-

---

[80] Wieacker, *Zur rechtstheoretischen Präzisierung des § 242 BGB,* pág. 15, N. 29; Soergel-Siebert, 9ª ed., *6 ad* § 242. Véanse además Oertmann, *ob. cit.,* págs. 338 y sigtes., y 377; Henkel, *Einführung in die Rechtsphilosophie,* págs. 126-27.

[81] Sobre el significado de las ideas del tráfico social en cuanto a la interpretación del concepto de «accesorio» (§ 97 I BGB), véase *Motive* tomo III, pág. 63 y Oertmann, *ob. cit.,* págs. 426-29.

[82] *Motive* III, pág. 267.

[83] *RG* 95, 16/18; Enneccerus-Nipperdey, *Allgemeiner Teil,* tomo I, 2, 4 211 I 3-a.

ficar un sistema jurídico científico y garantizan asimismo la seguridad jurídica. Los conceptos «indeterminados» («abiertos») representan en cambio el *factor móvil* de ese ordenamiento. Atenúan la rigidez del sistema cerrado y sirven para la adaptación y especificación de las leyes. Los conceptos determinados son, pues, el elemento estático; los indeterminados, el elemento dinámico de las normas jurídicas[84].

Apartándose de la aquí esbozada diferenciación funcional, Drost intenta deslindar las dos especies conceptuales acudiendo a criterios teórico-cognoscitivos[85]. A tal efecto, se sirve de la contraposición entre «conocer» *[Erkennen]* y «valorar» *[Bewerten]* y hace un distingo entre «conceptos de ser» *[Seinsbegriffe]* (determinados) y «conceptos de valor» *[Wertbegriffe]* (indeterminados). Los primeros se referirían a objetos perceptibles por los sentidos y a realidades del espíritu; los segundos, al sentir y al querer espirituales. Pero Drost se ve obligado a reconocer que junto a los conceptos de valor, que son indeterminados, existen conceptos de ser que también lo son, o sea que tienen igualmente un contenido de valor («robo con homicidio», «salvación de vidas», «mentira», «guerra»,, «estafa»)[86], lo que da por tierra con esta diferenciación.

En vista de esta dificultad, no causa extrañeza que una difundida doctrina niegue que haya diferencias radicales entre los dos tipos de conceptos, aunque en ella se distingan puntos de arranque diversos. Según una de sus orientaciones, *los conceptos indeterminados no existirían*[87]: «El concepto queda determinado en el respectivo caso en el cual se lo aplica, aun cuando dentro de los diversos supuestos y épocas de su aplicación se le dé una determinación distinta». Los problemas que suscita la aplicación de normas de formulación lata se deberían, en el fondo, a la insuficiencia de la capacidad de conocer y de juzgar. La otra concepción es diametralmente opuesta: según ella, *no habría más que conceptos indeterminados*[88]. La tan estimada confrontación de conceptos «determinados» y conceptos «indeterminados» estribaría en una separación meramente cuantitativa de elementos más o menos indeterminados, y si se ponen de resalto conceptos «indeterminados», esto sólo puede entenderse como una síntesis, hecha por el sentimiento, de algunas categorías que se nos presentan como especialmente indeterminadas[89]. Porque: «el juez tiene margen de apreciación al tratar cualquier elemento de figura legal; no existe palabra alguna que no pudiese llegar a ofrecer dudas»[90].

2. El deslinde según la determinadez práctica de los conceptos

a) No cuesta mucho advertir que las notables discrepancias en la doctrina tienen su causa en la diversidad de criterios con los cuales se juzga la «determinadez» (carácter determinado) de un concepto jurídico. Para una opinión, basta que el concepto se aplique según el método clasificatorio, esto es, que se le exija al juez decidir por «lo uno o lo otro» *[entweder - oder]* y se le prohíba tener en cuenta el «más o menos» *[mehr oder minder]* de un cuadro fáctico (v. g. la gravedad de un

---

84 Cfr. Jescmh, *AöR* tomo 82 (1957), págs. 163/71 y sigtes.

85 *Das Ermessen des Strafrichters* (1930), págs. 16 y sigtes.

86 *Ob. cit.*, págs. 19-22.

87 Menger, *Verwaltungsarchiv* 1962, págs. 275/84.

88 Jesch, *ob. cit.*, pág. 167; Pohle, *Revision und neues Strafrecht*, pág. 51; Schwinge, *Grundlagen des Revisionsrechts*, 2ª ed., pág. 120; Warda,. *Dogmatische Grundlagen des richterlichen Ermessens im Strafrecht*, pág. 25.

89 Pohle, *ob. cit.*

90 Schwinge, *ob. cit.*

quebrantamiento de disposiciones legales)[91]. Dado que los conceptos jurídicos, como veremos[92], tienen en su gran mayoría carácter clasificatorio, normalmente habrá que negar, con este enfoque, la existencia de conceptos indeterminados. La concepción opuesta sienta requisitos muy rigurosos, metafísicos: un concepto sólo sería determinado cuando no hubiere ya dudas acerca de su significado, o sea cuando ya no hubiese menester interpretación, ni siquiera —así hay que completarlo— en los casos - límite extremos. A lo más, podrían ser determinados los conceptos numéricos («tres»), pero ya la añadidura de un sustantivo («tres semanas») crearía un concepto indeterminado[93].

b) La tesis que sólo admite los conceptos determinados es fácil de refutar. Su error consiste en identificar la determinadez del resultado de una subsunción a la determinadez del concepto mismo, con olvido de que una decisión singular («la conducta del demandante contraría las buenas costumbres») no agota el concepto («contrario a las buenas costumbres») sino que da tan sólo un ejemplo de su significado.

La tesis que sólo admite, en principio, los conceptos indeterminados, puede aducir valederamente que, para que una idea sea reconocida como «concepto perfecto» debe reunir los requisitos siguientes: constancia sin excepciones[94], determinadez absoluta en cuanto al contenido y denominación inequívoca[95]. A favor del argumento' de que la diferencia entre los dos tipos de conceptos es sólo cuantitativa, puede decirse que incluso el concepto «indeterminado» contiene un meollo de ideas de valor y de orden, constituido por máximas extrajurídicas y reglas experienciales a las cuales el concepto hace referencia (el «sentimiento de decencia de todos los que piensan con equidad y justicia», las «costumbres del tráfico»).

Mas tampoco esta opinión resulta satisfactoria. Su error resalta ante todo en una falla de *método:* sus partidarios tratan el «concepto jurídico indeterminado» como una categoría jurídica especial por su naturaleza (con problemas especiales en la aplicación del derecho y en la casacionabilidad)[96], pero no consiguen fijarle al objeto de sus análisis límites también especiales, esto es, cualitativos. Si se les pregunta por las características del concepto jurídico indeterminado sólo se recibe por respuesta, a fin de cuentas, que éste sería un concepto jurídico «muy indeterminado»[97].

Este efugio delata un *error material,* consistente en valorar la «determinadez» según el patrón absoluto del concepto perfecto. Como bien se lo aclara en la *«Logik»*

---

91 Véase el comentario de la sentencia *BVerwG NJW* 1962, págs. 360 en. MENGER, *ob. cit.*

92 Véase *infra* IV 1.

93 Así lo sostiene efectivamente WARDA, *ob. cit.*, pág. 25 *ad* n. 36.

94 Esto es la inmutabilidad del contenido del concepto.

95 SIGWART-MAIER, *Logik,* tomo I, 5? ed. (1924), § 39, 5.

96 Por ejemplo el estudio de JESCH con el título especial: *Unbestimmter Rechtsbegriff und Errnessen,* y las especiales explicaciones en las págs. 193 y sigtes. (sobre la separación de cuestión de hecho y cuestión de derecho en los conceptos indeterminados), así como págs. 187 y sigtes., sub 11 (sobre la casacionabilidad de los conceptos indeterminados). Algo similar sostiene SCHWINGE, *ob. cit.,* págs. 120-21, quien, luego de las observaciones iniciales sobre el principio del tratamiento igual de los conceptos en el derecho de la casación, anuncia «excepciones» considerables en lo tocante a los conceptos indeterminados.

97 Es acertada la crítica de DROST, *ob. cit.,* pág. 16.

de Sigwart-Maier, tal concepto, «en sentido metafísico»[98], no es sino una meta inalcanzable de nuestro afán de saber, y tiene que ser distinguido del concepto lógico-científico:

La categoría de «concepto» comprende, según Sigwart-Maier, tres datos distintos: la imprecisa «idea natural» *[natürliche Vorstellung]*, el «concepto lógico científico» *[logisch-wissenschaftlicher Begriff]* y el «concepto metafísico perfecto» *[metaphysisch-vollkommener Begriff]*. De la «idea natural» puede prescindirse, puesto que no nos interesa aquí. El «concepto lógico científico» está determinado por la aspiración de que «nuestros juicios sean ciertos y universalmente válidos». La «certeza» y la «validez universal» sólo han de entenderse, sin embargo, como la firmeza y, la determinadez de nuestras *ideas [Vorstellungen]* y, «a lo sumo», como la concordancia de las ideas de todos aquellos que se valen del mismo sistema de denominaciones[99]. No se presupone que un concepto exponga y capte exhaustivamente «lo que es» [*das Seiende]* (o sea su objeto); por el contrario, hay que distinguir entre la utilidad formal de los conceptos para la operación de juzgar, y su adecuadez metafísica (esto es, su concordancia perfecta con el objeto conceptual). Sólo el concepto metafísico, ideal, se destaca por concordar a la perfección con ese objeto: exige que la esencia de las cosas se conozca en lo «más hondo de su sustancia»: «Así, serían perfectas: la fisiología, si poseyese el concepto de la vida; la química y la física, si poseyesen el concepto de la materia, y la psicología, si poseyese el concepto del espíritu, todos ellos entendidos de ese modo. Todo nuestro conocer habría alcanzado, visto desde ese ángulo, su meta, si se lograra establecer un sistema de conceptos en el cual estuviese contenido 'lo que es', según su esencia, sin resto alguno».

La *legislación*, la *jurisprudencia* y la *ciencia jurídica* pueden (y tienen que) contentarse, pues, con la exactitud práctica de sus conceptos y esto se debe no sólo a la imperfección de nuestra capacidad cognoscitiva[100], sino que lo exige también la especial función que le toca desempeñar al derecho, que es la de regular las relaciones sociales, esto es, de resolver los problemas que plantean la existencia y el obrar de los seres humanos en comunidad[101]. Esta función especial obliga a emplear los imperfectos conceptos del vocabulario común[102], a fin de que el jurista pueda hacerse entender, no sólo por los especialistas, sino también por la generalidad.

El requisito de que las normas jurídicas resulten inteligibles para todos, manifiesta su fuerza sobre todo en la legislación y en la jurisprudencia. Prohíbe formular las leyes y las sentencias en un idioma algorítmico, aun cuando éste permitiese acercarse más al ideal del concepto perfecto, por cuanto se excluirían ambigüedades. Ahora bien, si las palabras de las leyes y de las sentencias tienen que tomarse del lenguaje común, tampoco la ciencia jurídica podrá servirse de otra forma, aun cuando los conceptos puros de la dogmática jurídica (v. g. «violación positiva del contrato», «causalidad adecuada», «adecuadez social») tengan un significado jurídico específico.

---

98 Sigwart-Maier, *ob. cit.*, § 40, 2-3.

99 En materia jurídica, uno se contenta con la concordancia de la «doctrina dominante».

100 Véase Engisch, *Wahrheit und Richtigkeit im juristischen Denken* (1963).

101 Véase Engisch, *Vom Weltbild des Juristen* 2ª ed. (1965), págs. 10 y sigtes.; Hatz, *Rechtssprache und juristischer Begriff* (1963), págs. 10-11, 60, 64-65.

102 Hatz, *ob. cit.*, págs. 65 y sigtes., 93 y sigtes.; Dieter Horn, *Studien zur Rolle der Logik bei der Cesetzesanwendung*, tesis, Berlín 1962, págs. 14 y sigtes., y 38 y sigtes. y la instructiva sentencia RGSt 41, 19 y sigtes.

Y no sólo la formulación, sino también la interpretación y la inteligencia de las leyes tienen que guiarse por los fines prácticos del derecho. Una injuria no puede entenderse como una serie de «movimientos laríngeos, ondas sonoras, sensaciones auditivas y procesos mentales»[103] ni un trabajo intelectual como una «transformación de la sustancia cerebral[104]. Estos tienen que evaluarse por su significado social. Aun en aquellos casos en los cuales la ley emplea conceptos tomados de las ciencias naturales, una interpretación hecha con exactitud científica resultaría extraña a nuestra materia, si lo fuera al orden de la vida práctica. Si, por ejemplo, los plazos jurídicos se estableciesen con una precisión de décimas de segundo, esto sería una «puntualización extraña al derecho, por ser extraña a la vida»[105], ya que, en la vida práctica, se desprecian las diferencias mínimas para el cálculo de los plazos[106].

Todo esto demuestra que a la *imago mundi* del jurista corresponde calificarla de «socio-natural» y que por consiguiente, éste puede servirse tranquilamente de conceptos «que en la práctica de la comunicación de las ideas circulan como moneda válida, o sea que resultan lo suficientemente claros para el entendimiento normal y corriente»[107]. Si, en consecuencia, se juzga la determinadez de los conceptos jurídicos según su *utilidad práctica*[109] como armazón del ordenamiento o como factor móvil de las normas, los conceptos determinados y los indeterminados podrán distinguirse también en el orden cualitativo. Esta estimación según la utilidad práctica no puede hacerse, por cierto, con exactitud científico-natural[108], por cuanto ella estriba en un enfoque jurídico-valorativo; emplear aquí módulos científico-naturales sería también extraño a la materia.

A la división cualitativa de los conceptos no le obsta que los elementos de figura legal indeterminados contengan un meollo de ideas de valor, porque ese meollo no puede ser definido ni siquiera aplicando el módulo de la «univocidad práctica» de los conceptos, sino que sólo resulta comprensible por segmentos, acudiéndose a un caso concreto («la conducta del demandante contraría las buenas costumbres») o, cuando más, a un grupo de casos («son contrarios a las buenas costumbres el cohecho y el soborno»).

c) Dado que el objeto de esta investigación no es bosquejar un sistema de conceptos jurídicos, las dos clases de conceptos, «determinados» e «indeterminados», sólo pueden ser aclaradas *a título de ejemplo.* Mas a tal fin es necesario fijar con exactitud el término «armazón del ordenamiento jurídico», compuesta por los conceptos determinados, al cual hasta ahora hemos aludido sólo incidentalmente. Si también aquí atendemos a la función de los conceptos, por tal «armazón» sólo podrá entenderse el contingente de conceptos *definidos concluyentemente* por el derecho o por alguna instancia extrajurídica[110] y, por consiguiente, demarcados por límites fijos. Están defini-

---

103 ENGISCH, *Vom Weltbild des Juristen,* pág. 37.
104 ENGISCH, *ob. cit.,* pág. 41.
105 ENGISGH, *ob. cit.,* pág. 106, N. 230.
106 La solución es empero distinta cuando hay que valorar méritos técnicos o deportivos desde el punto de vista jurídico.
107 ENGISCH, *ob. cit.,* pág. 11; HATZ, *ob. cit.,* pág. 60.
108 Al mismo resultado llega también ENGISCH, *Logische Studien zur Gesetzesanwendung,* 3ª ed. (1963, pág. 98).
109 Exagera WARDA, *ob. cit.,* pág. 25, quien exige una exactitud perfecta de la diferenciación.
110 Véanse los conceptos: «80 metros»-»90 km/h.».

dos concluyentemente los *conceptos jurídicos de orden*[111], esto es, conceptos de contenido formal[112] que garantizan el funcionamiento técnico del ordenamiento. Su antítesis la constituyen los conceptos de *contenido colorativo y determinado por vía de la experiencia,* los cuales, como vimos[113], tienen que ser completados por el juez y con harta frecuencia sólo dejan cabida a un fallo que se oriente por las circunstancias del caso singular. Esto se pone de manifiesto incluso en el concepto aparentemente técnico de «declaración de voluntad» *[Willenserklärung],* el cual exige del juez, en atención al elemento de la «voluntad de (que se produzca la) consecuencia jurídica» *[Rechtsfolgewillen],* que aprecie el respectivo estado de las cosas, especialmente la finalidad del negocio y los intereses de las partes[114]; por consiguiente, tiene que entenderse como concepto de valor.

aa) Entre los *conceptos de orden* en el sentido aquí elucidado cabe contar, por ejemplo, los siguientes:

«capacidad jurídica»[115],
«minoridad» y «mayoridad» (en el sentido del § 2 BGB)[116],
«acreedor» (en el sentido del § 241 BGB)[117],
«pretensión» (en el sentido del § 194 BGB)[118],
«excepción» (en el sentido del derecho civil)[119],
«prescripción»[120],
«derecho de retención» (en el sentido del § 273)[121]
«registro público de la propiedad»[122],
«deuda territorial»[123],
«celebración de matrimonio» (en el sentido del § 13 EheG)[124], «cosa juzgada formal», (en el sentido del § 705 ZPO)[125].

---

111 Cfr. COING, *Grundzüge der Rechtsphilosophie* (1950), pág. 272.

112 Esto no excluye que una norma jurídica construida con conceptos formales persiga fines éticos, tal como la arriba mencionada disposición del § 312 BGB.

113 I 2.

114 ESSER, *Schuldrecht,* 2ª ed., 7, 5; ENNECCERUS-NIPPIRDEY, *Allgemeiner Teil,* 15ª ed., tomo I. 2, § 145 II 4, especialmente n. 26 *in fine.*

115 «La cualidad de una persona de poder ser titular de derechos y obligaciones»: ENNECERUS-NIPPERDEY, *ob. cit.,* tomo I. 1, § 83 I.

116 También opina que estos conceptos son determinados ENGISCH, *Festschrift für E. Mezger* (1954), págs. 127/47, N. 2.

117 «Aquel que tiene derecho de exigir de otro (el deudor) una prestación».

118 «El derecho de exigir de otro una acción o una omisión». Según ESSER, *ob. cit.,* § 22, 2 *in fine* se trataría de una categoría de «significado general totalmente incoloro».

119 «El derecho que tiene una persona de impedir, mediante su oposición, que contra ella se ejerza un derecho»: ENNECCERUS-NIPPERDEY, *ob. cit.,* tomo 1. 2, § 226 I.

120 «Pérdida de vigor que sufren los derechos por el transcurso del tiempo, con el efecto de que a favor del obligado nace un derecho de negarse a pagar»: STAUDINGER-COING, 11ª ed., nota previa 1 a los 194 y sigtes. BGB.

121 «El derecho que compete al deudor de negar el pago que adeuda, hasta tanto se haya cumplido el pago que le corresponde a él».

122 «Registro estatal que revela la propiedad y los derechos reales sobre inmuebles»: WESTERMANN, *Sachenrecht,* 4ª ed. (1960), § 69 II 3. La institución y el modo de llevar de los libros de registro está preceptuado detenidamente en las ordenanzas regístrales del ministro de justicia del 8-8-1935.

123 «El gravamen de un inmueble con una suma de dinero que de ese inmueble habrá de obtenerse, que no presupone sin embargo un crédito del titular de esa deuda contra el propietario del inmueble»: WOLFF-RAISEH, *Sachenrecht,* 10? reedición (1957), § 154 I.

124 «La declaración personal de los novios, presentes simultáneamente, hecha ante el oficial del registro civil, de querer contraer matrimonio el uno con el otro». A favor del carácter determinado de este concepto también ENGISCH, *Mezger-Festschrift,* págs. 147, N. 2.

125 «La inimpugnabilidad de un fallo, esto es, la exclusión de la posibilidad de que sea anulado a consecuencia de una excepción o de un recurso»: BLOMEYEB, *Zivilprozessrecht* (1963), § 88 I.

Además, pertenecen a esta categoría los plazos, términos y momentos que por razones de seguridad jurídica han sido fijados por definiciones legales (cfr. los §§ 186 y sigtes. BGB y el § 188 I ZPO)[126] y conceptos tecnológicos tales como «automotor» en el sentido de la Ley de tránsito[127] y «arma de fuego» en el sentido de la Ley de armas [128], así como los conceptos de velocidad determinados numéricamente en el § 9 IV StVO.

bb) Del lado de los conceptos *indeterminados* están los de contenido valorativo[129] («buena fe», «buenas costumbres», «obra de arte», «causalidad adecuada»), así como aquellos elementos de figura legal que remiten a datos experienciales y adquieren de ahí un contenido flexible[130], por ejemplo:

«costumbres del tráfico»,
«cosa fungible» (en el sentido del § 91 BGB)[131],
«accesorios» (en el sentido del § 97 BGB)[132],
«edificio» (en el sentido del § 836 BGB)[133],
«obra» (en el sentido del § 631 BGB)[134],
«obra edilicia» (en el sentido del § 638 BGB)[135] y
«dependiente de comercio « (en el sentido del § 59 HGB)[136].

III. La estructura del concepto indeterminado

1. El concepto indeterminado, concepto de límites fluidos

El deslinde entre conceptos determinados y conceptos indeterminados ha puesto de resalto la estructura de estos últimos: son *elementos de figura legal con límites fluidos, no fijados concluyentemente.*

126 Sobre el concepto de «nodhe».

127 «Por automotores en el sentido de la ley se entiende a los vehículos terrestres movidos por fuerza mecánica, no forzados a circular por vías férreas»: § 1 II StVG.

128 «Son armas de fuego en el sentido de esta ley las armas en las cuales un cuerpo sólido puede ser impelido a través de un caño mediante presión de gas o de aire»: § 1 I de la *Ley de armas* del 18-3-1938. Según la Corto federal de justicia (*NJW* 1963, págs. 2171/73) se trata de un concepto de contornos bien definidos, producto de un largo desenvolvimiento jurídico.

129 Véase al respecto ENGISCH, *Einführung in das juristische Denken,* 3ª ed. (1964), págs. 108 y sigtes.; LARENZ, *Methodenlehre der Rechtswissenschaft,* págs. 215 y sigtes.

130 Esto se le escapa a DBOST *(Ermessen des Strafrichters,* págs. 16 y sigtes.) quien cuenta a los «conceptos de lo que algo es» basados en la experiencia, por principio, entre los conceptos jurídicos determinados.

131 El concepto remite a los usos del tráfico social o sea que es un elemento abierto de figura legal.

132 «Una cosa mueble que, sin ser componente de una cosa principal, está *destinada* a servir a la finalidad económica de la cosa principal y ha sido puesta en la *correspondiente* relación espacial...»: ENNECCERUS-NIPPERDEY, *ob. cit.,* tomo 1/1, § 126 I.

133 Sobre el carácter indeterminado de este concepto: ENGISCH, *Logische Studien zur Gesetzesanwendung,* 3ª ed., pág. 99, n. 1.

134 «*La producción o modificación de una cosa,* especialmente la instalación de una *obra de edificación,* o bien un *resultado* que ha de lograrse por medio del trabajo o de una prestación de servicios, o la gestión de negocios, o sea de asuntos que tocan el interés económico del que los ha encargado»: *BGR-Kommentar,* 11ª ed., 1 y 2 *ad* § 631.

135 «Una cosa inmueble, producida mediante el empleo de trabajo y material en combinación con el suelo, o bien partes de esa cosa, o prestaciones sin las cuales un edificio no podría ser llamado una obra de construcción terminada»: *RG 56, 41/43 en* armonía con *BGH* 19, 319/24.
La Corte federal de justicia destaca que en la ley falta un deslinde nítido (pág. 321); ella se serviría de una expresión que no sería de cuño jurídico, sino tomada del lenguaje corriente. En consecuencia, no sería posible dar una definición (pág. 324).

136 «Persona empleada en una explotación comercial para prestar servicios comerciales a cambio de una remuneración». Según *BAG AP* nrs. 1-5 y 12 *ad* § 59 HGB, el concepto de «servicios comerciales» se determina según la manera en que lo entienden los círculos profesionales interesados y el «cuadro conjunto» de los trabajos realizados por el trabajador dependiente.

Como ya hemos señalado, el concepto indeterminado no es totalmente vacuo, sino que contiene un meollo de ideas de valor, que el juez encuentra bajo las formas, entre otras, del orden legal de los valores, de una jurisprudencia consolidada y de la concepción general del derecho. Este meollo no puede definirse, pero sí exponerse, en sentido positivo o negativo, por vía del ejemplo;

Se puede afirmar con plena certeza que no hay una «desproporción notable» entre prestación y contraprestación cuando el precio en una compraventa es superior en sólo un 5% al valor verdadero de la cosa comprada; y, también con plena certeza, que esa desproporción existe cuando ese precio supera a ese valor en un 500%.

Yendo al meollo que es propio también de los conceptos indeterminados, se pueden distinguir dos campos conceptuales[137]: el aquí Rescripto ámbito de la «certeza»[138], dentro del cual el juez dispone ya de módulos de valoración, y el ámbito de la «duda» (dicho con más exactitud; de la certeza todavía no existente), dentro del cual el juez sienta los módulos de valoración recién en el momento de adoptar su decisión;

¿Dados qué presupuestos un contrato de transferencia de garantías viola las buenas costumbres por crearle peligros a otros acreedores del garante? [139].

La diferenciación de los ámbitos de la certeza y de la duda tiene valor cognoscitivo desde los puntos de vista jusmaterialístico y del método. Por un lado, pone en claro que el juez está atado a módulos de valor objetivos también cuando la formulación de las leyes es elástica. A más de esto, da una regla para formular la decisión sobre la cuestión jurídica:

El ámbito de la certeza es el campo del fallo-pauta («... es siempre/no es nunca contrario a las buenas costumbres»); el ámbito de la duda, en cambio, el campo del ejemplo subsuntivo («...es contrario a las buenas costumbres, dadas las circunstancias existentes en este caso»), porque aquí el fundamento para enunciaciones de alcance general tiene aún que ser colocado.

Desde el punto de vista del derecho de la casación, la diferenciación no es de importancia cardinal, porque estos dos campos conceptuales no equivalen a los ámbitos de la cuestión jurídica casacionable y de la no casacionable. También en el ámbito de la duda, la sentencia es plenamente reexaminable si posee un efecto ejemplarizador para otros casos[140].

Por haber dos campos conceptuales, el concepto indeterminado tiene también *dos límites*[141], cuya ubicación, sin embargo, es indeterminada por no ser el concepto definible.

---

[137] W. Jellinek, *Gesetz, Gesetzesanwendung und Zweckmässigkeitserwägung* (1913), págs. 37-38; Jesch, *AöR*, tomo 82, págs. 172-177; Engisch, *Die Idee der Konkretisierung*, pág. 285; *Einfühnmg in das juristische Denken*, 3ª ed., pág. 108; Larenz, JZ, 1962, págs. 105-06.

[138] Tal es la terminología de Jellinek, *ob. cit.*, que adoptamos aquí. La doctrina moderna habla en cambio de «núcleo conceptual» o «halo conceptual» *[Begriffshof]*. Este último término es sin embargo demasiado figurado como para servir a fines científicos (cfr. la glosa *NJW* 1959, pág. 711) y, por tanto, es recomendable prescindir de esas expresiones.

[139] Cfr. *BGH* 20, 43.

[140] Véase *infra* § 6 III 2-a y § 6 IV, así como *supra* § 2 III 7 b-d.

[141] Verbigracia, entre el campo de la certeza positiva y el de la duda, por un lado, y el campo de la duda y el campo de la certeza negativa, por el otro.

La característica esencial del concepto indeterminado, la imprecisión de sus límites, ha sufrido en la doctrina interpretaciones equívocas. Así, un trabajo que lleva el pretencioso título de; *Der unbestimmte Begriff im Denken des Logikers, des Juristen und des Arztes* [El concepto indeterminado en el pensamiento del lógico, del jurista y del médico][142], interpreta este concepto como un «campo intermedio entre antítesis contrarias» *[konträre Gegensätze]*:.

Si entre los valores que, dentro de un mismo género, representan los extremos últimos y son designados como «antítesis contrarias» (v. g. «avaricia» por un lado y «prodigalidad» por el otro), se coloca una serie de valores intermedios (avaricia - *mezquindad* - *ahorratividad* - *liberalidad* - *ligereza* - prodigalidad), se obtienen transiciones fluidas entre los valores intermedios. En esto residiría la clave para entender el concepto indeterminado:

«Aquí, en los conceptos en el campo intermedio entre dos antítesis contrarias, encontramos por fin aquellos conceptos de límites imprecisos que equivalen a los conceptos indeterminados».

Esta interpretación tiene de verdad que la imprecisión de las transiciones en esa serie se explica porque se componen (necesariamente) de conceptos indeterminados. Pero no es válido concluir de ahí que todo concepto jurídico indeterminado sea un eslabón de una cadena entre antítesis contrarias. Por la estructura clasificatoria de nuestras leyes[143], en la aplicación del derecho sólo cuenta, en principio, el opuesto *contradictorio.* Por ejemplo, el § 138 BGB coloca al juez ante la alternativa de declarar a un negocio jurídico 'contrario a las buenas costumbres» o «no contrario a las buenas costumbres», y el § 626 BGB le manda que declare, sin condiciones ni gradaciones, si la causa de despido controvertida es o no «grave». Por razones de seguridad jurídica, al juez le está vedado constatar grados. Series fluctuantes entre antítesis contrarias sólo hallan aplicación en el campo relativamente pequeño de los «conceptos de intensidad» *[Intensitatsbegriffe]* o «de tipo» *[Typenbegriffe]* («culpa leve»-»culpa normal» - «culpa burda»)[144], y sólo aquí el concepto indeterminado funciona como «campo intermedio entre antítesis contrarias».

Es también equivocada la explicación de que los conceptos indeterminados serían siempre conceptos especialmente «abstractos, faltos de la riqueza de características que presenta la realidad»[145], porque las cualidades «pobre en características» e «indeterminado», por un lado, y «rico en características» y «determinado» por el otro^ no son idénticas. Los conceptos determinados pueden ser pobres en características («tres» como número), mientras que los indeterminados pueden ser relativamente ricos en ellas («dependiente de comercio»)[146].

[142] LUKOWSKY, *Verwaltungsarchiv* 1962, págs. 25/29.
[143] RADBRUCH, *Revue Internationale de la Théorie du Droit,* tomo 12 (1938), págs. 46/47 y sigtes.
[144] Sobre los conceptos de intensidad y los conceptos-tipo, *infra IV,* así como § 9.
[145] Esto es lo que sostiene, sin embargo, HENKEL, *Hecht and Individualität,* págs. 26-27. Sobre otros significados del concepto «abstracto»: ENGISCH, *Die Idee der Konkretisierung,* págs. 4 y sigtes.
[146] «La persona empleada en una explotación comercial para prestar servicios comerciales contra retribución» (§ 59 HGB).

2. La definición como criterio y medio de configuración de la determinadez de un concepto jurídico

a) Un *criterio* seguro para saber si un concepto jurídico es determinado o indeterminado, nos lo da su definición[147], o sea la indicación de los elementos que componen ese concepto, que determinan su contenido. Si la definición se compone de *elementos exactos*[148], el concepto tiene límites) fijos; es un concepto determinado:

«Noche es el tiempo que, del 19 de abril al 30 de setiembre, va desde las 21 hasta las 4 horas y, del 1° de octubre al 31 de marzo, desde las 21 hasta las 6» (§ 188 I ZPO)[149].

Pero si en la definición figuran *elementos imprecisos* o incluso *perífrasis tautológicas*– aunque sean objetivamente correctas–, los límites del concepto son flúidos; es un concepto indeterminado [150]:

«Equidad» es la «adecuadez concreta»[151], «culpa burda»: «conducta por la cual se infringe en un grado descomunal la diligencia necesaria y se desatienden las precauciones que, en el caso dado, cualquiera habría debido apreciar claramente»[152].

«Desquiciamiento del matrimonio» (en el sentido del § 43 EheG) «la pérdida del ánimo matrimonial *[eheliche Gesinnung]* por parte del cónyuge ofendido por una falta conyugal[153].

Notoriamente imperfecta es la definición del «derecho general de la personalidad» [154]. Pufendorf describió a la «personalidad» plásticamente como «cierta dignidad del ser humano, cuyo argumento último y más eficaz para rechazar petulancias, suele ser «¡no soy un perro, sino un ser humano como cualquier otro!»[155]. Un intento de definición tomado de un texto moderno se distingue del anterior por ser menos plástico, pero está muy alejado de la precisión que muestra las definiciones de conceptos determinados[156].

«El derecho general de la personalidad es un concepto global, que comprende el derecho a la preservación, a la inviolabilidad, a la dignidad, a la denominación reconocida y a la libre actividad de la individualidad en todos los sentidos».

Mas esta carencia en la indefinibilidad de los conceptos indeterminados no exime al juez de interpretar el contenido de un elemento de figura legal elástico. A

---

147 Cfr. ENGISCH, *Logische Studien zur Gesetzesanwendung,* 3ª ed., págs. 96-99.

148 Destacaremos una vez más, para evitar malentendidos, que por «exactitud» aquí sólo ha de entenderse una exactitud práctica.

149 La definición legal del § 188 I ZPO, lógicamente, sólo pretende fijar, con fuerza obligatoria, lo que el legislador quiere que se entienda por «noche» dentro del marco de las normas (definición nominal). Véase EISLER, *Worterbuch der philosophischen Begriffe,* 4ª ed., tomo I, voz «Definition [definición]»; E. SCHNEIDER, *Logik für Juristen* (1965), pág. 47.

150 Véase SCHEUERLE, *Rechtsanwendung* (1952), pág. 172; *AcP* tomo 157 (1958), págs. 49-50; LARENZ, *Methodenlehre,* pág. 218.

151 MAX RÜMELIN, *Die Billigkeit im Recht* (1921), págs. 48 y 56.

152 *BGH* 10, 14/16. Sobre la imposibilidad de una definición más precisa: *Motive* I, pág. 280; EHHENZWEIG, *VersR* 1954, págs. 335/37.

153 DÖLLE, *Familienrecht,* tomo I (1964), § 38 II 2-*b-dd;* GERNHUBER, *Familienrecht* (1964), § 26 III 4.

154 LAHENZ, *Schuldrecht, Besonderer Teil,* 7ª ed. (1965), pág. 415; *BGH* 24, 72/78; 30, 7/11; *BGH LM* nr. 23 *ad* § 12 BGB.

155 *De officio Hominis et Civis juxta Legem Naturalem Libri Duo* (1682), libri I cap. VII, § 1. La definición latina original está reproducida *infra* § 6 IV 1 *d.*

156 ENNECCERUS-NIPPERDEY, *Allgemeiner Teil,* tomo 1/1, § 101 I 1.

principios de siglo, una Cámara penal de Múnich pretendió una vez eludir esta regla de una manera que probablemente no tiene parangón[157]:

La Cámara tenía que fallar sobre supuestas «obscenidades» publicadas en una revista (§ 184 I, nr. 1 StGB). No le dio a su sentencia ningún fundamento fáctico o jurídico, sino que se limitó a presentar los textos e ilustraciones objetados, pegados en una hoja anexa a la sentencia, declarándolos «no obscenos» y afirmando que «no ofenden el sentimiento general de pudor y ¿Decencia en materia sexual» y que «tampoco son aptos ni fueron creados para causar excitación sexual en quien los lea o contemple».

La imperfecta definibilidad tiene que ser compensada, por el contrario, mediante una interpretación y subsunción que esté referida al caso y sea ejemplarizadora, de modo tal que el contenido del concepto quede clarificado por lo menos dentro de un determinado círculo de problemas. Esto justifica la casacionabilidad de la apreciación concreta, en tanto en cuanto posea efecto ejemplarizador para otros casos.

b) La definición no es tan sólo un criterio para comprobar si un concepto jurídico es o no determinado. Sirve además *para precisar o para elastificar los conceptos,* a fin de que el contenido de éstos pueda interpretarse de acuerdo con las exigencias del derecho material. Los conceptos se precisan o se elastifican incluyendo en la definición, o bien elementos tajantemente deslindados, o bien elementos imprecisos [158]. Por ejemplo: «noche» es, según el ya citado § 188 I ZPO, el espacio de tiempo «que va desde las 21 horas hasta las 4 o, en su caso, hasta las 6 horas»; según el § 243, nr. 7, StGB en cambio el espacio de tiempo «que va desde que oscurece, tras la puesta del sol, hasta el comienzo del alba»[159]. Las definiciones son diversas y los conceptos, por ende, pertenecen a especies diversas; y ello se explica por la diversidad de funciones que el concepto tiene que cumplir en cada caso: en el § 188 ZPO está fijado con exactitud, puesto que la finalidad es garantizar la *seguridad jurídica* en interés de la inviolabilidad del domicilio (enfoque formal)[160]; en el § 243, nr. 7, StGB, está definido de manera vaga, porque lo que se busca es poder castigar con más rigor un *modo de perpetrar delitos especialmente peligroso* (enfoque valorativo).

IV. Concepto indeterminado y tipo

1. Concepto indeterminado y tipo en la doctrina y en la jurisprudencia

La *doctrina* y la *jurisprudencia* contemplan la relación entre el concepto indeterminado y esa figura imaginaria que es el tipo desde ángulos diversos. Según Larenz, los elementos de figura legal de formulación elástica por ejemplo el de «zona boscosa» (§ 308 StGB), no serían, «en el fondo», conceptos indeterminados, sino «tipos» no consolidados por elementos característicos[161]. Desarrollando una teoría de los tipos, este autor observa que conceptos indeterminados tales como «enfermedad mental» o «debilidad mental», «servidor de la posesión», «servicios de índole superior», «prodigalidad» y «desaliño», representarían un tipo empírico de fre-

[157] GSt 41, 19.

[158] Véase Engisch, *ob. cit.;* Henkel, *Recht und Individuality,* págs. 58-60; Müller-Tochtermann, *ScheHA* 1962, págs. 157/59.

[159] *RGSt* 3, 209.

[160] Véanse las actas de la Novela procesal civil de 1898, pág. 95.

[161] *Methodenlehre der Rechtswissenschaft,* pág. 222.

cuencia, el cual se podría describir y aclarar mediante ejemplos, pero no definir. Aparte esos tipos de frecuencia, el juez se serviría también de tipos normativos medios, verbigracia del «médico típico», del «juez típico» y del «funcionario típico», a fin de determinar la diligencia con que deben actuar quienes pertenecen a estos grupos profesionales[162].

H. J. Wolff, en cambio, llama «conceptos-tipo» a la mayoría de los conceptos indeterminados, porque, a semejanza del tipo, no contendrían elementos definibles con exactitud, sino elementos flúidos[163].

De otra manera, a su vez, entiende el «concepto-tipo» G. Radbruch[164]. Para este autor, serían «conceptos-tipo» aquellos que admiten una decisión escalonable, a fin de que quepan en cuenta las transiciones fluidas de la vida, como por ejemplo el concepto de la pena «justa», que tiene que medirse según el grado de abyección del hecho. Los «conceptos-tipo» se contraponen, según él, a los indeterminados «conceptos-clase», que sólo prevén un juicio que reconozca o niegue alguna cualidad («adecuado»-»no adecuado») y que por ello a menudo no resultan aptos para afrontar los multiformes problemas que presenta la vida. Pese a la rigidez de los conceptos-clase, la arquitectura de nuestro derecho, sostiene Radbruch, es clasificatoria. Para facilitar la aplicación del derecho, el legislador tiene que trabajar con conceptos «que marquen los pasajes fluidos de la vida con nítidos cortes». Un ejemplo de ello serían los límites de edad, que están determinados jurídicamente con una precisión de día y hora, y que no tienen en cuenta la paulatina evolución de la niñez a la juventud y de la juventud a la madurez.

De igual opinión es Engisch[165]: los conceptos indeterminados serían «conceptos-clase de contornos borrosos» inequiparables al «concepto-tipo auténtico». De cualquier manera, también en nuestro sistema jurídico se encontrarían «conceptos-tipo» auténticos, tales como los conceptos de culpa («culpa simple»-»culpa burda») y el grado de imputabilidad en el sentido del § 51 StGB («imputable»- «menos imputable»). Los «conceptos-tipo» hallarían aplicación también en la mensuración de consecuencias jurídicas, v.g. en la graduación de una pena. Del «concepto-tipo» habría que distinguir el «tipo» por el cual se orienta el juez al aplicar la ley[166]: los conceptos-clase indeterminados requerirían a menudo la «orientación por la tipicidad de los fenómenos de la vida».

Una ojeada a la *jurisprudencia* nos confirma el uso de esta «orientación por la tipicidad de los fenómenos de la vida». La Corte federal de justicia, por ejemplo, interpreta las condiciones de admisión para el ejercicio de la abogacía § 7, nr. 8 de la *Bundersrechtsanwaltsordnung)* según la «imagen de la profesión abogadil»[167]. Ese mismo tribunal recurre también al tipo para resolver si el llamado comerciante en nombre propio *[Eigenhändler]* que, al concluir la relación negocia!, tiene que dejar

---

162 *Ob. cit.*, pág. 337.

163 *Verwaltungsrecht* I, 6ª ed. (1965), § 31 I-c 2.

164 *Revue Internationale de la Théorie du Droit,* tomo 12, págs. 46 y sigtes.

165 *Die Idee der Konkretisierung,* págs. 287-88. El concepto de tipo se estudia detenidamente *ob. cit.*, págs. 242 y sigtes.

166 *Ob. cit.*, págs. 277 y 279. Una distinción de los diversos significados de la palabra «tipo», se encuentra *ob. cit.*, pág. 264.

167 *BGH* 35, 205: «Un empleado bancario que dedica una parte sustancial de sus fuerzas a atender directamente a los clientes, procurando la concertación de operaciones, dista de reflejar, por el carácter lucrativo de su actividad, la imagen profesional del abogado y no puede ser admitido a la abogacía».

su clientela al empresario representado, tiene derecho a una indemnización. Aunque la ley confiere ese derecho sólo al representante de comercio, procede aplicar la pertinente norma (§ 89 b HGB), por analogía, si el comerciante en nombre propio «responde a la figura ideal del representante de comercio que ha menester tutela»[168]. Por último, la competencia *ratione materiae* de los tribunales de trabajo para entender en causías relativas a «personas asimilables a los asalariados» (§ 512 ArbGG) no tiene que juzgarse, según sentencia del Tribunal federal de ha- bajo, solamente según el criterio de su «dependencia económica»: «esa persona (asimilable al asalariado) tiene que semejar además a un asalariado en cuanto al tipo y tener por consiguiente necesidad de tutela»[169].

2. El «tipo» como medio auxiliar en la aplicación de la ley y como «concepto-tipo» indeterminado

Para poder determinar la relación que guardan entre sí el concepto indeterminado y el tipo y precaverse al mismo tiempo contra una «inflación de tipos»[170], que sólo generaría confusión, hay que distinguir, nítidamente dos fenómenos:

– el «tipo» *como figura ideal,* que le sirve de guía al juez al aplicar conceptos indeterminados (a).

y

– el *«concepto-tipo» como subespecie de los conceptos indeterminados,* el cual, a diferencia del indeterminado «concepto-clase», tiene que aplicarse según el método tipológico (b).

a) Es frecuente que el legislador, al crear normas jurídicas,, se guíe por «tipos», figuras ideales acuñadas con el auxilio de la experiencia del mundo. Se distinguen de los conceptos por ser más vivos y más figurativos[171]. En el derecho civil, el tipo ideal más conocido es probablemente el del *diligens pater familias* o «buen padre de familia» al cual se refería el § 14 del primer proyecto en su definición de la «culpa»:

«habrá culpa cuando no se emplee la diligencia de un buen padre de familia».

La Exposición de motivos describe este tipo como el «padre de familia diligente y cuidadoso, que vela por los suyos y lo suyo con escrupulosidad y lealtad».[172] La referencia al «buen padre de familia» fue suprimida por la comisión que preparó el segundo proyecto, por razones de lenguaje[173]; pero la idea asoma también en cuanto el actual § 276 BGB manda al juez guiarse por los tipos que genera la vida («el tráfico»), bien que no siempre en la forma del «tipo ideal»[174]. Por eso, el *Reichsgericht* sostuvo también con toda naturalidad que la diligencia que habría que observar se orientaría por las exigencias «de aquel tráfico que corresponda considerar según el tipo de la relación jurídica concreta singular»[175], y el tratado de Enneccerus-Nipperdey enseña que es determinante: «... en la construcción, la dili-

---

168 *BGH* 34, 282/91 y sigtes., con nota de RIETSCHEL, *LM* nr. 14 *ad* § 89-b HGB.

169 *BAG* 12, 158/63.

170 ENGISCH, *ob. cit.*, pág. 266: en la ciencia jurídica sería casi de temer una inflación de la palabra «tipo».

171 Compárese al «buen padre de familia» con la «diligencia exigible en el tráfico».

172 *Motive* I, pág. 279.

173 OERTMANN, *Rechtsordnung und Verkehrssitte,* pág. 436, así como PLANCK-SILBER, *BGB,* 4ª ed. (1914), 2-b *ad* § 276: «Por desafecto a la expresión».

174 LARENZ, *ob. cit.*, pág. 336-37, habla acertadamente de un «tipo normativo promedio».

175 *RG* 95, 17. El *Reichsgericht* se orienta aquí por el tipo negocial del «tráfico de valores entre pequeños y medianos propietarios y manufactureros en la campaña».

gencia de un buen constructor; en una operación quirúrgica, la diligencia de un buen cirujano; en el manejo de un automotor, la diligencia, serenidad y presencia de ánimo de un buen motorista»[176].

«Tipos normativos» subyacen también a las disposiciones de derecho comercial que especializan la regla del § 276 BGB para el tráfico comercial y convierten en módulo de juicio, entre otras, la diligencia de un «buen comerciante» (§ 347 HGB))[177], la de un «buen transportista» (§ 429 HGB), así como la de un «gerente puntual y escrupuloso» (§ 93 I AktG). En conexión con los fallos citados, mencionemos el tipo (empírico) del «representante de comercio que ha menester tutela», cuya situación es, según la fundamentación dada en la Novela del año 1953, «no la de un comerciante mayestático, no mediatizado, sino con frecuencia peor que la de un empleado»[178], así como la imagen (normativa) de la profesión del abogado, un «órgano independiente de la administración de justicia», cuyos actos están guiados por el motivo ético «de realizar el derecho»[179]. Debido a la influencia determinante que tienen, los tipos en la legislación, es sólo consecuente que el juez acuda a esas imágenes para usarlas como guía en la interpretación y la subsunción bajo las normas jurídicas correspondientes, o sea como medio auxiliar para aplicar la ley.

Pero los tipos no trascienden más allá de esto; sobre todo, no son idénticos a los conceptos indeterminados en cuya acuñación influyen. El tipo es formado a base de los' casos «típicos»[180] que se encuentran en el campo conceptual de la certeza[181], o sea de los cuadros fácticos que el legislador usa como puntos de partida. Los conceptos indeterminados, en cambio, contienen además una vasta zona de duda, que se refiere también a los cuadros fácticos que el legislador no ha tenido en cuenta («atípicos»)[182], y que precisamente le crea al juez el deber de incluir en el concepto también un caso de configuración especial, cuando ese caso merezca la misma Valoración que los cuadros fácticos sintetizados en el tipo.

Cómo se abarca así un caso de configuración especial puede verse nítidamente en el concepto indeterminado do la «causalidad adecuada». Este concepto comprende también series causales relativamente raras y sólo excluye las consecuencias «remotas», de las cuales nadie suele contar con que se produzcan[183]; «adecuadez» y «tipicidad» no son, pues, lo mismo[184]. También el concepto de la «culpa», que aquí hemos mencionado frecuentemente, puede indudablemente hacerse extensivo al cuadro fáctico atípico. «Culpa» puede haber también allí donde, por no haber seguido los heohos un curso típico, no puede presentarse de esa culpa una prueba *prima facie*[185].

---

176 *Allgemeiner Teil*, 15ª ed., tomo 1/2, § 211 I 3-a.

177 Según las *Protokolle zur Beratung eines Allgemeinen Deutschen Handelsgesetzbuches* [Actas de deliberaciones acerca de un Código comercial común para toda Alemania], tomo III (1858), págs. 1309, se presupone la diligencia de un «buen profesional de la clase e industria a la cual pertenece la persona en cuestión». La expresión es, según la comisión, un «concepto» técnico similar a la diligencia que supuestamente observa el *diligens pater familias* en el derecho civil.

178 *Verhandlungen des Deutschen Bundestages*, 1ª legislatura (1949), Impreso nr. 3856, pág. 11.

179 *Verhandlungen des Deutschen Bundestages*, 3ª legislatura (1957), impreso nr. 120, págs. 48-49.

180 «Típico» no significa, en este sentido, necesariamente frecuente, sino a veces tan sólo indudable; ver también ENGISCH, *ob. cit.*, pág. 285 *ad* n. 189.

181 Sobre los campos conceptuales de la «certeza» y de la «duda», véase *supra* III 1.

182 Conforme también ENGISCH, *ob. cit.*, págs. 285-86.

183 BLOMEYEU, *Allgemeines Schuldrecht*, 3ª ed., § 32 II 1-c; LARENZ, *Schuldrecht, Allgemeiner Teil*, 7ª ed., § 14 III (págs. 155-58), siempre con comprobantes tomados de la jurisprudencia.

184 ENGISCH, *ob. cit.*, pág. 283.

185 Véase el instructivo caso *BGH LM* nr. 14 *ad* § 276 (Fa) BGB.

Por último, también pueden ser atípicos las «costumbres» y los «modos de ver del tráfico» —cuyo patrón lo sientan las que predominan en la mayor parte del territorio— tales como la concepción, en vigor en Hamburgo, de que no es accesorio de un inmueble el linóleo colocado en los pisos de madera[186] y la que imperó alguna vez, según se dice, en la Renania, de que no lo son las estufas transportables[187].

Lo dicho rige no solamente para el caso de configuración especial, sino también para la persona que escapa al término medio. Así, el concepto indeterminado de «representante de comercio», a diferencia del correspondiente tipo, se extiende también al representante descomunalmente pudiente, que supera en recursos económicos al empresario[188].

b) La aplicación de conceptos indeterminados a cuadros lácticos de configuración especial puede conducir a tensiones entre la relativa rigidez del concepto y las transiciones fluidas de los fenómenos vitales, porque cuanto más se aleja un caso del «tipo», o sea cuanto más va cobrando carácter de caso-límite, tanto más se hará notar la inadecuadez del juzgamiento clasificatorio efectuado según el principio del «o lo uno o lo otro» frente a las «tonalidades intermedias» de la realidad[189]. También una culpa muy leve sigue siendo, para el método clasificatorio, una «culpa» que obliga a la reparación integral del daño. El juez no está facultado para tener en cuenta el grado menor de descuido, salvo para la fijación de la indemnización por daño moral[190].

La inadecuadez del método clasificatorio para resolver los problemas de la realidad puede atenuarse, según el procedimiento de la lógica moderna[191], mediante un *enfoque tipológico (ordenador)*. El proceso mental que le subyace es simple: un fenómeno no es valorado según quepa incluirlo o no en una determinada clase, sino según la distancia que lo separa de un tipo que funciona como medio de orientación. Quiere decir que el juez no juzga aquí según el principio del «o lo uno o lo otro», sino según el principio del «más o menos». A tal fin se sirve de conceptos ora escalonados («culpa grave»), ora escalonables en el momento de hacer la subsunción (indemnización «equitativa»). Estos llamados «conceptos-tipo» son una especie de los conceptos indeterminados[192], género dentro del cual hay que distinguir, por consiguiente, entre los «conceptos-clase» (aplicables por clasificación) y los «conceptos-tipo» (aplicables por tipología).

Para transformar el indeterminado concepto-clase [*unbestimmter Klassenbegriff*] de la «culpa» en un indeterminado concepto-tipo [*unbestimmter Typenbegriff*] basta introducir grados de culpa singulares: «culpa leve» — «culpa normal» — «culpa

---

186 Hamburgo, *OLG* 45, pág. 110.

187 *Protokolle* III, pág. 19; SCHLOSMANN, *Jherings Jahrbücher*, tomo 41 (1900), págs. 289/95 iy sigtes., habla aquí de «derecho consuetudinario local».

188 *BGH* 34, 282/90-91.
La indeterminadez del concepto de «representante comercial» resulta sobre todo de su «autonomía». Es «autónomo», según el § 84 I HGB, «quien puede, en lo sustancial, configurar sus actividades libremente y determinar su horario de trabajo».

189 RADBRUCH, *ob. cit.*, pág. 49.

190 Véase *BGH* 18, 149/57.

191 HEMPEL y OPPENHEIM, *Der Typusbegriff im Lichte der neuen Logik* (1936), con comentarios de RADBRUCH, *ob. cit.*, y ENGISCH, *ob. cit.*, págs. 243-44. ENGISCH ha hecho aun otros estudios lógicos sobre el concepto de tipo.

192 Desde el punto de vista lógico, ellos no son tipos, como veremos seguidamente.

burda», y atribuir a cada uno de ellos consecuencias jurídicas distintas [193]. Otro ejemplo instructivo del empleo de conceptos-tipo son las clasificaciones de las ordenanzas de examen, que están basadas en el tipo VER ORIGINAL

del resultado «promedio» y contienen más o menos las siguientes escalas[194]:

«suficiente»[195]	– «resultado que responde al promedio de lo que se exige».
«satisfactorio»	– «resultado superior a ese promedio».
«plenamente satisfactorio»	– «resultado que, en parte, supera considerablemente a ese promedio».
«bueno»	– «resultado que supera considerablemente a ese promedio». –
«muy bueno»	– «resultado (especialmente) sobresaliente».

No daremos aquí otros ejemplos, porque el concepto-tipo habremos de analizarlo aún en conexión con las limitaciones de la casacionabilidad de los conceptos indeterminados[196]. Recuérdese, sin embargo, los «conceptos-tipo», en el sentido aquí expuesto, no son de modo alguno idénticos a los «tipos» auténticos, con los cuales tienen tanto en común como con los mismos conceptos-clase indeterminados[197], porque, al igual que éstos, también los «conceptos- tipo» se extienden a los casos-límite atípicos que caen dentro del ámbito conceptual de la duda. O sea: se encuentran a sensible distancia del «tipo», que constituye el ámbito de la certeza: la clasificación «suficiente» es admisible para calificar también resultados «plenamente suficientes» y, por el otro lado, también resultados «apenas suficientes»[198]. Y cuando se quiere calcular la indemnización «equitativa» por un daño no patrimonial, pueden arrojarse en la balanza también menoscabos que se salgan de lo habitual, como por ejemplo la moderación que tuviere que imponerse en el comer y en el beber un amante de la buena mesa, por haber perdido los dientes[199]. La peculiaridad de los «conceptos-tipo» no consiste pues en su identidad a «tipos de la vida» o «tipos normativos», sino en el hecho de que, «tipológicamente», ellos tienen que aplicarse según el principio del «más o menos».

Como precaución contra confusiones con los «tipos» y para poner de manifiesto su contenido jusmaterialístico, designaremos en lo que sigue a los conceptos-tipo como «conceptos de grado y medida»[200]. Debido al peligro de confusión con el

---

[193] Véase por ejemplo la jurisprudencia del Tribunal federal de trabajo sobre la compensación de daños ocurridos dentro del establecimiento entre el empleador y el trabajador en las actividades peligrosas (BAG 7, 290/300): en el caso de culpa «leve» del trabajador, el empleador carga con todos los daños; en el de culpa «normal», las consecuencias del daño se reparten, y, en el caso de «culpa burda», es el trabajador quien responde por todos los perjuicios.

[194] Tomamos como base la Ordenanza berlinesa de formación de juristas del 24-1-1953 en su versión del 1-1-1962 (§ 20).

[195] La nota «suficiente» no es, sin embargo, un tipo normativo, sino un concepto indeterminado, como lo veremos seguidamente.

[196] Véase *infra* § 9.

[197] Conforme también ENGISCH, *ob, cit.*, pág. 289.

[198] La inadecuadez del concepto a la realidad subsiste pues, en cierta medida, también aquí.

[199] *BGH VersR* 1964, págs. 842/44.

[200] Contra la terminología usual, también ENGISCH, *ob. cit.*, pág. 289.

«tipo», tampoco es recomendable dar a conceptos indeterminados el nombre de «concepto-tipo» para destacar la fluidez de los límites conceptuales [201-202]

V. Máxima, éticas y reglas experienciales como auxilios en la aplicación del derecho

De los múltiples medios auxiliares de que dispone el juez para interpretar los conceptos indeterminados, verbigracia las máximas ético-sociales (las «buenas costumbres»), las reglas experienciales (las «costumbres del tráfico»), los tipos (la «imagen de la profesión de abogado»)[203] y los precedentes judiciales[204], han menester un examen más detenido las *máximas éticas* y las *reglas experienciales:* ¿qué papel tienen ellas en la aplicación del derecho (1), y en el reexamen de ésta en la instancia de casación (2)?

1. Para W. Jellinek[205] las máximas éticas y las reglas experienciales tienen el rango de «normas jurídicas aclaratorias» («decretos no escritos de aplicación del Código civil»). El juez gozaría de cierta libertad al discernir esas normas sobre la base de los modos de actuar y de juzgar de la sociedad, pero esa libertad sería solamente «de método y de estimación», la libertad «del erudito y del historiador», que no le permite ni apreciar críticamente esas normas ni concretar los conceptos indeterminados bajo responsabilidad propia[206].

Una valoración similar de los modos de ver sociales se encuentra en la teoría de la posesión. Incluso la concepción actual Ve en el «poder fáctico» que caracteriza la posesión inmediata, un «concepto elemental de la conciencia popular, que la ley no puede determinar con más precisión» insusceptible de análisis jurídico; «señorío sobre una cosa es lo que aparece como tal a los ojos de la conciencia general»[207].

Sin embargo la concepción idealística según la cual en la aplicación del derecho entrarían en juego máximas ético-sociales y reglas sociales experienciales a guisa de «normas jurídicas aclaratorias», que el juez sólo tendría que discernir a la manera de un historiador, ha menester considerables limitaciones: la presencia, no

---

201-202 Esto va dirigido contra H. J. WOLFF, *ob. cit.*, § 31 I-c, 1-2. La terminología de Wolff encierra por lo demás un error de fondo: la expresión «concepto-tipo» caracterizaría, según él, la contraposición a los conceptos legales indeterminados, pero objetivamente determinables». Estos serían aquellos conceptos que contienen un «compuesto de hechos» que varía según el tiempo y el lugar «pero que en todo momento dado, y en un lugar determinado, está fijado unívocamente», y que, por tanto, no dejan margen al juicio humano, tales como «alborada», «uso comercial», «usos locales». Pero aquí tampoco puede hablarse de univocidad jurídica, porque: ¿qué intensidad debe alcanzar la luz para que pueda hablarse de «alborada»? y ¿qué porcentaje de los comerciantes tiene que observar una práctica para que nazca un «uso comercial» (el 30 %, el 60 %, el 80 %)? Véase *infra* § 5 III 1-c, bb.

203 Las máximas éticas, las reglas experienciales y los tipos son todos ellos medio auxiliares de que dispone el juez; se diferencian por la diversidad de su estructura: las máximas y las reglas experienciales son juicios (cfr. en cuanto a las reglas de experiencia: STEIN, Das *private Wissen des Richters,* pág. 21); los tipos, en cambio, son figuras ideales que componen un todo (LARENZ, *Methodenlehre,* págs. 334-35).

204 Otros medios auxiliares de aplicación del derecho los menciona LARENZ, *Festschrift für Nikisch* (1958), págs. 275/81 y sigtes.

205 *Gesetz, Gesetzesanwendung und Zweckmässigkeitserwägung* (1913), págs. 32, 38, 50, 58-59, 66 («decreto de aplicación no escrito»), 172, 180, 184-85.

206 *Ob. cit.,* págs. 34, 38, 53, 172, 177.

207 WESTERMANN, *Sachenrecht,* 4ª ed. (1960), § 9 I 1; WOLFF-RAISER, *Sachenrecht* 10ª reedición (1957), § 5 III. El concepto indeterminado de «posesión» y su aplicación se contempla más detenidamente *infra* § 6 IV 2-a.

rara, de costumbres abusivas[208], de ideas y modos de ver controvertidos[209] (el «pluralismo de la sociedad moderna») y de concepciones morales laxas[210] demuestra que el juez no puede prescindir de hacer valoraciones bajo responsabilidad propia. Las remisiones que hace la ley a las «buenas» costumbres (§ 138 BGB), a las costumbres del tráfico y a la «buena fe» (§ 242 BGB), y a la diligencia «exigible» en el tráfico (§ 276 BGB), permiten inferir claramente que al juez le ha confiado la función de censor de las costumbres y los modos de ver del tráfico social. Este cargo de confianza lo convierte en *representante de la comunidad jurídica*[211] con la misión de medir las costumbres con patrones éticos bien entendidos, ejercer mediante sus sentencias una influencia educativa sobre las relaciones del tráfico social[212] y comprobar si los intereses de los distintos grupos son compatibles con los intereses de la generalidad [213].

Una segunda objeción contra las referidas tesis atañe al método: las máximas ético-sociales y las reglas sociales experienciales no son, por su contenido, pasibles de subsunción, porque no son lo suficientemente precisas y exactas para funcionar como «normas jurídicas aclaratorias», o sea como premisas mayores de un silogismo[214]. Y esto se debe no solamente a que las máximas éticas dependen de la situación («asistir a los semejantes con lo mejor de sus fuerzas»)[215], sino también a la imprecisión del pensar práctico y al escaso saber especializado del tráfico social, que no está en condiciones de brindar respuestas precisas a cuestiones jurídicas difíciles[216].

Ya la escuela histórica sabía de esta ineptitud del «espíritu del pueblo» para resolver cuestiones jurídicas, y para compensar esa insuficiencia se valió de la idea de la representación de la conciencia jurídica general por la clase profesional de los juristas, lo que Savigny fundamentó como sigue [217].

«Se ha afirmado que la verdadera sede del derecho está en la conciencia colectiva del pueblo. Esto es perfectamente imaginable en lo que atañe a los rasgos fundamentales de un derecho como el romano, por ejemplo la naturaleza general del matrimonio, de la propiedad, etc., pero cualquiera comprenderá que es imposible en lo tocante al inmenso pormenor del cual las Pandectas son tan sólo un extracto. Esta dificultad nos hace ver la evolución del derecho desde un nuevo ángulo. A medida que la cultura crece, se van repartiendo cada vez más todas las actividades, y lo que antes se hacía en común, pasa a ser tarea de clases profesionales. Y como una de esas clases segregadas surge la de los juristas. El derecho va

---

208 Cfr. RG 105, 80/83; RG 148, 54/62 y *BGH* 5, 318.

209 Cfr. *BGH* 34, 64 y *BGH* 39, 142 sobre la validez del pacto de *cuota litis.*

210 Cfr. RG 120, 148.

211 Véase Gunther Arzt, *Die Ansicht aller billig und gerecht Denkenden,* tesis, Tübingen 1962, págs. 63 y sigtes., y 74 y sigtes.; Labenz, *Methodenlehre,* págs. 218-20; Henkel, *Einführung in die Rechtsphilosophie* (1964), págs. 29 y 31; Meyer-Cording, *Gute Sitten und Ethischer Gehalt des Wettbewerbsrechtes, JZ* 1964, págs. 273/77.

212 No nos ocuparemos aquí de la problemática que podría resultar del principio *nulla poena sine lege* para el derecho penal.

213 Esto vale especialmente para el derecho de la competencia; véase Meyer-Cording, *ob. cit.,* págs. 274-75.

214 Wieacker, *Zur rechtstheoretischen Präzisierung des § 242 BGB,* págs. 12-16; Larenz, *ob. cit.,* pág. 218.

215 Véase *supra* I 2 c.

216 Véase Arzt, *ob. cit.,* págs. 52-53, 65 y sigtes.

217 *Vom Beruf unserer Zeit für Gesetzgebung und Rechtswissenschaft* (1814), págs. 11-12.

desde entonces creando sus nuevas formas en el lenguaje[218]; adopta un rumbo científico, y así como antes vivió en la conciencia de todo el pueblo, incumbe ahora a la conciencia de los juristas, que desde aquel momento representan al pueblo en esa función».

Estas explicaciones pueden pretender validez aún hoy en lo que atañe a la interpretación de los conceptos indeterminados. La remisión legal a las «costumbres y a los modos de ver del tráfico social» y al «sentimiento de decencia de todos los que piensan con equidad y justicia», sólo puede entenderse en el sentido de que el juez tiene que descubrir las costumbres que gobiernan la vida y los negocios y cerciorarse de las ideas morales imperantes en el pueblo, a fin de formular con el auxilio de éstas sus premisas mayores: las máximas ético-sociales y las reglas sociales de experiencia son *auxilios en la aplicación del derecho, marcadores de rumbos para la premisa mayor que el juez tiene que formar*[219].

También las *reglas de experiencia de las ciencias naturales* sólo pueden valer como medios auxiliares en la aplicación del derecho. Es verdad que ellas se distinguen de las reglas de experiencia sociales por su exactitud y concisión científica. Pero esta ventaja no exime al juez de indagar cuál es el valor que posee la regla de experiencia científico - natural para responder a cuestiones jurídicas[220] por lo que también aquí la formulación de la premisa mayor jurídica es de exclusiva competencia del juez.

Esta responsabilidad que por doquiera incumbe al juez en la formulación de la premisa mayor no ha de entenderse, como podría parecer por lo antedicho, como un signo de «soberanía» individual del juez. El juez tiene que decidir siempre tal como lo haría cualquier otro juez en su lugar[221]. Además, tiene que fundamentar la sentencia analizando el estado de los intereses y estudiando concepciones divergentes, de tal manera que esa sentencia resulte *reexaminable* también cuando se apliquen máximas éticas[222] y obtenga el *asentimiento de la comunidad jurídica*[223], pues en la confianza de ésta se basa la función de un representante.

2. La conclusión de que las máximas éticas y las reglas de experiencia son tan sólo medios auxiliares para la aplicación del derecho, es válida también para el *derecho de casación.* «Norma jurídica» casacionable en el sentido de los §§ 549 y 550 ZPO es solamente la norma en blanco que el juez tiene que suplir (v.g. § 138, § 242, § 626 BGB), pero no la regla experiencia! empleada para suplir la ley o la máxima ética aprovechada por el juez. La causal de casación de la «infracción de la ley» estará dada, por consiguiente —prescindiendo de los errores de subsunción, que no

218 Esto es, en un lenguaje técnico especial.

219 Conformes Wieacker y Labenz, *ob. cit.;* Henkel, *ob. cit.,* pág. 257; Meyer-Cording, *ob. cit.,* pág. 277; Sarstedt, *Die Revision in Strafsachen,* 4ª ed. (1962), pág. 227; BAG 8, 181/87 y BAG 9, 47/52.

220 Mezger, *Der psychiatrische Sachverständige im Prozess* (1918), págs. 171 y sigtes.; trata también de la diferencia entre el concepto médico y el concepto jurídico de «enfermedad mental».
Véase también *BGH* 21, 337 acerca del «valor probatorio» de las reglas experienciales en cuanto al carácter hereditario de los factores de grupos sanguíneos C y c, que se aplica para comprobar la «evidente imposibilidad» de la paternidad (§ 1591 BGB). Dado que se trata aquí de un concepto jurídico, las reglas experienciales tienen un valor no solamente probatorio, sino también interpretativo.

221 Larenz, *Festschrift Nikisch,* pág. 296.

222 Arzt, *ob. cit.,* págs. 104 y sigtes.; cfr. también Engisch, *Wahrheit und Richtigkeit im juristischen Denken* (1963), págs. 19-20.

223 Cfr. Steindorff, *Summum jus, - summa iniuria,* págs. 58/74-75 y 78-79.

interesan aquí[224]—, si el juez llegara a suplir la ley de una mane, ra incorrecta, formulando una premisa mayor falsa [225].

Apartándose de esta solución, un sector de la doctrina procesalística[226] considera que las reglas experienciales y las máximas éticas son «normas casacionables». Un fallo del *Reichsgericht* dice textualmente, en concordancia con esta teoría[227]:

«Mediante el recurso de casación se impugna la exactitud de las reglas generales de experiencia invocadas por el juez de apelación. El juez de casación tiene competencia para reexaminarlas. Esas reglas no son (como podría pensarse) hechos que necesitan ser probados en el sentido procesal, esto es, puntos de hecho a los cuales el juez tiene que aplicar la ley. Su naturaleza es por el contrario la de normas que sirven como módulo para juzgar esos hechos. Y el *Reichsgericht* ya ha reconocido en diversas oportunidades que la casación puede apoyarse en la infracción de esas normas».

Un examen más detenido revela que la discrepancia entre la doctrina y la jurisprudencia es animada a la vez por consideraciones falsas (jurídico-conceptuales) y correctas (teleológicas). Las *jurídico-conceptuales* rezan en síntesis: ¿cómo puede el juez «infringir» una norma jurídica a la que tiene aún que encontrar?[228]. Dicho más específicamente: en vista del silencio de la ley, no existe una norma positiva que el juez pudiera «infringir» sentando una premisa mayor inexacta; se quiere no obstante, crear una posibilidad de reexamen, y entonces, sin más hablar, se declara «normas jurídicas» casacionables a las reglad experienciales y a las máximas éticas. Esta artificiosidad es innecesaria, si se tiene presente la «función jurígena» del juez. Si el juez sienta premisas mayores incorrectas, viola el mandato que le confiere la norma en blanco de completar la ley correctamente.

Más en serio hay que tomar las consideraciones *teleológicas,* que inducen a declarar «normas jurídicas» casacionables a las reglas de experiencia y a las máximas éticas: aprovechar reglas experienciales y máximas tan sólo afirmadas, lleva normalmente a sentar premisas mayores incorrectas, porque si el fundamento mismo de la premisa es falso, difícilmente podrá erigirse sobre él una premisa mayor correcta. Para evitar que nazcan premisas equivocadas, el juez de casación debe estar facultado para examinar las reglas experienciales y máximas que les dan respaldo. La comprobación de que los errores cometidos al aprovechar esos medios auxiliares falsean la premisa mayor, obliga por cierto a someter también esos medios al control del tribunal de casación[229]. Pero no obliga a dar a las reglas experienciales y a las máximas la investidura de «normas jurídicas» casacionables. Su casacionabilidad puede justificarse de una manera más convincente con la influencia determinante que la norma extrajurídica tiene en la exactitud de la premisa jurídica mayor.

---

[224] Más detenidamente se contemplan los errores en la aplicación del derecho *infra* § 4 IV.

[225] Conformes HELLWIG, *Lehrbuch des Zivilprozessrechts,* tomo II (1907), pág. 173, n. 44; SCHWINGE, *Grundlagen des Revisionsrechts,* 2ª ed., pág. 190; DIETRICH HOLZHEID, *Gesetzesverletzung als Grundlage der Revision im Zivilprozess* (tesis), Erlangen 1933, págs. 58-67.

[226] OERTMANN, *Rechtsordnung und Verkehrssitte,* pág. 518; KISCH, *JR* 1926, col. 454/56; ROSENBERG, *Zivilprozessrecht,* 9ª ed. (1961), § 140 III 1a.

[227] *RG* 99, 71.Los fallos anteriores citados por el *Rechsgericht* hacen suya tácitamente la casacionabilidad de las reglas de experiencia, pero no la fundamentan.

[228] OERTMANN, *ob. cit.,* pág. 520; SCHNEIDER, *Treu und Glauben im Recht der Schuldverhältnisse,* pág. 146; N. 206 (citado según HELLWIG, *ob. cit.,* pág. 173, n. 45).

[229] Véase también *infra* § 4 IV 1b.

3. Un *ejemplo* instructivo de la íntima conexión que guardan las reglas experienciales y las máximas éticas con las premisas mayores judiciales, nos lo da un fallo reciente de la Corte federal de justicia, que se ocupa del carácter contrario a las buenas costumbres del pacto de «cuota litis»[230].

Las máximas ético-profesionales aducidas por la Corte rezan:

«El abogado, como órgano de la administración de la justicia *[Rechtspflege]* tiene funciones que lo destacan muy por encima del plano de una actividad comercial común. A esas funciones les corresponden deberes especiales, uno de los cuales consiste en mantener su independencia frente a su mandante».

De estas máximas, la Corte crea la siguiente premisa mayor jurídico-profesional, o sea colocada ya en terreno jurídico[231]:

«Los pactos mediante los cuales el abogado se haga prometer una participación en el resultado del litigio, son inadmisibles».

Para fundamentar esta premisa invoca las siguientes reglas experienciales relativas a la actividad abogadil:

«La independencia de un abogado corre sensible peligro si se hace prometer una participación en el resultado del litigio, porque en tal caso sus intereses económicos estarán ligados no solamente al éxito como tal, sino también a la *medida* de ese éxito. Será especialmente grave entonces el peligro de que procure lograr un éxito desmesurado, incluso por medios no aceptables, y en desacuerdo con la verdadera situación fáctica y jurídica. Las consideraciones económicas podrán agigantarse al punto de tomársele insoportables. Y aunque el abogado crea que él no cederá a esa tentación, se expone al menos a esa sospecha».

Y concluye formulando la siguiente premisa mayor civilística, interpretativa del § 138 BGB:

«El abogado viola las buenas costumbres si se hace prometer por su mandante un honorario escalonado según la medida del éxito. Un pacto de esa índole es nulo por aplicación del § 138 BGB».

La fundamentación de la premisa mayor civilística reza:

«No todo quebrantamiento de reglas profesionales cometido por un contratante sometido a un ordenamiento profesional, convierte en contrario a las buenas costumbres el negocio jurídico en cuestión. Mas para un abogado rigen otras reglas, al menos cuando se viole, como es el caso aquí; un deber profesional importante. Es esta una consecuencia de la especial importancia de la abogacía».

En este fallo son easacionables: la premisa mayor civilística y —como cuestión jurídica previa— la premisa mayor jurídico-profesional, así como las máximas ético-profesionales y las reglas experienciales sobre la profesión de abogado, que funcionan aquí como medios auxiliares para la aplicación del derecho.

---

230 *BGH* 39, 142.

231 Cfr. § 40 de las *Richtlinien der Bundesrechtsanwaltskammer für die Ausübung des Anwaltsberufes* [Pautas dadas por la Cámara federal de abogados para el ejercicio de la profesión de abogado] del 11-5-1957, a las cuales la Corte federal de justicia se «adhiere», como lo observa el fallo (*ob. cit.*, pág. 146). En esta «adhesión» se pone de manifiesto que los jueces están aquí ejerciendo el ya aludido ministerio de censor.

§ 4. LA APLICACIÓN DEL CONCEPTO INDETERMINADO

I. Exposición y control del resultado de la determinación del derecho en el silogismo

1. La forma básica del silogismo

Aplicar el derecho es determinar las consecuencias jurídicas que resultan de una norma jurídica para un cuadro láctico. A tal fin, el cuadro fáctico tiene que subordinarse a los elementos (de figura legal) de la norma jurídica en cuestión[1]. Y para exponer y controlar ese proceso, el juez se sirve del silogismo[2], argumento en el cual dos juicios, una premisa mayor y una premisa menor, son concatenados de tal modo que dan origen a un tercer juicio: la conclusión [3].

Esta conclusión sterá, según cómo esté formulada la premisa mayor, una conclusión categórica[4] en la forma del llamado *«modus barbara»*[5] o una conclusión hipotético-mixta[6] en la forma del llamado *«modus ponens»*, conforme al esquema:

a) M es P *(modus barbara)*
S es M
S es P

---

1 ENNECCERUS-NIPPERDEY, *Allgemeiner Teil,* 15ª ed., t. 1/1, § 51 I; LARENZ, *Methodenlehre der Rechtswissenschaft,* pág. 196; RG 93, 182/84.

2 De la copiosa literatura sobre el silogismo judicial: WACH, *JW,* 1881, págs. 73/74 y sigtes.; ENGISCH, *Logische Studien zur Gesetzesanwendung,* 3ª ed. (1963), págs. 7 y sigtes.; KLUG, *Juristische Logik,* 2ª ed. (1958), págs. 48 y sigtes., E. SCHNEIDER, *Logik für Juristen* (1965), págs. 109 y sigtes., 297 y sigtes.; LARENZ, *ob. cit.,* págs. 196 y sigtes.; SCHEUERLE, *AcP,* tomo 157 (1958), págs. 17-19 y 41 y sigtes.; ROSENBERG, *Zivilprozessrecht,* 9ª ed. (1961), § 130 I 3b.

3 LOTZE, *Logik* (1912), págs. 108, § 83.

4 Las normas jurídicas pueden ser redactadas no solamente en la forma del juicio hipotético (condicionado), sino también en la forma del juicio categórico (simplemente afirmativo o negativo); esto lo señalan ENGISCH, *ob. cit.,* así como *Festschrift Erik Wolf* (1962), págs. 398/416-17, y LARENZ, *ob. cit.,* pág. 197. En general, la diferenciación entre juicios hipotéticos y categóricos debería fundarse no tanto en un orden de palabras intercambiables a discreción, como en el *sentido* del juicio (cfr. ENGISCH, *Festschrift Erik Wolf,* págs. 414 y sigtes.).

5 *Barbara* es un término mnemotécnico escolástico que cobró aceptación general por obra de PETRUS HISPANOS, el futuro Papa Juan XXI (muerto en 1227). En ella, la consonante inicial «B» señala el primero de los modos silogísticos válidos, que en total suman 19. Las vocales «a», «a», «a», designan la forma lógica de la premisa mayor, de la premisa menor y de la conclusión. Las demás letras tienen valor meramente eufónico (UEBERWEG-MEYER, *System der Logik,* 5ª ed. (1882), §§ 110 y 118; HÖFLER, *Grundlehren der Logik,* 4ª ed. (1907), § 66).

6 Llamado así, porque solamente la premisa mayor «si M, entonces P» constituye un juicio hipotético, mientras que la premisa menor «M» constituye un juicio categórico: UEBERWEG-MEYER, *ob. cit.,* § 122; HÖFLER, *ob. cit.,* § 70.

b) Si M, entonces P *(modus ponens)*

M

para M vale P

a) Toda persona que transite por las calles tiene que comportarse de modo que ninguna otra sea puesta en peligro, lesionada o incomodada o molestada más de lo inevitable según las circunstancias (§ 1 StVO).

A. transita por las calles.

A. tiene que comportarse de modo que ninguna otra persona sea puesta en peligro, lesionada o incomodada o molestada más de lo que sea inevitable según las circunstancias.

b) El que inflija (si alguien inflige) a otra persona un daño, intencionalmente y de una manera contraria a las buenas costumbres, estará obligado a indemnizar a ésta (§ 826 BGB).

A. ha infligido a *B.* un daño, intencionalmente y de una manera contraria a las buenas costumbres.

A. está obligado a indemnizar a B.

En los dos silogismos aquí expuestos, el precepto del § 1 StVO o del § 826 BGB es la premisa mayor *(propositio maior);* el juicio concreto: «*A.* transita por las calles», «*A.* ha infligido a *B.* un daño, intencionalmente y de una manera contraria a las buenas costumbres», la premisa menor *(propositio minor)*[7] y la consecuencia jurídica: «*A.* tiene que comportarse conforme a las reglas del tránsito» «*A.* está obligado a indemnizar», la conclusión (conclusio).

Lo que hace posible el silogismo es una componente común de la premisa mayor y la premisa menor, el llamado «término medio» *(terminus medius),* con cuyo auxilio se hacen coincidir las dos premisas[8]. 'Término medio» es, en el primer ejemplo, el elemento de figura legal «transitar por las calles». Su importancia para el logro de la conclusión se torna evidente si se reemplaza el término medio de la premisa menor del primer ejemplo por otro concepto.

La premisa mayor y la premisa menor ya no coincidirán y la conclusión será imposible:

a) Toda persona que transite por las calles tiene que comportarse de modo que ninguna otra persona sea puesta en peligro.

A. está casado.

?

La premisa mayor *legal* y la premisa menor coinciden solamente en los casos «lisos y llanos», comprendidos indudablemente en la norma jurídica (*A.* hace uso de una calle como peatón, o sea que indudablemente «transita por las calles») y

---

[7] La vieja literatura jurídica afirmaba que «premisa menor» sería solamente el cuadro fáctico (así por ejemplo HECK, *AcP,* tomo 112, pág. 89). No alcanzaba a percibir ni la función constatadora de hechos ni la función valoradora de hechos de esa premisa: ENGISCH, *Logische Studien,* 3ª ed., págs. 20-22.

[8] Sobre el término medio: LOTZE, *ob. cit.,* pág. 108, §§ 83 y 84; UEBERWEG-MEYER, *ob. cit.,* § 102; WACH, *ob. cit.,* págs. 75-76; ENGISCH, *Logische Studien,* pág. 19 y 21; LARENZ, *ob. cit.,* pág. 200.

sólo entonces la ley es aplicable inmediatamente al cuadro fáctico. Pero la aplicación directa es imposible si el cuadro fáctico da motivo a dudas sobre el significado de un elemento (¿transita también por las calles el pasajero de un ómnibus?[9]. Aquí el juez tiene que clarificar por lo pronto el sentido de la ley dentro del marco de un llamado silogismo de concepto singular[10] o sea interpretar la ley con vistas al elemento de figura legal dudoso.

La interpretación se cumple desenvolviendo el elemento de figura legal mediante premisas mayores *judiciales* (proposiciones incidentes)[11]. Estas proporcionan al juez el módulo especial para determinar si el caso en cuestión puede ser subordinado a la ley. Como justamente en los conceptos indeterminados («abiertos») el círculo de los casos indudablemente comprendidos por la ley es pequeño y la aplicación inmediata de la norma jurídica no gravita por consiguiente en el orden metodológico, entenderemos en adelante por «premisa mayor», salvo indicación en contrario, la premisa mayor *judicial.*

Si se considera el carácter abierto de los conceptos indeterminados, la dificultad en aplicarlos no reside tanto en hallar la norma jurídica, sino precisamente en concretar correctamente el término medio. Acertadamente observa Wach[12]: La controversia de las partes gira en primer lugar en torno al término medio jurídico, cuando no en torno a la determinación de la relación vital individual, la cuestión probatoria. Cada cual brega por el término medio que le resulta favorable».

2. Valor y significado del silogismo para la aplicación del derecho

a) A primera vista, resulta sorprendente que la aplicación del derecho haya de efectuarse aún hoy, a más de medio siglo de la era de la jurisprudencia de conceptos[13], en la rigurosa forma de la conclusión silogística. Desde que Oskar Bülow —en su escrito *Gesetz und Richteramt* (Ley y función judicial), publicado en 1885— llamó a la ley un mero «plan», un «esbozo de un ordenamiento jurídico deseado futuro» y subrayó el papel creador del pronunciamiento judicial, el cual sería tan sólo en apariencia una operación lógica, pero en realidad una «declaración de voluntad jurídica emanada del poder estatal»[14], se ha dudado con frecuencia del valor de la lógica para la aplicación del derecho[15]. Y en efecto al pronto resulta difícil imaginar

---

9 Véase FLOEGEL-HARTUNG, *Strassenverkehrsrecht,* 15ª ed. (1965), 3 *ad* § 1 StVO.

10 Véase E. SCHNEIDER, *Logik für Juristen,* págs. 159, 302, 305, quien señala acertadamente el papel preparatorio del silogismo de concepto singular: sólo una vez ejecutado el silogismo de *concepto singular* (aquí con referencia al elemento de figura legal «transeúnte por las calles»), podrá el juez llevar a cabo el silogismo *global* (aplicación del § 1 StVO con todas sus características).

11 Ver en especial HANACK, *Der Ausgleich divergierender Entscheidungen in der oberen Gerichtsbarkeit* (1962), págs. 113 y sigtes.

12 *JW* 1881, pág. 76.

13 Sobre el modo de trabajar en la jurisprudencia de conceptos: BAUMGARTEN, *Die Wissenschaft vom Recht und ihre Methode,* tomo I (1920), págs. 364 y sigtes.; MEYER-LADEWIG, *DRiZ,* 1963, pág. 255; E. SCHNEIDER, *MDR,* 1963, págs. 276/77; MEIER-HAYOZ, *Der Richter als Gesetzgeber* (1951), págs. 218-19; BOEHMER, *Grundlagen der bürgerlichen Rechtsordnung,* tomo II/1 (1951), § 8; HECK, *DJZ,* 1909, col. 1457.

14 Págs. 3-5.

15 Detenidamente trata de esto ENGISCH, *Die Idee der Konkretisierung* (1953), págs. 180 y sigtes. De los tiempos recientes: DIETER HORN, *Studien zur Rolle der Logik bei der Gesetzesanwendung,* tesis, Berlín 1962, págs. 144 y sigtes., quien considera que la lógica no tiene importancia desde el punto de vista jurídico, por cuanto no proporcionaría premisas para derivar de ellas decisiones.

cómo el rígido esquema silogístico podría funcionar como forma adecuada para el «nuevo estilo de regulación»[16], de la «jurisprudencia de intereses» y de la «jurisprudencia de valores», del pensar «tópico» y del pensar «tipológico»[17].

A ello se replica: ¿cómo podría el juez comprobar si la decisión a que ha llegado (por vía intuitiva o racional, por sensación moral o por experiencia) está bien razonada, y hacerla inteligible para todos, sin acudir al silogismo? Esta pregunta nos hace ver hasta qué punto puede cuestionarse el valor de la lógica en la aplicación del derecho: *la conclusión silogística es indispensable para el control y la exposición del resultado de la determinación del derecho.* A menos que se renuncie a convencer por «razones»[18].

Es significativo que incluso Isay, un adversario decidido del método deductivo de determinación del derecho, haya exigido que el juez continuara declarando a la decisión que había de determinarse por la vía intuitiva, como «una decisión derivable de una norma». A tal efecto, el juez tendría que «desarrollar aquella actividad mental necesaria para captar o elaborar una nueva norma»[19]. Porque: «La sola autodisciplina que implica la obligación de hacer el análisis lógico del fallo, da al juez mismo y a las partes una garantía contra la discreción subjetiva»[20].

Con esto quedan señaladas las razones en las cuales descansa el valor supratemporal de la conclusión silogística:

b) Derivando la sentencia de normas generales (premisas mayores), el juez puede hacer un *control racional de esa sentencia*[21]. Aunque de primera intención pueda dar con la solución por la vía intuitiva[22], la formulación general de la cuestión jurídica concreta y su respuesta sobre la base de los tres pasos silogísticos suministra un criterio fiable para saber si la sentencia ha sido razonada correctamente y resiste el análisis. Con la formulación silogística asoman prontamente las contradicciones y los razonamientos incompletos. Además, exponiendo las premisas abiertamente, el juez rinde *cuentas de las razones* de su decisión a la generalidad[23]. Enfrenta sus críticas y sienta al mismo tiempo pautas para resolver casos futuros, previniendo así contra el arbitrio y la inseguridad jurídica. Por último, de esta manera se

---

16 PAULUS, ZZP, tomo 71 (1958), págs. 188/91.

17 Así por ejemplo ARNDT, *NJW*, 1963, págs. 1273/77: «Este modo de pensar (es decir el pensar tópico) busca establecer la relación que guarda un problema nuevo, hasta entonces desconocido, con problemas ya conocidos y aclarados, no por vía de la deducción lógica, sino por vinculación histórica».

18 Cfr. SARSTEDT, *Die Revision in Strafsachen*, 4a ed. (1962), págs. 212-13; KLUG, *Juristische Logik*, 2ª ed. (1958), pág. 3.

19 *Rechtsnorm und Entscheidung* (1929), pág. 28.

20 *Ob. cit.*, pág. 174; pero ver también *GRUR* 1916, págs. 129/30 *ad* N. 3.

21 Véase OHLMEB, *Richterfreiheit und Regründungspflicht* (tesis) Mainz 1953, págs. 8, 85-86; MICHAELIS, *Göttinger Festschrift für das OLG Celle* (1961), págs. 117/31 y 134; E. SCHNEIDER, *Logik für Juristen*, pág. 162.

22 En contra, HECK, *AcP*, 137 (1933), págs. 33/58-59; la subsunción lógica es acompañada simplemente de una apreciación intuitiva de los intereses, que «funciona como aparato de alarma e interviene cuando la subsunción arroja resultados contrarios a los intereses». Pero la cuestión de si en la determinación del derecho va primero la deducción o la intuición podría ser irrelevante desde el punto de vista jurídico.

23 OHLMER, *ob. cit.*, págs. 93 y sigtes.; GUNTHER ARZT, *Die Ansicht aller billig und gerecht Denkenden*, tesis, Tübingen 1962, págs. 104 y sigtes.
Sobre la conexión entre libertad judicial y deber de fundamentar, véase también ESSER, *Ermessensfreiheit und Billigkeitsspielraum des Zivilrichters* (1964), págs. 16-18.

asegura la clasificación sistemática de la decisión[24]. Porque, pese a la importancia del método tópico de determinación del derecho[25], éste sólo podrá ser el penúltimo paso, no el último, para resolver cuestiones jurídicas; es solamente una *'ars inveniendi'* para la solución justa y equitativa del caso, pero que no torna prescindible la «permeación axiológica» *[axiologische Durchdringung]* del resultado obtenido[26]. Un ejemplo elocuente lo da la siguiente «pauta»[27], estructurada de manera tópica y aún incompleta:

«El largo plazo establecido para una relación laboral puede dificultar, dadas ciertas circunstancias, el despido extraordinario, por cuanto un lazo más fuerte no se disuelve con tanta facilidad como uno más débil, esto es, de plazo más breve. Pero, a la inversa, las circunstancias del caso pueden ser tales que la pérdida de la confianza entre el patrón y el trabajador haga parecer tolerable que la relación continúe por un lapso breve, pero no duraderamente».

c) Una nítida estructuración silogística presenta un viejo fallo del *Reichsgericht*[28]. Se trataba de saber si la concesión de un derecho personal de preferencia sobre un inmueble requería la escrituración exigida para el contrato de compraventa (§ 313 BGB).

La interpretación lógico-conceptual[29], la teleológica[29a] y la interpretación histórica basada en el material legislativo[29b], llevaron al tribunal a pronunciarse por la afirmativa. Cierra sus explicaciones sobre la interpretación de la ley con la siguiente toma de posición frente a la doctrina:

«Tanto menos puede el tribunal adherirse a esos autores y suponer que la concesión de un derecho personal de preferencia no funde la obligación de transferir la propiedad. Precisamente la obligación es la que se asume al pedir ese derecho y con ello está dado un caso del § 313 BGB».

De ahí resultaba la siguiente premisa mayor:

«También el pacto de preferencia contiene una obligación de transferir la propiedad de un inmueble. Por consiguiente, si una persona concierta un pacto de preferencia sobre un inmueble en forma sólo privadística, el contrato será nulo por falta de la escrituración preceptuada por el § 313 BGB».

En la premisa menor correspondía entonces subordinar la convención celebrada por las partes al elemento (de figura legal) de la premisa mayor «un pacto de preferencia concertado privadísticamente» (subsunción)[30] con el siguiente resultado:

---

[24] Esser, *Grundsatz und Norm,* pág. 236; Engisch, *Studium Generate* 1959, págs. 97/104; Gernhuber, *Summum jus – summa iniuria,* págs. 205/09 y sigtes.

[25] Véase *supra* § 3 I 1_a.

[26] Engisch, *ZStW,* tomo 69 (1957), págs. 596 y sigtes. Sobre la relación entre tópica y sistemática, véase también Raiser, *Rechtswissenschaft und Rechtspraxis, NJW,* 1964, págs. 1201/03-04; Bartholomeyczik, *Festschrift für Nipperdey* (1965), tomo I, págs. 145-46.

[27] *BAG* 12, 254/67.

[28] RG 67, 42 y sigtes. del año 1907.

[29] *Ob. cit.,* pág. 44: «No obstante, el propietario se ha obligado contractualmente para el caso de que proceda a enajenar el bien».

[29a] *Ob, cit.,* págs. 46 y 48.

[29b] *Ob. cit.,* pág. 47.

[30] Sobre la manera de que se realiza la subsunción, véase Engisch, *Logische Studien zur Gesetzesanwendung,* 3ª ed., págs. 20-24.

«Las partes han celebrado el ... sobre el inmueble ... un pacto de preferencia en forma privadística, subordinado al § 313 BGB».

En virtud de esa subordinación, se pudo derivar de la premisa mayor la consecuencia jurídica de que la convención era ineficaz (conclusión):

«Por consiguiente, el tribunal de apelación hizo bien en declarar inválido el contrato subyacente a la demanda».

3. La forma silogística en la aplicación de conceptos indeterminados

a) El juez tiene que atenerse al silogismo, como forma válida supratemporal de fundamentación de decisiones, también al hacer aplicación de *conceptos {indeterminados.* De ahí se sigue en principio: la cuestión jurídica concreta que el juez ha de resolver tiene que transformarse en una *cuestión jurídica general.* Resolviendo esto se llega a construir una premisa mayor, que resuelve la cuestión jurídica para una pluralidad de casos en un sentido incondicionalmente afirmativo o negativo[31]. Y por haberse resuelto la cuestión jurídica en la premisa mayor, la subsunción en la! premisa menor puede limitarse a un juicio (analítico), que sitúa el caso concreto dentro de la premisa mayor.

La fundamentación silogística generalizadora se advierte también en la estructuración de un fallo del *Reichsgericht* que interpreta el concepto indeterminado[32] de la «obligación de transferir la propiedad sobre un inmueble». Todos los elementos jurídicamente relevantes del caso están colocados aquí en la premisa mayor incondicionalmente formulada:

«Si una persona concierta un pacto de preferencia sobre un inmueble en escritura privada, ese pacto será nulo por falta de la escrituración preceptuada en el § 313 BGB».

La subsunción es aquí excepcionalmente una mera «consecuencia» que se deduce sin proceder a un nuevo juicio jurídico[33], con el siguiente resultado:

«Las partes han concertado un pacto de preferencia (sujeto al § 313 BGB) en escritura privada».

El postulado de que la fundamentación de la sentencia debe ser generalizadora es sostenido sobre todo por la *teoría del método suiza,* que ve en la normatividad del pronunciamiento judicial una garantía de seguridad e igualdad jurídicas[34]. Busca

---

[31] Véase JESCH, *AÖR,* tomo 82, págs. 163/86 y sigtes.; OHLMER, *ob. cit.,* págs. 60, 68 y sigtes. y 88 y sigtes.; ENGISCH, *Logische Studien zur Gesetzesanwendung,* pág. 16 («homicidio con bombas»), así como *Einführung in das juristisvhe Denken,* 3ª ed., págs. 68-70 («robo grave con fractura del automotor»).

[32] Indeterminado en consideración a la multiplicidad de los negocios obligacionales que entran en cuenta: también el otorgamiento de un poder puede contener una «obligación de enajenar un inmueble», cuando el poderdante ha hecho ya, al conferir ese poder, «todo lo necesario de su parte para que el contrato quede concluido» *(RGR – Kommentar,* 11ª ed., 51 *ad* § 313). Resulta decisiva aquí la situación del caso singular: *RGR - Kommentar, cit.; RG SeuffArch,* tomo 86, nr. 112; RG *DNotz* 1933, págs. 642/44.

[33] BIERLING, *Juristische Prinzipienlehre,* tomo IV (1911), pág. 197. Como ya dijimos, la enunciación: «las partes han concertado un pacto de preferencia» contiene un juicio jurídico, extraído de una precedente subsunción de los hechos bajo la premisa mayor desarrollada a partir del § 504 BGB: «quien haga la siguiente formulación..., concede a su co-contratante un derecho de preferencia».

[34] MEIER-HAYOZ, *Der Richter als Gesetzgeber* (1951), págs. 64, 98 y sigtes. 115-16, 246 y sigtes., así como: *Berner Kommentar zum* ZGB, tomo introductorio, 3ª ed. (1962), N. 316 y sigtes. *ad* art. 1 y N. 16 y

apoyar su punto de vista en el art. 1 del Código civil, que manda al juez «resolver según la regla que establecería si fuera legislador».

b) Sin embargo, precisamente los análisis de la doctrina suiza[35] muestran que, en el caso de los conceptos indeterminados, la determinación del derecho generalizadora sólo es realizable en el llamado campo conceptual de la certeza[36], donde el juez halla módulos de valor generales que le posibilitan formar premisas mayores de formulación exacta. En el campo conceptual de la duda, en cambio, la fundamentación de la sentencia hecha en forma de conclusión silogística rigurosa, tropieza con barreras jurídicas (no lógicas) que resultan del carácter peculiar de la determinación del derecho especializadora e individualizadora «según la configuración del caso»[37]. Dado que las circunstancias jurídicamente relevantes podrían ser aquí muy numerosas y además varían de un caso a otro, al juez le es imposible dar respuesta a la cuestión jurídica concreta mediante una formulación general-abstracta.

Los obstáculos que aquí le nacen a la *exposición* y al *método* serán ahora aclarados echando mano de un fallo del Tribunal superior de trabajo, que interpretó como sigue el concepto indeterminado de «empresa industrial»[38]:

«Una jardinería que sólo cultiva flores en escala reducida sobre superficie libre, que cuenta con instalaciones de agua caliente e invernáculos; que, teniendo una superficie de 3,75 hectáreas, ocupa 3 jardineros principales, 13 auxiliares y un vidriero, amén de oficinistas, cocheros y operarios no especializados; que por las especies que cultiva y comercializa y por la índole de sus instalaciones tiene que trabajar y trabaja persiguiendo en alto grado fines selectivistas y artísticos, y que, por necesidades de explotación, aspira a lograr cifras de ventas, debe clasificarse sin duda alguna como empresa industrial».

Pero en esta premia mayor no han sido incorporadas siquiera todas las circunstancias relevantes, por cuanto continúan indeterminados los siguientes conceptos: «en escala reducida», «por las especies», «por la índole de sus instalaciones», «persiguiendo en alto grado fines selectivistas y artísticos», «por necesidades de explotación». De haber observado estrictamente el principio de la generalización, el tribunal habría debido concretarlos también, mediante los hechos que les subyacen, e incluir esos hechos en la premisa mayor.

Esta premisa mayor sobrecargada constituyó sólo un caso aislado gracias al seguro sentido de la jurisprudencia por las exigencias de la práctica. Pero los ejemplos podrían multiplicarse sin esfuerzo haciendo una correspondiente elaboración de otros casos. En una causa resuelta por el Tribunal federal de trabajo, que versaba sobre el despido sin preaviso de un empleado de silvicultura por una «causa grave» (§ 626 BGB)[39] tuvieron que describirse en total siete complejos de supuestas faltas cometidas por ese empleado y cada complejo consistía en un gran número de cir-

---

sigtes. *ad* art 4; O. A. GERMANN, *Festgabe Erwin Ruck* (1952), págs. 173/83 y sigtes.; OTTO SCHWEIZER, *Freie richterliche Rechtsfindung intra legem als Methodenproblem* (1959), págs. 53 y sigtes. y 98 y sigtes.; MERZ, *AcP*, tomo 163 (1964), págs. 305/35.

35 MEIER-HAYOZ, *Der Richter als Gesetzgeber*, págs. 181 y sigtes., 203 y sigtes., 243 y sigtes., así como *Berner Kommentar*, 19 y sigtes. *ad* art. 4; O. A. GERMANN, *ob. cit.*, págs. 184 y sigtes.; SCHWEIZER, *ob. cit.*, págs. 79 y sigtes. y 98 y sigtes.

36 Sobre los campos conceptuales de la «certeza» y de la «duda» véase *supra* § 3 III 1.

37 Sobre la determinación especializadora e individualizadora ver *supra* § 3 I 2 b e *infra* § 4 II 1 b.

38 *JW* 1929, págs. 802/04.

39 *AP* nr. 3 *ad* § 626 BGB.

cunstancias relevantes. Una premisa mayor compuesta de todos los hechos relevantes habría ocupado por consiguiente varias páginas, y ya su *entendimiento gramatical* habría exigido por sí solo un estudio penoso.

Aparte las consideraciones de *orden gramatical,* también la *clarificación del alcance* de la premisa mayor exige modificar el esquema silogístico riguroso: en la determinación del derecho según la configuración del caso, una premisa mayor compuesta de todas las circunstancias relevantes tendrá validez segura sólo para una constelación única de casos. Así por ejemplo, si un cuadro fáctico contiene los elementos relevantes a) - *k),* la validez de una premisa mayor compuesta de esos elementos —presuponiendo una jurisprudencia constante— es indubitable si se resuelve otro caso que cuente con los mismos elementos; si en cambio se le somete al juez un cuadro fáctico con los elementos *a) - f), h)* y *k),* la premisa mayor *a) - k)* anteriormente establecida carecerá de valor, si no es posible deducir de ella cuáles elementos el juez que resolvió el caso anterior estimó relevantes sin más ni más y a cuáles sólo como soporte del fallo concreto. Para ir a lo seguro, habría pues que establecer en cada caso nuevo una nueva premisa mayor, procedimiento éste que echaría al olvido toda economía.

c) Una salida a todas estas dificultades la ofrece la —ya siempre practicada— *desmembración de la forma silogística rigurosa.* En los casos de determinación del derecho especializadora e individualizadora, la premisa mayor es limitada a la declaración, hecha en lo sustancial en una forma indeterminada *comúnmente sustentable,* («la institución de la amante por heredera, con preterición de los parientes, puede ser nula por violación de las buenas costumbres»), pero la aplicación de la ley en dirección al caso singular continúa en la premisa menor[40]. La distribución de la labor jurídica entre la premisa y la menor deja en buena medida sin realizar el postulado de la menor normatividad de la decisión judicial, pero esa desventaja se compensa por no existir ya dudas acerca del alcance de la premisa mayor. Queda pues aclarado que las disposiciones de última voluntad hechas por un hombre casado en favor de su amante, no son inatacables ni nulas sin más ni más, sino que en cada caso habrá que volver a examinar si la disposición concreta es inmoral por su contenido, su móvil y su finalidad. La estructuración elástica del silogismo impide además que nazcan premisas mayores monstruosas; liberada de todos los accesorios superfluos, la premisa mayor de formulación sintética es aplicable en la jurisprudencia y en la doctrina fin necesidad de que se la transforme.

El caso que analizaremos a continuación[41], de institución hereditaria de una amante con preterición de los parientes, no debería resolverse por tanto según el esquema silogístico riguroso, que presupondría una premisa mayor de más o menos el siguiente tenor[42]:

«Si un hombre casado instituye por heredera, en concurrencia por partes iguales con sus hijos, en gratitud por el humanitario interés que había mostrado por él, a una mujer que le sirvió de ama de casa por tres años a cambio de una remuneración modesta, le asistió en su última enfermedad, y en consecuencia le estaba más cercana en el afecto que sus dos hijos (los cuales se le habían extrañado por dificul-

---

[40] Conforme LARENZ, *Methodenlehre der Rechtswissenschaft* págs. 218 y 220, N. 2 y probablemente también SCHWEIZER, *ob. cit.,* págs. 76-83.

[41] *Infra* II 3.

[42] Tomado del fallo analizado *infra* II 3; *BGH FamRZ* 1954, pág. 195.

tades de educación), con la cual no tuvo relaciones sexuales ni violó de alguna otra manera el recato que debe observarse en ese terreno, pero que por su estrecha relación personal con el causante era un obstáculo para su reconciliación con su esposa, a la cual sólo le acordó la legítima,

tal disposición resulta aún compatible con las buenas costumbres.

Pero si excediendo la institución testamentaria por partes iguales...

y si...

y si...»

Por el contrario, el juez debería crear, elastificando la forma silogística, una pauta practicable:

«Si un hombre casado da en su testamento prioridad sobre sus parientes a una mujer con la cual mantuvo relaciones reñidas con su estado matrimonial, las correspondientes disposiciones testamentarias pueden ser nulas por violación de las buenas costumbres.

Dependerá del conjunto de las circunstancias, especialmente de los móviles que impelieron al causante a proceder así, si en el caso singular corresponde suponer que las buenas costumbres han sido efectivamente quebrantadas».

En la premisa menor se puede luego valorar el caso según las indicaciones dadas en la premisa mayor:

«A favor del carácter contrario a las buenas costumbres.. en contra..

La forma silogística elastificada aflora claramente en los fallos laborales relativos al concepto de «causa grave» (§ 626 BGB) y de la «justificación social» (§ 1 KSchG) del despido. Por pertenecer el contrato de trabajo al derecho de las personas, los tribunales tienen que dedicar especial atención a las relaciones individuales entre el empleador y el asalariado. El Tribunal federal del trabajo toma en cuenta la imposibilidad de ir avanzando, de los casos que siempre tienen una configuración distinta, a premisas mayores casuísticas[43], dando a sus premisas mayores una redacción elástica:

«Integra este concepto (el de causa grave), *y al mismo tiempo lo agota,* el hecho de que a consecuencia de esa causa grave ya no resulta tolerable continuar la relación de trabajo»[44].

«Un despido apoyado en motivos imputables al asalariado, sólo se justificará desde el punto de vista social, cuando esas causales sean de tal gravitación, aun sopesando los intereses de ambas partes, que hagan parecer justo el despido»[45].

Todas las demás consideraciones jurídicas se limitan al caso concreto en la premisa menor. Así se previenen malentendidos acerca del alcance de la sentencia.

d) En la doctrina del método alemana, la forma silogística elastificada es rechazada expresamente por Jesch[46], según quien las cuestiones a resolver en la inter-

---

43 Staudincer-Nipperdey-Mohnen, 11ª, 19 *ad* § 626; BAG *AJ* nr. 9 *ad* § 626 BGB (sospecha de actos punibles) y en general, sin limitación al concepto de causa grave: Max Rümelin, *Die Billigkeit im Recht,* págs. 58-60.

44 *AP* nr. *5 ad* § 626 BGB (el subrayado es mío).

45 *AP* nr. 6 *ad* § 1 KSchG.

46 *AöR* tomo 82 (1957), págs. 187-92, 222.

pretación y subsunción de conceptos indeterminados no se diferenciarían de las que plantea la aplicación de conceptos determinados: «La cuestión concreta de la subsunción tiene que ser transformada siempre en una cuestión jurídica general»[47]. En el orden lógico la subsunción sólo sería posible si el cuadro fáctico comprobado fuera generalizado en todos sus pormenores y luego «confrontado con las mismas palabras! como resultado de la interpretación, con el resultado fáctico»[48]. Según Jesch, la Subsunción sólo podría ejecutarse cuando los conceptos fácticos en la premisa menor y los conceptos legales en la premisa mayor coincidieran en virtud de su identidad[49]. Los conceptos indeterminados no podrían por cierto resolverse siempre en los conceptos naturales que les subyacen, por cuanto preceptúan a menudo el juzgamiento de una «situación global» con «imponderables» no explicables con palabras[50], de lo cual resulta luego en la instancia de casación el obstáculo de la «lejanía»[51]. Esta limitada resolubilidad de los conceptos indeterminados no modifica sin embargo la estructura lógica de la subsunción: «También en estos casos la inferencia tiene que hacerse de premisas mayores jurídicas que correspondan a las premisas menores. Sólo está limitada la resolución de los conceptos descriptivos»[52]. Como lógica consecuencia, para Jesch no existe una diferencia jurídicamente relevante entre la interpretación y la subsunción: «No es posible una división neta entre interpretación y subsunción»[53]. Si se supone una identidad entre premisa mayor y premisa menor, el incasacionable margen de juicio del juez de los hechos resulta desplazado de la valoración del caso singular hacia la declaración general: «También allí donde hay libertad en la aplicación del derecho, tal libertad no remide en el acto final (de la subsunción), sino en la estatuición autónoma de una premisa»[54]; «margen de juicio quiere decir libertad de interpretación»[55].

e) El principio, preconizado por Jesch, de que la determinación del derecho es generalizadora en la conclusión rigurosamente' silogística, resulta, como ya demostramos, *equivocado desde el punto de vista del método,* cuando el juez tiene que juzgar según las circunstancias del caso. Esto vale especialmente para la subsunción en la que se aprovechan «imponderables» de la impresión personal obtenida en el debate oral. Porque sí en la subsunción lo decisivo es la impresión que se tiene, sea de los *litigantes* o de la *cosa* objeto del litigio (v. g, una obra de arte, tutelada contra la contrafacción) o de una *localidad* (v.g., el lugar del accidente en una cuestión de culpa), la apreciación será a tal punto a propósito del caso concreto que una respuesta generalizadora a la cuestión jurídica, ni siquiera entraría en cuenta.

Por ejemplo, si el tribunal niega que un pequeño agricultor que estaba atravesando una «grave depresión anímica» después de un incendio[56] haya dejado de cumplir «con culpa burda» la denuncia del siniestro en el plazo, debido, y atribuye esa omisión al hecho de ser ese hombre «poco ducho en, los negocios», ello constituye una decisión *ad personam.*

---

47 *Ob. cit.*, pág. 191, especialmente n. 106.
48 *Ob. cit.*, n. 106.
49 *Ob. cit.*, pág. 190 *ad* n. 3 y 4, pág. 192 *ad* n. 108-09.
50 *Ob. cit.*, págs. 193-203.
51 *Ob. cit.*, págs. 197-203.
52 *Ob. cit.*, pág. 196, n. 128.
53 *Ob. cit.*, págs. 187-88 y 222.
54 *Ob. cit.*, pág. 288, n. 90, apoyándose en LOPPUCH, *DVBl.* 1955, págs. 377/78, sub III.
55 *JZ* 1958, págs. 705/06.
56 *RG, Juristische Rundschau für die Privatversicherung 1934,* págs. 379/80.

Una regla general que dijera que «pequeños agricultores poco duchos en negocios, que están atravesando una grave depresión anímica» no pueden ser nunca acusados de una omisión «burdamente culposa», no sería sustentable desde el punto de vista jusmaterialístico.

La misma *finalidad de la casación* va contra la tesis de Jesch. Este deduce, del uso de la forma silogística rigurosa, que el juez de los hechos podría pretender para sí «libertad de interpretación», cuando haya aprovechado imponderables del debate oral, mas esto no condice con las funciones de la casación, cuyo objetivo es precisamente impedir que surjan «premisas estatuidas autónomamente»[57]. Por cierto que según la concepción aquí sostenida es también inca- sacionable la formación de premisas mayores con alcance solamente particular, por no revestir interés para la unidad del derecho en todo el territorio del Estado[58]. Esta excepción a la básica casacionabilidad de todas las normas de formulación general se justifica, sin embargo, por cuanto las premisas mayores de enunciado particular no pretenden tener obligatoriedad general, mientras que la «premisa autónomamente estatuida» de Jesch no contiene esa limitación.

Como ya se advierte, la construcción correcta del silogismo es importante tanto desde el punto de vista del método como desde el punto de vista del derecho de la casación. Si nos aferráramos al principio de la forma silogística rigurosa, todos los yerros en la aplicación del derecho —aparte los raros errores de deducción en la premisa menor y en la *conclusio*— serían errores de interpretación. Siguiéndose la concepción recta, éstos tendrían que ser siempre casacionables, aunque no pudiesen ser controlados por el «lejano» tribunal de casación cuando el juez de los hechos hubiese aprovechado imponderables del debate. Si se elastifica el silogismo distribuyendo la valoración entre la premisa mayor y la menor, surgen en cambio las dos categorías del error de interpretación y del error de subsunción, que le posibilitan al tribunal de casación ejercer un control diferenciado!'. Los errores de interpretación son siempre corregibles cuando la forma silogística es elastificada (siempre y cuando la interpretación no se limite a condiciones locales especia, les). En los errores de subsunción, en cambio, el tribunal de casación puede manejar el reexamen de manera distinta según el alcance del resultado de la subsunción y sus posibilidades de control[59].

II La determinación del derecho mediante la comparación de casos

1. Sentido y finalidad de la comparación de casos

a) En un caso resuelto por la Corte federal de justicia[60], un marido había desheredado a su mujer e instituido en su lugar, como coheredera junto con sus dos hijos, a otra mujer con la cual había tenido relaciones reñidas con su estado matrimonial, nombrándola además albacea. Después de su muerte, uno de sus hijos impugnó de nulidad ese testamento, alegando que violaba las buenas costumbres.

Ahora bien: si el juez pudiera partir, al juzgar este caso, de la premisa de que un testamento semejante es en todos los casos violatorios de las buenas costumbres,

57 Véase *infra* § 6, II 2c.
58 Véase *infra* § 7, I, 1.
59 Véase *infra* § 6 III 2 y IV §§ 8-10.
60 *BGH FamRZ* 1954, pág. 195 (= LM nr. 2 *ad* § 138 (Cd) BGB) con detenido comentario de GERNHUBEB, *FamRZ* 1960, págs. 326 y sigtes.

la determinación del derecho sería sencilla; en la forma silogística rigurosa, haría la deducción siguiente:

«Testamentos en los cuales los parientes son preteridos en beneficio de una mujer que ha tenido con el causante relaciones reñidas con el estado matrimonial, son nulos por violación de las buenas costumbres (§ 138 BGB).

En su testamento del... el causante ha preterido a sus parientes en beneficio de X, mujer con la cual había tenido relaciones reñidas con su estado matrimonial.

En consecuencia, su testamento es nulo por violar las buenas costumbres».

El rechazo de todas las disposiciones de última voluntad que afecten el orden sucesorio legal, se excedería ya por la sola razón de que el hecho de acordar ciertos bienes a una querida puede responder a motivos jurídicamente respetables, como podría ser el propósito de indemnizarla por sacrificios hechos por el causante[61], retribuir servicios[62] o asegurar la manutención de hijos extramatrimoniales[63]. Se hace entonces inevitable transar entre las obligaciones para con la familia por un lado, y las justificadas expectativas de la beneficiada por el otro, y esto solo puede lograrse mediante una determinación del derecho adecuada al caso, «especializadora». Esto fuerza a aplicar la *forma silogística elastificada,* lo que significa que la premisa mayor tiene que limitarse a una declaración generalmente sustentable, formulada de manera más o menos vaga, mientras que la interpretación de la ley con vistas al caso concreto continúa en la premisa menor[64].

Una interpretación flexible de la ley en la premisa mayor adolecerá de la falla —pese a ser perfectamente practicable— de que el caso a resolver no podrá medirse con un módulo fijo[65]. Si la premisa mayor se limita a decir: «Instituir por heredera a la amante puede ser contrario a las buenas costumbres; el pormenor depende de las circunstancias del caso, especialmente de los móviles del causante», el juicio valorativo que el juez haga al efectuar la subsunción en la premisa menor será casi libre y correspondientemente inseguro. Sin *embargo, podrá dársele seguridad haciendo que el juez se oriente por casos ya resueltos de configuración similar*[66]. Es verdad que el intento de limitar el margen de juicio remitiendo a casos comparativos fracasia algunas veces por el excesivo peso de las circunstancias que tienen que valorarse individualmente. Tal ocurre por ejemplo con el concepto de «causa grave» del § 626 BGB donde el módulo personal para medir la conducta de las partes no permite acudir a fallos comparativos[67]. Mas cuando por vía de referencia puedan acogerse en la premisa mayor fallos comparativos aprovechables, podría también concretarse aquella premisa incolora, que no comprometía a nada. La interpretación a través de precedentes crea un módulo que atenúa el factor de inseguridad de la valoración personal y asegura así, también en la determinación del derecho según la configuración del caso, la continuidad de la jurisprudencia.

---

61 *RG SeuffArch,* tomo 96, pág. 95 (renuncia a una posibilidad favorable de contraer matrimonio).

62 *RG SeuffArch,* tomo 95, pág. 17.

63 *RG Warn. Rechtspr.,* 1910, Nr. 371.

64 Véase *infra* I 3c.

65 Sobre la necesidad de un módulo para el pronunciamiento judicial: SAUER, *RG-Festgabe* (1929), tomo I, págs. 122/42.

66 Véase LARENZ, *Wegweiser zu richterlicher Rechtsschöpfung, Festschrift Nikisch* (1958), págs. 275/92-97; *Methodenlehre,* págs. 220-21; SAUER, *ob. cit.,* pág. 140; A. DAVID, *Das Präjudiz* (1925), pág. 7.

67 Véase esto más en detalle *infra* § 10 II 2.

b) No es óbice para la comparación de casos el hecho de que el factor decisivo en la subsunción sean las *«circunstancias concretas»*. Según una vieja opinión, la valoración concreta no sería casacionable justamente por no suministrar ningún punto de apoyo para resolver otros cuadros fácticos; cada caso tendría una configuración distinta y sería poco menos que imposible que un mismo cuadro fáctico se repitiera en la práctica judicial[68].

Pero detrás de aquella frase estereotipada de las «circunstancias concretas», supuestamente estériles para obtener conocimientos de carácter general, se oculta una falta de claridad de hondas proyecciones acerca del concepto de lo «concreto»: «concreto» puede significar, en este contexto, tanto lo «individual», esto es: lo «único» del caso, como también lo «especial», que caracteriza el cuadro fáctico sólo como *«infima species»* de un determinado género de casos[69].

Si por concreto se entiende lo *«individual»*, no cabe por supuesto la comparación con otros cuadros fácticos valorados igualmente desde el punto de vista de su unicidad. No así si atendemos al significado de lo *«especial»*. En la subsunción especializadora, el cuadro fáctico es examinado a fin de determinar si puede clasificárselo dentro de un género de casos vinculados por una premisa mayor común (valoración concreta general, no concreta individual). Lo que cuenta aquí no es pues la conducta de una persona individual en un momento determinado individual y en un lugar determinado individual; relevante es sólo la conducta de una persona caracterizada por los *elementos propios de un grupo* («motorista») en un momento («noche») y lugar («ruta») determinados *sólo por su especie*. Pero si se prescinde de los elementos que hacen a la unicidad del caso, existirá sin duda la posibilidad de comparar cuadros fácticos congruentes, pertenecientes al mismo género.

La diversidad del enfoque individualizador y del enfoque especializador se destaca singularmente en el concepto civilístico de la «culpa» previsto en el § 276 BGB[70]. Aclararemos esto citando una sentencia de la Corte federal de justicia[71]:

En una operación quirúrgica practicada poco después del cese de las hostilidades, en un hospital que había sido aislado por las tropas de ocupación, un cirujano había dejado en la cavidad abdominal de un paciente una pinza arterial. En su defensa contra la acción de daños y perjuicios que se le siguió, adujo que en aquellos momentos había estado «sobrecargado de trabajo» y en un estado de «depresión anímica» a causa de la preocupación por la suerte de su familia.

Aplicando la *valoración individualizadora*[72], la disminuida eficiencia del cirujano resulta de cualquier manera relevante. Si se aplica el enfoque *especializador,* lo que habrá que determinar es si las notas «sobrecarga de trabajo» y «depresión anímica»

---

[68] Agudamente observa Salinger, *JW* 1917, pág. 9: «una cuestión de derecho que tenga que juzgarse según las circunstancias del caso singular, constituye una *contradictio in adiecto*». Un error semejante lo encontramos en Laband, *DJZ* 1905, col. 566/70.

[69] Detenidamente lo trata Engisch, *Die Idee der Konkretisierung,* págs. 194 y sigtes., especialmente págs. 221-24; cfr. también Oertmann, *Rechtsordnung und Verkehrssitte,* págs. 432-33, sobre el concepto de las «cualidades esenciales al tráfico» en el sentido del § 119 II BGB.

[70] Véase Wiethölteu, *Der Rechtfertigungsgrund des verkehrsrichtigen Verhaltens* (1960), págs. 21-23.

[71] *LM* nr. 15 ad § 286 (C) ZPO.

[72] Engisch *(ob. cit.,* pág. 222) señala con razón que también aquí queda un resto de «especialización»: el tiempo concreto-individual (16.45 horas) y el lugar concreto-individual (quirófano del hospital X) no interesan desde el punto de vista jurídico material. Más detalles sobre este enfoque individualizador relativo, *infra* § 10 I 2.

pueden pretender reconocimiento jurídico como *«infima species»* de un género de casos de fracaso inculpable («no incurren en culpa médicos sobrecargados de trabajo que cometen un error en situaciones extraordinarias»). Si se sigue el criterio de la Corte federal de justicia y se niega relevancia a esos elementos en un proceso por daños y perjuicios, no cabrá considerar a éstas, pero sí a las demás circunstancias del caso (v.g. el tamaño de la pinza o las complicaciones que puede acarrear una intervención quirúrgica). La función de garantía de la responsabilidad por daños' y perjuicios y, en general, la función del derecho como ordenamiento de la conducta social, hacen que el enfoque individualizado!· sea una excepción, aplicable sólo en caso de mediar entre las partes relaciones personales especiales[73]. Por lo común, la «concretación» jurídica no es otra cosa que una especialización más o menos avanzada, que permite siempre la comparación de casos.

2. El procedimiento de la comparación de casos

La comparabilidad de un caso con otros ya resueltos no puede depender nunca de la identidad de los cuadros fácticos, puesto que todo acontecimiento es irrepetible por su vinculación al lugar, al tiempo y a las personas que en él intervienen. La comparación de casos sólo podrá consistir por tanto en establecer relaciones entre cuadros fácticos congruentes, esto es: que por sus elementos jurídicos son iguales o de configuración similar[74]. Esto significa: el juez formula la premisa mayor del nuevo caso a resolver con el auxilio de los precedentes que estimo acertados[75] y constata las similitudes y diferencias de los casos que se comparan. La comparación resultará positiva si las similitudes son jurídicamente relevantes e irrelevantes las diferencias, de tal suerte que los casos comparados merezcan la misma valoración. Dados esos presupuestos, el nuevo caso es clasificado junto con los anteriores como de configuración jurídica igual[76], quedando así cumplida la subsunción.

Innecesario es decir que para determinar la similitud de los casos no se consultan criterios extrínsecos, sino el sentido y la finalidad de la norma a aplicar.

Así por ejemplo, si el propietario de un inmueble demandara a su vecino por los daños causados en su propiedad por las efusiones de un *tanque de agua,* tal demanda no podrá rechazarse alegando que un fallo anterior hizo cargar al propietario con los daños causados por un extinguidor de incendio[77].

Quiere decir que la norma a la cual se recurre determina no solamente el material comparativo al que se hace referencia en la premisa mayor, sino que también clarifica los puntos de relación de la comparación[78].

---

[73] Por ejemplo, en el derecho matrimonial y en el divorcio. Véase el pormenor, *infra* § 10, II 1.

[74] LARENZ, *Festschrift Nikisch,* págs. 293-95; *Methodenlehre,* pág. 221; ENGISCH, *Logische Studien,* 3ª ed., págs. 24-37; *Einführung in das juristische Denken,* 3ª ed., págs. 56-58; OHLMER, *Richterfreiheit und Begründungspflicht,* págs. 60 y 78; SAUER, *RG-Festgabe,* tomo I, págs. 140-142- GERMANN, *Präjudizien als Rechtsquelle,* págs. 7 y 16; ZÖLLNER en la nota *ad* BAG *AP* nr, 57, § 72 ArbGG.

[75] SCHNORR VON CAROLSFELD (*AcP,* tomo 162, 1963, pág. 190) no advierte que la comparación de casos exige una labor creadora propia por parte del juez, y la identifica con el culto de los precedentes. «Conscientemente exagerado» es también, según sus propias palabras, lo que sostiene E. SCHNEIDER, *ZZP,* tomo 77 (1964), pág. 222, quien le arguye a la comparación de casos, tender a «reemplazar la reflexión por la provisión de casos similares».

[76] Véase el instructivo fallo *BGH VersR* 1961, págs. 109 y sigtes. y la sentencia, analizada a continuación, *BGH FamRZ* 1954, págs. 195 y sigtes.

[77] Tal es el divertido ejemplo que pone DAVID, *Das Prajudiz,* pág. 12.

[78] ENGISCH, *Einführung in das juristische Denken,* 3ª ed., pág. 57.

3. Análisis de un fallo en el cual se comeaban casos

a) En un ya mencionado fallo de casación de la Corte federal de justicia[79] había que resolver si era contraria a las buenas costumbres una disposición de última voluntad en la cual el causante había preterido a sus parientes en beneficio de su amante, a la cual había instituido coheredera junto con sus dos hijos y nombrado por añadidura albacea.

La premisa mayor legal del § 138 BGB dice concisa y brevemente: «Un negocio jurídico que viole las buenas costumbres es nulo». En contraste con la pobreza de elementos concretos de esta norma, el material procesal presentado al juez contiene un conjunto de muchas circunstancias que componen el «cuadro» de ese caso. La diferencia entre esa premisa mayor legal, tan pobre en elementos, y la plétora del material procesal es tan abismal que cualquier conclusión, sea que haga lugar a la demanda o la desestime, parece imposible. Sin embargo, el juez tiene la obligación de llegar a ella. Su habilidad habrá de consistir en salvar la distancia existente entre la ley y el cuadro fáctico aplicando correctamente el término medio, o sea el elemento de figura legal «violación de las buenas costumbres», de modo tal que la consecuencia jurídica pueda deducirse.

El análisis de la sentencia muestra que en la aplicación de ese elemento de la figura legal se perfilan tres pasos distintos: la clarificación del concepto «contrario a las buenas costumbres» con el auxilio de ejemplos *(interpretación),* la valoración de los hechos constatados a fin de determinar si coinciden en los aspectos esenciales con los ejemplos dados *(subsunción)* y el *pronunciamiento de la consecuencia jurídica* («contrario a las buenas costumbres» — «no contrario a las buenas costumbres»)[80].

En este silogismo, interpretación significa el trabajo cumplido en la premisa mayor, y subsunción, la valoración jurídica realizada en la premisa menor[81].

Últimamente, los términos «interpretación» y «subsunción» vienen siendo objeto de discusión por las peculiaridades que presenta, en cuanto al método y a la lógica, la aplicación de los conceptos indeterminados: «suplencia de lagunas» en vez de pura interpretación de la ley, «comparación de casos» en vez de subsunción en el esquema silogístico riguroso. Por razones de exposición, sólo podremos ocuparnos más adelante de la nomenclatura[82]; pero digamos ya que para que la conceptuación procesalística resulte practicable se recomienda conservar los términos tradicionales aquí empleados.

b) En el fallo, el trabajo en la *premisa mayor* legal se comienza desarrollando el concepto «contrario a las buenas costumbres»:

«Bien hizo el Superior tribuna] regional al partir del supuesto de que una disposición de última voluntad viola las buenas costumbres y es nula en virtud del § 138 I BGB, en cuanto contenga ventajas por las cuales un hombre casado busque premiar a una mujer el adulterio en que ambos han vivido o moverla a continuarlo (RG *JW* 1910, 6; 1911, 29). La jurisprudencia ha equiparado al adulterio también

[79] *FamRZ* 1954, pág. 195.

[80] Véase ENGISCH, *Logische Studien,* págs. 13-37; LARENZ, *ob. cit.,* págs. 199-212 y 220; MEZGER, *Der psychiatrische Sachverständige im Prozess,* págs. 166-71. Sobre el entrelazamiento entre la constatación de los hechos y la apreciación jurídica en la determinación práctica del derecho véase *infra* § 5 III 2a.

[81] WACH, *JW,* 1881, págs. 72/75-77; ENGISCH, *ob. Cit.,* págs. 13-19.

[82] Véase *infra* III.

otras relaciones que violan las buenas costumbres y fundan la sospecha de adulterio» (RG *Warn.* 1929, 166 [167])[83].

Luego, el concepto «contrario a las buenas costumbres» se restringe[84] mencionando móviles moralmente respetables, aptos para quitar a esas ventajas su carácter repugnante (y aquí estamos todavía en la configuración de la premisa mayor):

«Pero (la jurisprudencia) no ha estimado siempre inválida una ventaja testamentaria, aun cuando la favorecida haya cometido con el causante adulterio o tenido con él algún otro tipo de relaciones reñidas con su estado matrimonial. Si lo que indujo al causante a favorecerla no fueron en primer término las relaciones eróticas que con ella hubiera tenido, sino ante todo, o de cualquier manera de un modo determinante, otros móviles respetables, como podría serlo el hecho de que ella le hubiera prestado servicios de valor, renunciado a otras posibilidades de configurar su vida por unirse a él o si su intención fue expiar algún mal que le hubiera hecho o responder por hijos que hubiera tenido en ella, una disposición tal tiene que estimarse válida en todo o en parte» (siguen citas, entre otras de fallos *LG Warn.* 1928, 342 [345]; *RG Seuff. Arch.* 95, 17 (19); *OLG Düsseldorf DR* 1940, 1424).

El carácter de la interpretación ejemplificativa se pone de manifiesto en una salvedad, que destaca la imposibilidad de establecer pautas fijas y reclama que se resuelva según el «cuadro global del caso»:

«En los fallos se destacó repetidamente que cuando se trata de resolver si una disposición de última voluntad es contraria a las buenas costumbres por su móvil, contenido y finalidad, hay que tener en cuenta todas las circunstancias del caso, y que no es posible dar reglas fijas, sino que lo decisivo es el respectivo panorama global. Por ejemplo, si las relaciones entre el causante y la favorecida habían durado largo tiempo, no cabe dejar de lado las diversas consecuencias que esas relaciones han tenido. Puede ser de importancia también saber quién es el culpable del desquiciamiento de la familia del causante, y también si, según los principios de la moral, parece tolerable que a los parientes del causante se les imponga reconocer a esa mujer como única heredera, como coheredera con ellos o como legataria».

Con esto concluye la interpretación del concepto «contrario a las buenas costumbres», o sea el trabajo en la premisa mayor. La premisa mayor[85] de la resolución reza:

«Una disposición de última voluntad a favor de una mujer con la cual un hombre casado mantuvo relaciones adúlteras o reñidas con su estado matrimonial, es contraria a las buenas costumbres y nula si fue determinada (por ejemplo) por

---

[83] *FamRZ* 1954, pág. 196.

[84] Restricción es la reducción de un concepto a un volumen menor, o sea la limitación de su campo de aplicación: Eisler, *Wörterbuch der philosophischen Begriffe,* 4ª ed., tomo II, pág. 735, voz: *Restriktion.*

[85] Según Engisch, *ob. cit.,* págs. 16-17, y E. Schneider, *MDR* 1962, págs. 618/204 y 694 y sigtes., la directriz antepuesta a un fallo es en cambio la *conclusio* en el sentido del esquema silogístico. La contraposición de estas dos concepciones es sólo aparente: la directriz contiene la *premisa,* si se contempla la aplicación de normas jurídicas al caso concreto; *conclusio* es en tal caso el pronunciamiento de la consecuencia jurídica concreta.
La directriz es la *conclusio* en el caso de que se deriven *premisas mayores abstractas* de premisas mayores superiores, como en los ejemplos dados por Engisch y por Schneider. En el procedimiento que aquí analizamos de la comparación de casos, la directriz reproduce la premisa bajo la cual es subsumido el caso concreto.

las relaciones eróticas y no por móviles moralmente respetables, o cuando no es tolerable forzar a los parientes a reconocer a la favorecida como heredera, albacea o legataria, por colocarlos esa disposición (por ejemplo) en una situación indigna o (por ejemplo) perjudicarlos económicamente con relación a la favorecida, siendo así que el causante tenía (por ejemplo) el deber de indemnizarles por la culpa que había tenido en la ruina de la familia»[86].

c) En la *premisa menor* correspondía examinar ahora, a los fines de la subsunción, si los hechos constatados correspondían al elemento de figura legal concretado «carácter contrario a las buenas costumbres». Puesto que la premisa mayor se construyó con el auxilio de casos ejemplificativos, la subsunción se cumple mediante la comparación de casos.

El material procesal sometido a la Corte federal de justicia no daba pie para concluir que los móviles del causante hubieran sido de índole erótica. El carácter contrario a las buenas costumbres sólo podía apoyarse por consiguiente en el criterio del *intolerable menoscabo de los parientes,* para lo cual el cuadro fáctico ofrecía los siguientes puntos de apoyo:

La favorecida había sido instituida heredera en concurrencia con los hijos, pero todas las demás ventajas iban a su favor. Había de recibir la casa con el jardín, todos los muebles e instalaciones, así como todas las prendas de vestir y la ropa del causante. Este la había eximido de la obligación de colacionar el eventual *mayor valor del inmueble* que excediera su porción hereditaria. La legítima de la viuda gravaría únicamente las *porciones hereditarias de los hijos.* Y por último, la había instituido albacea.

Por el otro lado, había que tener en cuenta que el testamento tenía por finalidad recompensarle sus servicios y el activo interés que ella había mostrado en la suerte del causante. Por más de tres años, había atendido a las necesidades de la casa a cambio de una remuneración modesta; le había estado humanamente *más cercana que su familia* y había sido su única *asistencia en su última enfermedad.*

El peso de estos móviles moralmente respetables permitió, en principio, homologar la disposición de última voluntad, como en los casos ejemplificativos RG Warn. *Rechtspr.* 1928, 342/45 (colaboración valiosa de una asistente en el consultorio odontológico del causante), *RG SeuffArch,* 95, 17/19 (largo cuidado y asistencia del causante por una enfermera) y *OLG Düsseldorf, DR* 1940, 1424 (cuidados prodigados al causante por una pariente afín, que por un tiempo incluso lo había acogido en su casa), a los cuales se había recurrido en la interpretación. En la sentencia se defiende esta conclusión con explicaciones que —en contraste con la interpretación de la ley— son totalmente a propósito del caso concreto:

«El causante tenía libertad para limitar la porción de su cónyuge a la legítima, aun siendo él culpable principal del desquiciamiento del matrimonio. La ineficacia de las disposiciones por las cuales se favorece a la demandada tampoco beneficiaría a la esposa, sino a los otros herederos testamentarios (§ 2094 I BGB). Ya bastante antes de otorgarse el testamento, los esposos se habían separado definitivamente, y no sin culpa alguna de la mujer. Según lo constatado por el Superior tribunal regional, no se había podido probar que hubiera habido adulterio entre el causante y la demandada. La demandada atendía y cuidaba al causante y éste creía haber

86 Cfr. la directriz del fallo en *FamRZ* 1954, pág. 195.

hallado en ella una persona que se interesaba por su suerte. Dado ese cuadro fáctico, el sentimiento de quienes piensan con rectitud y justicia aprobará que el causante haya asignado a la demandada en su testamento. . . lo mismo que a sus propios hijos.. . El sentimiento de justicia puede aceptar igualmente que la demandada reciba la casa con jardín en la que el causante había convivido con ella los últimos años de su vida y donde ella lo había atendido y cuidado.

Pero la marcada preferencia que se daba a la demandada sobre los hijos del causante ponía en duda si las disposiciones testamentarias a su favor podían ser mantenidas *en todo su alcance.* Para resolver, pues, si el testamento tenía que ser homologado en su totalidad o sólo en parte, la Corte federal de justicia disponía del siguiente material comparativo:

La sentencia *RG Warn.* 1928, 342/45, en la cual el *Reichsgericht* había rechazado por contraria a las buenas costumbres la disposición testamentaria por la cual el causante dividía su consultorio por mitades entre su asistente y amante y su hija, también odontóloga; el tribunal arguyó que el padre no podía imponer a su hija una colaboración permanente con su amante, culpable, al menos en parte, de la ruina de la familia;

la sentencia *RG SeuffArch 95, 17*[87], en la cual el *Reichsgericht,* por cierto que sin aferrarse a valores determinados, sentó el principio, aclarado por el resultado de la subsunción, de que ventajas testamentarias conferidas para recompensar servicios prestados son válidas en cuanto guarden una relación «adecuada» con la índole y duración de esos servicios, y no impongan a los parientes del causante deducciones intolerablemente altas de la herencia; la sentencia *OLG Düsseldorf DR 1940, 1424,* que considera inobjetable, *in concreto,* el legado de un quinto del valor de la herencia por cuidados y asistencia prodigados al causante.

Para juzgar la nulidad parcial del testamento por preferencia irritante dada a la amante había que consultar dos criterios: la *postergación económica* de los parientes, asignándose a la amante una remuneración excesiva por los servicio prestados, y en el orden moral, la ofenda y humillación que se infería a la familia[88].

La Corte federal de justicia se ocupa primeramente del menoscabo económico de los parientes. De las sentencias *RG SeuffArch* 95 y 17 y *OLG Dusseldorf DR* 1940, 1424 extrae el principio (aclarado a su vez por el resultado de la subsunción) de la eficacia de las ventajas «moderadas' conferidas a la amante en recompensa por los servicios prestados. Comparando los precedentes con el cuadro fáctico sub examen, la institución hereditaria en igualdad con los hijos parecía aun compatible con las buenas costumbres; pero la preferencia que se le había dado al *eximirla de colacionar* el eventual mayor valor del inmueble, ultrapasaba los límites de lo adecuado y

[87] Esta sentencia, así como la siguiente decisión del OLG de Dusseldorf fueron dictadas con referencia al § 48 II de la Ley de testamentos del 31-7-1938, que fue abrogada por la Ley del Consejo de control nr. 37 del 30-10- 1946 (VOCELS-SEYBOLD, *Testamentsgesetz,* 4ª ed., 5 *ad* § 48). Mas esto no disminuye el valor de los fallos, en cuanto uno se adhiera al principio, sostenido por la jurisprudencia, de que son eficaces las ventajas «moderadas» concedidas a la amante, en recompensa por sus servicios. Dejaremos sin resolver aquí si ese principio resiste un análisis crítico (véase al respecto GEHNHUBER, *FamRZ,* 2960). pág. 330, N. 38), porque lo único que aquí interesa es exponer la aplicación del derecho.

[88] Los móviles del causante son sin duda difíciles de desensamblar, porque los dos, el de posponer económicamente a sus parientes y el de injuriarlos al mismo tiempo, aparecen entrelazados. La división hace diferencia, por tanto, según las *consecuencias que ello tiene para esos parientes.*

moralmente admisible. Por tanto, la Corte señaló, nuevamente en la versión concreta del análisis de la cuestión de subsunción:

«Contraviene en cambio a la ley moral el hecho de que, mientras la viuda tiene que contentarse con la legítima, aquella mujer, cuyas relaciones con el causante perjudicaron su vida matrimonial, sea beneficiada con la asignación de un bien hereditario esencial con preferencia a los hijos matrimoniales, al punto de quedarle adjudicado sin mengua aun en el caso de que su valor resulte superior a la porción hereditaria que a ella le tocará de por sí recibir... La demandada sólo podrá reclamar pues el inmueble imputándose el valor de éste a su porción».

Y una postergación *moral* de los parientes la constituía, indudablemente su nombramiento como albacea. Para invalidar esta disposición, la Corte federal tuvo a mano el fallo *RG Warn. 1928, 342* (legado de un consultorio odontológico). Con ese legado el causante había pensado imponer a su hija, como ya vimos, la humillante colaboración con su amante en un consultorio compartido por ambas, lo cual el *Reichsgericht* había declarado contrario a las buenas costumbres. Instituir a una amante por albacea resultaba aún más escandaloso, por cuanto la supraordinaba a los familiares.

El fallo del *Reichsgericht* no brinda ningún apoyo inmediato para resolver sobre la asignación a la amante de la totalidad de la vivienda con todas sus instalaciones, las prendas de vestir y la ropa del causante. Constituye, sin embargo, un caso comparativo valioso porque, aplicando a la asignación de las instalaciones y de todos los bienes personales el pensamiento, concretado en aquel fallo, de que no cabe homologar disposiciones humillantes, se deduce sin esfuerzo que la disposición contraviene a las buenas costumbres. La instalación de una casa y los bienes personales están más sólidamente ligados a la familia que otros objetos hereditarios; asignándolo en su *totalidad* a su amante, el causante revelaba su desdén por su familia y su intención de denigrarla[89]. Esto es fundamentado por la Corte federal de justicia como sigue:

«Tampoco resulta compatible con las buenas costumbres el que la demandada, extraña a la familia, reciba la totalidad de las instalaciones del inmueble que se le ha asignado, incluso las prendas de vestir y la ropa del causante. Nada habría que objetar si éste le hubiera dejado algunas de las instalaciones para su vivienda; es injustificable, empero, que las reciba todas. No puede ser sino gravemente injurioso para los familiares, si ellos, que por la naturaleza de las cosas serían los más allegado para hacerse cargo de los objetos que rodeaban al causante, tuvieran que dejarlos a la demandada sin excepción alguna. . .

Lo mismo cabe decir en cuanto a la institución de la demandada por albacea».

Finalmente, constituye ofensa de la familia, tanto económica como moral, la disposición de que la legítima de la viuda tenga que extraerse exclusivamente de las porciones hereditarias de los hijos. Como señala la Corte federal de justicia, con esto el causante no solamente pretendía favorecer económicamente a su amante en menoscabo de sus hijos, sino que intentaba al mismo tiempo tratar a su cónyuge como no existente» en comparación con su querida. En vista de ello, la inmoralidad de la disposición resulta indudable.

---

89 Véase GERNHUBER, *ob. cit.*, pág. 335, n. 90.

III. «Interpretación» y «suplencia» - «subsunción» y «concretación»: acerca de la terminología de la aplicación de conceptos indeterminados

Si el concepto indeterminado impone al juez la tarea de construir él mismo sus premisas mayores, y la valoración del caso concreto se efectúa comparándolo con fallos precedentes ¿se justifica todavía hablar de «interpretación», esto es: determinación del sentido de la *ley*, y de «subsunción», es decir subordinación *lógica* de los conceptos del cuadro fáctico bajo los conceptos genéricos de la figura legal? En gracia a la exactitud metódica y lógica, investigaciones modernas recomiendan efectivamente reemplazar los términos tradicionales «interpretación» y «subsunción» por las designaciones «suplencia de lagunas» y «concretación»:

1. Una doctrina suiza fundamentada por O. A. Germann[90] estima adecuada la diferenciación entre *«interpretación* y *«suplencia»'* para deslindar la sujeción del juez a la ley y su poder para determinar el derecho por mano propia, a fin de que tenga siempre presentes los límites de sus facultades *y* no atribuya a la ley, allí donde ésta contenga una valoración, un sentido que sea fruto de su propia discreción[91]. Según esta teoría, el juez «interpreta» la ley cuando determina el sentido de un concepto jurídico con el auxilio de valoraciones expresadas en la ley misma; la «suple», en cambio, cuando la norma le da sólo una directiva general para la determinación del derecho (como por ejemplo: resolver según la «buena fe» o el «sentimiento de decencia de todos los que piensan con rectitud y justicia») y le confiere en lo demás la atribución de determinar el contenido de un concepto jurídico.

2. Partiendo de la misma concepción, de que la «interpretación» constituye la determinación del sentido y de las valoraciones de la ley, y la «suplencia» la determinación del derecho a los efectos de obtener valoraciones nuevas, no contenidas en la ley, una tesis alemana de Ohlmer[92] intenta deslindar estos dos campos en el orden práctico. El planteo concreto de la cuestión coloca sin embargo a Ohlmer ante un problema que la doctrina suiza no alcanzó a ver en todo su alcance[93]: si la ley le manda al juez negar validez a negocios jurídicos «contrarios a las buenas costumbres» (§ 138 BGB) o determinar la medida de la diligencia «exigible en el tráfico» (§ 216 BGB) no cabe sostener — ya por el solo hecho de existir antes de entrar en vigencia el código civil una literatura[94] y una jurisprudencia[95] tan copiosas— que el legislador no tuviese formada idea alguna de esos conceptos en el momento de formularlos y hubiese conferido al juez un poder en blanco para resolver a su entera discreción sobre las exigencias morales y profesionales en el tráfico jurídico-negocial[96]. Los antecedentes legislativos confirman que esos conceptos le mandan al juez orientarse, al sentenciar, por las ideas sociales de valor y de orden que

---

90 Germann, *Methodische Grundfragen* (1946), págs. 7-10, 111, 117-18; *Festgabe Erwin Ruck* (1952), págs. 173/89-90; Schweizer, *Freie richterliche Rechtsfindung intra legem aLs Methodenproblem* (1959), págs. 38-45; Meier- Hayoz en *Berner Kommentar zum Schweizerischen ZBG,* tomo introductorio, 3ª ed. (1962), n. 137 y sigtes., y 262 y sigtes. *ad* art. 1; Merz, *AcP,* tomo 163 (1964), págs. 305/32-33.

91 Schweizer, *ob. cit.*, págs. 41 y 45.

92 *Richterfreiheit und Begründungspflicht,* Mainz 1953, págs. 17-37.

93 Schweizer, *ob cit.*, pág. 45; Meier-Hayoz, *ob. cit.*, así como Merz, *ob. cit.*, págs. 328, 330-36, se limitan a observar que *in concreto,* «interpretación» y «suplencia» apenas pueden mantenerse separadas.

94 Así, la que se indica en Windscheid-Kipp, *Lehrbuch des Pandektenrechts,* 9ª ed. (1906), tomo I, § 101, n. 5-8, sobre el concepto de *culpa.*

95 Así por ejemplo, los registros en *Seufferts Archiv* sobre la voz *culpa.*

96 Véase también Arthur Kaufmann, *Festschrift Erik Wolf* (1962), pág. 384.

habían guiado también al legislador[97]. Pero si la ley ha instituido por guías del pronunciamiento judicial incluso a valoraciones extrajurídicas, también un concepto en apariencia totalmente indeterminado dejará siempre un margen sólo limitado para la determinación realmente libre del derecho: el juez sólo podrá «suplir» la ley bajo su propia responsabilidad cuando las ideas sociales no existan, estén controvertidas o deban desecharse, o cuando las reglas de experiencia científicas no estén aún afianzadas.

El criterio decisivo para deslindar la «interpretación» y la «suplencia» no es, pues, que el juez formule por sí mismo sus premisas mayores. Tendrá que hacerlo, como ya dijimos[98], cada vez que aplique un concepto indeterminado, porque las valoraciones extralegales a las cuales se recurre no tienen un contenido inmediatamente subsumible y por ende hay que adaptarlas siempre al caso concreto. En cuanto al deslinde de estos dos campos, la nueva teoría del método parece atribuir más valor a una cuestión bien distinta: al construir sus premisas mayores, ¿el juez actúa libremente o está sujeto a valoraciones extralegales?

El reconocimiento de que el concepto indeterminado hace referencia a valoraciones sociales y a reglas de experiencia, crea en tanto, como lo admite Ohlmer[99], un dilema terminológico. Si el juez «interpreta» la ley o la «suple» bajo su propia responsabilidad, es una cuestión que tiene que resolverse por separado para cada concepto indeterminado e incluso varía, dentro de cada concepto singular, de un caso a otro. Mientras que los conceptos «discreción equitativa»' (§ 315 BGB), «indemnización equitativa» (§ 847 BGB), «oportuno» (§ 1020 BGB) e «inoportuno» (§ 303 BGB) consienten en gran medida, según la concepción de Ohlmer, ser suplidas por el juez[100], ya los llamados conceptos de intensidad como: desproporción «notable» (§ 138 II BGB), monto «desproporcionado» (§ 343 BGB), empeoramiento «sustancial» (§ 321 BGB), ponen coto a la libertad del juez; en ellos tienen cabida sólo aquellos «cuadros vitales, de configuración tan crasamente desdeñable e intutelable que normalmente no quepan dudas acerca de su calidad»[101]. La sujeción del juez llega al máximo, según Ohlmer, en los conceptos de «conformidad con el orden» (§ 998 BGB) y de «necesidad» (§ 276 BGB), que por lo común tienen que «interpretarse» según las ideas sociales de orden, y no «suplirse»[102].

En cambio, el concepto de «buena fe», Ohlmer lo coloca en parte en uno y en parte en otro! campo. Correspondería «interpretarlo» en las normas singulares (verbigracia los §§ 162, 320, 815 BGB, § 9 LUG) que remiten a la buena fe como «probidad *[anständige Verkehrsgesinnung]*»[103]; «suplirlo» cuando se aplique la cláusula general del § 242 BGB, que autorizaría al juez para «suplir» toda norma del derecho de tráfico con valoraciones propias en cuanto esto sea necesario»[104].

---

[97] *Motive* (Exposición de Motivos), I, pág. 279 y *Protokolle* (Actas), II, pág. 604, sobre el concepto de «culpa»; *Motive* I, pág. 211, así como las declaraciones del diputado LENZMANN en el debate parlamentario (MUGDAN, *Die gesamten Materialien zum BGB,* tomo II, pág. 1017) sobre el concepto de «carácter contrario a las buenas costumbres».

[98] *Supra* § 3 V.

[99] *Ob. cit.,* págs. 24-25.

[100] *Ob. cit.,* pág. 26.

[101] *Ob. cit.,* págs. 27-28.

[102] *Ob. cit.,* págs. 30-31.

[103] *Ob. cit.,* pág. 35.

[104] *Ob. cit.,* pág. 36.

Más difícil todavía le resulta a Ohlmer clasificar correctamente el concepto de «buenas costumbres». Este aludiría, es verdad, a «una normación extralegal firme, el caudal común de las ideas morales», «sin el cual no podríamos existir como pueblo», lo que excluiría sensiblemente la discreción del juez[105]. Pero como el «sentimiento de decencia de los que piensan con rectitud y justicia» suele reaccionar de manera muy diversa ante los hechos concretos, el juez muchas veces no hallaría asidero alguno en las valoraciones sociales. La conciencia moral de la generalidad se mostraría sobre todo insegura y fluctuante cuando para dictaminar que algo ha sido contrario a las buenas costumbres, se requiera comprobar que los actuantes obraron con ánimo «vituperable». El entrelazamiento de consideraciones jurídicas y morales obligaría aquí al juez a hacer con especia] esmero una valoración *personal* del caso singular; la aplicación de los §§ 138 y 826 BGB habría de clasificarse por tanto «en principio' como «suplencia»[106].

El mismo rumbo que la doctrina suiza lo toma el tratado de Enneccerus-Nipperdey, que contrapone la determinación del derecho completadora cuyo fin es «suplir lagunas *intra legem*», a la «interpretación legal» en sentido estricto[107].

3. Larenz objeta, no el término «interpretación», pero sí la tradicional designación de la valoración concreta como «subsunción»[108]. El concepto indeterminado exigiría, según él, o bien una «decisión lograda por intermedio de la experiencia social»[109] o bien un «juicio valorativo»[110]. El juez resuelve por «sentencias logradas por intermedio de la experiencia social» y 'fallos valoradores», consultando los módulos reconocidos en la comunidad jurídica[111]. Más por su carácter más o menos indeterminado esos módulos no presentan una figura legal de contornos bien definidos, que pudiera funcionar como premisa mayor de una conclusión subsuntiva, esto es, la inclusión lógico-analítica de un concepto individual en el concepto general que ese concepto individual sugiere[112-113]. Los módulos sociales se aplican por tanto mediante la «interpretación» o sea la clarificación de su sentido en general; y mediante la «concretación» que consiste en proseguir interpretando con vistas al caso singular, con el auxilio de la comparación de casos[114].

4. La diferenciación entre «interpretación» y «suplencia», «subsunción» y «concretación» podrá tener cierto valor desde el punto de vista metódico-didáctico. Pero si se consultan las necesidades del *derecho procesal civil*[115], que ha menester una conceptuación segura y fácilmente captable —que no varíe de un caso a otro—, hay que rechazarla, por cuanto esos conceptos carecen de efectos prácticos en la determinación del derecho, y crearían en cambio dificultades considerables, tanto a las

105 *Ob. cit.*, págs. 32-33.

106 *Ob. cit.*, pág. 35.

107 *Allgemeiner Teil*, 15ª ed., tomo 1/1, §§ 53 y 58; tomo 1/2, § 211 II.

108 *Festschrift Nikisch* (1958), págs. 275/92; *Methodenlehre*, págs. 218 y 220 ambas *ad* n. 2; el término «interpretación» se encuentra en la pág. 220, especialmente n. 2 y págs. 223, 225.

109 *Methodenlehre*, págs. 212-15: si el demandante ha elaborado una cosa «nueva» ¿es el valor de la elaboración considerablemente inferior al del valor material? (§ 950 BGB).

110 *Ob. cit.*, págs. 215-22: ¿demuestra una conducta determinada «burda ingratitud»? (5 530 BGB).

111 *Ob. cit.*, págs. 213, 216-20.

112 *Ob. cit.*, pág. 218, N. 2.

113 *Ob. cit.*, pág. 218.

114 *Ob. cit.*, pág. 220 *ad* N. 2.

115 No resolveremos aquí si la diferenciación entre «interpretación» y «suplencia» puede cobrar significación al menos para el derecho penal y el proceso penal con vistas al principio *nullum crimen sine lege*.

partes como a los tribunales, en la elección de la designación correcta, a causa de su sutileza. Es acertada por tanto la observación del jurisconsulto suizo Burckhardt, de que es inútil discutir si en un caso dado corresponde «interpretar» o «suplir»[116].

a) El juez tiene que aspirar siempre, cuando determina el derecho, a elevarse por encima del caso singular y llegar a construir premisas mayores generales, aprovechables también en casos ulteriores. Es éste el llamado principio de la normatividad más provechosa del fallo[117], válido no sólo para la interpretación sino también para la suplencia. Las funciones prácticas del juez son pues iguales en ambos campos [118].

b) A qué perplejidades conduce empero el intento de deslindar interpretación y suplencia, nos lo muestra la misma investigación de Ohlmer, aunque en ésta se indagan simplemente los conceptos jurídicos singulares a los efectos de clasificarlos en uno u otro campo, y se elude entrar a analizar si una premisa mayor concreta reposa en una interpretación o en una suplencia de la ley. Pero si se da un paso más en esa dirección, hasta llegar al caso concreto, la inseguridad en la clasificación conceptual va todavía en aumento. Un fallo de la Corte federal de justicia sostiene que, en principio, no es contrario a las buenas costumbres un pacto «de no volver a establecerse» en una permuta de consultorios médicos[119]. Para fundamentar esta decisión, que se aparta de la jurisprudencia del *Reichsgericht*[120]. la Corte invoca el cambio habido en la situación económica de la clase profesional de los médicos, que plasma en su actual forma de organización con agremiación obligatoria, jurisdicción profesional y asociaciones mutuales especiales. Habiéndose comprendido así que, según la concepción actual, también el médico ejercería una actividad lucrativa, habría por tanto que admitir, en su ámbito de trabajo, limitaciones contractuales propias de la competencia comercial. ¿Está la Corte aquí interpretando la ley, esto es, aprovechando una concepción *ya consolidada y* determinante en virtud del § 138 BGB, o supliéndola, es decir sentando una valoración *todavía no existente?* La respuesta depende, ostensiblemente, del estado de la ética profesional médica; y sólo un entendido en derecho profesional podría dar una respuesta segura.

Incluso si uno se tomara la molestia de averiguar en cada caso, en gracia al deslinde exacto de «interpretación» y «suplencia», si existen ideas sociales obligatorias para el juez, etc. no se habría ganado prácticamente nada. Los defensores de la nueva teoría del método no afirman que en la interpretación de la ley la manera de determinar el derecho sea diferente del método de la suplencia. Schweizer, único autor que intenta darle a esta diferenciación una fundamentación que tenga también valor para la práctica, invoca simplemente la necesidad de hacer que el juez «tome conciencia» de los límites de sus propias facultades para determinar el derecho, a fin de que no desdeñe las valoraciones sentadas por el ordenamiento jurídico[121]. No creo

---

116 *Methode und System des Rechts* (1936), pág. 280.

117 Véase *supra* I 3a.

118 Sobre la igualdad de esencia de la interpretación y la suplencia véase también Larenz, *Methodenlehre,* págs. 273 y sigtes., y *NJW* 1962, pág. 739, *ad* n. 14.
No es claro Hanack, *Der Ausgleich divergierender Entscheidungen;* aunque comienza diciendo, al tratar de la «determinación del derecho *intra legem*» (pág. 120, sub b), que en la suplencia el juez procede «de una manera algo distinta» que en la interpretación, más adelante (págs. 121 y sigtes.) no explica esto convincentemente (así por ejemplo pág. 122 después de n. 146, pág. 123, sub c).

119 *BGH* 16, 71.

120 Véase *ob. cit.,* pág. 78.

121 *Ob. cit.,* págs. 41 y 45.

sin embargo que nuestra jurisprudencia esté corriendo peligro de desligarse arbitrariamente de la ley ni de las ideas del tráfico social a las cuales ésta hace referencia, y que ese peligro tenga que ser enfrentado implantando esa nueva terminología. Cuando un tribunal de apelación atribuyó a un carretero una conducta «culposa», en contra de la opinión fundada de un perito, la Corte federal de justicia revocó prontamente esa sentencia que se apartaba de la concepción del tráfico social[122] por cuanto el juez sólo podría desdeñar las ideas del tráfico social, cuando éstas revelaren una «grosera dejadez». Para esto no era necesario diferenciar entre interpretación y suplencia de la ley, lo cual da apoyo a la idea de su prescindibilidad. Por eso, «interpretación» y «suplencia» pueden emplearse tranquilamente como términos sinónimos para el establecimiento de premisas mayores judiciales.

c) El término «*concretación*», preconizado por Larenz en lugar del término tradicional «subsunción», no conduce por cierto a dificultades de deslinde. Dondequiera el juez proceda a comparar casos, estará concretando el concepto empleado, encasillando el nuevo caso entre los precedentes mencionados en la premisa mayor.

Pese a ello, también el concepto de «concretación» crea nuevas complicaciones en el ya de por sí problemático terreno de la aplicación de conceptos indeterminados. Y ello es así porque esa aplicación *no se lleva a cabo exclusivamente* mediante la interpretación y la concretación. Si el juez tiene la posibilidad de hacer una valoración general-abstracta creando una pauta casuística, la aplicación del concepto indeterminado no se diferenciará de la aplicación de elementos de figura legal determinados; tanto en uno como en otro caso la premisa menor contendrá una subsunción lógica, esto es, la inclusión analítica del concepto del cuadro fáctico al concepto general del elemento de figura legal.

Para aclarar esto, tomemos el caso de que el juez haya declarado sin más contrario a las buenas costumbres, el libramiento de las llamadas letras financieras no basadas en entregas de mercaderías[123]. La determinación del derecho se edificaría aquí sobre el siguiente silogismo:

«Letras financieras no basadas en entregas de mercaderías, son inmorales y nulas conforme al í 138 BGB.

Por cuanto a la letra financiera que el demandado había entregado al demandante no le subyacía entrega alguna de mercaderías, el libramiento de esa letra violaba las buenas costumbres. Por consiguiente, la letra es nula conforme al § 138 BGB».

Si se observare la nueva terminología, a la aplicación del derecho en la premisa menor deberían dársele calificaciones cambiantes en cada caso, lo cual sería insoportable para la práctica judicial.

Admitamos que, en la comparación de casos, la determinación del derecho no constituye una subsunción lógica. Pero sigue siempre un esquema silogístico (elastificado) que debe necesariamente observarse en gracia a la racionalidad de la aplicación del derech[124]. Además, la terminología de la lógica formal no obliga sin

[122] *VersR* 1954, pág. 531. Ver también *BGH LM* nr. 4 *ad* § 823 (Eb) BGB y *BGH GRUR* 1954, pág. 122, esta última decisión para mostrar cómo resultan determinantes las ideas del tráfico social para la tutela de la presentación de una mercancía según el § 25 WZG.

[123] Cfr. *BGH LM* nr. 3 *ad* § 138 (Ca) BGB.

[124] Véase *infra* I 2 *a* y *b*.

más a la ciencia jurídica, y esto lo demuestra el concepto de «prueba», por el cual el lógico entiende la demostración de un teorema con resultado totalmente seguro, el jurista en cambio una prueba histórica de hechos, que sólo arroja una verosimilitud más o menos grande acerca de la existencia del hecho «probado»[125].

Por todas estas razones habrá que seguir usando, en gracia a la captabilidad de la conceptuación, los términos «interpretación» y «subsunción». Sin embargo, los términos tradicionales habrán de ser entendidos, dentro del campo de los conceptos indeterminados, en un sentido más amplio, influenciado por consideraciones jurídicas prácticas.

IV. La aplicación defectuosa del derecho

La determinación del derecho especializadora e individualizadora obliga, como se dijo arriba[126], a elastificar la forma silogística rigurosa. Si fuese imposible formar una regla válida para todos los casos, la premisa mayor se limitará a un enunciado de formulación indeterminada y la aplicación de la ley en dirección al caso concreto se proseguirá en la premisa menor. Por el carácter peculiar de esa forma de determinación del derecho, habrá que distinguir según que haya un defecto en la premisa mayor o en la menor[127].

1. La Premisa mayor defectuosa

El defecto en la premisa mayor que resulta relevante para el derecho de casación[128], la llamada «no captación del concepto» *[Begriffsverkennung]*[129], se manifiesta bajo la forma de una interpretación incorrecta de un elemento de la figura legal. Puesto que la interpretación se hace en la premisa mayor[130], esta falla conduce siempre a la formulación de una premisa mayor defectuosa.

La «no captación del concepto» puede resultar de haber entendido mal la ley (a) o una regla de experiencia a la cual la ley remite (b) por apreciar de manera incompleta el cuadro fáctico (c), o por violar las «leyes del razonamiento» (d). Se presentan dos variantes: el error de interpretación «inmediato» y el «mediato» (e),

a) Un ejemplo de (manifiesto) *malentendimiento de la ley* nos lo brinda un fallo del Superior tribunal regional de Múnich, en el que se afirma que el concepto de la «imposibilidad evidente» de la paternidad, que permite impugnar la legitimidad de un hijo (§ 1591 BGB), exigiría algo más que una suma inverosimilitud de que el supuesto padre hubiese sido el procreador[131]. El tribunal era presa de la errónea

---

125 Véase HEUSLER, *Die Grundlagen des Beweisrechts, AcP* tomo 62 (1979), págs. 209/18 y sigtes.; ENGISCH, *Logische Studien zur Gesetzesanwendung*, 3ª ed., pág. 61 N. 2 y 81 N. 1.

126 I 3c.

127 Véase el catálogo de los posibles errores jurídicos en los fallos del Tribunal federal del trabajo: *BAG* 2, 175/79 y sigtes.; 4, 152/54 y sigtes.; 7, 290/301 y sigtes.; *VersR* 1960, págs. 1028/29; *AP* nr. 18 ad § 3 TOA.
Son similares los fallos de la Corte federal de justicia relativos al concepto de culpa burda: *BGH* 10, 14/16; *LM* nr. 9 y 12 *ad* § 932 BGB.

128 Otros errores en la formación de la premisa mayor pueden producirse si al juez se le escapa una norma jurídica que debería aplicar o si la declara erróneamente inconstitucional. Pero estos errores no originan problemas para el derecho de casación, por lo cual cabe excluirlos de los análisis que siguen.

129 Tal es la terminología empleada en jurisprudencia constante por los tribunales de casación: *RG Warn. Rechtspr.* 1911, nr. 176; *BGH* 4, 186/90; *BAG* 2, 179.

130 Véase *supra* I 1 y 3.

131 *BGH* 7, 116/19 y sigtes.

idea de que la paternidad, para quedar excluida, tenía que ser inimaginable. No alcanzó a comprender que la ley se contenta, también aquí, con el grado de certeza utilizable en la vida práctica, que es lo que diferencia a la prueba jurídica de la prueba lógica.

De una interpretación defectuosa de la ley[132] se hizo culpable también el Superior tribunal regional de Coblenza cuando sostuvo que el concepto de «falta conyugal» en el sentido del § 43 EheG era de determinación relativa; y que dependería sustancialmente del nivel de cada matrimonio si una conducta determinada merecía esa calificación[133]. La premisa mayor defectuosa de la cual partió el tribunal, pudo haber sido del siguiente tenor: «Un cónyuge puede accionar por divorcio contra el otro, si éste ha desquiciado el matrimonio mediante un grave atentado contra la idiosincrasia de su comunidad de vida». Esta relativización del matrimonio y de los deberes matrimoniales atentaba contra el patrón supraindividual del ordenamiento jurídico que rige esa relación[134]. Ese patrón obliga a suponer que la falta conyugal ha existido aun cuando el cónyuge ofendido haya perdonado la inconducta del otro o ésta no le haya causado la sensación de ser ruinosa para el matrimonio; en tal caso perderá solamente su acción de divorcio, conforme al § 49 EheG.

b) aa) La infracción de *reglas experienciales* y de las *máximas modales* que les son equivalentes, influye en la exactitud de la premisa mayor porque las normas en blanco le mandan al juez que se oriente, al interpretar la ley, por módulos extrajurídicos[135]. Ahora, bien: si el juez interpreta un concepto indeterminado con el auxilio, de una «regla experiencial» tan sólo afirmada o deja de observar, al hacerlo, una regla experiencial que ha de aplicarse, la premisa mayor de su decisión será errónea. El error no consistirá en haber entendido mal la ley[136], sino en haber entendido mal una guía para el pronunciamiento del fallo a la cual la ley hace referencia. Por tanto ese error tendrá las mismas consecuencias que la infracción inmediata de la ley.

En el año 1911, el Superior tribunal regional de Stuttgart acordó a un estudiante secundario que había sufrido lesiones gravísimas, una indemnización' extraordinariamente abultada, dando como fundamento que «la desfiguración física de por vida, que convierte a una persona en objeto de conmiseración de sus semejantes es, como lo enseña la experiencia, una desgracia a la cual la gente de la clase educada se sobrepone con mucho mayor dificultad que la de las masas populares»[137].

El *Reichsgericht* vino a ilustrar a ese tribunal de que la invocada hipótesis era arbitraria y que por consiguiente la indemnización calculada sobre aquella base no era «equitativa» en el sentido del § 847 BGB.

bb) La infracción de una regla experiencial adultera la *premisa mayor* judicial, por cuanto esas reglas constituyen juicios de contenido general[138], y esto merece

---

[132] Otros ejemplos: BAG *AP* nr. 3 *ad* § 611 BGB (responsabilidad del empleador por el peligro); *BGH* 25, 217/19 y sigtes.; *BGH WM* 1962, págs. 903/04.
[133] *BGH* 26, 196/98.
[134] Véase el comentario de MARLOH, *JZ* 1958, pág. 497.
[135] Véase *supra* § 3 I 2 c, d, y V.
[136] Así lo dice, acertadamente, STEIN, *Das private Wissen des Richters* (1893), págs. 118-119.
[137] *RG* 76, 173/176.
[138] STEIN, *ob. cit.*, págs. 18, 41-42.

destacarse especialmente en vista de la poco clara confrontación que se hace de errores de interpretación y de errores de Subsunción en los fallos del Tribunal federal del trabajo. Las explicaciones que da ese tribunal[139] crean la apariencia de que las reglas experienciales estuvieran en la premisa menor en una misma grada con la subsunción:

«Cabe distinguir: ¿ha sido rectamente comprendido el concepto de violación burda de los deberes en el sentido del § 23 BetrVG? ¿Se han constatado los hechos y se ha apreciado la prueba sin infringir el derecho? Y por último: ¿están los hechos constatados correctamente subsumidos bajo la norma del § 23 BetrVG?

El concepto de la violación burda de deberes legales es un concepto jurídico. En la sustanciación del recurso de legitimidad[140] corresponde examinar si el tribunal de alzada *no ha captado* quizá ese concepto, o sea si se ha infringido el derecho...

La esencia y el valor de la instancia de legitimidad (instancia de casación) está en servir ante todo a la unidad y al desarrollo del derecho... Por consiguiente, una subsunción valorativa no constituye una infracción del derecho por la sola razón de que la instancia última arribaría a otro resultado. Por el contrario, sólo habrá infracción del derecho cuando en la *subsunción* so quebranten preceptos jurídicos, módulos generales de valoración[141] o *reglas experienciales generales*».[142]

El análisis del mencionado fallo indemnizatorio torna patente, en cambio, que la «regla experiencial» —afirmada por el Superior tribunal regional de Stuttgart— de la mayor sensibilidad de la clase educada, había sido incluida en la premisa mayor del fallo como- *una regla desprendida del caso concreto,* pudiendo haber sido del siguiente tenor:

«El concepto de indemnización equitativa previsto en el § 847 BGB, exige que se tengan en cuenta los padecimientos del lesionado.

Por cuanto la gente de la clase educada se sobrepone con mucho más dificultad a las desfiguraciones que la gente de las masas populares, el tribunal usó también como criterio para fijar el monto de la indemnización, si el lesionado pertenece o no a aquella clase».

Por emplearse en la premisa mayor reglas experienciales, las conclusiones deducidas con el auxilio de ellas son también de casacionabilidad ilimitada. Siendo juicios de contenido general, esas reglas pretenden ser válidas para un número grande de cuadros fácticos, y por eso su control por el tribunal supremo es imprescindible en interés de la unidad del derecho[143], aun cuando la subsunción que le acompaña sea reexaminable sólo limitadamente. La sentencia indemnizatoria obje-

---

139 *BAG* 2, 175/179.
En las sentencias *AP* nr. 23 *ad* § 616 y Nr. 7 *ad* § 626 BGB, la violación de reglas experienciales condenada por el BAG como error de subsunción se refería incluso solamente a la apreciación de la prueba.

140 El procedimiento de queja previsto en los 92 y sigtes. ArbCG corresponde a la casación procesalística civil.

141 No dice el Tribunal federal del trabajo qué ha de entenderse por «módulos generales de valoración». En mi opinión, también aquí debería tratarse solamente de reglas experienciales o de máximas éticas.

142 Los subrayados son míos.

143 Véase, de tiempo reciente: K. D. Kerameus, *Die Entwicklung des Sachverständigenbeweises* (1963), págs. 133 y sigtes.

tada por el *Reichsgericht* habría llegado a ser un peligro para la jurisprudencia si fallos como ése hubieran hecho escuela.

cc) En la jurisprudencia no ha triunfado todavía la tesis de que la no captación de una regla experiencial adultera la premisa mayor. Por eso, la Corte federal de justicia sigue aún rechazando .acciones de casación contra la aplicación de reglas experienciales, con el argumento de que las «consideraciones lácticas» son inimpugnables. Aún cuando el rechazamiento de esas demandas sea justo en el resultado, cabe objetar su fundamentación:

En un fallo sobre el concepto de publicidad «engañosa» (§ 3 UWG), el superior tribunal regional había *sentado* una regla experiencial de que los editores y jefes de redacción de la prensa entienden por «colaboración» en un servicio de prensa el suministro de colaboraciones *continuas y periódicas.* Haciendo aplicación de esa regla, el tribunal de apelación había interpretado la norma del § 3 UWG en el sentido de que mencionar como «colaborador» a un autor meramente ocasional, era engañoso para los suscriptores.

La Corte federal de justicia opuso erradamente a las impugnaciones que por vía de la casación se dirigieron contra los informes presentados sobre esa regla experiencial, que «la apreciación fáctica que en el caso singular hace de ella el juez de los hechos, no está sujeta al reexamen por el tribunal día casación» [144].

Otras sentencias de casación mal fundamentadas hacen referencia a reglas experienciales para interpretar los conceptos de dirección «suficiente» de los auxiliares (§ 831 I 2 BGB) [145] y de «aumento de peligro» (§ 23 VVG)[146].

La Corte federal dice bien que la constatación de una regla experiencial está ubicada *conceptualmente* en el terreno «fáctico»[147]. Pero en cuanto esa regla sirve a la interpretación de la ley, está vinculada *funcionalmente* con la cuestión de derecho, por cuanto el juez construye la premisa mayor jurídica con su auxilio. El tribunal de casación deberá, pues, reexaminar también la regla experiencial que se aplica, en gracia a la exactitud de la premisa mayor[148].

Si en una demanda de casación se aduce que el juez de los hechos dio por probada o pasó por alto, injustamente, una regla experiencial, la tercera instancia no podrá rechazar esa demanda alegando que la «lejanía» impediría el reexamen (como podría hacerlo en el caso de una testificación). Porque si los dictámenes empleados por el juez de los hechos o las obras científicas extrajurídicas con que cuenta el mismo tribunal de casación no resultan suficientes para hacer un debido examen de la demanda, los autos deberán volver a la instancia de apelación, para que allí se recabe un dictamen tercero[149]. En casos importantes, el dictamen podrá requerirlo el mismo tribunal de casación[150].

---

144 *GRUR,* 1961, págs. 356/358. Acertado en cambio RG 128, 164/67: si el juez de apelación aplica su propia experiencia del mundo, no podría prohibírsele hacer lo mismo al juez de casación.

145 *LM* nr. 2 *ad* § 286 (B) ZPO. Fue reexaminada en cambio la misma cuestión jurídica en la sentencia *BGH VersR* 1959, págs. 760/762 sub. 3.

146 *VersR* 1963, pág. 741 (invocando sin prueba el RG DR 1940 pág. 1148, Nr. 19, no pág. 1448).

147 Véase *infra* § 5 III 1 c, bb.

148 BOLZE, *AcP,* tomo 84 (1895), págs. 358/65-66; ESSER, *Grundsatz und Norm,* 2ª ed., págs. 110, N. 77; STAUDINGER-COING, 11ª ed., 23 *ad* § 138 (sobre el concepto de «contrario a las buenas costumbres»).

149 BOYENS, *Sächsjsches Archiv. Sonderheft* 1904, pág. 164, N. 10; SIMONS, JW, 1925, págs. 1577/78.

150 *BGH* 12, 22/27 y 35 (Dictamen de la Oficina federal de la salud).

c) Otro error —jusmaterialístico— que podría tener consecuencias para la premisa mayor, es la *apreciación no exhaustiva* de los hechos relevantes, Sean éstos incontrovertibles o estén controvertidos[151]. Un juzgamiento incompleto del material procesal relevante puede poner en duda la validez no sólo de la premisa menor sino también de la mayor. Esto se explica por la finalidad que el legislador persigue al incorporar conceptos indeterminados en una codificación. Al hacerlo, renuncia a concretar las normas jurídicas a fin de posibilitar la creación de reglas que el juez establece sobre la base de aquellas circunstancias del caso que a su parecer son esenciales[152]. El solo derecho material obliga pues al juez a incluir en la determinación del derecho todos los hechos que razonablemente merezcan tenerse en cuenta para aplicar el concepto indeterminado[153].

Cuando el derecho se determina «sobre la base del cuadro láctico»[154], el pasar por alto material procesal relevante, llevará a la formulación de una premisa mayor incorrecta por inadecuada, porque *de haberse tenido en cuenta el hecho que se pasó por alto, habría tenido que construirse una premisa mayor que modificara el concepto*[155]*:*

El gerente de una sociedad de responsabilidad limitada había injuriado de palabra y de hecho a un agente de la misma. El agente usó esto como pretexto para rescindir sin preaviso la relación de trabajo y reclamar una indemnización de 150.000 marcos (§ 628 BGB),

Ya al ocuparse de la «causa grave» el tribunal de apelación no puso atención en las graves consecuencias de la rescisión. En consecuencia, basó su decisión en la premisa mayor —que no tocaba la problemática del caso- de que las injurias de palabra y de hecho pueden constituir un motivo para rescindir sin preaviso una relación contractual.

El *Reichsgericht* aprovechó esta oportunidad para limitar el concepto de «causa grave» mediante el requisito de que entre la causa de la rescisión y sus consecuencias patrimoniales debía existir «cierta proporcionalidad», y denegó por estas razones —fundamentales [156]— la legitimidad de la rescisión.

Puesto que la apreciación no exhaustiva del cuadro fáctico constituye un error en la aplicación del derecho material, el tribunal de casación deberá tomarla en consideración aun cuando no medie la llamada petición de esclarecimiento prevista por los §§ 554, II 2-b, 559 y 286 ZPO[157].

---

151 Véase *BAG AP* nr. 2 *ad* § 124-a GewO.

152 Véase la acertada formulación de ENGISCH, *Logische Studien zar Gesetzesanwendung,* 3ª ed., págs. 14-15; «para la premisa mayor es esencial lo que tiene referencia al caso concreto».

153 *BAG AP* nr. 3/6 y 8 *ad* § 626 BGB; NIKISCH, *Arbeitsrecht,* 3ª ed., tomo I, pág. 733; POHLE, nota al *BAG AP* nr. 1, § 161 ZPO y *ad* Nr. 33, § 72 ArbGG; pero ya también el Tribunal de trabajo del Reich: *BAG* 14, 162/63; 14, 310; 17, 72.

154 W. G. BECKER, *JR* 1949, pág. 498.

155 Véase el fallo *RG* 94, 166, que comentaremos a continuación.

156 Esto lo dice con claridad el RG (*ob. cit.,* pág. 167): «El deber de indemnizar un daño parece ser, por ende (según el § 628 BGB), en cuanto la rescisión ha sido motivada por una conducta de la otra parte violatoria del contrato, la consecuencia lógica de la rescisión, y por tanto, no habrá que considerar, por lo común, esta consecuencia cuando se verifique si la rescisión es justificada. Pero la situación habrá de juzgarse de una manera distinta cuando se reclamen, a más de la resolución de la relación contractual, indemnizaciones descomunalmente elevadas».

157 Véanse los fallos citados *supra* n. 153 del Tribunal federal del trabajo, así como NIKISCH, *ob. cit.,* y MÜLLER, *Betrieb 1958,* pág. 628. La jurisprudencia no advierte, por lo común, que constituye un error jusmaterialístico no tener en cuenta alegaciones relevantes. Véase por ejemplo: *BGH WM* 1960, pág. 430; *BGH VersR* 1961, págs. 29/30; *BGH WM* 1962, págs. 791/92; *BGH LM* nr. 14 *ad* § 906 BGB; *BGH FamRZ* 1963, pág. 516.

Sin embargo, el pasar por alto circunstancias esenciales, no afecta necesariamente la exactitud de la premisa mayor. Si el hecho pasado por alto no influyó en la interpretación del concepto indeterminado, sólo habrá sido defectuosa la subsunción en la premisa mayor[158].

d) Por *«infracción de las leyes del razonamiento»*[159] se entiende el quebrantamiento de las reglas, universalmente reconocidas, desarrolladas por la lógica formal para la deducción de conclusiones[160]. Las reglas de la conclusión lógica son relevantes para la aplicación del derecho, en cuanto las leyes se manejen siguiendo el esquema silogístico. La terminología filosófica y psicológica[161] incluye, entre las «leyes del razonamiento», también las reglas experienciales psicológicas sobre el desarrollo normal del razonar, pero el «error psicológico del razonamiento» entra, dentro de la sistemática de los errores jurídicos, en la ya mencionada categoría de la «infracción de las reglas experienciales»[162].

Pero la jurisprudencia y la doctrina han ido más allá de la aquí expuesta definición de la infracción de las leyes del razonamiento. Aproximadamente desde mediados de la década del 20[163], la «violación del razonamiento» ha venido desempeñando, sobre todo en la jurisprudencia, el dudoso papel de un recurso de apuro, al que el tribunal de casación acude cuando no puede asir el error jurídico con otros criterios[164]:

Así, se sostuvo que constituía un «error de razonamiento» la conclusión de que un trabajador que había sufrido un accidente y se hallaba en consecuencia desocupado en 1924, continuara desocupado por esa misma razón en el año 1958[165]; pero la realidad era que el juez de los hechos no había tomado en consideración ciertas reglas experienciales económico-políticas concernientes a las variaciones del mercado de trabajo;

también se afirmó que «infringe las reglas del razonamiento» la equiparación de *Bremsspur* [huella dejada en la calle por una frenada brusca de un automotor] y *Bremsweg* [distancia recorrida por un vehículo desde que se acciona el freno hasta que se detiene][166]; pero también aquí se trataba solamente de la infracción de reglas experienciales (técnicas); por último, se dijo que un «error de razonamiento» una

---

158 Ejemplos de esto *infra* 2 b.

159 Tratan esto detenidamente E. SCHNEIDER, *MDR* 1962, págs. 868 y sigtes. y 951 y sigtes.; *Logik für Juristen,* págs. 219 y sigtes.; KLUG, *Festschrift Philipp Möhring* (1965), págs. 363 y sigtes., así como SIEGFRIED SELLKE, *Die Revisibilität der Denkgesetze,* tesis, Marburg 1961.

160 Cfr. BIERLING, *Juristische Prinzipienlehre,* tomo IV (1911), págs. 82-83.

161 EISLER, *Wörterbuch der philosophischen Begriffe,* 4ª ed. (1927) sobre la voz: *Denkgesetze* (leyes del razonamiento); DORSCH-TRAXEL, *Psychologisches Wörterbuch,* 6ª ed. (1959), pág. 65.

162 Un ejemplo de violación de las leyes psicológicas del razonamiento lo contiene la sentencia *BGH LM* nr. 4 *ad* § 133 HGB sobre la pérdida de la confianza entre los socios de una sociedad comercial abierta. Es correcta la terminología de un fallo dictado en una causa criminal *BGH MDR* 1961, pág. 247, nr. 113.

163 Véase cómo documenta esto SCHWINGE, *Grundlagen des Revisionsrechts,* 2ª ed., págs. 195-96, y en HEMPFLING, *Die Tatsachen in der Rechtspr. der Revisionsgerichte in Strafsachen,* tesis, Minister 1956, págs. 21-24.

164 Cfr. la crítica de SCHWINGE, *ob. cit.,* págs. 197 y sigtes.; POHLE en la nota al *BAG AP* nr. 5, § 550 ZPO; VON DER PFORDTEN, *Zeitschrift für Rechtspflege in Bayern* 1919, págs. 299/300.

165 RG *JW* 1931, págs. 2237/38.

166 *BayOblG DAR* 1956, pág. 165.

167 *RG JW* 1931, pág. 2834; *OLG Dresden JW* 1927, pág. 2070. Piensa como nosotros sin embargo, WASSEBMEYEB, *Der prima-facie-Beweis* (1954), pág. 56, n. 121.

conclusión basada en una infracción del deber judicial de esclarecimiento [167] e incluso una interpretación hecha «sin tener en cuenta disposiciones legales precedentes» (!)[168].

Según una práctica de los tribunales de casación, sobre la cual informa Sarstedt, el cargo de «infracción de las reglas del razonamiento» sería «un remedio virulento del cual el juez de casación ocasionalmente no puede prescindir (cuando evidentemente se ha pasado por alto algo muy lógico y natural), pero que sólo deberá aplicar con extrema cautela»[169]. No pudo haberse recalcado con más perspicuidad que el concepto de la «infracción de las leyes del razonamiento» tomado en ese sentido, es una creación (desconcertante) de la práctica jurisprudencial[170] hecha con el fin de justificar la injerencia en la apreciación de las pruebas cumplida por el juez de los hechos[171].

Si nos atenemos, en cambio, al concepto lógico-formal de la «ley del razonamiento», nos será sustancialmente más fácil sistematizar los errores jurídicos. De los errores cometidos en la premisa mayor sólo tiene significación propia la interpretación (formalmente) ilógica, como podría serlo la interpretación contradictoria o la que padeciera de una *petjtio principié*[172-173]. No constituyen en cambio infracción de «leyes del razonamiento» la inobservancia de reglas experienciales —incluso las psicológicas— y menos aún la. omisión de esclarecer el cuadro fáctico»[174].

También cabe separar nítidamente de la «violación de las leyes del razonamiento» los *errores de cálculo.* Cuando son «ostensibles», pueden *Ser* subsanados por el tribunal sentenciador, y también en la instancia de casación, por aplicación del § 319 ZPO[175]. No habrá pues necesidad de invocar un «error de razonamiento»[176]. Las trabacuentas en las operaciones de cálculo complicadas son rectificables como errores de subsunción, en cuanto hayan ocurrido aplicando- el derecho material[177].

---

168 Pagendarm, *Verstosse gegen die Denkgesetze, die Erfahrungssatze und das Ermessen als Revisionsgründe,* tesis, Marburg 1928, pág. 12.

169 *Die Revision in Strafsachen,* 4ª ed. (1962), pág. 219.

170 Pagendarm, *ob. cit.,* pág. 13, y Sellke, *ob. cit.,* págs. 11-12, 28, 30, 62, 65-71, consideran que al pasar por alto varias posibilidades de resolver una causa constituye una forma de pensar defectuosa «porque entonces el proceso mental que lleva a la conclusión ya no puede desarrollarse ordenada y sensatamente» (Sellke, *ob. cit.,* págs. 11-12). Mas esto es insostenible desde el punto de vista de la lógica formal, de la cual parten también Pagendabm y Sellke para tratar el concepto de «error de razonamiento». No es la lógica formal, sino el derecho procesal y el derecho material los que preceptúan la apreciación completa del cuadro fáctico.

171 Ver Pohle, *Revision und neues Strafrecht* (1930), pág. 47; Weder, *LZ* 1929, col. 906; Hempfling, *ob. cit.,* págs. 14-15 y 21 y sigtes.

172 En una *petitio principii* semejante, o sea en una obtención capciosa del argumento de la prueba (Hoffmeister, *Wörterbuch der philosophischen Begriffe,* 2ª ed. [1955], sobre la voz: *petitio principii),* incurre por ejemplo O. von Gierke al afirmar, refiriéndose al § 95 I 1 BGB, que una construcción, erigida por un arrendatario está «siempre destinada a la finalidad permanente del inmueble» *(Deutsches Frivatrecht,* tomo 2, pág. 46, n. 38), proposición, ésta de la cual deriva la consecuencia de que el arrendatario deberá ser tutelado, según la *ratio legis* del § 95 I 2, contra la pérdida de su derecho, por equiparación con el titular del derecho real. Como lo critican acertadamente el OVG prusiano (E. 57, 128/30) y la Corte federal de justicia *(BGH* 8, 1/5); Von Gierke da aquí por *demostrada* una premisa que, precisamente por estar discutida, ha menester demostración.

173 Ver también Scheueble, *Die Logik der Logik, ZZP,* tomo 78 (1965), págs. 32/43 y sigtes.

174 Así lo dice incluso Pagendarm, *ob. cit.,* págs. 14-15, y Sellke, *ob. cit.,* págs. 13-14.

175 Rosenberg, *Zivilprozessrecht,* 9ª ed., § 140 III 1-*a*; Baumbach-Lauterbach, ZPO, 28ª ed. (1965), 2 B *ad* § 319; RG 23, 399/406-08; RG 90, 228/32 *in fine;* RG *Seuff. Arch.,* tomo 59 Nr. 164.
Sobre la rectificación en la instancia de casación: Stein-Jonas-Schönke, ZPO, 18ª ed., II 1 ad § 319; Wieczorek, ZPO (1957), C I b *ad* § 319; RG *JW* 1907, pág. 147, Nr. 30.

176 Es dudoso por tanto *BAG AP* nr. 1 *ad* § 561 ZPO.

177 Ver el caso *RG JW* 1927, pág. 2135, nr. 40 (cálculo de intereses bancarios).

No puedo sin embargo adherirme a la opinión de Schwinge[178], para quien el concepto de «error de razonamiento» sería incluso prescindible[179]. En la *premisa mayor* ese concepto caracteriza acertadamente una determinada especie de interpretación errónea. Y en la *premisa menor,* pertenece, como aún habremos de ver[180], a los errores de subsunción calificados, que son siempre casacionables.

e) La no captación del concepto se manifiesta en dos formas; de error de interpretación: el *«inmediato»* y el *«mediato»:* si el juez, al aplicar la ley, ha dejado de captar un concepto jurídico, el error ya saldrá a relucir normalmente en la formulación de la premisa mayor; en esos casos se podrá hablar de un error de interpretación «inmediato», esto es: reconocible sin reexaminar la subsunción[181]. Un ejemplo de ese error es la arriba citada sentencia del Superior tribunal regional de Coblenza, según la cual el concepto de «falta conyugal» sería de determinación relativa.

A estos errores se les contrapone el error de interpretación «mediato», que se infiere recién de la subsunción. Le es característico el que la formulación de la premisa mayor sea en apariencia inocente; pero detrás de ella y dentro de las especificaciones relativas al caso concreto, se oculta un mal entendimiento radical de la ley. Los errores de interpretación mediatos se producen cuando se aplican conceptos indeterminados en *forma silogística elastificada.* La formulación vaga de la premisa mayor («la ofensa al empleador puede constituir una causa grave que justifique el despido sin preaviso») y la falta de congruencia entre la premisa mayor y la menor, permiten anteponer sin comprometerse una proposición con una subsunción que se aparte de la proposición citada. Cuál de las premisas mayores fue realmente determinante para la decisión se descubre por lo común recién, cuando la forma silogística es elastificada, repitiendo la subsunción.

El prototipo de un error interpretativo inferido de la subsunsión se encuentra en una sentencia sobre indemnización dictada por el Superior tribunal regional de Stuttgart[182]:

El demandante, un hombre de 46 años de edad, había sufrido en un accidente de tránsito graves heridas en la cabeza, de consecuencias incurables. El tribunal regional le acordó una indemnización de 15.000 marcos; pero apelada esa sentencia por el demandado, el tribunal superior redujo esa suma a menos de la mitad: 7.000 marcos. Las explicaciones dadas por el tribunal para demostrar que esa indemnización era «equitativa» estaban por cierto formuladas de tal modo que las ponían «a cubierto de la casación»: la sala se habría atenido a las directrices de la Corte federal de justicia, y esto también le fue atestado expresamente en la sentencia de casación[183].

---

178 *Grundlagen des Revisionsrechts,* 2ª ed., págs. 196 y sigtes.

179 Conforme con nosotros Eb. Schmidt, *Lehrkommentar zur StPO,* tomo, II (1957), 21 *ad* § 337; Sellke, *ob. cit.,* págs. 39-40, 46.

180 *Infra* §7 I 2.

181 La expresión «error inmediato de interpretación» se refiere solamente al lugar donde el error se presenta. No quiere decir que la interpretación de la ley infrinja normas jurídicas indubitables. El error de interpretación inmediato no se limita pues a los casos de la causal de nulidad propia del derecho común de la «infracción del *ius in thesi carum.* por lo cual se entendía la violación de aquellos preceptos que estaban «al abrigo de toda duda»: W. Endemann, *Das Deutsche Civilprozessrecht,* 2» sección (1868), § 243 B; Renaud, *Lehrbuch des gemeinen deutschen Civilprozessrechts,* 2ª ed. (1873), § 184 *ad* n. 31-32.

182 *BGH NJW* 1953, pág. 1626, con el comentario de Gelhaar, *ob. cit.,* pág. 1281.

183 «El tribunal de apelación ha citado, por cierto, las consecuencias del accidente que son determinantes para fijar el monto de la indemnización y con ello ha satisfecho externamente los requisitos

No obstante, la Corte federal de justicia revocó la sentencia por «no haber captado» ella el concepto de indemnización «equitativa». Porque, repetido el razonamiento de la subsunción, resultó que el juez de apelación le había acordado al demandante, calculándole una probabilidad de vida de aún veinte años, una indemnización de sólo 350 marcos anuales (¡), suma irrisoria si se tenían en cuenta las graves secuelas que habrían de acompañar al damnificado de por vida: pérdida total del sentido del olfato, pérdida parcial del sentido del gusto, disminución de la eficiencia mental y dolores de cabeza constantes[184]

Yendo del efecto a la causa, se pudo comprobar que la intención del Superior tribunal regional había sido la de no imponerle al damnificador una carga demasiado gravosa. Procediendo así, había entrado en pugna con el concepto de indemnización «equitativa», que exige tener debidamente en cuenta la índole y la duración de los daños sufridos[185]. Este error radical salió a relucir recién al ahondarse el examen del caso concreto.

Otro ejemplo del error de interpretación mediato lo proporciona una sentencia del Superior tribunal regional de Hamburgo.

En un pleito sobre violación de derechos autorales en un plano de edificación, dicho tribunal había partido atinadamente del supuesto de que también los planos de edificación pueden estar amparados por los derechos de autor conforme al § 1 I n. 3 LUG[186]. Pero en sus especificaciones sobre el caso concreto hizo caer la afirmación de que el plano sub examen no era tutetable por cuanto no presentaba una «idea creadora especial». Esto hizo ver a la Corte federal de justicia que el juez de los hechos no había captado el concepto de «obra tutelable». Según doctrina admitida, gozan de esa tutela tanto las obras literarias como las reproducciones científicas y técnicas, entre las cuales se cuentan también los planos de edificación, siempre que en la obra en cuestión se ponga de manifiesto alguna «actividad individual del espíritu»[187].

Los casos aquí citados de error de interpretación mediato muestrán la estrecha conexión entre interpretación y subsunción. Porque aunque las explicaciones generales de un fallo estén formuladas con toda corrección y sean por tanto inimpugnables *in abstracto,* solamente la repetición del juicio concreto mostrará si el juez de los hechos ha captado acertadamente un concepto jurídico[188]. Al efectuar ese control, el juez de casación puede tropezar de improviso con errores de interpretación, en que el juez de los hechos incurrió por así decirlo al correr de la pluma, y que derrumban todo el edificio de sus conclusiones. Los errores de interpretación contenidos *in obiter dicta* para la comparación de casos dan al tribunal de casación la oportunidad de rectificar de una vez por todas la interpretación de un concepto.

---

fijados por la Corte federal de justicia como bases para la estimación judicial».
Véase también la acertada observación de WACH, *JW,* 1881, pág. 76: «el juez puede enunciar la premisa mayor de una manera totalmente correcta, pero asociar a los elementos de la misma una idea equivocada; y entonces el error se manifestará en la aplicación a los hechos...».

184 Así lo dice el informe de GELHAAR, *ob. cit.,* pág. 1282.

185 Esto lo destaca GELHAAR, *ob. cit.*

186 *BGH* 18, 219 y sigtes.

187 *BGH ob. cit.,* pág. 322 con ulteriores demostraciones.

188 STEIN-JONAS-SCHÖNKE, 18ª ed., III B 3 *ad* § 549; WACH, *JW* 1881, pág. 76; *Entwurf einer Zivilprozessordnung von 1931,* pág. 365; WARDA, *Dogmatische Grundlagen des richterlichen Ermessens im Strafrecht* (1962), págs. págs. 67-68; JESCH, *AöR,* tomo 82, pág. 223; *DöV* 1956, págs. 77/78 y nota al *BAG AP* nr. 47, § 72 ArbGG. No resulta claro, sin embargo, cómo se compagina con esto el rechazo por JESCH de la forma silogística elastificada (*supra* 1 3 d).

2. La premisa menor defectuosa

Son errores jurídicos en la premisa menor la valoración incorrecta (a), la apreciación incompleta del material procesal (b), la violación de las leyes de razonamiento (c), así como la separación insuficiente de constatación de los hechos y apreciación jurídica (d).

a) La *valoración incorrecta* de un caso no tiene que reposar necesariamente en una premisa mayor de construcción defectuosa. El reexamen de una sentencia puede muy bien mostrar que el módulo aplicado a un cuadro fáctico, la premisa mayor de formulación elastificada, es correcto y que sólo la valoración concreta hecha sobre la base del bien elegido módulo revela una falla[189]. También en esos casos estaremos en presencia de un «error jurídico».

En un pueblo de Baviera, el automotor de un parroquiano de una hostería sufrió daños al caer sobre él una masa de nieve que se desprendió del tejado por efecto del deshielo. El juez de apelación le reprochó al dueño del inmueble haber infringido «culposamente» un deber de seguridad, al no colocar un cartel de advertencia o no quitar la nieve del tejado.

La Corte federal de justicia aprobó el punto de arranque de la decisión, o sea la posible infracción del deber de seguridad del tránsito[190]; pero estimó que, «en el resultado», las medidas de seguridad exigidas por el Superior tribunal regional eran exageradas y modificó la sentencia de apelación.

¿Puede el error de subsunción consistente en una valoración concretamente incorrecta ser atacado siempre por vía casacionística y dar lugar a que intervenga el tribunal de casación? Esto es ya otro cantar. La «lejanía» de la tercera instancia y la finalidad jus-unitaria de la casación condicionan, como aún habremos de ver[191], limitaciones al control de derecho,, Por consiguiente, la subsunción no constituye siempre, sin excepción alguna, una «infracción de la ley» en el sentido jus-casacionístico de los §§ 549, 550 ZPO, cuando la última instancia llegaría *in concreto* a un resultado distinto[192]. Pero la exclusión de los errores de subsunción no calificados del campo de la casacionable infracción de la ley constituye una peculiaridad procesalística, que no debería velar el hecho de que la valoración concretamente incorrecta es defectuosa también desde el punto de vista del derecho material.

b) La *apreciación incompleta* del material procesal plasma en una falla en la premisa menor, cuando el juez de los hechos ha omitido incluir una circunstancia relevante para la decisión en la valoración concreta del caso. La apreciación incompleta puede, como ya dijimos[193], afectar tanto a la premisa mayor como a la menor.

Que los errores de interpretación mediatos no son precisamente raros, lo muestra una no antigua sentencia, *BGH NJW* 1963, págs. 393/94, que le reprocha al juez de apelación: «Es evidente que el tribunal de apelación no se atuvo a la regla que él mismo había preestablecido. El enfoque que ese tribunal aplicó en realidad disloca erróneamente los límites del deber médico de esclarecer».

[189] Véase E. FUCHS, JW 1917, págs. 633/34; POHLE en la nota al *BAG AP* nr. 33, § 72 ArbGG; HEULAN, *DRiZ*, 1956, págs. 200 y sigtes.

[190] *VersR* 1955, pág. 82; véase también la sentencia *BGH VersR* 1957, págs. 775/76. Otros ejemplos de resultados de subsunción defectuosos: BAG AP Nr. 1 *ad* § 611 BGB (inventor) sub II; *BGH WM* 1963, pág. 554.

[191] *Infra* § 7 II 2 c, 8-10.

[192] *BAG* 2, 175/82; 7, 290/301.

[193] *Supra* 1 c.

En qué punto ella se manifestará en el silogismo dependerá de si el hecho pasado, por alto era apto para modificar la premisa mayor, o sea si de él podía extraerse una regla general, o si sólo cabía echarlo en la balanza al juzgarse el caso.

En el ejemplo arriba citado, en el cual el olvido de material procesal relevante se hizo valer como falla en la premisa mayor, el demandante reclamó de su empleadora, por conducta violatoria del contrato, una indemnización tan exorbitante, que movió al *Reichsgericht* a introducir la «cuestión de la medida» en el concepto de «causa grave». Sin embargo, la mayoría de las circunstancias expuestas en una contienda judicial son de una importancia tan relativa que sólo cobran efectividad en la premisa menor. El pasarlas por alto no constituye pues un error de interpretación, sino de subsunción[194].

La apreciación incompleta es un error de subsunción en el que incurren con frecuencia los tribunales de instancia cuando aplican el concepto de la «causa grave» para la rescisión antes de término de un contrato de servicio. Aquí, la principal tarea del juez consiste en sopesar las razones a favor y en contra de la subsistencia del contrato, o sea en apreciar cuidadosamente el caso concreto. Si al hacer esto se pasa por alto una circunstancia relevante, la operación será incompleta, por cuanto no cabe excluir que, de haberse apreciado enteramente el cuadro fáctico, el resultado de la subsunción habría sido distinto. Y la Corte federal de justicia destaca con buena razón que también aquí estamos en presencia de un error jusmaterialístico[195].

La apreciación incompleta del material procesal resultante de una «no captación de conceptos» pertenece, no a la esfera del error de subsunción, sino a la de los errores de interpretación, mencionados al principio[196]. El juez se forma ideas equivocadas sobre el significado de un concepto jurídico y cree por consiguiente tener que limitar su examen a un segmento del cuadro fáctico.

c) Una *violación de la$ leyes del razonamiento* en la premisa menor puede hallarse por ejemplo en la valoración contradictoria del cUadro fáctico.

En un caso en el que había que resolver si se había perdido la base negocial en una compraventa por haberse producido una súbita devaluación de una moneda extranjera en la cual estaba calculado el precio, un juez de apelación sostuvo que *nadie había contado* con la posibilidad de la caída del dólar, para afirmar más adelante, en los considerandos, «que la demandante no había sido una víctima desprevenida de la devaluación»[197].

También es imaginable en la premisa menor una *«petitio principii»,* la obtención capciosa del argumento de prueba.

En una controversia relativa a la clasificación salarial de una empleada pública, el Tribunal regional del trabajo fundamentó su inclusión en la categoría VI *b* del anexo a la vieja Tabla de sueldos A, tal como se había solicitado en la demanda, con la siguiente consideración: en vista de que la demandante *había percibido una remune-*

---

194 Ejemplos tomados de la jurisprudencia: *BGH* 37, 105; *BGH FamRZ* 1963, págs. 168/72 sub IV 3; *BGH VersR* 1962, págs. 740/41 sub II 2.

195 AP Nr. 2 *ad* § 124a GewO.

196 Véase los casos *BAG* AP Nr. 1 *ad* § 124a GewO; AP nr. 33 *ad* § 72 ArbGG; *BGH JZ* 1963, págs. 255/56; *BGH FamRZ* 1958, págs. 456/58. Sobre la cuestión correspondiente en el proceso penal: Jagusch, *NJW* 1962, pág. 1417.

197 *RG* 147, 286/91-92. Otro caso: *BGH FamRZ* 1963, págs. 239/40 sub. 2.

ración correspondiente al grupo VI *b,* tuvo que haber desempeñado también una actividad correspondientemente responsable.

El tribunal olvidaba que el empleador demandado precisamente *había impugnado por error* la remuneración con arreglo al grupo VI b que se había aducido como prueba[198].

d) La *separación insuficiente* de constatación de los hechos y apreciación jurídica no solamente pone en duda la aplicación bien razonada del derecho, que presupone que el juez estudie el cuadro fáctico que ha de valorar, *antes* de proceder al juzgamiento jurídico. Menoscaba también el control por el tribunal de casación, control que por estar limitado a las cuestiones de derecho exige que se separen las consideraciones fácticas de las jurídicas. La infracción del llamado postulado de la separación[199] constituye un error de método, afín a la infracción de las leyes del razonamiento, pero al mismo tiempo atenta también contra las normas procesalísticas sobre la determinación del cuadro fáctico y la estructuración de la sentencia. Esta infracción tiene su asiento en la premisa menor del silogismo, donde la constatación y la apreciación de los hechos se presentan juntas.

[198] *BAG AP* Nr. 15 ad § 3 TOA.

[199] Esto se estudiará en lo que sigue.

§ 5. LA SEPARACIÓN LÓGICO-CONCEPTUAL DE CONSTATACIÓN DEL CUADRO FACTICO Y APRECIACIÓN JURÍDICA

El deslinde del campo de la «apreciación jurídica» —casacionable— del campo de la «constatación de los hechos» —no casacionable— es, como lo hemos visto al hacer la reseña de las diversas teorías sobre la casación[1], un tema muy discutido. Una de las orientaciones parte de la contraposición, concebida desde el punto de vista lógico, de «cuestión de derecho» y «cuestión de hecho». Otra, considera decisivas las posibilidades de practicar el reexamen de que dispone la tercera instancia. Y una tercera orientación pregunta qué consecuencias tiene la sentencia impugnada para la unidad del derecho.

Si confrontamos los § § 549 y 550 ZPO por un lado y el § 561 II ZPO por el otro, y estudiamos las actas legislativas[2], así como las manifestaciones de la literatura jurídica contemporánea[3], veremos que el legislador se ha pronunciado a favor de un principio de separación lógico, cuyo desarrollo se dejó al buen criterio de la jurisprudencia y de la ciencia[4]. Orientaciones modernas, en cambio, destacan la irrealizabilidad e incluso la «falta de sentido»[5] de ese principio.

El trasfondo del «problema clásico de la separación»[6], que en el transcurso de una centuria ha producido gran número de trabajos teórico-jurídicos y procesalísticos, lo constituyen las dificultades: teóricas y prácticas que presenta juzgar cuándo hay «constatación de hechos» y cuándo «apreciación jurídica». El problema *teórico-jurídico* de la separación toca a la calificación de los elementos legales de la figura legal. Según el § 852 del BGB, por ejemplo, la prescripción de una *actio ex delicto* comienza a correr en el momento en el que el lesionado adquiere «conocimiento» del perjuicio y de quién es la persona obligada a indemnizar; el § 1922 BGB dispone que con la «muerte» del causante el patrimonio de éste pasa al heredero. Conceptos tan «sencillos» como «conocimiento» y «muerte» ¿son también conceptos jurídicos que obligan al juez a hacer una apreciación jurídica o se trata aquí simplemente de dar respuesta a una «cuestión de prueba»?

---

1 *Supra* § 2.

2 *Preussischer Entwurf einer Deutschen Civilprozessordnung* (1871), pág. 374; HAHN, *Die gesammelten Materialien zur Civilprozessordnung* (1880), 1ª sección, págs. 141-42, 364, 366, 371, 736.

3 Ver especialmente PLANCK. *Der Entwurf einer Civilprozessordnung für das Deutsche Reich, Preussische Jahrbücher,* tomo 31 (1872), págs. 162/85-89; WACH, *Kritische Vierteljahresschrift für Gesetzgebung und Rechtswissenschaft,* tomo 15 (1873), págs. 79/92, 353-55; *Vortrage über die Reichs-Civilprozessordnung,* 2ª ed. (1896), págs. 286, 290-91; STEIN, *Das private Wissen .des Richters* (1893), págs. 109-10.

4 HAHN, *ob. cit.*, págs. 366-67.

5 SCHWINGE, *Grundlagen des Revisionsrechts,* 2ª ed., pág. 53.

6 SCHEUERLE, *AcP* tomo 157 (1958), pág. 2.

Junto al problema teórico-jurídico surge el problema *práctico* de la separación. En la lite, el juez que procede con economía procesal no constata los hechos sin orden ni concierto, indiscriminadamente —como podría hacérselo mediante la tan estimada «recepción amplia de las pruebas»—, para ver luego, en una etapa posterior del procedimiento, si puede subordinárselos a una norma determinada. Por el contrario, ya al hacer el (primer) examen del material procesal, se guía por consideraciones jurídicas y sólo procede a verificar afirmaciones que en su opinión «pertenecen a la causa». La constatación del cuadro fáctico y la apreciación jurídica parecen por consiguiente marchar inseparablemente unidas *y* parejas en la recolección de materiales.

Otro problema —práctico— lo plantean la consignación en acta de una instrucción probatoria y la redacción de la sentencia. ¿Puede el juez separar límpidamente los «imponderables» de difícil descripción que se dan en el debate oral, de su juzgamiento jurídico?; ¿o habrá que perdonarle, por lo menos aquí, si se sirve de formulaciones impregnadas de consideraciones jurídicas?

I. El imperativo de la separación lógico-conceptual

Sea cual fuere la teoría a la cual uno se adhiera en vista de estas dificultades, la separación lógico-conceptual de la «cuestión de hecho» y la «cuestión de derecho» es ineludible. Y lo es no sólo en virtud de lo que dispone el derecho de casación positivo, sino también por ser ello un postulado general de la aplicación del derecho. La apreciación desprejuiciada del material procesal exige del juez distinguir con agudeza conceptual entre las cuestiones de hecho y las cuestiones de derecho de todo caso que le es sometido, y de terminar la subsunción jurídica recién tras haberse formado un panorama claro de lo expuesto por las partes, de las deposiciones de los testigos y del resultado de una eventual inspección ocular[7]. Es innegable que la constatación del cuadro fáctico está íntimamente ligada a la selección de las normas jurídicas a aplicar[8], e incluso que la mirada del juez oscila entre el cuadro fáctico y la premisa mayor[9]. Mas esto no quita vigor al postulado de la «natural prioridad de la constatación de los hechos»[10], puesto que las consideraciones jurídicas que deben hacerse mientras se va desentrañando el cuadro fáctico son siempre de naturaleza provisional y un juez que juzga objetivamente hará la apreciación final de todos los hechos dignos de consideración[11] sólo cuando el cuadro fáctico esté a su vista completo y pueda contraponérselo entonces, ya claramente deslindado, a la norma jurídica.

El postulado de la separación no debe estimarse en poco. Crea una valla contra los peligros de que el derecho se determine de un modo irracional, obede-

---

7 Cfr. PLANCK, *ob. cit.*, págs. 162/87, y MEZGER, *Der psychiatrische Sachverständige im Prozess* (1918), págs. 27-28, 47, 54, 66 *ad* N. 95, 133-36.

8 Ver al respecto JOACHIM HRUSCHKA, *Die Konstitution des Rechtsfalies – Studien zum Verhaltnis von Tatsachenfeststellung und Rechtsanwendung* (1965), especialmente págs. 46 y sigtes., así como *infra* III 2 a.

9 Así dice una frecuentemente citada formulación de ENGISCH, *Logische Studien zur Gesetzesanwendung*, 3ª ed. (1963), pág. 15.

10 SCHEUERLE, *ob. cit.*, págs. 20, 23-40, 28-29.

11 Los hechos que evidentemente están al margen de la causa son por cierto eliminados de inmediato del proceso por vía del *examen anticipado de inferibilidad*, pero una determinación más comprimida del derecho no dice nada contra la separabilidad de cuestión de hecho y cuestión de derecho (ver más detalles al respecto *infra* III 2 a).

ciendo al puro sentimiento, y de que el cuadro fáctico sea «acomodado» a una norma en la cual el juez ya ha puesto la mira[12] para poder tomar una decisión determinada.

La mescolanza de la cuestión de hecho con la cuestión de derecho entorpecería la labor precisamente cuando se apliquen conceptos indeterminados donde hubiera que incluir en el juicio jurídico' gran cantidad de hechos. Si en tal caso el juez viola la regla de separar los elementos fácticos de los jurídicos, su sentencia terminará siendo una decisión de equidad, hecha por corazonada, sobre una situación captada sólo con el sentimiento[13], quizá al estilo de los siguientes «fallos» objetados en resoluciones de casación:

«En opinión de la Cámara juzgadora, y vistas y ponderadas todas las circunstancias, no resulta tolerable para el empleador guardar permanentemente miramientos a la sensibilidad del actor a los abonos artificiales»[14].

o bien:

«El tribunal ha llegado al convencimiento de que el acusado no se encontraba en un estado de perturbación morbosa de sus facultades mentales»[15].

Si no se separan la constatación de los hechos y la apreciación jurídica, tampoco resultará posible el reexamen en la instancia de casación, sea cual fuere la teoría según la cual se determinen los límites del control. El fallo de casación se vincula a un caso concreto; no es el dictamen de una comisión interpretadora de la ley. Ahora bien, si en la sentencia de apelación se han mezclado consideraciones fácticas y jurídicas, no podrá ya percibirse cuál es el cuadro fáctico del que ha partido el juez de los hechos, y aunque el reexamen se practique, no guardaría ya relación con el caso concreto; se lo dictaría de cierta manera «a la buena de Dios». Por eso, la sentencia que mezcle la constatación del cuadro fáctico con la apreciación jurídica, tendrá que ser anulada por infringir el derecho material[16] y el § 313, I, ns. 3-4 ZPO[17]. La práctica jurisprudencial hace bien en no descomponer un concepto jurídico en sus elementos fácticos, cuando la subsunción no presenta *in concreto* ninguna duda y la confrontación lógico-exacta de conceptos fácticos y conceptos jurídicos recargaría a la sentencia con explicaciones superfinas (verbigracia: es indiscutible que el demandado le ha «comprado» al actor una cosa)[18]. La simplificación de la descripción, sin embargo, es siempre sólo provisional, porque la constatación y la apreciación de los hechos tendrán que separarse nuevamente cuando se impugnen por vía de recurso las hipótesis fácticas o la subsunción[19].

---

12 Sobre la adulteración de testificaciones por «apreciación anticipada de la prueba»: SCHEUERLE, ZZP tomo 66 (1953), págs. 306 y sigtes.

13 E. WOLF, *NJW* 1961, pág. 9; SEIBERT, NJW 1960, pág. 1285.

14 *BAG AP* Nr. 6 ad § 1 KSchG.

15 Citado según LOBE, *DRiZ* 1913, col. 363.

16 Dicho con más exactitud: Por violación del método correcto de la determinación del derecho, sobre lo cual ver *infra* § 7 I 2.

17 STEIN-JONAS-SCHÖNKE, *ob. cit.* IV 5-6 *ad* § 313; POHLE, nota *ad BAG AP* Nr. 1, § 161 ZPO; RG 145, 393; *OGH BrZ* 1, 168; *BGH* 40, 84/87; *BGH LM* Nr. 13 *ad* § 47 PatG; *BGH FamRZ* 1963 págs. 515/16 *in fine;* BAG AP Nr. 1 *ad* § 92 HGB.
Respecto del proceso penal: SARSTEDT, *Die Revision in Strafsachen,* 4ª ed. (1962), pág. 209-12.

18 STETN-JONAS-SCHÖNKE, *ob. cit.,* II 2-*a ad* § 828; SATTELMACHER-LUTTIG-BEYER, *Bericht, Gutachten and Urteil,* 24ª ed. (1963), pág. 200.

19 Ver *infra* III 2 *b.*

El postulado de la separación hace desconfiar de los infundados argumentos esgrimidos por la teoría teleológica en sus dos versiones —la de Schwinge y la de Kuchinke— para demostrar que el sistema de casación diseñado por el legislador es impracticable. Schwinge, por ejemplo, fundamenta la «falta de sentido» del deslinde lógico entre cuestión de hecho y cuestión de derecho, afirmando simplemente que «en la constatación de lo que se llama los hechos, una parte considerable de la labor —a menudo la mayor— consiste en un juzgamiento jurídico»[20]. Hanack[21] se remite a los poquísimos casos-límite de inseparabilidad que se dan cuando se constata una «situación global» sobre la base de una impresión personal del juez[22], para deducir de ahí que la separabilidad lógica estaría condenada al fracaso total. Kuchinke aduce la igualdad de contenido del concepto del cuadro fáctico y del concepto de norma jurídica[23]. Y Duske[24], atacando la tesis de Scheuerle, quien corrobora la separabilidad lógica[25], hace la siguiente inferencia: Scheuerle, al analizar un ejemplo de prohibición de portar banderas «rojas», interpretaría el concepto jurídico de «rojo» según la finalidad de la prohibición[26]; por consiguiente, no podría tampoco dejar de preguntar, en derecho de casación, qué *finalidad* tiene limitar ese recurso a las «cuestiones de derecho». Vale decir: toda determinación lógica de los límites de la casación sería imposible. Esta forma de demostrar afirmaciones es típica de la tan preciada argumentación de que la constatación de los hechos y la subsunción son inseparables. Duske no advierte que el problema de la separación afecta a la aplicación de la ley en todas las instancias y que, debido al carácter lógico de la determinación del derecho, debe resolverse principalmente por medios lógicos[27]. Además, la finalidad de una ley puede muy bien ser lograda mediante una interpretación lógica, tal como ocurre en la casación, donde la lógica y la teleología no constituyen antítesis fundamentales, como frecuentemente quiere presentárselas.

II. Los métodos de la separación lógico-conceptual

La doctrina busca llevar a efecto el postulado de la separación lógico-conceptual por dos vías[28]:

distinguiendo —apartándose de la pareja antitética «cuestión de hecho» y «cuestión de derecho»— entre «constatación de los hechos» y «valoración de los hechos» (1).

distinguiendo —apoyándose en la pareja antitética «cuestión de hecho» y «cuestión de derecho»— entre «constatación de los hechos» y «apreciación jurídica» (2).

1. El deslinde según los criterios «constatación de los hechos-valoración de los hechos», reposa, según Mannheim, en la diversa manera de que el juez trata el mate-

---

20 *Ob. cit.*, págs. 5253.

21 *Der Ausgleich divergierender Entscheidungen*, pág. 142.

22 Ver *infra* III 2 c.

23 *Grenzen der Nachprüfbarkeit tatrichterlicher Würdigung und Feststellungen in der Revisionsinstanz*, págs. 78 y sigtes.

24 *Die Aufgaben der Revision*, págs. 34-35.

25 *AcP* tomo 157, págs. 1 y sigtes.

26 SCHEUERLE, *ob. cit.*, págs. 45-46.

27 Así lo dice el mismo DUSKE, *ob. cit.*, pág. 29: El derecho no puede pasar por alto el análisis lógico de la aplicación del derecho y sus consecuencias.

28 Es confusa la síntesis panorámica que ofrece INGE WICKRATH, *Die Abgrenzung der Tatfrage von der Rechtsfrage in der Rechtssprechung des Bundesfinanzhofs* (1961), págs. 9-17, a quien se le han escapado los criterios rectores de la doctrina.

rial procesal[29]: la «constatación de los hechos» sería la determinación del objeto del juzgar judicial; la «valoración de los hechos», la actividad que ese juzgar implica[30]. En la «constatación de los hechos» se aprovecharían solamente percepciones sensoriales[31]; todo lo demás sería «valoración de los hechos». Una constatación de un hecho podría ser, por ejemplo la proposición: «este caballo es zaino»; una valoración, el juicio: «este caballo vale 500 marcos»[32]; así como la determinación del valor pecuniario de una cosa como presupuesto de la subsunción bajo «conceptos de valor»[33].

Este deslinde causa ya a primera vista la impresión de ser arbitrario[34] y sólo se toma inteligible si se contemplan los motivos que han llevado a Mannheim a romper con la tradicional diferenciación entre «cuestión de hecho» y «cuestión de derecho». Según él, la componente dominante del concepto de «cuestión de hecho» es el concepto de «hecho». Ahora bien, si se buscara practicar la separación con el auxilio de la pareja antitética «cuestión de hecho-cuestión de derecho», habría que hallarle una solución a los enigmas que plantea el concepto de «hecho» desde los puntos de vista lógico, psicológico y jurídico[35]. Mas si se enfocare el problema partiendo del concepto de «infracción de la ley» en el sentido de los §§ 549, 550 ZPO y del § 337 StPO, no se tropezaría con la herencia de errores y controversias inherentes a dicho concepto[36]. A este método, se le sumaría la ventaja de que sería más fácil dar ubicación a la controvertida zona intermedia existente entre cuestión de hecho y cuestión de derecho, cuyo objeto es la interpretación de manifestaciones de pensamiento[37] y la aplicación de normas experienciales en la constatación del valor de una cosa[38]. Al concepto de «infracción de la ley» *en su sentido más amplio* sólo habría que restarle los errores producidos en la «constatación» del cuadro fáctico, para que resulten re-examinables, no sólo la subsunción, sino también la interpretación de manifestaciones de pensamientos y la determinación de valores: «El resto (o sea la «valoración de los hechos») es casacionable»[39]. Esto revela a las claras que Mannheim renuncia deliberadamente a la valoración «jurídica» como criterio de deslinde, para someter al reexamen también a la actividad judicial que no es propiamente aplicación de la ley[40].

Mas esta ingeniosa solución precipita a Mannheim en dificultades de delimitación insuperables. Si se abandona el criterio de la valoración «jurídica», que por

---

29 *Beiträge zur Lehre von der Revision* (1925), págs. 40-41.

30 *Ob. cit.*, págs. 38, 40 y 58.

31 *Ob. cit.*, pág. 61 abajo: «la elaboración de la realidad»; pág. 62 medio y pág. 63 arriba: «percepciones sensoriales».

32 *Ob. cit.*, págs. 41, 62-63.

33 *Ob. cit.*, págs. 85 y 89.

34 Ver también Scheuerle, *ob. cit.*, pág. 58 y Schwinge, *ob. cit.*, págs. 54-55, que merece, en eso, pleno asentimiento.

35 *Ob. cit.*, págs. 37 y 50. Los extensos análisis que Mannheim dedica al concepto de hecho (págs. 41-58) sirven solamente para probar que el ordenamiento jurídico no conoce un concepto unitario de hecho, sino que se orienta por la finalidad perseguida por cada norma singular, para saber qué es lo que ha de entenderse por «hecho» (pág. 50).

36 *Ob. cit.*, pág. 37 *supra.*

37 *Ob. cit.*, págs. 75 y sigtes.

38 *Ob. cit.*, págs. 85 y sigtes.

39 *Ob. cit.*, pág. 37 abajo.

40 Es por tanto desacertada la crítica de Berthold Brüning, *Die Revisibilität der Erfahrungssätze im Rahmen der Tatsachenfeststellung,* tesis, Mainz 1953, pág. 47, quien afirma que la diferenciación entre «sentencias fácticas» y «sentencias valorativas» es injustificada, porque no todos los juicios valorativos serían juicios de valor. Mannheim prescinde precisamente del criterio del juicio «jurídico».

su agudeza es relativamente fácil de captar, la «constatación' y la «valoración» de los hechos no pueden ya confrontarse. Toda «constatación» de hechos presupone, desde el punto de vista teórico-cognoscitivo, un *orden* y una *elaboración* de impresiones sensoriales bajo los aspectos (extrajurídicos) elegidos por el observador [41].

Piénsese qué reflexiones exigirá la «constatación» de que una precipitación pluvial observada *hic et nunc* haya de considerarse todavía como «llovizna» o ya como «lluvia», todavía como «lluvia» o ya como «aguacero»[42].

Debido a la imposibilidad de «constatar» hechos sin asociar a esa constatación un parecer mediante la formulación verbal de lo percibido, o sea una valoración, no es de extrañar que Mannheim no logre efectuar la separación según la teoría por él desarrollada[43]. Por eso propugna también que la clasificación en sentencias «constatadoras de hechos» y «valoradoras de hechos» se determine según la practicabilidad de la casación y la finalidad del recurso[44]. Niega que el juicio: «este caballo es zaino» tenga carácter valorador, «para poder salvar siquiera algún terreno para la constatación incasacionable de los hechos»[45]. La manifestación: «este caballo vale 500 marcos» sería en cambio una valoración de un hecho y por ende casacionable[46]. La diferenciación es arbitraria y no puede justificársela tampoco por la finalidad de la casación o la practicabilidad del recurso. Y por tanto tampoco causa extrañeza que el método teleológico de Schwinge, que surgió poco después, desechara de plano todos los intentos anteriores de separación.

Por la misma razón de «salvar algún terreno para la constatación de los hechos», Mannheim niega que sean casacionables los juicios: «esto es rojo, dulce, duro o fortisonante», porque «de cualquier manera» significarían «algo distinto de los conceptos de v. g. contrario' al deber, causal, peligroso, posible, verosímil y, sobre todo, del concepto de valor mismo[47].

Si se hace el balance de este intento de resolver el problema de la separación de una manera inconvencional, se advierte que Mannheim tenía que fracasar porque en gracia a la supuestamente más fácil ubicación de la zona intermedia (interpretación de manifestaciones de pensamiento, determinación del valor de una cosa) renunció al criterio decisivo de la valoración «jurídica», y contrapuso a la constatación de los hechos el difícil concepto de «valoración». En lo que sigue, trataremos de demostrar que el criterio tradicional de valoración «jurídica» posibilita, también conforme al estado actual de nuestros conocimientos, una separación de cuestión de hecho y cuestión de derecho, inobjetable desde el punto de vista lógico.

---

41 Así lo dice acertadamente Mezger en el comentario *ZStW* tomo 47 (1926), págs. 160/61; *Festschrift Traeger* (1926), págs. 187/225; Schwinge *ZStW* tomo 51 (1931), pág. 437.
De época más reciente véase Scheuerle, *ob. cit.*, págs. 20-36; Kuchinke, *Grenzen der Nachprüfbarkeit tatrichterlicher Würdigung und Feststellungen in der Revisionsinstanz* (1964), págs. 87-90, 95, 117; Hruschka, *Konstitution des Rechtsfalles* (1965), págs. 20-22.

42 Cfr. Scheuerle, *ob. cit.*, pág. 23.

43 Véanse las especificaciones *ob. cit.*, págs. 61-63.

44 Observaremos sólo al margen que tampoco resulta congruente el deslinde teleológico-práctico de Mannheim: la infracción de reglas experienciales en la «constatación de hechos» seria incasacionable (*ob. cit.*, pág. 75), y casacionable, en cambio, la constatación del valor dinerario de una cosa, aunque ésta reposa igualmente en la aplicación de reglas de experiencia (cfr. *ob. cit.*, págs. 87 y sigtes.).

45 *Ob. cit.*, pág. 62.

46 *Ob. cit.*, págs. 62-63.

47 *Ob. cit.*, pág. 62.

2. El deslinde efectuado con el auxilio de los criterios de *«constatación de los hechos-valoración jurídica»,* que constituye sólo una formulación más exacta de la pareja antitética «cuestión de hecho- cuestión de derecho», distingue entre las premisas mayores empleadas para formar el juicio: las utilizadas en el campo fáctico y las utilizadas en el campo jurídico, y con ello —puesto que las premisas mayores han sido desarrolladas partiendo de los conceptos correspondientes— entre conceptos naturales y conceptos jurídicos[48]. Si un juicio se basa en la subsunción bajo premisas mayores (conceptos) naturales, esto es, pre-jurídicas, se tratará de una «constatación de hechos»; si se lo ha logrado mediante la subsunción bajo premisas mayores (conceptos) jurídicas, estaremos en presencia de una «valoración jurídica».

El deslinde practicado según esos criterios, es, en verdad, un deslinde lógico, pero no lógico-formal, sino lógico-jurídico[49], porque sólo la ciencia jurídica, y no la lógica formal, puede indicar cuándo se está en presencia de una subsunción bajo premisas mayores «naturales» y cuándo de una subsunción bajo premisas mayores «jurídicas». Como la cuestión de la separación no puede contestarse según las distinciones de la lógica formal, no es menester tampoco ocuparse en este punto del concepto lógico-filosófico de «hecho», que en el pensamiento de Mannheim desempeña un papel que no le compete[50].

Es por tanto constatación de hecho el juicio:

«Después del accidente, A. se enteró del nombre y de la dirección del motorista B., que se había dado a la fuga».

Es apreciación jurídica el juicio:

«*A.* tenía así, de la persona obligada a indemnizar, el conocimiento presupuesto en el § 852 BGB».

Es también apreciación jurídica, por supuesto, la aplicación de las normas procesalísticas sobre constatación de hechos[51].

La diferenciación según la naturaleza de las premisas mayores empleadas en los dos campos se funda en las siguientes consideraciones:

a) La constatación de los hechos y la apreciación jurídica se efectúan por vía de un proceso mental, cuyo resultado es un juicio fáctico o un juicio jurídico[52]. Juicios fácticos son primariamente los juicios sensoriales y de la memoria: juicios jurídicos, primariamente los juicios conceptuales[53]. Esto quiere decir: si el juez, en el ejemplo arriba citado, constata efectivamente: «*A.* se enteró del nombre y de la dirección del motorista B.», está partiendo, para arribar a ese juicio, de una *percepción sensorial* lograda a través de lo expuesto por el litigante o por un testigo. Esa percepción sensorial la expresa luego con el auxilio de términos tomados del lenguaje colo-

---

48 WACH, *JW* 1881, págs. 73/75; *Vorlräge über die Reichs-Civilprozessordnung,* 2ª ed., pág. 290: STEIN, *Das private Wissen des Richters,* págs. 13 y 109 y sigtes.; MEZGER, *Der psychiatrische Sachverständige,* págs. 114-16, 126- 27, 166 y sigtes.; MANIGK, *RG-Festgabe* (1929), tomo VI, págs. 125 y sigtes., 161 y sigtes.; SCHEUERLE, *ob. cit.,* págs. 25, 41 y sigtes.; WICKRATH, *ob. cit.,* págs. 14-17, 23-24.

49 Conforme MANIGK, *ob. cit.,* pág. 123.

50 *Ob. cit.,* págs. 41-64.

51 STEIN, *ob. cit.,* págs. 112-18; MEZGER, *ob. cit.,* págs. 179-83.

52 STEIN, *ob. cit.,* pág. 8; MEZGER, *ob. cit.,* pág. 80; SCHEUERLE, *ob. cit.,* págs. 20-42; STAUB, *JW* 1886, págs. 131-32.

53 SCHEUERLE, *ob. cit.,* pág. 38.

quial, o sea de los conceptos naturales: «enterarse», «nombre» «dirección», etc. En cambio, la conclusión jurídica: «A. tenía de la persona obligada a indemnizar el conocimiento presupuesto en el § 852 BGB», toma su punto de arranque *del concepto jurídico abstracto* de «conocimiento» y a éste se lo adecúa al cuadro fáctico con el auxilio de la especial premisa mayor jurídica: «cuando el damnificado se ha enterado del nombre y de la dirección del damnificador, posee acerca del obligado a indemnizar el conocimiento que presupone el § 852 BGB» de tal modo que la subsunción resulte posible.

b) La diferenciación entre «juicio de percepción» y «juicio conceptual» no solamente aclara los diversos puntos de arranque de las conclusiones, sino que también permite captar las *diversas cualidades* de los conceptos naturales y los conceptos jurídicos[54]. Los conceptos naturales *preceden* al ordenamiento jurídico, y en consecuencia se los aplica en el sentido que responde a su significado extrajurídico. Dado que el juez normalmente los tiene *presentes* como «ideas generales»[55], su aplicación es sustancialmente mecánica.

Los conceptos jurídicos (legales y doctrinales)[56], se han ido gestando, sí, sobre la base de los correspondientes conceptos naturales, porque la ley tiene que normar la realidad social de una manera que sea, en lo posible, inteligible para todos[57]. Sin embargo, en la legislación o en la jurisprudencia pueden cobrar un significado que se aparte del concepto natural, cuando la finalidad de una norma jurídica así lo exija. En vista de la *posibilidad (no de la necesidad) de su transformación,* dan ocasión para que se indague su respectivo significado, y por tanto no son primariamente conceptos presentes, sino conceptos *descubiertos* por interpretación y subsunción. Mientras el concepto natural es *per se stante* con respecto a la ley, el concepto jurídico está, dentro de los límites de la «posibilidad de variar contraria» *(posibilitas variandi contraria)*[58], *a disposición del legislador y del juez:* «En él se advierten nuevamente similitudes (entre cuadros fácticos a valorar jurídicamente), pero no se las acepta como dadas»[59].

c) La facultad del derecho de generar conceptos nos hace ver otra diferencia que presenta la apreciación jurídica con respecto a la constatación fáctica. Lo que anima primariamente a la apreciación jurídica es un interés *volitivo,* dirigido a lograr el ordenamiento de las relaciones vitales; a la constatación fáctica la sostiene primariamente un interés *cognitivo* —libre de valoraciones— en conocer la realidad[60]. El canon para la aplicación del derecho es la voluntad del derecho vigente; el canon para la constatación de los hechos, la experiencia cognitiva[61]; circunstancia

---

54 Sobre lo que sigue: SCHEUERLE, *ob. cit.,* págs. 38-39; JESCH, *AöR* tomo 82, págs. 178-82; LARENZ, *Methodenlehre,* págs. 182-89; SAX, *Festschrift Nottarp* (1961), págs. 135 y sigtes.

55 Sobre la «idea general», véase LARENZ, *ob. cit.,* pág. 182.

56 Véanse, para ENGISCH, *Deutsche Landesreferate zum* V. *Intemationalen Kongress für Rechtsvergleichung* (Brüssel 1958), págs. 60 y sigte.; SAX, *ob. cit.,* pág. 134.

57 ENGISCH, *ob. cit.,* pág. 59.

58 El concepto jurídico no debe significar lo contrario del concepto natural, porque en otro caso el legislador deberá servirse de una ficción: SAX, *ob. cit.,* pág. 147. Demasiado estrecho lo que dice JESCH, *ob. cit.,* pág. 179.

59 SCHEUERLE, *ob. cit.,* pág. 38. Dentro de este marco de deslinde entre cuestión de hecho y cuestión de derecho no corresponde juzgar acerca de la sujeción a valoraciones constitucionales (y eventualmente también jurídico-naturales) a las cuales están sometidos el legislador y el juez cuando acuñan conceptos jurídicos.

60 MEZGER, *ob. cit.,* págs. 84-87, 172-73; SAX, *ob. cit.,* pág. 134.

61 MEZGER, *ob. cit.,* págs. 38 y 172. Sobre el significado de la experiencia para la constatación de los hechos véase también ENGISCH, *Logische Studien,* 3ª ed., págs. 53-54.

ésta que se manifiesta en la importancia que tienen para la apreciación de la prueba las reglas experienciales.

En esta facultad del derecho de generar conceptos reposa también la casacionabilidad de la cuestión de derecho. La interpretación de los conceptos jurídicos y la especificación del derecho tienen que estar en manos de un solo tribunal supremo. La separación lógica, ordenada por el derecho casacional positivo, entre conceptos naturales, preestablecidos, y conceptos jurídicos, creados por la legisferación, no es pues, como afirman los críticos, una separación «jurídico-conceptual», sino teleológico-conceptual, que tiene igualmente por fin salvaguardar la unidad del derecho. Vista desde ese ángulo, es infundada la pretensión de la escuela ideológica, de haber sido la única en advertir y comprender la verdadera finalidad de la casación, y en llevarla al triunfo. La lógica y la teleología no constituyen, en el derecho de casación, contraposiciones fundamentales.

III. Las complicaciones de la separación

La diversidad que distingue a los juicios de hecho de los juicios de derecho no debe hacer creer que poner en práctica el principio de separación aquí sostenido no tropieza con dificultades considerables. En los trabajos doctrinales realizados hasta ahora, el problema de la separación no se ha manifestado tanto en la búsqueda de un principio conceptual, que Wach expuso ya en 1881[62], sino precisamente en la comprensión y superación de las diversas *complicaciones de la separación.* Estas complicaciones residen por igual, como ya destacamos, en los campos teórico y práctico. Las complicaciones teóricas tienen su causa en la vinculación de los conceptos jurídicos con los correspondientes conceptos naturales, las prácticas, en la realizabilidad de postulados lógicos en la aplicación judicial del derecho.

1. Las complicaciones teórico-jurídicas

a) Si los conceptos jurídicos y los naturales difirieran como el fuego y el agua, entonces al menos la separación teórico-jurídica entre constatación de hechos y apreciación jurídica no debería afrontar ningún tipo de dificultades. Suponiendo que sus esencias fueran totalmente diversas, sería siempre fácil discernir cuál es la naturaleza de la premisa mayor, a los efectos de practicar el deslinde. Pero suponer que entre los conceptos jurídicos y los naturales no hay relaciones de ninguna índole, y que los jurídicos llevan de cierta manera una vida propia e independiente en un mundo más elevado, es errado por diversas razones:

Como la misión del derecho es regular la realidad social, no puede haber una «*imago mundi* jurídica» desligada de los conceptos naturales[63]. Si el legislador desea dar a la vida social una determinada configuración, deberá acudir a los fenómenos sociales, que son el «material del derecho»[64], y adaptarse al material que encuentre. Si se desentiende de los datos reales, el material resultará ser más fuerte que la idea y la ley estará condenada al fracaso por la resistencia que aquél ofrecerá[65].

---

62 *JW* 1881, págs. 73 y sigtes.

63 Engisch, *Vom Weltbild des Juristen,* 2ª ed. (1965), pág. 13.

64 Radbruch, *Rechtsidee und Rechtsstoff, Archiv für Rechts- und Wirtschaftsphilosophie,* tomo 17 (1923/24), págs. 343 y sigtes.

65 Véase al respecto Jellinek, *Gesetz, Gesetzanwendung und Zwecksmässigkeitserwägung,* pág. 23; Oertmann, *Rechtsordnung und Verkehrsitte,* pág. 384.

Una nueva ley de cierre de locales de comercio, dispuso un «descanso de ventas» de tres días, desde el mediodía del viernes hasta el mediodía del lunes todas las semanas, lapso durante el cual estaría prohibida incluso la venta de víveres.

Pero el material del derecho no es el dato «perceptible por los sentidos, que no entra aún en ninguna categoría»[66], sino el dato «preformado»[67] por medio de conceptos naturales. El § 433 BGB obliga, por ejemplo, al vendedor a entregar la propiedad y la posesión de la cosa vendida, y al comprador a pagar el precio. El fundamento de esta norma jurídica no es el «encuentro de dos series convergentes de ondas sonoras de determinada especie, o el intercambio de dos papeles provistos de trazos de tinta de determinada delincación[68], sino el concepto (natural) de la «compraventa», anterior al ordenamiento jurídico. Según ese concepto, tras haberse concertado un «convenio» sobre la adquisición de una cosa, se ha de «recibir» una mercancía y «pagar» por ella el precio convenido[69]. La ley toma pues como punto de partida una realidad captada («pre-formada») en forma de conceptos naturales y sólo continúa desarrollando el ordenamiento vital en su pormenor; dispone, por ejemplo, a cargo de quién serán, a falta de convención en contrario, los gastos de ejecución de una compra-venta (cfr. §§ 448, 449 BGB).

Las estrechas relaciones entre los conceptos jurídicos y sus correspondientes conceptos naturales se ponen de manifiesto también, como lo muestra el ejemplo de la compraventa, en el lenguaje de las normas jurídicas. El legislador no puede servirse de símbolos matemáticos; para hacerse entender, tiene que tomar los conceptos jurídicos del habla coloquial. Las leyes requieren realismo y popularidad, y este postulado le manda al legislador servirse de una dicción tal, que el «hombre de la calle», o al menos el destinatario de la ley, sepa cuáles son sus obligaciones[70].

Ninguna ley moderna puede prescindir de conceptos jurídicos primarios de significado específico[71], tales como «obligación», «disposición», «cosa juzgada», «cuestión de hecho-cuestión de derecho», pero el análisis de esos términos, necesario para su aplicación, nos conduce nuevamente a los conceptos naturales del habla coloquial:

La obligación, por ejemplo, es el «vínculo especial por el cual el titular del derecho (acreedor) puede exigir del obligado (deudor) una determinada conducta (prestación) para la satisfacción de un interés tutelable[72]; la disposición, un «negocio jurídico[73] por el cual, de una manera inmediata, se trasmite un derecho, se modifica su contenido o se lo extingue»[74] la cosa juzgada, la «inadmisibilidad de modificar una sentencia o apartarse de ella»[75], etc.

El derecho apunta pues a la realidad social. Esto se manifiesta de la manera más patente en aquellas normas en blanco que le mandan al juez interpretar los

---

66 RADBRUCH, *ob. cit.*, pág. 347.

67 RADBRUCH, *ob. cit.*, pág. 349; LARENZ, *Methodenlehre*, págs. 183-85,

68 RADBRUCH, *ob. cit.*, pág. 348.

69 Sobre el concepto vulgar de compraventa véase también STEIN, *ob. cit.*, pág. 13; LARENZ, *Methodenlehre*, pág. 184.

70 Véase al respecto *supra* § 3 II 2b.

71 Cfr. LARENZ, *ob. cit.*, págs. 184 y 243.

72 ENNECCERUS-LEHMANN, *Schuldrecht*, 15ª ed. revisada (1958), §11.

73 El concepto de «negocio jurídico» tiene que ser descompuesto aquí aún más.

74 ENNECCERUS-NIPPERDEY, *Allgemeiner Teil*, 15ª ed., tomo 1/2, § 143 II.

75 STEIN-JONAS-SCHÖNKE, *ZPO*, 18ª ed., I ad § 322.

negocios jurídicos según las «costumbres» (§ 157 BGB), comprobar si ellos son compatibles con el «sentimiento de decencia de los que piensan con equidad y justicia» (§ 138 BGB), determinar el grado de diligencia que deberá emplear el deudor según las reglas experienciales de su profesión (§ 276 BGB) y juzgar si es admisible un menoscabo de una propiedad raíz por efecto de inmisiones, según lo «habitual» en una zona (§ 906). Si los conceptos naturales y los jurídicos fueran incomparables los unos con los otros, habría que negar, por razones de lógica, la posibilidad de subsumir bajo la ley un cuadro fáctico vital *[Lebenssachverhalt]*. Porque de la misma manera que el concepto individual de un perro llamado «Sultán» no. es subsumible bajo el concepto general de «caballo», no podría una lesión física subordinarse a la norma del § 823 BGB[76].

La conexión que guardan los conceptos jurídicos con sus correspondientes conceptos naturales en cuanto a lenguaje y contenido, crea, en materia de separación, tres complicaciones de orden teórico-jurídico, que por ser de esa índole, tienen que analizarse en primer término:

la sinonimia (b),

la remisión en blanco a valoraciones extrajurídicas (c) así como

la prueba *prima facie* (d).

b) aa) El problema de la *sinonimia*[77] puede presentarse en todos los conceptos secundarios, es decir, no específicamente jurídicos[78], porque aquí se designa con una misma palabra tanto un concepto natural como un concepto jurídico. Una ley puede hacer depender una consecuencia jurídica del «conocimiento» que se tenga de una persona, como lo hacen los § § 407 852, 1594 II BGB y el § 151 de la Ley prusiana de minería; puede permitir que se impugne un negocio jurídico por «error» (§ 119 BGB); puede prohibir que se flameen «banderas rojas», como lo hizo el decreto del Ministerio del Interior de Sajonia del 14 de julio de 1849[79], citado en conexión con un muy discutido fallo del Superior tribunal regional de Dresde[80]. La sinonimia induce entonces a suponer que el concepto jurídico y el concepto natural son idénticos y a ver entrelazadas la cuestión de hecho y la de derecho en la premisa menor del silogismo, la cual contiene no solamente la constatación de los hechos, sino también la subsunción bajo la ley. La sola vecindad de los dos campos acarrea el peligro de su entrelazamiento[81].

El entrelazamiento de cuestión de hecho y cuestión de derecho no puede producirse en la *premisa mayor* porque la formulación general de la proposición («quien portare una bandera roja, será castigado con pena de cárcel») permite ver con claridad que aquí se trata de un juicio jurídico.

---

76 Pohle, *Revision und neues Strafrecht*, pág. 46; cfr. también Engisch, *Logische Studien*, 3ª ed., págs. 22-23.

77 Véase Scheuerle, *ob. cit.*, págs. 43-44.

78 O sea que no en los conceptos específicamente jurídicos de «relación obligacional», «disposición», etc.

79 *Gesetz und Verordnungsblatt für das Königreich Sachsen 1849*, pág. 138. Esta ordenanza sigue siendo de interés para la cuestión de la separación, aunque desde el punto de vista político sea una pieza de museo.

80 *Annalen des Kgl. Sächs. OLG*, tomo 11 (1890), págs. 413/15. Acerca de esta decisión: Werthauer, *ZStW* tomo 12 (1892), pág. 571; Mannheim, *ob. cit.*, págs. 62-64; Engisch, *ob. cit.*, págs. 86 y 103; Scheuerle, págs. 43-46.

81 Véase Engisch, *ob. cit.*, pág. 91.

Si en un fallo se dice que el acusado había portado una bandera «roja», que el actor había «conocido» a la persona del damnificador o que el demandado que impugna un contrato había incurrido en un «error», se plantea la cuestión: ¿aluden estos términos solamente al cuadro fáctico, solamente a la subsunción bajo los elementos de figura legal: «rojo», «conocimiento», «error», o quizá a ambos a la vez?

Por causa de la sinonimia, en la jurisprudencia se llama a menudo erróneamente «cuestión de prueba» a la subsunción del material procesal bajo un concepto jurídico homónimo de un concepto natural, y se juzga su reexaminabilidad conforme a la reexaminabilidad de las constataciones fácticas[82]:

En un pleito por indemnización de daños causados por la actividad minera, la prescripción de la acción dependía del «conocimiento» que el damnificado hubiera tenido del daño y de la persona del damnificador en el sentido del § 151 de la Ley prusiana de minería. El *Reichsgericht* estimó que el juzgamiento del material procesal por ese elemento no era casacionable[83].

«Seguidamente, el *Obertribunal* añade que constituye una *apreciación de los hechos* comprobar si esa ciencia había existido en el caso singular... Entonces, el *a quo* llegó a la convicción de que no estaba *probado* que el actor hubiera tenido conocimiento seguro de quién era el autor de aquella explotación minera... Por las razones expuestas, la constatación *fáctica* hecha por el Superior tribunal regional es vinculante, *conforme a los* 286, 561 *de la Ordenanza procesal civil*».

Otro caso de complicación a causa de sinonimia se encuentra en un fallo de la Corte Suprema de justicia de la zona de ocupación británica, referido al concepto de «propósito de menoscabar» en el sentido de los 2287, 2288, BGB, en el que se le reprocha al tribunal die apelación[84]:

«Con buena razón se objeta en el recurso que la *constatación,* hecha por el tribunal de apelación, de que el padre de la demandante había actuado ... con el propósito de desbaratar los derechos de ésta ya en el momento de celebrarse el contrato, había violado el § 286 ZPO y las leyes del razonamiento... El tribunal de casación no está atado a constataciones *fácticas*... cuando el tribunal de apelación ha violado el principio de formar su convicción sobre la base del contenido total de los debates y de la *recepción de la prueba*».

En estos fallos, la suposición de la «naturaleza fáctica» está evidentemente fundada aún en el puro sentimiento; pero la doctrina procesalística y jurídico-metódica había reconocido y comprendido ya tempranamente el *quid* de la cuestión. En una crítica hecha al proyecto revisado de Ordenanza procesal civil de 1872, Wach considera injustificada la diferenciación entre «cuestión de hecho» y «cuestión de derecho», porque la calificación de los conceptos pertenecientes a la ley y al mismo tiempo al lenguaje común, tales como «error, culpa, dolo, tradición, pago, firma, libro de comercio, buena fe, interés, ofrecer, aceptar, etc.», es insegura[85]. Porque: «¿ha de llegarse al extremo de llamar jurídico a todo concepto mencionado en la ley?».

---

82 Véase a más de los fallos que a continuación se citan textualmente, el *BGH VersR* 1963, págs. 77/79 *in fine* en cuanto al concepto de la «intención fraudulenta» en el sentido del § 51 III VVG.

83 *Zeitschrift für Bergrecht,* tomo 53 (1912), págs. 107-08 (el subrayado es mío).

84 E 1, 166-67 (el subrayado es mío).

85 *Kritische Vierteljahresschrift,* tomo 15 (1873), pág. 339/54. Es distinta empero la posición que toma respecto del proyecto de 1871, *ob. cit.*, pág. 93, y el trabajo posterior *JW* 1881, pág. 77.

A esta pregunta, que Wach fue el primera en plantear, le dio más tarde Oertmann una clara respuesta negativa[86]. Según este autor, cuando «el concepto accesorio legal está expresado de una manera puramente fáctica», con la apreciación de la prueba ya queda a menudo expedita la vía para constatar las consecuencias jurídicas, de tal suerte que ni siquiera se llega ya a efectuar una subsunción. Ejemplos de su prescindibilidad serían los conceptos de «nacimiento, muerte, mayoría de edad e incapacitación».

Por último, Radbruch, creador de la teoría de la «pre formación» de la realidad por obra de los conceptos naturales, destaca con gran agudeza que los conceptos jurídicos son indiferenciables de los conceptos naturales (=»sociales») sinónimos[87]. Sus disquisiciones culminan en la tesis de que la sinonimia de los conceptos torna inaplicable el principio de la limitación de la casación a cuestiones jurídicas:

«En la aplicación del derecho, el dato pre-formado mediante conceptos sociales es subsumido bajo los conceptos de figura legal formados según el modelo de aquéllos. Surgen así conceptos coincidentes en la solución de la cuestión de hecho y en la solución de la cuestión de derecho; se torna entonces discrecional presentar la aplicación de esos conceptos como constataciones tácticas o como apreciación jurídica, y la diferenciación entre apelación y casación, fundada en esa antítesis, resulta impracticable».

Aclaremos la concepción de Oertmann y de Radbruch con el ejemplo del § 1922 BGB, que se aplicaría mediante el siguiente silogismo:

Con la «muerte» de una persona, su patrimonio (herencia) pasa como un todo a una o varias otras personas (herederos).

La «muerte» de A. se produjo el 1° de enero de 1960, a las 12 horas. En consecuencia, el patrimonio de A. pasó el 1° de enero de 1960, a las 12 horas, a sus herederos.

Según Radbruch, la hipótesis de la «muerte» contenida en la premisa menor, puede ser «presentada» de igual manera como constatación fáctica y como apreciación jurídica.

bb) La teoría de la identidad de los conceptos jurídicos y los conceptos naturales sinónimos tiene de verdad que en los casos «lisos y llanos» de aplicación de conceptos jurídicos, que coinciden sensiblemente en contenido[88] con los conceptos naturales, tales como «muerte», «ser humano», «nacimiento», «rojo» y «animal doméstico», la cuestión de hecho y la cuestión de derecho coinciden a menudo en la *aplicación práctica del derecho.* Si el juez especifica por ejemplo en la sentencia: «la muerte del causante A. se produjo el 1° de enero de 1960 a las 12 horas», la formulación de la premisa menor 'la muerte del causante A.» puede contener la aceptación de la comprobación médica de la «muerte» sobre la base del cese de la actividad cardíaca, de la respiración o de las funciones vitales centrales, pero al mismo tiempo también la subsunción jurídica: «en consecuencia, A. ha fallecido también en el sentido del § 1922 BGB»[89].

---

[86] *Rechtsordnung und Verkehrssitte,* (1914), pág. 496.

[87] *Archiv für Rechts- und Wirtschaftsphilosophie,* tomo 17 (1923/24), pág. 349.

[88] No del todo, como aún habremos de ver.

[89] Se puede estar «muerto» desde el punto de vista clínico, sin estarlo desde el punto de vista jurídico (cfr. Ernst Wolf-Hans Naujoks, *Anfang und Ende der Rechtsfähigkeit des Menschen* (1955), págs. 14-17,

En la práctica la posible coincidencia de cuestión de hecho y cuestión de derecho tiene su razón de ser en una economía de la labor mental por la cual se excogita y fundamenta el fallo[90]; se evita así que el juez derroche energías en trivialidades, como por ejemplo, que deduzca en una sentencia en un pleito por daños causados por animales[91]:

«La demanda se funda en el § 833 BGB. Según éste, quien posee un animal, está obligado, si ese animal matare, o lesionare en su cuerpo o salud a una persona, o dañare una cosa, a indemnizar al damnificado los perjuicios resultantes.

Según lo expuesto por el demandante, la aplicabilidad de esa norma legal no puede prestarse a dudas:

El demandante —una persona en el sentido de la ley— fue mordido, según sus propias afirmaciones, por un caballo perteneciente al demandado. El caballo es un animal en el sentido de la ciencia natural. También la ley comprende en el § 833 BGB bajo el concepto de animal esos seres vivientes... O sea que, de cualquier manera, también un caballo».

Mas pese a haber esa coincidencia de conceptos naturales y conceptos jurídicos en la aplicación práctica del derecho, la teoría de la identidad se excede. No se justifica deducir de la coincidencia verbal (lingüística) también su *inseparabilidad lógica.* También en el ejemplo de la «muerte de *A.*», la formulación «la muerte» —que comprende tanto la cuestión de hecho como la de derecho— puede descomponerse intachablemente en sus diversos componentes, siempre y cuando se separe la pregunta: ¿qué es lo que ha ocurrido? (con el cese de la actividad cardíaca y respiratoria de *A.* se ha producido la muerte clínica) de esta otra: ¿cómo ha de juzgarse lo ocurrido desde el punto de vista jurídico? (¿se ha producido con la muerte clínica de *A.* también la «muerte» a que alude el § 1922 BGB?)[92]. El análisis de la determinación del derecho nos hace ver pues que la sinonimia no conduce a la inseparabilidad lógica. Simplemente expone el problema propio de la técnica de trabajo judicial, de hasta qué punto puede el juez proceder a la necesaria separación de esos dos campos, sin dispendiar trabajo inútil ni, para colmo, hacer el ridículo con formulaciones torpes.

El error cardinal de la teoría de la identidad consiste, empero, en convertir la sinonimia verbal de los conceptos en *identidad de contenido.* Tal suposición sobreestima la precisión y determinadez de los conceptos «prejurídicos» y hace depender la ley de las relaciones vitales, de una manera que contraviene a su función ordenadora.

Que los conceptos jurídicos no necesitan ser idénticos a los conceptos sinónimos del lenguaje corriente, resulta ya de la *vaguedad* del pensamiento pre-científico,

---

124-25, 239-40), como lo muestran los casos cada vez más frecuentes de reavivamiento de personas clínicamente «muertas»; véase WLADIMIR NECOWSKI, *Pathopsychologie und Therapie der Agonie und des klinischen Todes,* Berlín 1959, trata do esto. Según la concepción de NECOWSKI, la muerte es «tanto un salto como un proceso» (pág. 2).

Queda pues superada la opinión de ENNECCERUS-NIPPERDEY, *Allgemeiner Teil,* 15ª ed., tomo 1/1, § 84 IV, según la cual para el concepto de la «muerte» serían determinantes solamente las conceptuaciones de la medicina.

90 Véase SARSTEDT, *Die Revision in Strafsachen,* 4ª ed., pág. 209, así como SCHEUERLE, *ob. cit.,* págs. 47-48, quien aporta también demostraciones.

91 Tomado de SATTELMACHER-LÜTTIG-BEYER, *Bericht, Gutachten und Urteil,* 24ª ed. (1963), pág. 200.

92 Así también ENGISCH, *ob. cit.,* págs. 96-101.

que se manifiesta en la gran diversidad de ideas que suelen asociarse a un «concepto» determinado.

Esta objeción no se refiere, pues, a los conceptos de otras ciencias, como el concepto médico de la «muerte», sino a las ideas comunes tales como «rojo», «error», «conocimiento», etcétera.

Y en verdad, para el jurista, una ojeada a un diccionario de la lengua alemana es fuente de desencantos. Así, el concepto de «conocimiento» o de «conocer», que, como se dijo, es un elemento de la figura legal del § 852 BGB y desempeña en este supuesto un papel importante, en vista del breve plazo de prescripción de la *actio ex delicto,* está descrito en el *Worterbuch* de Grimm como sigue[93]:

«... el conocer es algo muy diverso según las circunstancias. 'Conozco el libro' por ejemplo, dice tanto quien lo ha estudiado como quien conoce el título. 'No lo conoces' quiere decir tanto: no sabes nada de él (estás pensando en una persona distinta de la cual estamos hablando) como también: no sabes de lo que es capaz, no conoces su carácter; aquello apunta a la mera existencia, esto a la misma manera de ser de la persona mencionada. Una feliz equidistancia entre estos dos extremos la guarda comúnmente un 'conocer' como expresión propia de la vida social...: lo conozco, 'es un conocido mío'...

Esto concepto (el 'conocimiento') tiene por lo demás dos aspectos, igual que 'conocer'. Una vez se lo usa en sentido riguroso, de conocimiento exacto, introspección en la esencia de una cosa... por otro lado, puede tratarse también de un conocer más somero, en la cual, pese a todo lo visto y experimentado, falta la introspección en la esencia...».

En vista de este resultado decepcionante, ni el legislador ni el juez pueden ahorrarse la tarea de crear un concepto jurídico de «conocimiento», apoyado en la idea común de «conocimiento», pero mucho más perfilado que ésta, y que además cobre su significado de la finalidad de la norma legal correspondiente. De ahí resulta otra diferencia entre las dos especies de conceptos:

La finalidad de una regulación legal puede dar a todos los conceptos jurídicos un contenido que diverja del habla corriente o de las conclusiones 'de otras ciencias, y que ponga de relieve las valoraciones jurídicas frente a las extra jurídicas [94]:

El concepto jurídico de «propósito» no tiene que coincidir necesariamente con el sinónimo concepto de la psicología, ni el concepto jurídico de «ferrocarril» con el correspondiente concepto de la técnica; el concepto jurídico de «rojo» sólo puede aludir al color político, pero no al usado en pintura[95].

Quiere decir que la teoría de la identidad olvida incluso que los conceptos jurídicos toman su contenido jurídico específico de las funciones de la norma jurídica de la cual ellos son los componentes; y que por estar referidos a los fines de

---

93 Tomo V (1873), cols. 541 y 553.

94 Sax, *Festschrift Nottarp,* pág. 141; Engisch, *Die Relativität der Rechtsbegriffe, Deutsche Landesreferate zum* V. *Internationalen Kongress für Rechtsvergleichung,* pág. 69. Según la finalidad de una norma jurídica se resuelve también hasta qué punto la ley ordena que el juez esté obligado pollos descubrimientos de las ciencias extra-jurídicas: Rinck, *Festschrift Carl Heymanns Verlag* (1965), págs. 361 y sigtes.

95 Engisch, *ob. cit.,* Sax, *ob. cit.,* págs. 135 y 141, N. 24; Scheuerle, *ob. cit.,* pág. 43.

normas jurídicas diversas, son también diversos en cuanto a su contenido; o sea «relativos»[96]. Su relatividad se manifiesta no sólo en el diverso significado que tienen los conceptos jurídicos sinónimos en las distintas leyes —baste pensar en los conceptos que representa la voz «funcionario» en derecho político, derecho penal y derecho de la responsabilidad civil—, sino también en su posible independencia del habla corriente. Por tanto, cuando se interpreta una ley, el sentido de las palabras es solamente uno de los criterios para entender la norma jurídica; en no menor medida hay que indagar la *ratio legis.*

En vista de todo esto, la pregunta de Wach: ¿hemos de llegar al extremo de llamar jurídico a todo concepto mencionado en la ley? tiene que ser contestada sin reservas en sentido afirmativo:

«Todo concepto de una norma jurídica es un concepto jurídico. Pero la determinación de cada concepto jurídico es una cuestión jurídica abierta»[97].

cc) La posibilidad de transformar los conceptos naturales a los efectos de cumplir una determinada finalidad de la ley —posibilidad que se le ha escapado a la teoría de la identidad— será aclarada en lo que sigue con el elemento de figura legal «conocimiento» (del daño y de la persona del obligado a indemnizar) en el sentido del § 852 BGB. Según se desprende de las actas legislativas[98], este precepto persigue dos fines: por un lado impeler al damnificado, fijando un plazo de prescripción breve, a accionar prontamente para que el damnificador no vea menoscabada su defensa por la eventual pérdida de material probatorio; y, por el otro, atenuar el inconveniente que esto le crea a la parte actora, haciendo que ese plazo de prescripción, por excepción a la regla general, sólo comience a correr desde que se tuvo «conocimiento» de los hechos que fundan la demanda.

Inspirada por estos fines, la jurisprudencia le ha dado al concepto jurídico de «conocimiento» un contenido que diverge del corriente. Según la interpretación jurisprudencial, el concepto jurídico es en parte más amplio y en parte más restringido que el concepto empírico: el damnificado tiene conocimiento del hecho dañoso tan pronto como, en vista del material procesal existente, pueda «exigírsele» que accione contra el damnificador [99].

En un choque fue herido el pasajero de un tranvía, que se había estacionado en la plataforma delantera del vehículo. La acción de indemnización de daños que interpuso contra el conductor seis años después del accidente fue rechazada por la Corte federal de justicia[100] por estimársela proscripta. Aunque el pasajero no había sabido ni el nombre ni la dirección del conductor culpable del accidente, habría *podido procurárselos* recabando esos datos de la compañía. Se sostuvo que cabría suponer un «conocimiento» de la persona del obligado a indemnizar, cuando el damnificado poseyera puntos de apoyo suficientes para identificarlo sin dificultades.

---

[96] ENGISCH, *ob. cit.*, con más pruebas.

[97] MANIGK, *RG-Festgabe* (1929), tomo VI pág. 131. Esto vale también para el concepto jurídico de «ser humano», sobre lo cual ver MANIGK, *ob. cit.*, pág. 126, n. 35; ENGISCH, *Euthanasie und Vernichtung lebensunwerten Lebens* (1948), pág. 23; ARTHUR KAUFMANN, *Festschrift Erik Wolf* (1962), págs. 392-93.

[98] *Motive* II, 742-43.

[99] *BGH VersR* 1955, pág. 234; *VersR* 1957, pág. 641; *VersR* 1962, págs. 1005/07, pero también ya *RG JW* 1899, pág. 312, Nr. 31. Sobre el conjunto ver también WUSSOW, *Unfallhaftpflichtrecht,* 8ª ed. (1963), col. 1708 y sigtes.

[100] *VersR,* 1955, pág. 234; similarmente RG *ob. cit.*

Mientras este fallo interpreta el concepto de «conocimiento» con tanta latitud que parece horrar la diferencia con el «poder conocer»[101], otra sentencia restringe el concepto añadiéndole requisitos:

El propietario de un inmueble se enteró en 1945 que su casa, dañada durante la guerra, había sido demolida por disposición municipal. En 1951 entabló una demanda de responsabilidad civil contra la Municipalidad, fundándose en que la oficina de policía edilicia había hecho demoler el edificio sin motivo perentorio. Recién en 1951 se habría enterado de que, contrariamente a lo afirmado por las autoridades municipales, la demolición no había sido ordenada en su época por el gobierno militar; la demandada no podría, por tanto, aducir inculpabilidad de sus funcionarios. La Corte federal de justicia[102] estimó relevante este argumento. Puesto que la pretensión de indemnización presuponía una infracción culpable de deberes oficiales, el plazo de prescripción comenzaría a correr recién desde el momento en que el demandado tomara conocimiento de la *conducta ilegal-culpable* del funcionario.

El carácter *per se stante* del concepto jurídico, que resalta en estas dos decisiones, está expresado con feliz perspicuidad en un fallo del *Reichsgericht* referente al § 407 BGB, en el que se trataba del «conocimiento» de la cesión de un crédito[103]:

«Al aplicar e interpretar la disposición del § 407 BGB, el tribunal de apelación se ha dejado guiar por consideraciones que desde el punto de vista jurídico no son inobjetables.

Saber si una persona ha tomado conocimiento de un hecho... es en primer término una cuestión fáctica y, por ende, materia de constatación fáctica. Pero es cuestión jurídica saber en qué ha de consistir ese conocimiento para que logre cobrar relevancia jurídica».

El carácter *per se stante* de los elementos de figura legal se verifica incluso en los en apariencia puramente «naturales» conceptos de tiempo. En principio, no existe un «tiempo jurídico»[104]; pero el cómputo natural del tiempo es modificado para el tráfico jurídico por las disposiciones legales sobre plazos y términos', lo que se pone de manifiesto en la diferenciación entre «cómputo civil» y «cómputo natural»[105]. La mayoría de edad comienza al «cumplirse los veintiún años» (§ 2 BGB); pero al computarse la edad, se desprecia, por razones de seguridad jurídica, la hora del nacimiento (a diferencia de la hora de la muerte, que interesa a los efectos de la sucesión) (§ 187 II 2 BGB), puesto que la hora y los minutos de los acontecimientos son fácilmente olvidados[106]. Quiere decir que un nacido el 1° de enero de 1940 a las 12 horas del mediodía, ya alcanza la mayoría de edad el 1° de enero de 1961 a las 0 horas. Si la ley dispone el cierre de los locales de comercio el sábado a las 14, o, en su caso, a las 18 horas, el comerciante no se hace pasible de pena si cierra la puerta del local recién al darse la última campanada, y no al darse la primera[107], porque la ley, por razones de practicabilidad y de equidad, desprecia esas diferencias mínimas[108].

---

101 Por tanto es limitativo *BGH VersR* 1958, pág. 519.

102 *VersR* 1957, pág. 641; véase también *RG* 76, 61/63.

103 RG 88, 4. De época reciente véase el instructivo fallo *BGH VersR* 1962, págs. 515 y sigtes.

104 También en la aplicación de la ley rigen la hora centro-europea vigente en el tráfico general, así como el calendario gregoriano (ver JELLINEK, *Verwaltungsrecht,* 3ª ed. [1948], pág. 218).

105 ENNECCEBUS-NIPPERDEY, *Allgem. Teil,* 15ª ed., tomo 1/2, § 221 III 1; SAX, *ob. cit.*, pág. 136 N. 8.

106 ENNECCEBUS-NIPPERDEY, *ob. cit.*

107 Véase también ENGISCH, *Logische Studien,* págs. 96 y 102, así como SCHEUERLE, *AcP* tomo 157, págs. 77-78.

108 ENGISCH, *Vom Weltbild des Juristen,* pág. 106, N. 230; contra JELLINEK, *ob. cit.*

Por último, son también conceptos jurídicos —contrariamente a la opinión de Oertmann[109]— aquellos elementos de figura legal que producen efectos jusmaterialísticos mediante una *resolución de la autoridad estatal,* tales como lo conceptos «declaración de mayoridad» (§ 3 BGB), «incapacitación» (§ 104, n. 3 y 114 BGB) y «sentencia de exclusión» (§§ 887, 927, 1170 BGB). Porque cuando se los aplica, no basta constatar un *factum,* el hecho real y físico del acto estatal[110], sino que también podrá tenerse que responder a las cuestiones jurídicas siguientes: ¿en qué *momento* determinante comienza la eficacia (con el pronunciamiento, la notificación, la cosa juzgada)? y ¿qué consecuencias jusmaterialísticas acarrea una *defectuosidad* procedimental?[111].

c) aa) La *remisión a valoraciones extrajurídicas* constituye otra complicación, que estriba en una dificultad similar que la sinonimia. En ambos casos, la ley alude a la «realidad que ya ha cobrado forma en conceptos naturales». La remisión plantea esta cuestión: las conclusiones subsuntivas ¿representan tan sólo el resultado dé una apreciación de prueba no sujeta a reglas jurídicas, o entrelazan —tal vez por «proyectarse en la realidad una valoración personal»[112]— la constatación de los hechos y la apreciación jurídica?

La idea de que la subsunción bajo una norma en blanco sólo tendría el carácter de una *apreciación de prueba* cuando está determinada por máximas extrajurídicas, la sostienen dos antiguos fallos del *Beichsgericht,* que se ocupan de la aplicación de los conceptos «contrario a las buenas costumbres» y «culpa» y dicen textualmente:

«El juez de apelación ha condenado al esposo, en el ínterin divorciado, al pago de la multa convencional que había prometido abonar si llegaba a maltratar a su mujer. Esta promesa no sería contraria a las buenas costumbres. Qué es lo que responde a las buenas costumbres es una cuestión de hecho, por cuanto depende de la conciencia moral de la sociedad»[113].

«Para fundamentar la procedencia del recurso, los demandados alegan que la suposición del Superior tribunal regional de que ellos hubieran incurrido en culpabilidad respecto del actor en lo concerniente a la publicación sub examen, reposaría en un error de derecho. El concepto de culpabilidad sería de naturaleza jurídica y la declaración del Superior tribunal regional, por ende, casacionable. A esto cabe replicar que el concepto de culpabilidad es efectivamente un concepto jurídico, pero que se lo deduce de hechos y que la cuestión de si determinados hechos son aptos para configurar culpabilidad, es una cuestión fáctica.

Por tanto, si el Superior tribunal regional ha estimado que hubo culpabilidad por parte de los demandados, ello reposa en una apreciación fáctica, no reexaminable en la instancia de casación»[114].

---

109 *Rechtsordnung und Verkehrssitte,* pág. 496.

110 En igual sentido: STEIN, *Das private Wissen des Richters,* págs. 106- 07 y 180; BIERLING, *Juristische Prinzipienlehre,* tomo IV, págs. 26-27; MANIGK, *RG-Festgabe,* tomo VI, pág. 131; SCHEUERLE, *ob. cit.,* pág. 32, N. 99.

111 Véase ROSENBERG, *Zivilprozessrecht,* 9ª ed., § 73 II-IV, § 163 II 9, § 165 II 7-8, y para el campo de la jurisdicción voluntaria: PIKART-HENN, *Lehrbuch der Freiwilligen Gerichtsbarkeit* (1963), D III 5.

112 ENGISCH, *Logische Studien,* pág. 112: El juez (por prejuicio) sólo reconoce por «costumbre» lo que se piensa en los círculos de las personas «decentes».

113 BOLZE, *Praxis des Reichsgerichts in Civilsachen,* tomo III (1886), Nr. 1432.

114 *JW* 1896, pág. 628, Nr. 73.

Esta concepción subsiste aún en la jurisprudencia. Lo demuestra un fallo de la Corte federal de finanzas[115] relativo al concepto de «co-empresario» en el sentido del § 15 n. 2 de la Ley de impuesto a los réditos. Dicho concepto, según la Corte, estaría determinado por reglas de experiencia económicas. Con esta afirmación, la Corte le abona al Tribunal de Finanzas que, al hacer aplicación de ese concepto, se mantuvo «dentro del marco de la libre apreciación de los hechos y de las pruebas que le compete».

Comparte el criterio de los fallos citados una otrora difundida teoría sobre el concepto de «carácter contrario a las buenas costumbres»[116]. Por cuanto ese concepto se guiaría exclusivamente por la moral y no por el derecho, «ni la sensación, ni el sentimiento, ni el saber ni la conciencia jurídica tendrían influencia alguna en la decisión»[117]. En opinión de esa orientación doctrinal, los tribunales dictarían en tal caso una sentencia moral basada solamente en su conciencia y expresarían «una convicción libre, y, por supuesto, insusceptible de casación»[118].

Engisch[119] destaca el *entrelazamiento de constatación de los hechos y apreciación jurídica* que ocurre cuando se acude a normas extrajurídicas. Si la ley remitiere a los «usos y costumbres», a las «buenas costumbres», a lo «habitual», entonces la cuestión de hecho: «¿qué es verdaderamente habitual?, ¿qué es uso?, ¿tradición? etc.», sería escindible sólo en apariencia de la cuestión valorativa jurídica: ¿se trata verdaderamente de costumbres *buenas?* ¿de una tradición *loable?* ¿de un uso *que merece reconocimiento?* Porque en la práctica el uso efectivo, el atributo moral y el reconocimiento jurídico no pueden separarse con tanta nitidez:

«Lo que se considera *ab initio* como uso, costumbre y sentir popular es sólo aquello que se practica y piensa en el círculo de las personas «decentes». Por tanto, ya la misma regla experiencial es determinada sobre una base inductiva angostada por valoraciones. Con frecuencia, el juzgador generaliza su propio modo de obrar y su propio sentir hasta el punto de ver en ellos la costumbre y el sentir populares, proyectando así en la realidad una valoración personal. Pero a menudo se atiene también —combinando así nuevamente la constatación de los hechos y la subsunción— a los antecedentes jurisprudenciales, valiéndose de los cuales comprueba, mediante una labor comparativa, que también aquí y ahora la costumbre y el sentir popular exigen esto y aquello».

Resumiendo, Engisch constata: cuando se acude a los usos y costumbres, hay en verdad casos en los cuales la cuestión de hecho y la de derecho pueden separarse nítidamente, pero los dos campos pueden estar también indisolublemente entrelazados:

«Supongamos por ejemplo, que un uso no pueda comprobarse con seguridad o esté aún en cierne, y se quisiera desestimar *ab initio,* en virtud de la valoración y la subsunción comparativa que una conducta como la concreta que se contempla, sea confirmada como costumbre o uso; o a la inversa, que una tendencia tenga tanta fuerza moral que deba reconocérsela como uso aunque sólo cristalice en hechos muy de cuando en cuando».

---

115 *Bundessteuerblatt* 1956, parte III, págs. 4-5.

116 RAVIT, *AcP* tomo 58 (1875), págs. 68-69; LOTMAR, *Der unmoralische Vertrag* (1896), págs. 90-91; BAUMBACH, *Wettbewerbsrecht,* 1ª ed. (1929), pág. 176; SALINGER, *JW* 1917, págs. 4/9.

117 LOTMAR, *ob. cit.,* pág. 90.

118 SALINGER, *JW* 1917, págs. 4/9.

119 *Logische Studien,* 3ª ed., págs. 111-12.

Por último Ernst Fuchs, un partidario de la escuela del derecho libre, sostiene en forma drástica que la constatación de los hechos y la apreciación jurídica son inseparables cuando se aprovechan normas extrajurídicas. Llega incluso a afirmar[120]: «Ni siquiera el más sutil químico del derecho podría separar entonces el juzgamiento fáctico de un caso concreto, de su juzgamiento jurídico».

No obstante, para resolver el problema de la remisión a valoraciones extrajurídicas, se ha menester la «química del derecho»: hay que indagar de qué naturaleza son las normas que dan aquí sostén al fallo judicial. Sólo resuelto esto, podrá decirse si la cuestión de hecho y la cuestión de derecho coinciden en la subsunción, sea conceptualmente o por lo menos en la práctica.

bb) Siguiendo la concepción actual, no deberían caber ya dudas de que la subsunción bajo conceptos «que necesitan ser suplidos con valores» tales como «contrario a las buenas costumbres», «buena fe», «culpa», es, lógicamente, *una cuestión de derecho.* Aunque la ley, al mentar esos conceptos, remite a normas de conducta ético-sociales, esas normas son desde el punto de vista jurídico, máximas incompletas. Su misma indeterminadez les es óbice para que formen premisas jurídicas mayores; constituyen sólo marca-rumbos para la premisa mayor cuya formulación es tarea del juez[121]. Si un perito o el juez las insertan en el proceso, como etapa previa a esa formulación, tal inserción pertenece, desde el punto de vista lógico, al campo de la constatación de los hechos, por cuanto esas normas son «realidades del espíritu»[122]. Pero si la jurisprudencia y la doctrina antiguas consideraban también a la subsunción que a esto seguía, como un juicio «moral», no sujeto a reglas jurídicas, era porque pensaban, erróneamente, que las máximas ético-sociales proporcionarían decisiones terminadas, y que el juez, para aplicar la ley, no tendría que hacer más que «subsumir» un cuadro fáctico bajo la moral convencional[123]. Si se sostiene que las máximas pre-jurídicas tienen preparada ya la decisión correcta para todo caso justiciable, y se valora entonces la conducta de un litigante simplemente según las ideas generales de «contrario a la moral», «contrario a la buena fe» y «negligencia», el juez no se saldrá en ningún momento, al juzgar, del campo de la apreciación de la prueba, o, mejor dicho, del campo de la subsunción del cuadro fáctico bajo las premisas mayores tácticas de la ética social.

Pero la juridicidad de la valoración no es solamente una consecuencia de la indeterminadez de las máximas ético-sociales, la cual obliga a crear premisas mayores jurídicas. La ley misma remite a las «buenas» costumbres y a la tradición «loable», no a la diligencia «habitual» sino a la diligencia «exigible» en el tráfico. Y con ello alude a la apreciación crítica de la realidad social por el juez, cuyos juicios son siempre valoraciones del ordenamiento jurídico[124].

Lo único que podría prestarse a duda es cuál es el carácter de la subsunción bajo conceptos (experienciales) «descriptivos», que remiten, no a un «deber-ser», sino a un *ser social,* tales como los conceptos «costumbres del tráfico» (§§ 151,157, 242 BGB), «ideas del tráfico social» (§§ 97, 119 II BGB), «uso habitual» (§ 459 II BGB), remuneración «habitual» (§§ 612, 632, 653 BGB), «usos ele comercio» (§ 346 BGB), etc.[125].

---

120 *JW* 1917, pág. 634.
121 Véase *supra* § 3 V.
122 ENGISCH, *ob. cit.*, págs. 43-48; SCHEUERLE, *ob. cit.*, pág. 69.
123 Así lo dice con toda nitidez *RG Bolze,* tomo III, Nr. 1432; BAUMBACH, *ob. cit.*
124 Véase *supra* § 3 V 1.
125 Una enumeración detallada de todos los conceptos jurídicos que remiten a valoraciones del tráfico la da OERTMANN, *Rechtsordnung und Verkehrssitte,* pág. 423 y sigtes.

¿Queda aquí aún motivo y lugar para una valoración jurídica, junto a la constatación fáctica[126] de que algo es usual, de que las relaciones del tráfico social son gobernadas por una concepción determinada, etc.? En la mecánica determinación del derecho de todos los días no parece haber motivo, efectivamente, para extraer aspectos jurídicos de las costumbres del tráfico, de los modos de ver del tráfico social y de los usos. Un perito nombrado por el tribunal podrá informar sobre cuál es la remuneración usual por trabajos artesanales y el juez, no versado en esa materia, se atendrá en su fallo a ese informe para determinar el monto del pago (§ 632 II BGB). Recargando las tintas, puede decirse que es el perito y no el juez quien decide el proceso.

En cambio, el caso no corriente, que obliga a detenerse para dilucidarlo[127], pone de resalto —como sucede siempre cuando se tocan problemas de separación— las cuestiones jurídicas que plantea el sentenciar con el auxilio de las reglas sociales de experiencia. Es por tanto *cuestión de derecho*[128] cuáles son los presupuestos para que se pueda hablar de una «costumbre del tráfico», de un «modo de ver del tráfico social», de un «uso comercial», etc. en el sentido de una determinada normal legal, o sea, cuál debe ser la reiteración, la duración y el consenso con que cuente un uso, para que pueda valer jurídicamente como «costumbre del tráfico», etc. Vista desde ese ángulo, habrá que negarle reconocimiento a una práctica cuando le falte el consenso suficiente y la duración prolongada[129] que presupone por ejemplo el concepto jurídico de «uso comercial» y por consiguiente, hacer un juicio jurídico y no simplemente un juicio fáctico que se cometa a un perito, cuando se trate de saber: si el modo de ver de personas singulares es suficiente para configurar el «modo de ver del tráfico social»[130]:

cuándo una práctica bancaria ha alcanzado el rango de «uso comercial»[131];

si una práctica unilateral de los importadores, que no cuenta con el asentimiento de los vendedores extranjeros, puede fundar un «uso comercial»[132];

si un cese temporario de las actividades en algún ramo hace caducar un «uso comercial»[133].

Es igualmente *cuestión de derecho* qué consecuencias tiene que deducir el juez en el caso de coexistir varios modos de ver (o costumbres) del tráfico divergentes la una de la otra: negar que exista una manera de pensar (del tráfico social) jurídicamente relevante[134], o dar preferencia a una de las concurrentes[135]. Precisamente cuando concurren modos de ver diversos se tiene la prueba de que es necesario que sea el juez quien juzgue, porque el perito no está legitimado para fungir de árbitro por encima de los particularismos grupales.

---

[126] Así lo dice con toda nitidez *BAG AP* Nr. 1 *ad* § 616 BGB (empleado), sub III c.

[127] Véase por ejemplo el fallo *BCH LM* Nr. 1 *ad* § 87 b HGB.

[128] Acertado BAUMBACH-DUDEN, *HGB*, 16ª ed. (1964). 2 C *ad* § 346; no es claro en cambio MANIGK, *RG-Festgabe*, tomo VI, pág. 142, quien habla de un «juicio experiencial casacionable».

[129] *RG* 110, 48 y los instructivos ejemplos de OTTO SCHREIBER, *Handelsbr[äuche* (1922), págs. 22-17, quien afirma empero, sin buena razón, que el derecho no tendría arma alguna contra los «abusos del comercio» (pág. 46).

[130] *RG* 77, 244; *BGH NJW* 1963, págs. 2267/69 sub VI.

[131] RG 110, 48.

[132] OLG München, *Betriebsberater* 1955, pág. 748.

[133] *BGH NJW* 1952, pág. 257.

[134] Cfr. RG 69, 150/53.

[135] Cfr. OERTMANN, *ob. cit.*, págs. 426-27; DÜRINGER-HACHENBURG-WERNER, *HGB*, 3ª ed. (1932), 9 c *ad* §346.

En vista de todo esto, la aplicación de las normas en blanco que son descriptivas y que han menester ser suplidas con valores, hecha con el auxilio de reglas experienciales y máximas éticas, puede calificarse como sigue. Está comprendida en el campo de la *cuestión de hecho* la constatación de un uso de su duración y del consenso con que cuenta; en el de la *cuestión de derecho,* en cambio, el establecimiento del módulo jurídico por el cual se ha de juzgar qué requisitos debe reunir un uso para ser reconocido; la indagación de si las «buenas costumbres» mencionadas en el § 138 BGB son la «costumbre del tráfico» de que habla el § 151 BGB, etc., y sobre todo, la formación de la premisa mayor jurídica con el auxilio de una norma extrajurídica[136].

Para clarificar este proceso un tanto complejo, analizaremos un fallo del *Reichsgericht*[137] que fue objeto de muchos comentarios[138]. Se trataba de saber si el portero nocturno de un hotel puede considerarse facultado «según las circunstancias» para tomar en depósito objetos de valor de los pasajeros (§ 701 II BGB). Si se sigue la opinión del *Reichsgericht* de que el concepto indeterminado «según las circunstancias» ha de entenderse como una referencia a la manera de pensar del tráfico social sobre las facultades de un portero de hotel[139], entonces entra en el campo de la *constatación fáctica* la enunciación de la regla experiencia!:

«Según las ideas vigentes, esto es, la opinión del hotelero y de los pasajeros del hotel, el portero nocturno de un hotel no está facultado para tomar en depósito objetos de valor pertenecientes a los pasajeros. Esto es asunto de la dirección del hotel».

Pero tiene *carácter jurídico* la (dilucidación de si esa regla experiencial merece reconocimiento. La respuesta tendría que ser negativa si una práctica se fundara únicamente en la preponderancia de la industria hotelera y faltara el consentimiento de los pasajeros. Pero si el reconocimiento no ofrece dudas, el juez formará, apoyándose en la regla experiencial, la premisa mayor jurídica, bajo la cual se subsume el cuadro fáctico:

«Normalmente, los porteros nocturnos no están facultados para aceptar en depósito objetos de valor de los pasajeros del hotel».

Se discute en doctrina cómo ha de calificarse el informe de un perito llamado por el tribunal para pronunciarse sobre valoraciones tales como las maneras de pensar del tráfico social, etc.; ¿está informando sólo sobre la cuestión de hecho[140] o haciendo asimismo una valoración jurídica[141]?

---

136 Tal como lo hacen aquí Scheuerle, *ob. cit.,* págs. 65-70; Baumbach-Duden, *ob. cit.,* 2 C *ad* § 346; Wickrath, *Die Abgrenzung der Tatfrage van der Rechtsfrage,* pág. 59, y la sentencia *BGH LM* Nr. 11 *ad* § 906 BGB, que separa límpidamente la cuestión de hecho de la cuestión de derecho. Es equivocada en cambio la *BGH LM* Nr. 11 *ad* § 284 BGB, en la cual no se advierte el carácter jurídico de la cuestión de si un uso comercial puede pretender validez también en la situación anormal de una reforma monetaria. Hemos explicado arriba § 3 V 2 y § 4 IV I b, *cc* que, debido a la conexión entre la regla experiencial y la premisa mayor jurídica, el juez de casación tenía que examinar también la regla de experiencia, que se encuentra en el terreno de los hechos.

137 Así Engisch, *ob. cit.,* pág. 112, N. 2; Mannheim, *Beiträge zur Lehre von der Revision,* pág. 83; Manigk, *RG-Festgabe,* pág. 144; Schwinge, *Grundlagen des Revisionsrechts,* págs. 162-63.

138 *RG* 99, 70. Véase también el ejemplar análisis de una subsunción bajo el concepto de «indicaciones inexactas» sobre el origen de una mercancía (§ 3 UWG) en Wehli, *Festschrift Wach* (1913), tomo I, págs. 410-15, así como el fallo reproducido en *VersR* 1961, págs. 818/19, del OLG Celle sobre el concepto de «aumento del peligro» (§ 23 VVG).

139 *RG* 1, 83-84; *RG* 99, 71.

140 Scheuerle, *ob. cit.,* págs. 70-71, sobre el informe acerca de valoraciones médicas; K. D. Kerameus, *Die Entwicklung des Sachverständigenbeweises* (1963), pág. 94, y posiblemente también Engisch, *ob. cit.,* quien no supone, sin embargo, como afirma Scheuerle, una inseparabilidad.

Para que no se sobreestime esta cuestión (que, dada la libertad del juez frente al dictamen pericial es harto teórica), señalaremos sucintamente; el perito informa fundamentalmente sólo sobre las normas (extrajurídicas) de su especialidad. Incluso si llegare a preguntársele a quién le «pertenecen», según las maneras de pensar en el tráfico, los cortes hechos por un cortador-[142] para una casa de confecciones, sólo se pronunciará sobre la idea común de «propiedad», pero no sobre la adquisición de propiedad fundada en el § 950 BGB, juicio que escapa a su competencia. Si al perito se le hubiese encomendado informar también sobre la situación jurídica, podrá, por supuesto, someter al juez una propuesta de decisión[143].

cc) La suplencia de una norma en blanco con el auxilio de máximas extrajurídicas plantea no sólo el problema de la calificación de las conclusiones singulares, sino también el de la *separabilidad de cuestión de hecho y cuestión de derecho.* Cuán próximos pueden estar estos terrenos el uno del otro lo demuestra una decisión de la Corte federal de justicia, en la que se dice con brevedad lapidaria[144]:

«El pago de sobornos, a órganos, representantes legales o empleados, con el fin de obtener preferencias en contrataciones, especialmente en adjudicaciones de obras, viola las reglas más elementales y básicas de la decencia en los negocios y de la buena costumbre comercial».

La formulación: «...viola las reglas más elementales y básicas de la decencia en los negocios y de la buena costumbre comercial», ¿refleja una norma ética, la premisa mayor jurídica, o ambas a la vez indisolublemente entrelazadas?

La posible coincidencia de cuestión de hecho y cuestión de derecho en esos cuadros fácticos tiene, si se analizan las disquisiciones de Engisch[145], cuatro raíces:

El juez considera de antemano como costumbre y uso solamente aquello que se practica y se piensa en los círculos de las personas «decentes»,

el juez invoca, para fundar su juicio valorativo, ideas y costumbres[146] sobre las cuales él mismo informa como «perito en cuestiones de moral general»[147].

el juez invoca jurisprudencia y doctrina[148],

el juez dicta un juicio valorativo personal[149].

---

141 STEIN, *Das private Wissen des Richters,* págs. 68-69; MEZGER, *Der psychiatrische Sachverständige,* pág. 12, N. 20 y pág. 173; MANIGK, *ob. cit.,* pág. 142, N. 59; BROGGINI, *AcP* tomo 155 (1956), págs. 469/81.

142 Así es el caso referido por SCHREIBER, *ob. cit.,* págs. 75-76.

143 Véase el fallo anterior *ad BAG* 7, 64.

144 *LM* Nr. 12 *ad* § 138 (Cb) BGB.

145 Reproducido textualmente en conexión con la nota 119.

146 ENGISCH, *ob. cit.,* pág. 112: «Con frecuencia el juzgador generaliza su propio modo de actuar y su propio sentir convirtiéndolo en costumbre y en sentir popular, proyectando así en la realidad una valoración personal».

147 Desde la aparición de la homónima obra de STEIN, es opinión generalizada que el juez puede aprovechar su «saber privado» de reglas experienciales generales (págs. 74-102). Más sobre esto, desde el punto de vista actual: STEIN-JONAS-SCHÖNKE, 18ª ed., III 1 ante § 402.

148 ENGISCH, *ob. cit.:* «... Pero con frecuencia se atiene también —asociando de esta manera nuevamente la constatación de los hechos y la subsunción— a la jurisprudencia habida hasta ese momento, sobre la base de la cual constata que también aquí y ahora la costumbre y el sentir popular reclaman esto y aquello».

149 ENGISCH, *ob. cit.:* «Por ejemplo, allí donde un uso no puede constatarse con seguridad o se está recién abriendo camino, y se quisiera desestimar *ab initio,* en virtud de la valoración y la subsunción

El primer caso de inseparabilidad que plantea Engisch, de que el juez parte del principio de reconocer validez solamente a lo que se practica y piensa en el círculo de las personas «decentes», y determine así la máxima moral «sobre una base inductiva angostada por valoraciones»[150], no es otra cosa que la exclusión de un medio probatorio por vía del *examen jurídico de la inferibilidad (o sea que autoriza a inferir una conclusión) [rechtliche Schlüssigkeitsprüfung]*[151]: puede ocurrir por ejemplo que el juez rehúse practicar la prueba acerca de las ideas de moral de «Fulano y Zutano»[152], porque para determinar lo que es «contrario a las buenas costumbres» habría que tener en cuenta el sentimiento de decencia de las personas que «piensan con equidad y justicia», entre las cuales no se contarían, en ese caso, «Fulano y Zutano». Pero este «angostamiento *(a priori)* de la base inductiva» no torna inseparables la cuestión de hecho y la de derecho. El examen de inferibilidad es un juicio jurídico de valor, que se distingue nítidamente de las afirmadas ideas de «Fulano y Zutano». La separación no resulta aquí más difícil que cuando se rechaza *a posteriori* una manera de pensar vigente en la sociedad, constatada en la instrucción de la prueba.

El segundo caso de inseparabilidad analizado por Engisch es el del juez (experto) que *invoca maneras de pensar y costumbres del tráfico social.* Se da en un fallo del *Reichsgericht* que versaba sobre el «carácter contrario a las buenas costumbres» de un testamento en el cual se amenazaba a los herederos legítimos con limitar su hijuela a la legítima en caso de que mudaran de religión[153]. En ese fallo se dice:

«Ninguna duda cabe de que una disposición de ese contenido sería nula conforme al § 138 I BGB. A la sensibilidad de los círculos de la sociedad que alientan una moral seria, le repugna que se busque influir en una decisión de índole religiosa, que sólo debería responder a la libre convicción personal, ofreciendo a una persona la perspectiva de ventajas o desventajas patrimoniales... El intento de ejercer esa compulsión (a pertenecer a un determinado credo religioso) por disposiciones de última voluntad, no puede, por consiguiente, subsistir tampoco frente al ordenamiento jurídico, conforme al § 138 I BGB. La sentencia impugnada es, por tanto, correcta en cuanto a su resultado y el recurso de casación debe rechazarse, con costas a cargo del demandado».

Este fallo constituye una prueba contundente en contra de la teoría de la inseparabilidad. En él pueden verse nítidamente separadas las ya calificadas gradas del razonamiento en la aplicación del derecho, a saber, la enunciación de la máxima ética:

«A la sensibilidad de los círculos de la sociedad que alientan una moral seria, le repugna que se busque influir... (en cuestiones) de índole religiosa» la formación de la premisa mayor jurídica según esta máxima:

«el intento... no puede tampoco subsistir frente al ordenamiento jurídico...»

así como la subsunción:

---

comparativa, que una conducta como la concreta sub examen sea declarada como costumbre o uso. O a la inversa, donde una tendencia tiene tanta fuerza moral que uno se ve en la obligación de reconocerla como uso cuando ella irrumpe, aunque sea sólo aisladamente, para convertirse en hecho».

150 Engisch, *ob. cit.*

151 Véase Stein-Jonas-Schönke, *ob. cit.*, B III 3 b *ad* § 284.

152 Eb. Schmidt, *JZ* 1954, págs. 369/74.

153 *SeuffArch* tomo 69, Nr. 48.

«la sentencia impugnada es, por consiguiente, correcta en cuanto a su resultado».

El hecho de que el juez «generalice aquí su propio sentir hasta el punto de presentarlo como costumbre», no torna inseparables la cuestión de hecho y la de derecho[154], si se tiene en cuenta que en estos casos, por la naturaleza del asunto, el juez funge como dictaminador sobre el código general de costumbres, o sea que introduce la máxima en el proceso a la manera de un perito.

Verdad es que los considerandos de los fallos judiciales serán rara vez tan minuciosos como la citada sentencia del *Reichsgericht.* Las distintas etapas de la determinación del derecho se perfilarán por tanto sólo de manera imperfecta. Puesto que la fundamentación de una sentencia no tiene por fin instruir a las partes sobre la lógica de la aplicación del derecho, el juez, para señalar con brevedad concluyente las razones en que apoya su decisión, resumirá sus consideraciones diciendo por ejemplo:

«El pago de sobornos viola las reglas más elementales y básicas de la decencia en los negocios y de las buenas costumbres comerciales».

Mas esta síntesis no conduce a una inseparabilidad lógica, sino tan sólo a una coincidencia (provisoria) de ambos campos en la fundamentación de la sentencia, cuestión ésta de la cual habremos de ocuparnos aún más adelante[155].

En cuanto al tercer caso de inseparabilidad que supone Engisch, el de *invocación de jurisprudencia y doctrina,* remitimos a las siguientes formulaciones de la Corte federal de justicia, relativas al carácter contrario a las buenas costumbres de una cesión de créditos[156]:

«... El tribunal de apelación ha llegado al convencimiento de que la cesión de los derechos que se invocan en la demanda, originariamente sólo tenía el propósito de servirse de la demandante como parte pobre para litigar gozando del beneficio de pobreza, y eludiendo o reduciendo así el riesgo de las costas, todo ello en perjuicio del Estado v de la parte contraria. Esto constituye, en opinión del tribunal de apelación, un abuso del derecho contrario a las buenas costumbres, que anula la cesión conforme al § 138 BGB.. Este juicio está en consonancia con principios jurídicos reconocidos (cfr. especialmente RGZ 81, 175; OLG Colonia, MDR 54, 174 nr. 139; Enneccerus-Nipperdey, *Allg. Teil des bürgerl. Rechts,* 14ª ed. 1955, § 191, II 3 con nota 15)...» (siguen muchas otras citas).

El posible entrelazamiento de cuestión *de hecho y cuestión de* derecho presupone que la cita que remite a la jurisprudencia y a la doctrina constituya, desde el punto de vista lógico, una «constatación de hechos». En esto no hay inconveniente en darle la razón a Engisch[157]: una práctica jurisprudencial firme y una doctrina dominante son «realidades del espíritu», asimilables a las ideas sociales[158]. Esta calificación se torna inmediatamente plausible si se sienta la tónica en el *hecho* de la

---

[154] Véase también Scheuerle, *ob. cit.,* pág. 69. La separabilidad no es influenciada por supuesto por el hecho de que el juez parta de una máxima tan sólo afirmada. No es distinto el caso al del error del perito.

[155] *Infra* 2 b.

[156] *LM* Nr. 3-a *ad* § 138 (Ca) BGB.

[157] Ver también Scheueule, *ob. cit.,* pág. 65.

[158] El tratado de Enneccerus-Nipperdey, *Allgemeiner Teil,* 15ª ed., tomo I/1, 41-42, (rata por tanto también la jurisprudencia y la doctrina a continuación de «costumbre, usos del comercio».

práctica forense y en el *hecho* de la «communis doctorum opinio»[159]. También la mención de una opinión individual, por ejemplo «Enneccerus -Nipperdey, *ob. cit.*», es, desde el punto de vista lógico, una constatación de hechos, cuando el sentido de la cita consiste exclusivamente en informar al lector del hecho de esa manifestación sin añadirle comentarios.

La naturaleza fáctica de la cita remitente se advierte claramente en un fallo de la Corte federal do justicia sobre un reclamo de gastos útiles hecho por el locador de obra conforme al § 994 BGB[160]. En la cuestión relativa a la adquisición de buena fe de prendas de posesión legales —cuestión que no era objeto del juzgamiento— la sentencia se limita a una extensa referencia, do las diversas opiniones contrarias sustentadas en la jurisprudencia y la doctrina.

Pero la jurisprudencia y la doctrina no solamente son objeto de conocimiento fáctico, sino que también proporcionan el material para formar la premisa mayor del fallo. Al igual que con las reglas experienciales de los modos de ver y costumbres del tráfico social, debe a tal efecto verificarse su acierto y su aplicabilidad en el caso concreto en la primera etapa de la cuestión de derecho, mediante un *juicio de valor jurídico*[161]. La segunda etapa del juzgamiento jurídico, será el planteo de la premisa mayor con el auxilio de las concepciones, que se estimen pertinentes.

De este análisis, cabe deducir que la separación lógica entre cuestión de hecho y cuestión 'de derecho es también factible indubitablemente cuando se aprovecha material jurisprudencial, siempre que se observen las etapas de razonamiento que ya se pusieron de manifiesto en el aprovechamiento de la «costumbre y del sentir popular». La referencia de jurisprudencia y doctrina es una *cuestión de hecho;* el examen de las opiniones reseñadas y su aprovechamiento para formar la premisa mayor, una *cuestión de derecho.*

Daremos ahora un ejemplo del último caso de inseparabilidad analizado por Engisch; la *valoración personalísima hecha por el juez* para ayudar «al triunfo a una tendencia moral» [162]. Se trata de un revolucionario fallo de la Corte federal de justicia sobre la protección del derecho general de la personalidad[163]. El *Reichsgericht* le había denegado reconocimiento a ese derecho, en una jurisprudencia constante[164], desde un fallo del año 1902[165], y tutelado la personalidad sólo con relación a los distintos bienes jurídicos de la vida, del cuerpo, de la salud, de libre albedrío, del honor, etc. La doctrina dominante se había adherido a esta concepción[166]. Sólo después de la segunda guerra mundial y bajo la influencia del nuevo derecho constitu-

[159] El derecho nacional es, conforme a la máxima *iura nouit curia,* objeto del «saber privado» del juez. Las normas jurídicas nacionales no son ñor tanto determinadas por vía de prueba (STEIN, *ob. cit.*, págs. 174 y sigtes.; BROGGINI, *AcP* tomo 155, págs. 469/79-80). Por el contrario, el juez está facultado para «procurarse el material que le parezca necesario o útil para conocer e interpretar la voluntad legislativa ... y de procurárselo de cualquier manera que parezca adecuada a la sensibilidad judicial» (RG 81, 276/82).

[160] *BGH* 27, 323-24.

[161] No puedo adherirme a la opinión de SCHEUERLE de que acudir a la jurisprudencia y la doctrina sería un acto meramente cognitivo, sin valoración alguna (*ob. cit.*, pág. 66); el juez consciente de su deber no hace un culto de los precedentes.

[162] Véase la concepción arriba referida de ENGISCH.

[163] *BGH* 13, 334 del 25-5-1954.

[164] La constancia de la jurisprudencia es destacada por el *RG* 113, 414.

[165] *RG* 51, 369 del 29-5-1902.

[166] Véase HUBMANN, *Das Persönlichkeitsrecht* (1953).

cional, que enfatizaba la «dignidad humana», se vieron signos de cambio. Y la Corte federal de justicia ayudó en el año 1954 a abrirse paso a esta nueva «tendencia moral» dictando el siguiente considerando:

«Dado que ahora la Ley Fundamental reconoce el derecho del hombre al respeto de su dignidad (art. 1, GrundG) y el derecho al libre desenvolvimiento de su personalidad también como un derecho privado, que todos deben respetar, siempre y cuando ese derecho no lesione los derechos de otros ni infrinja el ordenamiento constitucional o la ley moral (art. 2 GrundG), el derecho general de la personalidad debe considerarse un derecho fundamental garantizado constitucionalmente (cfr. Enneccerus-Nipperdey, *Allgemeiner Teil* 14ª ed. § 78 I 2; Enneccerus-Lehmann, *Schuldrecht* 14ª ed. § 233 2 c; Coing *SJZ* 1947, 642)».

En este texto no puede encontrarse entrelazamiento alguno de cuestión de hecho y cuestión de derecho. La proposición .el derecho general de la personalidad debe considerarse un derecho fundamental garantizado constitucionalmente» sienta el juicio valorativo jurídico[167], o sea el reconocimiento del derecho de la personalidad en el pronunciamiento judicial; la cita «cfr....» es una remisión, ubicada en el terreno fáctico, a la «tendencia moral» de la doctrina que se aduce.

Tomando el modelo de este fallo, no se explica cómo podría producirse en estos casos una inseparabilidad 'de cuestión de hecho y cuestión de derecho. Incluso si el juez calificara de «modo de ver dominante» a una tendencia moral que estuviera recién pugnando por abrirse camino, con el fin de granjearle, por la fuerza de su voto personal, el reconocimiento general, no habría entrelazamiento. El juez sólo estaría introduciendo en el proceso, a la manera de un perito que alienta un interés personal, una máxima aun no existente, cuya afirmación podría separarse límpidamente de la apreciación jurídica del cuadro fáctico.

d) La prueba *prima facie* representa una complicación que ha recibido hasta ahora muy poca atención en la doctrina, y que sólo recientemente ha sido puesta a discusión por Wassermeyer[168]. Según este autor, la prueba *prima facie* de la culpabilidad[169] constituye una «prueba de derecho»; las normas de la experiencia del mundo que dan sostén a la prueba no señalan una culpabilidad concreta, sino la culpabilidad como tal. «La aplicación del derecho y la constatación se cumplen pues en un solo acto, de lo cual resulta el peculiar fenómeno de la constatación que aplica el derecho»[170].

La mejor manera de probar si esta inteligencia de la prueba *prima facie* resiste el análisis, consiste en tomar un ejemplo de la jurisprudencia[171] como va se hizo en los otros supuestos de complicaciones hasta aquí analizados:

---

167 La idea de que el juicio valorativo está compuesto de dos actos, a saber: la aprobación o reprobación fáctica, y la cognición jurídica que le sigue: «mi valoración es (en efecto) la valoración de la ley», la estimo, en contra de la opinión de SCHEUERLE, como un psicologismo equivocado. El sentido del juicio valorativo no es el que el juez haya efectuado en su ánimo una determinada valoración, sino que al cuadro fáctico le corresponde una valoración determinada (correcto LARENZ, *Methodenlehre,* págs. 216-17).

168 *Der prima facie-Beweis* (1954), págs. 14-30. Reflexiones parecidas, pero formuladas aún con poca precisión, pueden verse en HÖFER, *Der prima-facie-Beweis in der reichsgerichtlichen Rechtsprechung* (1926), págs. 73 y 79.

169 WASSERMEYER (*ob. cit.,* págs. 32 y sigtes.) rechaza la prueba *prima-facie* de la relación de causalidad.

170 *Ob. cit.,* pág. 20.

171 Cfr. *RG Warn. Rechtspr.* 1929, Nr. 159.

Almorzando en una fonda, un parroquiano se tragó un imperdible que venía mezclado en la comida y cuya eliminación de su organismo requirió un tratamiento médico.

En el pleito por daños y perjuicios que el damnificado le siguió al fondista, el *Reichsgericht* estimó que la prueba «prima facie» de la culpabilidad estaba dada: el solo hecho de que un imperdible hubiera llegado a parar a la comida demostraría que en la fonda debían de haber «faltado el orden, la vigilancia, las previsiones o directivas necesarios para evitar esos eventos peligros».

Wassermeyer tiene razón en cuanto el juez, al aplicar la prueba *prima facie* de la culpabilidad, prescinde de constatar la negligencia concreta[172]. Puesto que las lagunas en la constatación de acontecimientos sólo pueden suplirse invocando el curso normal de las cosas, el suceso queda sin aclarar en su pormenor, fenómeno éste que parecería brindar apoyo a la idea de que hay un concepto jurídico abstracto de la «culpa».

Mas esta apariencia es engañosa. Las reglas de la experiencia del mundo no pueden mostrar que hay un concepto jurídico de la «culpa», porque ellas mismas consisten en casos observados en el ámbito extrajurídico[173] y por tanto sólo permiten sacar conclusiones sobre hechos acaecidos en éste.

Si, por ejemplo, un cirujano ha dejado en la cavidad abdominal de un paciente, una pinza arterial de gran tamaño, la experiencia del mundo dará pie para creer que se infringieron reglas de pericia médica[174], pero no que existe un concepto en blanco de la «culpa», que recién habrá de concretarse en una etapa posterior del razonamiento, sobre la base de la infracción de las *leges artis medicinae.*

Mas yerra también quien supone que la prueba *prima facie* se refiere solamente a conceptos abstractos tales como «despreocupación como tal», «falta de atención como tal», etc. Los conceptos no pueden dar origen a una obligación de resarcir. Esta obligación se funda en una *conducta* reprobada, o sea en un cuadro fáctico real, que se supone dado también en «alguna» forma valorada desfavorablemente por el orden social, en la prueba *prima facie* de la culpabilidad. Dice pues con todo acierto el *Reichsgericht* en su citado fallo que en la fonda debían «de haber faltado el orden, la vigilancia, las previsiones o directivas necesarios para evitar esos eventos peligrosos». Debido a la imposibilidad de constatar la falla concreta, el cuadro fáctico del «acto de alguna manera contrario al deber» es resumido a menudo en una frase compendiosa tal como «equivocación de la ruta por falta de diligencia»[175], pero esta síntesis, hecha por razones de buena exposición, sólo oculta los cuadros fácticos alternativos (exceso de velocidad, o cansancio del motorista, o ebriedad, o...). No convierte a la prueba *prima facie* en una prueba conceptual ni mucho menos en una prueba conceptual jurídica. La prueba *prima facie* es una prueba genuina y exclusivamente fáctica[176].

Las reglas de la experiencia del mundo permiten deducir cuadros fácticos. Lo demuestra un análisis de cómo se los obtiene y aplica. Esas reglas se obtienen induciéndolas de casos observados.

---

[172] Así también claramente *BGH LM* Nr. 20 *ad* § 286 (C) ZPO.
[173] Ver STEIN, *Das private Wissen des Richters,* págs. 18 y sigtes.
[174] *BGH LM* Nr. 15 *ad* § 286 (C) ZPO.
[175] *BGH LM* Nr. 7 *ad* § 286 (C) ZPO.
[176] Cfr. también KOLLHOSSER, *AcP* tomo 165 (1965), págs. 46/63-64.

Los casos en los cuales se encontraron cuerpos extraños peligrosos en comidas, se explicaban casi siempre en que esos cuerpos no se mantenían apartados con el suficiente cuidado de las comidas a preparar, yendo por consiguiente a parar a ellas.

La regla experiencial obtenida por conclusión inductiva:

«Cuando un cuerpo extraño peligroso ha ido a parar a una comida, normalmente no se lo habrá mantenido apartado de la misma con el debido cuidado»,

es aplicada luego por el juez, por vía deductiva, para establecer lo sucedido tal como cabe suponerlo conforme a la experiencia del mundo:

«Puesto que en la fonda del demandado fue a parar en un almuerzo un cuerpo extraño peligroso, a saber: un imperdible, debe de haberse omitido la necesaria precaución de mantener los imperdibles fuera de la cocina».

Los cuadros fácticos que subyacen a la regla experiencial son, como ya destacamos, de determinada calidad (negativa) («cuando un cuerpo extraño peligroso ha ido a parar a una comida, debe de haber faltado el orden *necesario»).* Mas esta cualidad no autoriza a inferir la inseparabilidad de cuadro fáctico y juicio valorativo. Significa tan sólo que esa regla experiencial se forma sobre la base de cuadros fácticos que *merecen* el juicio valorativo de «negligencia» que les ha añadido el juez. Es verdad que el suceso constatado *«prima facie»* puede ser subsumido por lo común bajo el concepto jurídico de «culpa», pero con esto no se elimina la separabilldad lógica de cuestión de hecho y cuestión de derecho. Como tantas otras veces, sólo cabe constatar una coincidencia expositiva en la práctica jurídica.

Lo dicho vale análogamente para la prueba *prima facie* de la *relación causal.* Esta prueba no está comprendida en el campo de la cuestión de derecho, porque también ella se funda sólo en reglas experienciales fácticas sobre el «curso ordinario de las cosas»[177]. Cuando en la prueba *prima facie* se afirma que se dio la causalidad que enseña la experiencia, quedará normalmente resuelta también la cuestión de derecho de la causalidad jurídica[178], porque la prueba *prima facie* presupone una sucesión típica de los hechos, que cumple a la vez los requisitos del concepto de «causalidad» jurídico. Mas esto no autoriza a hablar de inseparabilidad lógica de esos dos ámbitos.

2. Las complicaciones prácticas de la separación

Al atribuir al tribunal de casación el control ilimitado de la aplicación del derecho, el ordenamiento procesal supone no sólo la separabilidad conceptual, sino también la separabilidad práctica de cuestión de hecho y cuestión de derecho. Sin embargo, la doctrina que cuestiona la separabilidad práctica pone sobre el tapete diversas dudas de índole teórico-cognoscitiva, jurídica y gramatical, las cuales, llevadas a un común denominador, rezan: en la determinación práctica del derecho hay siempre interdependencia entre la cuestión de hecho y la cuestión de derecho, porque: «la constatación de los llamados hechos encierra una parte muy considerable, y a menudo la más considerable, del juzgamiento jurídico»[179]. Por consiguiente,

---

[177] A. Blomeyer, *Zivilprozessrecht* (1963), § 72 II.

[178] Cfr. Lindenmaier en la nota *ad BGH LM* Nr. 1, § 249 (Ba) BGB; *BGH LM* Nr. 3 *ad* § 249 (Bb) BGB sub 2. Sobre la cuestión de hecho y la cuestión de derecho en el terreno de la relación causal ver también *infra* § 6 IV 1 y sigte.

[179] Schwinge, *Grundlagen des Revisionsrechts,* 2ª ed., págs. 52-53.

si ya al juez de los hechos le resultaría imposible mantener nítidamente separadas la constatación y la apreciación del cuadro fáctico, tanto menos podría hacerlo el juez de casación, ya que para tomar conocimiento del material procesal depende la apretada relación que le ofrecen la sentencia de apelación y el acta de sesiones.

Del análisis de las opiniones doctrinales sobre el problema de la inseparabilidad práctica resulta que la separación presenta las siguientes complicaciones:

la selección de los hechos pertenecientes a la causa (a)

la simplificación expositiva en la sentencia (b),

la constatación inadecuada de una «situación global» (c).

a) aa) La complicación que acarrea *elección de los hechos pertenecientes a la causa*[180] se presenta al engranarse la constatación y la apreciación de los hechos en la determinación práctica del derecho. El juez no constata, sin meta ni plan, algún «cuadro fáctico» cualquiera, sino que de lo expuesto separa *ab initio* lo que pertenece a la causa de lo que es ajeno a ella[181]. Lo que pertenece a la causa es objeto de análisis y examen en el debate oral y en la sentencia. Lo ajeno a ella es eliminado lo más pronto posible del proceso; la exhortación judicial de «ceñirse *a* la cuestión», de «ir al grano», es signo claro de esa labor eliminatoria. Por consiguiente, si el examen del material procesal se guía por el interés cognitivo en conocer y por el interés jurídico en valorar, la cuestión de hecho y la cuestión de derecho estarán aparentemente en conexión indisoluble, determinada por las normas jurídicas pertinentes. Con este enfoque se llega a un entrelazamiento de los dos campos, no por razones lógicas, pero sí por razones teórico-cognoscitivas y jurídicas.

Rumpf[182] destaca la inseparabilidad por *razones teórico-cognoscitivas:* nuestra cognición es normativa, y no pasivo-receptiva. «Constatar hechos» no significa, por tanto, «reproducir un simple reflejo de la realidad», sino configurar la realidad mediante un proceso mental de modelación y selección «para crear una figura nueva». Si el cuadro fáctico jurídicamente relevante fuera por ende «una creación de la razón del juez ordenador», el divorcio lógico-conceptual entre cuestión de hecho y cuestión de derecho sería sólo «extrínseco». La constatación de los hechos y la apreciación jurídica estarían en verdad inseparablemente ensambladas.

El argumento de la inseparabilidad por *razones jurídicas* es sólo una especialización de esta tesis. Según una difundida doctrina[183], la inseparabilidad se produce

---

180 Véanse detalles en JOACHIM HRUSCHKA, *Die Konstitution des Rechts- falles - Studien zum Verhaltnis von Tatschenfeststellung und Rechtsanwendung,* especialmente págs. 46 y sigtes., que se limita sin embargo a una diferenciación «metajurídica» (*ob. cit.,* pág. 13) y por ende sólo toma posición con reserva respecto de la separabilidad de la cuestión de hecho y la cuestión de derecho (así por ejemplo págs. 9, 21, 23-24). HRUSCHKA afirma expresamente que *después* de constatado el cuadro fáctico, el dato de aplicación del derecho es separable (*ob. cit.,* pág. 24).

181 La contraposición de hechos «jurídicamente relevantes» y hechos «jurídicamente no relevantes» no reviste interés para la vista de material procesal, por cuanto el cuadro fáctico tiene que conducir a la apreciación jurídica y tiene por tanto que acoger todas las circunstancias «pertenecientes a la causa», aun cuando en el curso de la posterior subsunción se las declare no relevantes. Sólo quedan a un lado hechos faltos de todo interés «no pertenecientes a la causa», en la formación del cuadro fáctico (ver también HRUSCHKA, *ob. cit.,* págs. 41-42; SATTELMACHER-LÜTTIG-BEYER, *Bericht, Gutachten und Urteil,* 24ª ed. (1963), págs. 51-52, 185-86).

182 *Der Strafrichter* (1912), tomo I, págs. 195-214.

183 SCHWINCE, *ob. cit.,* págs. 52-53; KUCHINKE, *Grenzen der Nachprüfbarkeit tatrichterlicher Würdigung und Feststellungen in der Revisionsinstanz* (1964), págs. 78-82, 115 (abajo), 116, 118-19, 146, 154; ESSER,

porque la separación entre hechos pertenecientes a la causa y hechos ajenos a la misma presupone que se entiendan las normas jurídicas y porque esa separación es irrealizable sin una comparación del material procesal con la ley. A la inversa, sólo de los hechos expuestos podría deducirse cuáles son las normas jurídicas a las cuales tiene el juez que acudir.

bb) Las aquí expuestas variantes de la teoría de la inseparabilidad pueden alegar con razón a su favor que entre la formación del cuadro fáctico y la clasificación jurídica existen ciertos encadenamientos.

El material procesal sometido al juez no sólo determina la selección de las normas jurídicas a las cuales ha de acudirse. Estas influyen a su vez por reflejo en la determinación de los hechos, por cuanto son ellas las que trazan la perspectiva que guía al juez cuando va asimilando el material procesal y que lo mueve a proceder, cuando va constatando los hechos, con arreglo a un plan. La influencia recíproca entre cuestión de hecho y cuestión de derecho puede verse en la *transformación del material procesal* en un «cuadro fáctico» jurídico[184]. Las exposiciones de las partes y las declaraciones prestadas en la instrucción de una prueba, representan un conglomerado de hechos que el juez tiene que estudiar y ordenar[185]. A menudo se habrán destacado puntos sin interés y pasado por alto puntos esenciales. Cuando surjan entonces cuestiones jurídicas complicadas, el juez no podrá todavía formular la premisa mayor definitiva sobre la base de ese conglomerado. Lo que hace entonces es construir una norma aún no terminada, de la cual se sirve para una primera y tosca eliminación del material fáctico sin importancia y para una primera determinación de los hechos que pertenecen a la causa.

A medida que el cuadro fáctico se va fijando, esa premisa mayor podrá adecuarse al caso con más exactitud, y la recopilación y eliminación de material extenderse a circunstancias que hasta ese momento habían escapado a la atención del juez. Así, ajustando la norma al cuadro fáctico que va cobrando forma, y articulando el material procesal con vistas a la norma en tren de concretarse, debe proseguirse hasta tener acabado el «cuadro fáctico» jurídico y haber hallado la premisa mayor que dé sostén a la decisión. En los casos de configuración jurídica sencilla, el juez dispondrá por cierto de inmediato de la premisa mayor a aplicar; de modo que allí la norma determinante no se irá construyendo paulatinamente. Pero también en esos casos será menester separar los hechos pertenecientes a la causa y los ajenos a ella, así como estudiar y ordenar el material procesal con vistas a la norma jurídica que habrá de aplicarse.

La aquí descripta elaboración del cuadro fáctico se efectuará a menudo en el *curso del debate oral,* de manera intuitiva, concentrando el juez el análisis en los puntos que pertenecen a la causa, sin atenerse a las etapas del silogismo lógico.

En la *redacción de la sentencia* los resultandos deberán estar estructurados de manera que apunten a las cuestiones jurídicas analizadas en los considerandos. Puesto que los resultandos cumplen no solamente una función de documentación, sino también una «función de examen»[186], los hechos jurídicamente conexos debe-

---

Grundsatz und Norm in der richterlichen Fortbildung des Privatrechts, 2ª ed., págs. 261-62; WEHLI, *Fest chrift für Wach* (1913), tomo I, págs. 436 *ad* N. 1; SCHULZ, *Handbuch der Politik* (1912/13), tomo I, págs. 338; HALL, DRW 1941, págs. 305/09-10.

184 Ver detalles en HRUSCHKA, *ob. cit.*

185 HRUSCHKA, *ob. cit.*, pág. 12, habla aquí del no terminado cuadro «de la vida», que contrapone al ordenado y articulado «cuadro fáctico».

186 K. BLOMEYER, *RG-Festgabe* (1929), tomo VI, págs. 328 y sigtes.

rán presentarse en el orden en que puedan ser relevantes como medios de ataque o de defensa[187].

cc) Pese a existir esta relación, es decididamente exagerado suponer que la constatación de los hechos y la apreciación jurídica están entrelazados insalvablemente[188].

La *eliminación del material procesal ajeno a la causa* no es más que un examen de inferibilidad *[Schlüssigkeitsprüfung]*, en el que se confrontan la cuestión de hecho y la cuestión de derecho, que son siempre diferenciales en el análisis de la actividad judicial. Cuando el debate se concentra intuitivamente en los aspectos pertenecientes a la causa, aquellas dos operaciones mentales, la de recibir lo que las partes exponen y la de eliminarlo por jurídicamente irrelevante, pueden alcanzar tal contigüidad que quepa decir que, en la práctica, ellas coinciden. Mas esta coincidencia puede hacerse desaparecer en cualquier momento mediante un examen silogístico de inferibilidad, si resultare que las exposiciones que en un primer momento se creyeron sin interés requieren una consideración a fondo. El juez puede asimismo analizar en la sentencia con más detenimiento las alegaciones que en el debate fueron eliminadas sin más ni más, y separar así nítidamente la cuestión de hecho de la cuestión de derecho.

El juzgamiento jurídico puede separarse también con mano segura del *ordenamiento del material procesal perteneciente a la causa* con vistas a la norma jurídica y a la formación del «cuadro fáctico» terminado. El juzgamiento es un paso ulterior. La elaboración del «caso jurídico» constituye, estrictamente hablando, tan sólo una actividad *preparatoria* de la subsunción. Es netamente exagerado elevar el «interés» jurídico que guía la construcción del cuadro fáctico, a la categoría de «juzgamiento» jurídico, o sea convertirlo en un adelanto del resultado de la subsunción, adelanto del cual se desprendería la inseparabilidad de la cuestión de hecho y la cuestión de derecho. El carácter meramente preparatorio de la formación del cuadro fáctico se advierte precisamente en la circunstancia de que un «caso jurídico» construido correctamente tiene que acoger también aquellos hechos que ponen en duda el resultado de la subsunción[189], de modo que sigue siendo misión del análisis jurídico ocuparse de los hechos que hacen a la problemática jurídica del caso. Si se tiene presente el peligro que encierra adelantar el juicio jurídico, se comprende igualmente que la razón más profunda de hacer preceder el dictamen judicial por una relación y por los resultandos de la sentencia está en asegurar la *objetividad del juez*[190]. Precisamente porque esa relación y esos resultandos tienen que mencionar también las alegaciones que ponen en duda la decisión, el juez está obligado a ocuparse, al hacer la apreciación jurídica, de todos los aspectos del caso.

Un entremezclamiento de cuestión de hecho y cuestión de derecho sólo podría darse si el juez procediese a modelar el cuadro fáctico con vistas a un resultado por él deseado, por ejemplo, omitiendo' hechos que hicieran parecer dudosa su sentencia. Entonces estaría adelantado efectivamente el resultado de la apreciación jurídica

---

187 SATTELMACHER-LÜTTIG-BEYER, *ob. cit.*

188 Al mismo resultado llegan BELING, GA tomo 63 (1917), págs. 163/77; *ZStW* tomo *37* (1916), págs. 365/82; MEZGER, *Der psychiatrische Sachverständige im Prozess*, pág. 167; ENGISCH, *Logiiche Studien*, pág. 85; SCHEUERLE, AcP tomo 157, pág. 51 (distinta es la solución probablemente en *Rechtsanwendung* [1952], pág. 23).

189 HRUSCHKA *ob. cit.*, págs. 41-42; SATTELMACHER-LÜTTIG-BEYER, *ob. cit.*, págs. 51-52, 185-86.

190 Cfr. SETTELMACHER-LÜTTIG-BEYER, *ob. cit.*, pág. 54 y 189; K. BLOMEYER, *ob. cit.*, pág. 330.

mediante la afirmación de un cuadro fáctico determinado. Mas no- habiendo motivo para tener en cuenta, al deslindar la constatación dé los hechos de la apreciación jurídica, la remota posibilidad de que el cuadro fáctico sea manipulado, los argumentos teórico-cognoscitivos y jurídicos en pro de la inseparabilidad aquí mencionados no- resisten el análisis.

b) La *simplificación expositiva* de la sentencia[191] conduce a una coincidencia sólo provisional de cuestión de hecho y cuestión de derecho. En los casos «lisos y llanos» el juez prescindirá, a fin de aligerar a la sentencia de explicitaciones superfinas, de confrontar con exactitud lógica los conceptos naturales y los jurídicos sinónimos y de pronunciar *expressis verbis* que el concepto natural cae en la órbita del concepto jurídico[192]

En consecuencia, el juez podrá «constatar» sin temor —combinando la constatación de los hechos y la subsunción— que el damnificado «conocía» a la persona del damnificador, que el demandante había «comprado», y que el demandado había incurrido en un «error» al concertar el contrato.

Para eludir las explicitaciones superfinas, el juez tampoco tiene necesidad, en los casos lisos y llanos, de volver a trazar las etapas seguidas por el pensamiento en la aplicación de normas en blanco, como por ejemplo acudir a una norma ética, aprobarla y establecer la premisa mayor jurídica; está facultado para declarar: «el pago de sobornos viola las normas más elementales y básicas de la decencia en los negocios».

Pero aun en estos casos la constatación de los hechos y la subsunción deben ser separadas (y son separables), cuando la partes ataquen, por vía de recursos, el resultado de la determinación del derecho resumido en una frase compendiosa; sea que aduzcan hechos que pongan en duda la subsunción, o califiquen a ésta misma de defectuosa. Ante estas impugnaciones, el tribunal de casación deberá descomponer la sintetizada formulación en sus elementos fácticos y jurídicos; pero si le es imposible hacer esto sobre la base de la sentencia de apelación, tendrá que reenviar los autos a la instancia de los hechos para que el fundamento fáctico de la sentencia sea clarificado.

Si ninguna de las partes interpone un recurso que haga necesaria la separación, la coincidencia provisional devendrá por cierto inseparabilidad definitiva. Mas como entonces la sentencia no será reexaminada, esa inseparabilidad será también irrelevante desde el punto de vista del derecho de casación.

c) aa) Mientras que los casos de inseparabilidad vistos hasta ahora resultaron ser todos problemas aparentes, la *constatación inadecuada de una «situación global»* representa dentro de límites estrictos, una complicación decisiva y contundente. El obstáculo a la separación, mencionado por primera vez en doctrina por Wach[193] y tratado más tarde detenidamente por Wehli[194], Engisch[195] y Jesch[196], reposa en el

---

191 Ver ESSER, *Grundsatz und Norm,* 2ª ed., pág. 110, n. 77; SARSTEDT, *Die Revision in Strafsachen,* 4ª ed., pág. 209.

192 Ver *supra* III 1 b, bb.

193 *Kritische Vierteljahresschrift -fiir Gesetzgebung und Rechtswissenschaft,* tomo 15 (1873), págs. 88/95 y 339/55.

194 *Feitschrift Wach* (1913), tomo I, págs. 435-36.

195 *Logische Studien zur Gesetzesanwendung,* 3ª ed., págs. 86-113.

196 *AöR* tomo 82, págs. 193-202.

polifacetismo de los cuadros fácticos a subsumir bajo conceptos indeterminados[197]. En casos-límite, esos cuadros fácticos no pueden ser descriptos con bastante precisión en los términos del lenguaje coloquial. Si para dar un reflejo de los hechos esenciales faltan conceptos naturales lo suficientemente perfilados, no le quedará al juez otro remedio que resumir el cuadro fáctico en una frase compendiosa con el auxilio de un *concepto jurídico* que adelante ya el resultado de la subsunción. Efectuado esto, la cuestión de hecho y la cuestión de derecho no podrán separarse ya límpidamente en la premisa menor[198] del silogismo.

En estos casos el entrelazamiento no se produce recién al reseñarse el cuadro fáctico en la sentencia, sino ya al constatarse los hechos en el debate oral. La teoría de la cognición explica este fenómeno: «constatar» un hecho es más que simplemente tener una percepción sensorial[199]; la constatación consiste, como ya dijimos [200], en elaborar la percepción con el auxilio de una premisa mayor natural y en fijar el resultado de esa elaboración en un juicio fáctico[201].

La constatación de que el ruido de motores proveniente de un garaje es «ensordecedor», «molesto» o «apenas perceptible»[202], no constituye, pues una mera sensación, sino un juicio sobre ese ruido.

bb) Con la necesidad de elaborar nuestras percepciones comienza empero el difícil problema de separar límpidamente la constatación de los hechos y la apreciación jurídica. El juicio fáctico sobre una percepción debe expresarse en conceptos naturales, observando el postulado de la separación. Los conceptos naturales, sin embargo, pertenecen a ámbitos muy diversos de la vida y es también muy diversa su aptitud para reflejar el material procesal. Es verdad que de esta manera el cuadro fáctico jurídicamente relevante podrá constatarse con gran facilidad cuando la interpretación del concepto indeterminado, la llamada descomposición en sus elementos constitutivos[203], conduzca a *conceptos exactos de las ciencias naturales.* Puesto que en tales casos no presenta problemas encerrar los hechos en un juicio fáctico, no se produce un entrelazamiento de cuestión de hecho y cuestión de derecho. Si, por ejemplo, la interpretación del § 906 BGB llevara a la conclusión de que el concepto de menoscabo «sustancial» de una propiedad raíz se determina exclusivamente por unidades de medida físicas, el cuadro fáctico estaría lo suficientemente caracterizado constatándose la cantidad de ionios que produce un ruido, y la cuestión jurídica de si la cantidad de ionios comprobada alcanza el numero fijado por la ley se destacaría nítidamente de la cuestión de hecho[204]:

---

[197] O sea no reposa en el carácter indeterminado de los conceptos jurídicos, como supone ENGISCH, *ob. cit.*, pág. 95.

[198] Así opina también ENGISCH, *ob. cit.*, pág. 94; se equivoca JESCH, *ob. cit.*, págs. 188, N. 90 y pág. 196, N. 128, quien supone una inseparabilidad en la premisa mayor, sobre la cual ver detalles *supra* § 4 I 3 *d.*

[199] RUMPF, *ob. cit.*, ha reconocido esto con todo acierto.

[200] *Supra* II 2 a.

[201] Al respecto puede verse de la copiosa literatura jurídica: STEIN, *Das private Wissen des Richters*, págs. 8-9; MEZGER, *Festschrift Traeger*, pág. 225; *ZStW* tomo 47, págs. 161-62; ENGISCH, *ob. cit.*, pág. 104; SCHEUERLE, *ob. cit.*, págs. 21-36; JESCH, *ob. cit.*, pág. 188.

[202] Ver el caso *BCH LM* Nr. 11 *ad* § 906 BGB, al cual volveremos a remitirnos con frecuencia en lo que sigue.

[203] ENGISCH, *ob. cit.*, págs. 96, 98-104; JESCH, *ob. cit.*, págs. 194-95.

[204] ENGISCH, *ob. cit.*, págs. 96-97.

«Cuando desde un aeropuerto penetre en los inmuebles vecinos un estrépito de una potencia de 70 o más fonios, cabrá afirmar que existe un menoscabo sustancial de la propiedad raíz en el sentido del § 906 I BGB» (premisa mayor).

«Tal como se comprobó... en las diligencias de prueba, el estrépito proveniente del aeropuerto *X* tiene una intensidad de 80 fonios» (constatación fáctica).

«Mas ésta es la intensidad presupuesta en el § 906 I BGB para que el ruido se califique de molesto» (subsunción).

Sería igualmente fácil —nuevamente debido a la posibilidad de dar un reflejo exacto del cuadro fáctico— que la cuestión fáctica y la cuestión jurídica fueran separables, si se pudiera constatar que el concepto jurídico de color «rojo» es fijado por una determinada frecuencia de ondas, y el concepto de «noche» por determinadas horas (tal como se hizo efectivamente en el § 188 ZPO), etc.

Pero no es raro que la descripción adecuada del cuadro fáctico sea también posible sin el empleo de unidades de medida científico-naturales. En el llamado ámbito conceptual de la certeza[205] bastan para reflejar los hechos los conceptos del lenguaje coloquial, por cuanto la decisión se funda aquí en hechos jurídicamente unívocos, que admiten o excluyen la subsunción también sin indicación de pormenores[206]:

Quien se presente ante un tribunal *en* traje de baño, incurre siempre en una «indecorosidad» en el sentido del § 178 GVG, sin que interese constatar aún el tipo de esa indumentaria (forma clásica, «bikini», etc.)[207];

un rebencazo en la cara constituye siempre un «maltratamiento» en el sentido del § 223 StGB[208];

el ruido que produce un paseante pedestre no constituye un menoscabo «sustancial» de la propiedad raíz en el sentido del § 906 BGB.

Distinto es el caso, en cambio, cuando hay que determinar el derecho en el llamado *ámbito conceptual de la duda.* Por un lado, la determinación del derecho especializadora o individualizadora hecha según la configuración del caso, hace imposible aplicar unidades de medida científico-naturales, porque éstas siempre logran captar sólo un segmento de la realidad, fijado esquemáticamente, y son aptas únicamente para la determinación del derecho generalizadora.

Si, por ejemplo, la «relevancia» de determinados ruidos molestos en el sentido del § 906 BGB debiera juzgarse exclusivamente según el número de fonios, la subsunción cabrá o no según se alcance o no esa medida, y no podrán tenerse en cuenta ni el fin a que está destinado el inmueble menoscabado ni la actividad profesional de sus habitantes[209].

Es verdad que los vocablos del lenguaje coloquial de que dispone el juez para la determinación del derecho especializadora son aptos también para fijar un cua-

---

205 Ver *supra* § 3 III 1.

206 Así opina también SCHEUERLE, *ob. cit.*, pág. 78: «Un único concepto permite aquí describir con la suficiente precisión todo un proceso».

207 Esto contra ENGISCH, *ob. cit.*, págs. 91-93, 95.

208 Así opina acertadamente ENGISCH, *ob. cit.*, pág. 97.

209 Esto es, sin embargo, lo recomendable en la aplicación del § 906 BGB (así llamado módulo diferenciado-objetivo): *BGH LM*, Nr. *6 ad* § 906 BGB.

dro fáctico consistente en muchos pormenores, por cuanto en la aplicación del derecho lo que cuenta es únicamente la exactitud práctica alcanzable con el lenguaje y no una exactitud científica. El lenguaje coloquial resulta sin embargo inadecuado cuando la ley exige fijar y valorar una «situación global» compuesta de muchos datos[210], cuyos nexos sutiles, los llamados «imponderables»[211], no sólo no pueden ser retenidos en las formulaciones jurisprudenciales, pobres en matices, sino que son incluso anonadados por ellas. Quiere decir entonces que es posible exponer en lenguaje adecuado el cuadro fáctico de la causación «burdamente culposa» de un accidente de tránsito, en cuanto sólo sea aprovechable el contenido del expediente y no cuenten ni las impresiones personales ni el lugar del hecho[212]. La inadecuadez del lenguaje resalta sin embargo con toda nitidez cuando toca constatar el «peligro de confusión» (§31 WZG) de dos marcas comerciales complicadas, sobre la base de una «impresión óptica, asociativa y mnemónica[213]» intransmisible a un tercero sin el auxilio de una ilustración. Igualmente insuficiente sería la descripción verbal de una impresión global, obtenida durante una inspección de inmisiones de ruidos y olores provenientes de una planta automotriz[214]. Si en casos tales el juez califica a las marcas de «confundibles», y a las inmisiones de «no sustanciales», o sea ya se sirve de un concepto jurídico al constatar el cuadro fáctico, no cabe hacerle un reproche por no haber descompuesto el caso en sus elementos fácticos. El postulado de la separación es irrealizable por razones lingüísticas. Justamente eso es lo que dice un fallo de la Corte federal de justicia acerca de los conceptos de menoscabo «sustancial» y «común» de la propiedad raíz (§ 906 BGB)[215]:

> «Caracterizar un menoscabo como no sustancial o como corriente según y conforme a las condiciones locales, en el sentido del § 906 BGB. . . constituye una cuestión de derecho, reexaminable... Las constataciones relativas a menoscabos, en cambio... son por su naturaleza de índole fáctica. En cuanto se caracterice un resultado de diligencias probatorias, por razón de no ser 'mensurable en unidades de medida físicas, *como no sustancial o como habitual en el lugar sólo en cuanto al resultado,* se tratará de una constatación *sintetizado* de todas las circunstancias fácticas... Así ha de entenderse la locución de que el concepto de habitualidad local es «*en lo sustancial*» de naturaleza fáctica».

cc) El ejemplo citado tiene sin embargo una configuración distinta en cuanto sólo en casos de extrema necesidad el juez prescindirá enteramente del análisis del cuadro fáctico y de los conceptos naturales y se servirá, para describir el caso, de conceptos jurídicos puros y no descompuestos, tales como «insustancial», «habitual en el lugar», «indecoroso» y «doloso»[216], que permiten ver al primer intento el

---

210 Con respecto al concepto de «situación global» véase *infra* 2 *c,* gg.

211 De la copiosa literatura: WEHLT, *Festschrift Wach,* tomo I, págs. 421 y 436; JESCH, *ob. cit.,* págs. 193-202; MEZGER, *Der psychiatrische Sachverständige,* pág. 178; HEINITZ, *Archiv für Rechts- und Wirtschaftsphilosophie,* tomo 22 (1928/29), pág. 260; LERSCH en la nota *ad* BGH LM Nr. 2, § 43 EheG; SCHULER, *NJW* 1961, pág. 5; MÜLLER-FREIENFELS, *Ehe und Recht,* pág. 255; HINDERLINC, *Schweizerische Juristenzeitung,* tomo 45 (1949), pág. 266.

212 Ver *BAG,* 243/48, según lo cual el accidente anotado en autos se presentaba como un «cuadro cerrado en todo respecto».

213 *RG GRUR* 1933, pág. 568 (pero aquí estaban seguramente reproducidas las marcas comerciales).

214 Cfr. *BGH LM* Nr. 11 *ad* § 906 BGB.

215 BGB. *ob. cit.,* lo entrecomillado es iníο. También WESTERMANN (*Sachenrecht,* 4ª ed., § 63 II 3 a) destaca que el concepto «habitual en el lugar» = «correspondiente a la esencia del respectivo espacio» es indescomponible.

216 El fallo *BGH LM* Nr. 11 *ad* § 906 BGB tenía que ocuparse, significativamente, de la acción de casación contra la deficiente apreciación de los hechos aducidos por las partes.

entrelazamiento de cuestión de hecho y cuestión de derecho. Y en efecto, apenas pueden encontrarse sentencias en las cuales los dos ámbitos aparezcan engarzados en una forma tan pura como aquella sentencia de apelación reexaminada por la Corte federal de justicia.

Cabe hablar entonces de entrelazamiento de cuestión de hecho y cuestión de derecho, aun cuando los conceptos jurídicos puros hayan sido reemplazados por conceptos más cercanos a los hechos y por el otro lado la *descomposición de la «situación global'* en sus elementos ha alcanzado ya cierto grado?

Un campesino de la Prusia oriental había demorado efectuar la denuncia del siniestro que le exigía un contrato de seguro contra incendio. El Superior tribunal regional dictaminó, una vez practicadas las diligencias de prueba[217]:

El actor sería un «pequeño agricultor y, por ende, muy poco ducho en los negocios» y no habría sabido «por supuesto» las señas de la subdirección de la demandada. Si debido a la «grave depresión anímica» que le habían producido los eventos, había dejado pasar más de una semana antes de efectuar la denuncia, no cabría hablar de una omisión «burdamente culposa» que le hiciera perder el beneficio.

En otro caso, el tribunal de apelación[218] sostuvo que un niño de diez años que de un hondazo había lastimado en el ojo a un compañero, tenía el suficiente «discernimiento» (§ 828 BGB). Se basó para ello en la romprobación de que el demandado era un niño *«formal y bien criado»* y que su *«desarrollo era norma?* Por *«su desarrollo psíquico»,* habría estado en condiciones de comprender lo inicuo de su acción para con su semejante y también la obligación de responder de alguna manera de sus consecuencias». «El *cuadro general de su estado de desarrollo»* demostraría que debía haber comprendido la peligrosidad de su acción.

La cuestión de un entrelazamiento de constatación fáctica *y* apreciación jurídica se presenta también en las siguientes expresiones de fallos judiciales:

«El peticionante que no sabe elegir sus palabras *ni tampoco pesarlas* .. (sobre el concepto de «violación burda» de los deberes de un miembro de un consejo de empresa en el sentido del § 23 BetrVG)[219].

«Con buena razón el tribunal de apelación declara esenciales: la contextura del cuadro, que halaga al ojo; la manera en que los detalles son asociados para formar un conjunto que impresione; o sea la obra *calculada a propósito de la sensación de belleza que satisfaga* el sentido estético o por lo menos lo estimule...» (sobre el concepto de «obra de arte» en el sentido del § 1 KunstschutzG)-[220];

«Se le aplica una pena disciplinaria a J. por indecorosidad ante el tribunal, por haber *aplaudido ruidosamente* al terminar su alegato el abogado defensor...»[221].

Pese a haber cierta concretación («descomposición») de los conceptos jurídico-normativos, cabe afirmar sin vacilación que en todos los ejemplos citados hay

---

[217] *RG, Juristische Rundschau für die Privateer-icherung* 1934, págs. 379/80 (el subrayado es mío).

[218] *BGH VersR* 1954, pág. 118 (el subrayado es mío).

[219] *BAG* 2, 176/80 (el subrayado es mío).

[220] *RG* 117, 230/33 (el subrayado es mío), respecto de lo cual Sgheuerle, *ob. cit.*, págs. 83-85.

[221] OLG Sarrebruck, *NJW* 1961, pág. 890 (el subrayado es mío), que destaca los imponderables del cuadro fáctico que no se desprenden de las actas de sesiones, a saber el «volumen de voz, los gestos, pero también toda la atmósfera en la sala del tribunal, en la cual está inmersa todo el suceso».

entrelazamiento. Y este entrelazamiento se manifiesta no sólo cuando el cuadro fáctico es representado con conceptos tomados directamente de la ley. Puede comprobárselo, también cuando se lo reseña mediante un concepto jurídico que interpreta la ley, a modo de frase compendiosa[222]. Esto se explica por las peculiaridades siguientes:

Las síntesis hechas en forma de frase compendiosa, tales coma «grave depresión anímica», «niño de desarrollo normal», el «peticionante que no pesa sus palabras», «estructura que halaga al ojo», estriban en la inadecuadez de la lengua coloquial para abarcar un cuadro fáctico polifacético (por ejemplo la «grave depresión anímica del pequeño agricultor»). Puesto que un cuadro fáctico de esa índole no puede captarse con exactitud mediante conceptos naturales, ante los ojos del juez no aparece como un cuadro acabado, separable de la cuestión jurídica, sino como un complejo de ideas *[Vorstellungsgebilde]* de contornos borrosos. Mas ese complejo no es constatable sin el auxilio de consideraciones jurídicas[223], porque bajo el aspecto de «culpa burda» cobra una apariencia distinta que bajo el aspecto de «indecorosidad» y distinta también que bajo el aspecto de «burda violación de los deberes»[224]. Por ser borrosos los perfiles del cuadro fáctico, es necesario, ya cuando las percepciones sensoriales van siendo transformadas en «constatación de hechos», compararlas con los supuestos a que alude la ley, o sea asociar las consideraciones relativas a la cuestión de hecho con las relativas a la cuestión de derecho. El entrelazamiento de los dos campos resulta así inevitable.

dd) El ejemplo más apropiado para describir este fenómeno es aquel, tan discutido[225], del comportamiento «indecoroso» de un testigo ante el tribunal, por cuanto permite variaciones.

Si un testigo comparece ante el tribunal en *traje de baño,* la sola nota de llevar esa indumentaria proporciona un cuadro acabado de los hechos, que puede ser confrontado con la norma jurídica en forma conceptual clara («traje de baño») y sin recurrir a otros detalles. Pero supongamos que un testigo comparezca ante un tribunal de Munich en indumentaria típica bávara[226]. En tal caso estará dado también —a falta de cualesquiera extravagancias de esa indumentaria que es común en Baviera— un complejo fáctico acabado, claramente separable de la cuestión jurídica; tampoco haría diferencia el que la persona que vistiera esa indumentaria fuera catedrático de número de una facultad de medicina, llamado a informar como perito en algún proceso sensacional[227]. Los tres ejemplos pueden ser transformados — siempre que en alguno de los casos no haya que considerar detalles[228]— en conceptos naturales correspondientes a un cuadro fáctico subsumible, y subordinarse a las siguientes premisas mayores:

«Si un testigo comparece ante el tribunal en traje de baño, incurrirá siempre en indecorosidad en el sentido del § 178 GVG».

---

[222] Véase MANNHEIM, *Beiträge zur Lehre der Revision,* pág. 70.

[223] ENGISCH, *ob. cit.*, págs. 95, 99, 101, 103-05.

[224] ENGISCH, *ob. cit.*, pág. 104: «Piénsese también de cuán distinta manera se presenta el contenido de las percepciones, según que yo me lo represente *realiter o* lo compare mentalmente con este o aquel otro contenido de percepciones».

[225] Cfr. por un lado ENGISCH, *ob. cit.*, págs. 91-93, 95; por el otro,. SCHEUERLE, *ob. cit.*, págs. 75-77.

[226] Véase SCHEUERLE, *ob. cit.*, págs. 75-76.

[227] Véase el ejemplo de SCHEUERLE, *ob. cit.*

[228] Lo que olvida SCHEUERLE en su argumentación en pro de la separabilidad.

«Si un testigo comparece ante un tribunal bávaro en indumentaria típica bávara, no incurrirá normalmente en indecorosidad».

«Si un profesor universitario que comparece a declarar como perito ante un tribunal, se presenta en zahones y campera regional, podrá estar incurriendo en una indecorosidad en el sentido del § 178 BGB. Para resolver el caso habrá que tener en cuenta la importancia del proceso y de la declaración, así como la indumentaria que es habitual en el lugar»[229].

Pero si el testigo se presenta *desaliñado,* en una indumentaria que linda con el disfraz y la ropa civil, y por ello está también en el límite entre la «decorosidad» y la «indecorosidad»[230], la constatación de la impresión general y su valoración jurídica se combinarán con el auxilio de los supuestos a los cuales alude la ley. El juez tendrá que preguntarse: ¿merece *este* testigo que se presenta en *esta* indumentaria una pena disciplinaria por «indecorosidad»? Si con este enfoque arriba a una *respuesta afirmativa* a la pregunta subsuntiva, el juez «constatará» que la indumentaria del testigo es «chocantemente desaliñada»; si no, la calificará tan sólo de «descuidada». Estos giros no son por tanto conceptos puramente fácticos, sino también jurídicos, derivados de las premisas mayores jurídicas[231], que concretan la ley a propósito del caso a resolver y causan el entrelazamiento de cuestión de hecho y cuestión de derecho.

ee) Puesto que la lectura de un fallo no permite percibir el proceso mental de la combinación de constatación fáctica y subsunción, el entrelazamiento sólo podrá deducirse por *signos externos;* como indicios cabe considerar aquí el encadenamiento del juicio, la coloración jurídico-valorativa de un concepto y sobre todo la similitud —que puede llegar hasta la tautología— que presenta, en cuanto .al contenido, con el concepto legal. Volviendo a los ejemplos analizados, esa similitud de los conceptos que sintetizan el cuadro fáctico con los conceptos legales, estará dada siempre, por ejemplo, en las formulaciones:

= muy poco ducho en los negocios	= «no burdamente culposo»
= niño de desarrollo normal	= «nño con discernimiento»
= ineptitud para pesar las palabras»	= «no hay violación de los deberes»
= obra que satisface el sentido estético	= obra de arte
= aplauso estruendoso»	= «indecorosidad en la sala del tribunal»

ff) Scheuerle no quiere admitir el entrelazamiento de cuestión de hecho y cuestión de derecho tampoco en los casos en los cuales el enfoque y la valoración integran un todo. Aunque admite que es difícil dar formas definitorias concentradas de complejos de imágenes tales como «acción lasciva», «indecorosidad ante el tribunal», «cuadro global del desarrollo de un niño»[232], cree poder superar ese defecto mediante la «interpretación ejemplificativa»[233] o mediante la «subsunción con raíz emocional»[234].

---

229 El que este caso esté ubicado en el terreno conceptual de la duda, no conduce por sí solo al entrelazamiento.
230 Véase también Engisch, *ob. cit.,* pág. 95.
231 «Quien comparezca ante el tribunal con una campera llamativamente desaliñada y en zahones, incurre en la indecorosidad prevista en el § 178 GVG».
232 *Ob. cit.,* págs. 49-50.
233 *Ob. cit.,* pág. 50 y 76.
234 *Ob. cit.,* págs. 76, 80-81, 84-85.

Según Scheuerle, en la *«interpretación ejemplificativa»* el juez se sirve, para concretar un concepto indeterminado, de los ejemplos que entran indudablemente en la órbita de la ley: «hay lascivia por ejemplo cuando...»[325]. A estos ejemplos les contrapone seguidamente el cuadro fáctico sometido a decisión. Si cabe afirmar que la similitud con los casos ejemplificativos existe, el cuadro fáctico será subsumido al concepto jurídico, y de lo contrario la subsunción se rechazará; y esto no es otra cosa que el ya mencionado procedimiento de la comparación de casos[236]. Pero en ésta, la constatación de los hechos y la apreciación jurídica sólo pueden separarse límpidamente cuando el cuadro fáctico a subsumir pueda describirse con precisión mediante conceptos naturales, o sea cuando la comparación con los supuestos legales no se proyecta ya en la cuestión de hecho. Scheuerle no advierte que la separabilidad está dada solamente cuando la comparación de casos se limite a la *subsunción,* pero que no lo estará en cuanto la comparación ya tenga lugar en la *constatación fáctica* de la impresión general (¿merece *este* testigo, en *esta* indumentaria[237] que está a medio camino entre el disfraz y la ropa civil, una pena disciplinaria por «indecorosidad», si se tienen presentes los casos indubitables de dicha falta?). Tal como se desprende de los ejemplos de la «acción lasciva»[238] y de la «indecorosidad» ante el tribunal[239], Scheuerle trata también sólo el caso normal, el del cuadro de los hechos acabado, que no presenta problemas de separación. Consecuentemente, inicia sus análisis con la proposición: «está dada la siguiente situación, descrita mediante conceptos naturales...)[240]. Olvida los casos-límite que conducen al entrelazamiento.

Al igual que la «interpretación ejemplificativa», tampoco puede eliminar las dificultades de separación la *«subsunción con raíz emocional».* Scheuerle entiende por esto al juzgamiento jurídico hecho sobre la base del sentir personal del juez[241], que éste «constata» como un acto mental aprobatorio o desestimatorio[242]. Con esta «constatación» no queda resuelto, empero, el problema de cómo captar el *material procesal,* condición previa ineludible para realizar la subsunción[248], y precisamente a este problema Scheuerle no le dedica una sola palabra en los decisivos ejemplos de la «desfiguración considerable» (§ 224 StGB)[244] y de la «obra de arte» (§ 1 KunstschutzG)[245], aunque más arriba había señalado lo difícil que era reproducir un complejo de ideas en «forma definitoria concentrada»[246]. Sus disquisiciones no alcanzan, pues, a tocar el problema de cómo comprender y fijar por escrito una *«situación global».*

---

235 *Ob. cit.,* pág. 50.

236 *Supra* § 4 II.

237 Scheuerle objeta que el empleo del pronombre demostrativo «éste» seda defectuoso (pág. 58). Pero no dice cómo puede describirse adecuadamente mediante conceptos naturales un cuadro conceptual de contornos imprecisos.

238 *Ob. cit.,* pág. 49.

239 *Ob. cit.,* pág. 75.

240 *Ob. cit.,* pág. 49, pero también pág. 75.

241 *Ob. cit.,* págs. 66-68.

242 *Ob. cit.,* págs. 68-69, 81 y 84. Sobre la defectuosidad de esta «constatación», ver *supra 1c, cc* pág. 167.

243 *Supra* I y el mismo Scheuerle, *ob. cit.,* pág. 23: «recién cuando esté firmemente establecido y en conceptos naturales ... o sea cuando se haya *declarado judicialmente* cuáles son los hechos, podrá procederse a la subsunción».

244 *Ob. cit.,* págs. 80-81.

245 *Ob. cit.,* págs. 83-85. La remisión (pág. 85 arriba) a los análisis del concepto «contrario a las buenas costumbres» (págs. 67-70) es errada. Para la subsunción bajo el concepto de «obra de arte» hay que juzgar una situación global, en el concepto de «contrario a las buenas costumbres» un cuadro acabado de los hechos.

246 *Ob. cit.,* págs. 49-50.

gg) Si se intenta definir el concepto de la *«situación global»*[247], que conduce al entrelazamiento insalvable de cuestión de hecho y cuestión de derecho, como primera medida habrá que descartar el ámbito conceptual de la certeza, por cuanto la tipicidad de los casos que tienen su lugar allí no requiere un análisis de los pormenores que componen una «situación global». Pero hay que eliminar también los cuadros fácticos que subyacen a las llamadas decisiones del caso singular, porque lo que cuenta en éstas son meramente las circunstancias del caso, mas no una subsunción que está atada a la situación y presupone una impresión personal. Son decisiones de caso singular en tal sentido, por ejemplo, el juzgamiento de la inmoralidad de un negocio jurídico, de la culposidad de una conducta y de la violación de la buena fe, siempre que se basen exclusivamente en el cuadro de los hechos que resulte de los autos y de la exposición oral[248]. Por «situación global» ha de entenderse, visto todo esto, solamente el cuadro fáctico complejo, que se compone del *material procesal fijado conceptualmente en los autos y en la exposición* y en la impresión, no fijable mediante conceptos, que el juez tenga de una persona, de una cosa o de un lugar, y que exige, junto con la determinación del derecho conceptual-analizadora, una valoración integral sobre la base de las percepciones sensoriales del juez[249].

Y aún hay que añadir otra limitación: que la mera recepción de una testificación sobre un hecho observado por un testigo no crea una situación global[250], porque el testigo le proporciona al juez un cuadro de los hechos conceptualmente elaborado[251], que por estar pre-formado sin el auxilio de consideraciones jurídicas, puede ser fijado y luego subsumido, perfectamente separado de la cuestión de hecho.

Por ser el derecho civil tan conceptualista y el proceso civil, en concordancia, escrito, son pocos los casos en los cuales la «situación global» resulta decisiva para la valoración jurídica. El prototipo de ese supuesto lo constituye, como lo atestiguan muchos jueces[252], la determinación del derecho en las causas de divorcio, que exige el diagnóstico del «cuadro global» [253] de un matrimonio enfermo.

Aparte el procedimiento de divorcio, en las controversias del derecho de la competencia comercial y del derecho autoral, desempeña un papel decisivo la «impresión global»[254] de las imágenes, figuras, marcas y de la presentación de los productos. Pero en estos casos hay que recordar que el reexamen en la tercera instancia no» se frustra por venir entrelazadas la cuestión de hecho y la cuestión de derecho, si el tribunal puede ver las imágenes y figuras controvertidas.

---

247 Véase WALTER KÖHLER, *Verwechslungsgefahr im Warenzeichen- und Wettbewerbsrecht* (1933), págs. 80 y sigtes. La literatura metódico-jurídica no ha prestado atención a esta cuestión; también ENGISCH y JESCH se limitan a hacer insinuaciones.

248 Se equivoca por tanto CZERMAB, *JZ* 1963, pág. 278 *ad* N. 25, quien fuerza el ejemplo de la «tempestividad» de una objeción.

249 Sobre la compatibilidad metódica de los dos enfoques: ENGISCH, *Die Idee der Konkretisierung.* págs. 144-45; SCHWINGE, *Irrationdlismus und Ganzheitsbetrachtung in der deutschen Rechtswissenschaft* (1938), págs. 58-60.

250 Lo que no advierte ENGISCH, *Logische Studien,* 3ª ed., pág. 92 arriba.

251 Ver el caso descripto por SCHEUERLE, *ob. cit.,* págs. 79-80, del «golpe recibido en un tranvía repleto».

252 LERSCH, SCHULER y HINDERLING, *supra* n. 211.

253 LERSCH, *ob. cit.*

254 *BGH* 5, 4: «Conceptualmente no es posible descomponer obras de arte en sus elementos singulares, por cuanto esas obras, como acertadamente lo observa el tribunal de apelación, no representan, así descompuestas, un todo captable e indivisible, en el cual lo decisivo es la impresión estética global». Acerca de la «impresión global» también *BGH GRUR* 1962, págs. 647/50 y GERSTENBERG, *GRUR* 1963, págs. 245-48.

IV. La importancia de la separabilidad lógica de la cuestión de hecho y la cuestión de derecho para el derecho de casación

La diversidad de conceptos naturales y conceptos jurídicos y la posibilidad de separar la cuestión de hecho de la cuestión de derecho en el orden lógico, tienen importancia para el derecho de la casación tanto en cuanto al método como en cuanto a la terminología.

1. La importancia para el método

Siendo la cuestión de hecho y la cuestión de derecho en principio separables, no hay motivo —en contra de lo sostenido por la escuela teleológica— para estructurar el sistema lógico de la casación previsto por la ley sobre una base distinta, so color de una supuesta imposibilidad de deslindar esos dos campos. Sólo hay que continuar especificando la ley en aquellos *casos-límite* no previstos por el legislador, en los cuales la separación resulta impracticable[255]. No sólo el *postulado de la separación,* sino también la *claridad de los recursos* aconsejan mantener las bases lógicas del derecho de casación. El sistema lógico garantiza una determinación más fiable de los límites de la casación que los criterios del enfoque finalístico o de las posibilidades: de obrar del tribunal de casación, que son por naturaleza elásticos y contienen por ende siempre un factor de inseguridad.

2. La importancia terminológica

Pero de la contraposición de conceptos naturales y conceptos jurídicos y del postulado de separación deriva también que los tan apreciados términos de «cuestión de hecho»[256], «apreciación situada en el terreno fáctico» [257], «naturaleza fáctica» de una consideración [258], no están justificados si, al emplearlos, el tribunal de casación quiere limitarse a decir que una determinada *cuestión de derecho* escapa a su control. El atribuir a esos términos el significado de *irreexaminabilidad procesal,* incompatible con la semántica y la lógica jurídica, es posiblemente la principal causa de los malentendidos que entenebrecen los límites de la casación.

Precisamente una sentencia de la Corte federal de justicia que marca el rumbo en materia de casacionabilidad del concepto de «culpa burda» en el sentido del § 932 BGB[259], muestra de cuán equívocas formulaciones se sirven a veces las sentencias de casación pese a las críticas de la doctrina[260]. La suposición concreta de la culpa burda sería una «cuestión de hecho, cuyo reexamen en la instancia de casación sólo es posible con el mismo alcance que en cualquier otra constatación y apreciación de hechos». Lamentablemente, un fallo más reciente de la Corte ha adoptado textualmente estas formulaciones [261].

---

255 *Infra* § 8 II.

256 *BGH 3,* 270/83; *BGH* 10, 14/17; *BGH LM* Nr. 1 *ad* § 823 (Ag) BGB.

257 *BGH LM* Nr. 17 *ad* § 932 y Nr. 32 *ad* § 1004 BGB, así como Nr. 5 *ad* § 13 StVO; *BGH GRUB* 1957, págs. 342/44 (derecha); *BGH GRUB* 1963, págs. 203/06 (derecha).
La BGH se ha servido de esta fórmula incluso frente a la suposición de nulidad de un contrato por «imposibilidad» de la prestación (§ 306 BGB): *WM* 1956, págs. 258/59 sub II.

258 *BGH* 14, 163/67; 31, 295/306.

259 *BGH* 10, 14 y sigtes.

260 HOENIGER, *Riskante Rechtsausübung* (1917), págs. 19-20; MANNHEIM, *Beitrage zur Lehre con der Revision,* págs. 33-34; ENGISCH, *Logische Studien,* 3ª ed., pág. 92; SCHWINGE, *Grundlagen des Revisionsrechts,* 2ª ed., pág. 53; BÖTTICHER, nota *ad BAG AP* Nr. 1, § 23 *BetrVG.*

261 *VersR* 1963, págs. 711-12 (igualmente respecto del concepto de «culpa burda»).

La invocación del carácter «fáctico» de una decisión en sí jurídica, que la tercera instancia no desea reexaminar por razones propias del derecho de casación, es explicable sólo desde el punto de vista histórico, sobre todo por la jurisprudencia del *Obertribunal* de Prusia, que creyó encontrar «cuestiones de derecho» tan sólo en la interpretación de la ley, y veía en el resultado concreto de la subsunción una «cuestión de hecho» no reexaminable[262]. El progreso científico en el deslinde de la cuestión de hecho y la cuestión de derecho demostró por cierto la defectuosidad lógica del término «cuestión de hecho». Pero este término servía a la jurisprudencia como escudo contra las impugnaciones de casación y había llegado a serle tan indispensable que ya no pudo decidirse a abandonarlo.

Si se tiene en cuenta la petrificación terminológica que forzosamente acompaña a una larga práctica de casación, hay que dar la bienvenida a la nueva conceptuación del Tribunal federal de trabajo, que desde los comienzos mismos de su jurisprudencia destacó que el término «cuestión de hecho» era insostenible[263] y se sirve desde entonces, para señalar la incasacionabilidad de una cuestión jurídica, del concepto de «margen de juicio del juez de los hechos», tomado del proceso administrativo[264].

Esta terminología, impecable desde el punto de vista lógico, puede servir de base también para las siguientes consideraciones. Por cuanto las conclusiones subsuntivas no pierden el carácter lógico de la «cuestión de derecho» cuando se las sustrae a la casación por razones procesalísticas, las limitaciones a la reexaminabilidad deberían expresarse exclusivamente mediante términos procesalísticos. De las denominaciones propuestas habrá que preferir el concepto de «margen de juicio del juez de los hechos», que ya ha cobrado carta de naturaleza, a formulaciones tales como «asunto del juez de los hechos»[265], «apreciación reservada al juez de los hechos»[266], «cuestión a resolver por el juez de la instancia fáctica»[267], que no destacan con la debida claridad la diferencia con la «cuestión de hecho lógica».

---

262 Véase *supra* § 11 II 2 a.

263 *BAG* 2, 175/81. La vieja formulación de «apreciación por el juez de los hechos» se encuentra todavía en BAG 2, 4.

264 *BAG* 2, 175/81; 7, 290/307; 9, 243/47 y 263/66; 10, 161/68 y 169/71; AP Nr. 14 *ad § Hausarb TagsG NRW*. Pero se confunde apreciación de la prueba y subsunción en BAG 8, 123/27-28.

265 *BGH* VersR 1959, págs. 348/50.

266 *BGH* 5, 286/90 y *BGH LM* Nr. 9 *ad* § BGB.

267 *BGH* 31, 213.

PARTE TERCERA

LA CASACIONABILIDAD DE CONCEPTOS INDETERMINADOS

§ 6. EL PRINCIPIO DE LA CASACIONABILIDAD PLENA DE LOS CONCEPTOS INDETERMINADOS

I. Casacionabilidad y finalidad de la casación

1. En la investigación de la casacionabilidad de los conceptos indeterminados, no se puede soslayar el problema de las *finalidades de la casación* y de la valoración de los intereses que compiten aquí unos con otros. ¿A qué tiene el tribunal de casación que dar preferencias: a satisfacer el interés del recurrente en la correcta resolución de su caso, o al interés general en una jurisprudencia uniforme?[1]. El solo planteo de esta alternativa insinúa ya que la casación no puede servir por igual a ambos intereses, sino que se trata de hallar un orden jerárquico que resuelva el conflicto entre el interés privado y el interés general.

La doctrina de la *equivalencia* de los fines de la casación niega empero que tal conflicto exista. Sarstedt expresa esto con toda energía y causticidad al calificar de «ociosa» la controversia acerca de cuál es la finalidad determinante de la casación[2]. La unidad del derecho y la justicia no serían separables desde el punto de vista «puramente conceptual», y la demostración estaría en que si se dictaran fallos uniformemente injustos, no podría hablarse de unidad «del derecho», y si casos de igual configuración fueran resueltos de manera disímil, las sentencias no solamente serían desiguales, sino también injustas. Desde el punto de vista «conceptual» no se podría querer justicia para un caso, sin contemplar otros.

Jesch sustenta una opinión intermedia. La finalidad de la casación sería, de cualquier manera, intrascendente «desde el momento en que una causa adviene

---

1 Acerca de la controversia sobre la finalidad: DUSKE, *Die Aufgaben der Revision*, tesis, Marburg 1960, págs. 40 y sigtes.; POHLE, *Verhandlungen des 44. Deutschen Juristentages* (1962), tomo I, 3ª parte, fase. B, págs. 12 y sigtes.

2 *Die Revision in Strafsachen*, 4ª ed. (1962), págs. 2-3; algo similar sostiene EB. SCHMIDT, *Lehrkommentar zur StPO*, parte II, 39 ante §§ 296 y sigtes., con otras pruebas.
La observación de KUCHINKE, de que la controversia sobre la finalidad primordial de la casación no tendría sustento firme, porque la unidad del derecho y la justicia del caso serían postulados incomparables (*Grenzen der Nachprüfbarkeit tatrichterlicher Würdigung und Feststellungen in der Revisions, instanz*, pág. 47) probablemente sólo tiene significado retórico. El mismo KUCHINKE limita la competencia del tribunal de casación a la uniformización del derecho a costa de la justicia del caso (*ob. cit.*, págs. 93, 113-14, 138, 223); o sea que, a despecho de aquella observación, concede prioridad a la unidad del derecho.

casacionable»[3]. Y otro defensor de la doctrina de la equivalencia destaca que también el interés público en el correcto manejo de las leyes exige que el caso se resuelva con justicia [4].

2. Pero la doctrina de la equivalencia pasa por alto con demasiada despreocupación las diferencias que, desde el punto de vista del método, existen entre juzgar según el módulo de la justicia generalizadora ('unificación del derecho») y juzgar según el módulo de la justicia individualizadora («justicia» en el sentido aquí empleado), y no advierte tampoco los límites que están colocados a las posibilidades de obrar del tribunal de casación.

a) A la doctrina de la equivalencia hay que darle la razón en que no puede haber una justicia individualizadora de cuño purísimo, en la cual se atribuya significado a todas las circunstancias existentes en la esfera personal[5]. Porque si el camino que parte del ser humano empírico-concreto, como lo dice con tinte exagerado Radbruch, conduce a la negación de todo ordenamiento jurídico[6], el legislador y el juez deberán cuidar de que las máximas de la igualdad y de la seguridad jurídicas sean observadas también en una jurisprudencia que se oriente hacia la individualización[7].

Esto no quiere decir, sin embargo, que la jurisprudencia tenga un carácter *exclusivamente* generalizados La igualdad y la seguridad jurídicas designan con frecuencia solamente los límites extremos que el juzgar *ad personam* no debe franquear. Pero dado que el juez tiene, dentro de esos límites, un vasto campo de acción para considerar las notas singulares del caso, resulta que «unidad del derecho» y «justicia» no son sinónimos. Devienen «conceptualmente» diferenciables si se distingue entre justicia «generalizadora» y justicia «individualizadora»[8]. La justicia *generalizadora* le encomienda al juez juzgar un caso exclusivamente según módulos universalmente obligatorios; en cuanto reclama tratamiento igual para los casos de igual configuración, coincide con el postulado de la jurisprudencia uniforme A diferencia de ella, la justicia *individualizadora* («equidad»)[9] busca por principio la ley propia del caso, conforme al lema: aunque dos hagan lo mismo, no es necesariamente lo mismo. Aquí los dos postulados del tratamiento igual y de la seguridad jurídica poseen una obligatoriedad sólo limitada, de manera tal que la unidad del derecho y la justicia (individualizadora) andan a menudo separadas.

Esto vale, para dar sólo algunos ejemplos del vasto campo de la determinación del derecho individualizadora[10], ante todo para el concepto de «culpa burda»,

---

3 *AöR* tomo 82, pág. 200, N. 147; nota *ad BAG AP* Nr. 7, § 626 BGB. A la misma conclusión llega WARDA, *Dogmatische Grundlagen des richterlichen Ermessens*, págs. 72-73, y STUMPF, *Festschrift Nipperdey* (1965), tomo I, págs. 957/71.

4 KRAEMER, *ZZP* tomo 60 (1936-37), págs. 49/51 y 69-70.

5 Al calcular una indemnización, el juez no debe tener en cuenta una sensibilidad patológica al dolor, y multiplicar correspondientemente la suma a indemnizar: el BGB no es un derecho especial para neurasténicos (OERTMANN, *Recht der Schuldverhältnisse*, 5ª ed. (1929), 3 *ad* § 847).

6 *Der Mensch im Recht*, 2ª ed. (1961), pág. 9.

7 HENKEL, *Recht und Individualität* (1958), págs. 18-19.

8 HENKEL, *ob. cit.*, págs. 16-17; *Einführung in die Rechtsphilosophie* (1964), págs. 320-21, 326-27; COING, *Grundzüge der Rechtsphilosophie* (1950), págs. 113-17.

9 ARISTÓTELES, *Nikomachische Ethik*, libro V, 14; RADBRUCH, *Rechtsphilosophie*, 4ª ed. (1950), pág. 127; M. RÜMELIN, *Die Billigkeit im Recht* (1921), págs. 44-48; W. BÜRGI, *Ursprung und Bedeutung der Begriffe «Treu und Glauben» und «Billigkeit»* (1939), págs. 75-83.

10 Más detalles *infra* § 10.

que preceptúa que se tengan en cuenta «circunstancias subjetivas, fundadas en la individualidad del actuante». Quiere decir que para resolver si ha habido culpa burda no se cuenta con «una norma válida para todos los casos»[11].

También el concepto de la «grave falta conyugal» (§ 43 EheG) deja amplio margen a la justicia individual; la gravedad de la falta es juzgada, entre otras cosas, por la predisposición física y anímica de los cónyuges y por el cuadro global que presenta *su* matrimonio[12].

b) Aunque las tesis de Sarstedt estuviesen limitadas a la igualdad de contenido de los conceptos «justicia generalizadora» y «determinación uniforme del derecho», no quedaría probado que las finalidades de la casación son equivalentes e iguales en jerarquía. Esto se vincula con los límites de las *posibilidades de obrar del tribunal de casación.*

Para lograr verdadera uniformidad jurisprudencial de todos los tribunales, sería menester que *todas* las cuestiones jurídicas (a valorar de una manera generalizadora)[13] fueren resueltas por un tribunal supremo *único.* Pero un tribunal de última instancia omnicompetente tendría que componerse de un número tan grande de jueces, que la cantidad de cuerpos jurisdicentes no sería garantía de una jurisprudencia uniforme[14]. Y si fuera un cuerpo reducido, se hundiría bajo el peso de los asuntos a resolver. Incluso en países más pequeños, donde la cantidad de procesos es menor, la tarea de resolver muchos casos corrientes determinaría el método de trabajo y el estilo del tribunal supremo, que no podría ya desarrollar la facultad de descubrir encadenamientos mayores y sintetizar bajo ellos la jurisprudencia.

El legislador se ve obligado, por tanto, a optar entre el principio de la selección de las causas casacionables y el de la tutela jurídica amplia por la cual se concede acceso generoso al tribunal supremo. El principio selectivo confiere este acceso sólo a una minoría de controversias; en consecuencia, la multitud de los casos no privilegiados sólo aprovecha al tribunal supremo de un modo mediato, a través de la publicación de las causas casacionadas. El principio de la tutela jurídica amplia no conoce en cambio de diferencias de rango entre casos privilegiados y no privilegiados, pero la intervención directa del tribunal supremo en todas las decisiones sólo puede lograrse al precio de una crónica sobrecarga de trabajo. La realidad obliga entonces a disociar el *postulado* de la unidad del derecho (equivalente a la casacionabilidad de todas las cuestiones jurídicas que han de resolverse según un módulo general) y el concepto de la unidad del derecho, más estricto, *realizable en la práctica,* que no puede garantizar una justicia perfecta en el sentido de uniformidad de la administración de justicia *[Rechtspflege].* Unidad del derecho postulada y unidad del derecho realizable no son, pues, lo mismo[15].

Optar entre favorecer la tutela jurídica amplia o la unidad del derecho en sentido más estricto es un dilema que puede presentársele repetidamente al legislador.

---

11 *BGH* 10, 17.

12 Lersch en la nota *ad BGH LM* Nr. 2, § 43 EheG.

13 Es palmario que la constatación de la cuestión de hecho se sustrae a un juicio uniforme por falta de identidad de los sucesos de la vida.

14 Los libros de precedentes judiciales, las obras de consulta, las revistas y los trabajos literarios sólo pueden preservar imperfectamente la uniformidad de la jurisprudencia: Schulz, *Festschrift Adolf Wach,* tomo I, págs. 383/92-99.

15 También Pohle señala el doble significado del concepto de «unidad del derecho» (*ob. cit.,* pág. 13).

Cuandoquiera la carga de trabajo amenace apabullar al tribunal de casación —situación ésta que se ha venido repitiendo hasta ahora regularmente en la historia de la casación alemana[16]— cabe uno de estos dos remedios: aumentar el número de los jueces, o reducir el número de las casaciones. El primero de ellos resta calidad a los fallos y acrecienta el peligro de divergencias jurisprudenciales o sea que vulnera la unidad del derecho en sentido estricto (prácticamente realizable); el otro menoscaba la uniformidad de la tutela jurídica y va a expensas de la unidad del derecho en sentido amplio (postulada)[17].

3. La contienda en torno a cuál es la finalidad determinante de la casación que por todo lo antedicho no debería desecharse por «ociosa», cobra importancia especial para la casacionabilidad de los conceptos *indeterminados,* por cuanto éstos posibilitan en parte un juicio individualizado!-. Al interés de las partes responde que se reexaminen todas las conclusiones subsuntivas. Pero si se atiende al interés de la unidad del derecho, cabe preguntarse si no corresponde reducir el número de esos reexámenes por razón de las limitadas posibilidades de obrar del tribunal de casación, cuando la apreciación del caso no promete arrojar fruto para otros. El legislador optó, como se desprende de los antecedentes de la ordenanza procesal civil de 1877[18], por un control de casación ilimitado. Pero esa decisión no obsta a que la ley continúe siendo especificada según el estado actual de los conocimientos, si se comprueba que el tribunal de casación sólo puede cumplir el control que se le ha encomendado con un provecho desproporcionadamente bajo para la unidad del derecho. Una rectificación de tal índole puede encontrarse, por ejemplo, en los fallos de la Corte federal de justicia y del Tribunal federal de trabajo, que confirman la subsunción bajo los conceptos de «culpa burda»[19] y de «burda violación de los deberes»[20] por razón de la finalidad jus-unitaria de la casación, ya cuando el fallo precedente es simplemente sustentable y sin pasar a practicar un reexamen.

Siendo la casación un instituto que ha de entenderse sobre la base del derecho positivo y no una «forma de pensar apriorística»[21], él conflicto de intereses tiene que resolverse tomando por norte preferente a la ley. Sólo escrutando la historia (II) y las posibilidades de obrar de la regulación positiva (III), habrá perspectivas de poner en claro cuál es el orden jerárquico de los fines de la casación y su influencia en la casacionabilidad de los conceptos indeterminados.

También aquí resulta inadecuado absolutizar la teleología[22].

II. La evolución histórica de la casación

Pese a existir ya la circunstanciada exposición de Schwinge[23], no está de más ocuparse de la evolución histórica de la casación. Schwinge sabe señalar conexiones

---

16 Ver *infra* II 3.

17 Cfr. Pohle, *ob. cit.,* págs. 19-20.

18 Véase *infra* II 2 b.

19 *BGH* 10, 14.

20 *BAG* 2, 175.

21 Mannheim, *ob. cit.,* págs. 3 y 33.

22 Esto va dirigido contra Schwinge, quien se sirve, para derivar la finalidad de la casación, abundantemente de los materiales legales (págs. 20-23), pero se decide luego, sin dar fundamentos, mediante la introducción de la «cuestión de la pauta», contra la ley que primeramente había declarado determinante (págs. 48 y sigtes.).

23 *Ob. cit.,* págs. 6-26. Véase también *Der Ausgleich divergierender Entscheidungen in der oberen Gerichtsbarkeit* (1962), págs. 7-18; Benno Keim, *Reichsgericht und Bundesgerichtshof,* tesis, München 1955, págs. 19 y sigtes. y 44 y sigtes.

ente la casación y el recurso de nulidad prusiano, pero en su exposición gravita demasiado la tesis de que la igualdad de fines de esos recursos fundamenta su igualdad de esencia[24]. De ahí nace un cuadro mal dibujado, que esfumina los defectos de recursos de nulidad y los rasgos totalmente distintos de la casación. Y lo mismo cabe decir de la manera de que Schwinge trata la evolución de la casación a través de las Novelas sancionadas desde 1898; n.o contempla las numerosas propuestas de reforma y su debate parlamentario, de suerte que el lector se queda sin saber hasta qué punto el interés general en mantener la capacidad de trabajo del tribunal de casación prevaleció sobre el interés de las partes en un reexamen en lo posible amplio.

Para darse una idea clara de los cambios que distinguen a la casación de 1877 del recurso de nulidad por un lado, y de la casación de nuestros días por el otro, conviene separar tres períodos nítidamente diferenciables: el imperio del recurso de nulidad formalístico (1), su reemplazo por la casación liberal de la Ordenanza procesal civil de 1877 (2) y los empeños por exonerar de trabajo a los tribunales de casación desde 1898 (3).

1. El recurso de nulidad prusiano (1833-1879)

a) Hasta entrado en vigor el Decreto sobre los recursos de casación y nulidad del 14 de diciembre de 1833[25], la Ordenanza general de tribunales confería, para impugnar sentencias finales aún no' firmes, los recursos de apelación y de casación[26]. La *apelación* exigía un nuevo debate de la causa desde los puntos de vista fáctico y jurídico. Su admisibilidad dependía, en las controversias patrimoniales, de que el agravio superara los 20 ó, en su caso, los 50 táleros[27]. El recurso de casación, propio de la tercera instancia, se distinguía del de apelación sobre todo por la limitación del llamado *benefic.um novorum* (I 15 §§ 10 y sigtes. AGO). En las controversias patrimoniales era admisible si el agravio superaba los 200 o, en su caso, los 400 táleros[28]. Resolver en casación competía, fuera del *Obertribunal,* a los superiores tribunales regionales. La competencia se distribuía en parte según el valor del agravio, en parte según la índole de la pretensión[29]. La casación estaba excluida en una serie de contiendas, que bosquejaremos al analizar el recurso de nulidad, y en las causas posesorias, lo estaba también la apelación.

b) El *Decreto de 1833* limitaba el recurso de casación e introdujo, como compensación, el de nulidad.

---

24 *Ob. cit.,* pág. 25: «El recurso de nulidad y el de casación sirven ambos al mismo fin: la salvaguarda y el mantenimiento de la unidad del derecho, tal como hemos visto. Pero en derecho igualdad de finalidad significa siempre igualdad de esencia».

25 *Gesetz-Sammlung,* págs. 302 y sigtes.

26 Acerca del sistema de recursos del derecho prusiano: Koch, *Preussischer Civilprozess,* 2ª ed. (1855), §§ 326 y sigtes.; Graeff-Rönne-Simon, *Ergänzungen und Erläuterungen der Preussischen Rechtsbücher,* 2ª ed., tomo 8 (1843), págs. 324 y sigtes.

27 Más detalles en el *Kommentar zur AGO* de Mannkopff (1837) *ad* I 14, §§ 1 y sigtes. Un valor del agravio de más de 50 táleros era el presupuesto cuando el litigio se ventilaba en primera instancia ante un tribunal superior; da más de 20 táleros, cuando se había sustanciado ante un tribunal inferior.

28 Véanse más detalles en Mannkopff, *ob. cit., ad* 1 15, 1 y sigtes. También aquí la solución dependía de la tramitación en primera instancia ante un tribunal superior (400 táleros) o un tribunal inferior (200 táleros).

29 Véanse más detalles en Graeff-Rönne-Simon, *ob. cit.,* págs. 326-27.

La *casación* sólo continuó admitiéndose en controversias no patrimoniales sobre todo en las cuestiones matrimoniales, y en las controversias patrimoniales en las cuales el agravio superaba los 500 táleros. En las cuestiones patrimoniales debía haber además dos sentencias disconformes en las instancias anteriores (§ § 1-2). Y como antes, también podía impugnarse mediante ese recurso el juzgamiento defectuoso de la cuestión de hecho.

El recurso de nulidad limitado a la infracción de «principios jurídicos» y de «normas procesales esenciales», se concedía contra todos los fallos de primera y segunda instancia contra los cuales no cabían ni la apelación ni la casación (§§ 4-5). Era por tanto un recurso subsidiario[30], que en caso de concurrir con la apelación o la casación, cedía ante esos recursos primarios («ordinarios») (§9 del Decreto del 14 de diciembre de 1833, coordinado con el art. 4 de la Declaración del 6 de abril de 1839)[31]. El reexamen de la sentencia impugnada estaba limitado a las infracciones alegadas en debida forma (art. 8 de la Declaración del 6 de abril de 1839) por el «implorante» (recurrente) (§16 del Decreto del 14 de diciembre de 1833 coordinado con el n. 8 de la Instrucción del 7 de abril de 1839[32]. El juez de la nulidad sólo podía pasar a juzgar libremente la causa una vez destruido el fallo impugnado, esto es sólo si la impugnación *prosperaba* (§ 17 del Decreto de 1833). Por lo tanto, si el recurrente no acertaba en señalar el vicio pertinente, el juez de la nulidad no podía anular el fallo de instancia por otras infracciones que él mismo hubiera descubierto.

El *Obertribunal* era el único competente para resolver sobre los recursos de casación y nulidad (§ 26 del Decreto de 1833). Es de notar que una Orden de gabinete de 1° de agosto de 1836[33] dispuso que en ambos procedimientos' podía convocarse un *plenum,* cuando alguna sala quisiera apartarse de un principio jurídico establecido por el *Obertribunal.*

c) La *Declaración del 6 de abril de 1839*[34] excluyó del recurso de nulidad las causas de mínima cuantía cuyo valor litigioso fuera de 50 táleros o menos. Se lo reemplazó por el recurso a la instancia superior, que igualmente sólo podía apoyarse en la infracción de «principios jurídicos» (art. 1)[35]. La Declaración redujo asimismo a tres días los plazos para interponer (inclusive motivar) y contestar el recurso de nulidad en las «causas urgentes» (cambiarías, de embargo, mercado y construcciones) (art. 14)[36].

d) Si se aprecia el aquí bosquejado[37] cuadro del recurso de nulidad, su limitación al control de los «principios jurídicos» da apoyo a la idea de que servía al mismo objetivo de salvaguardar la unidad del derecho que la actual casación y que, por consiguiente —como lo afirma también Schwinge—, entre ambos recursos habría «igualdad de esencia». Pero las marcadas fallas del recurso de nulidad dan poca fe de su valor jus-unitario; y esto conmueve también la tesis de su igualdad de esencia con el actual recurso de casación.

---

30 Koch, ob. *cit.,* § 327 *ad.* N. 14.
31 *Gesetz-Sammlung,* págs. 126/28.
32 *Gesetz-Sammlung,* págs. 133/36.
33 *Gesetz-Sammlung,* pág. 128.
34 *Gesetz-Sammlung,* págs. 126 y sigtes.
35 El recurso fue regulado nuevamente por los 5 y sigtes. de la ley del 20-3-1854 (*Gesetz-Sammlung,* pág. 115).
36 Sobre la interposición y motivación del recurso de nulidad: Koch, *ob. cit.,* § 341.
37 El material citado por Schwinge (*ob. cit.,* págs. 11-12) referente a los antecedentes del decreto de 1833 está depositado hoy en el «*Deutsches Zentralarchiv*» en Merseburg y es inasequible.

aa) De las imperfecciones que presenta el recurso de nulidad salta primeramente a la vista que el Decreto de 1833 lo *pospuso* al de casación de aquel tiempo. Al limitárselo a los fallos contra los cuales no cabía ni la apelación[38] ni la casación (§ 4) se le asignaba, *a* más de las causas importantes con sentencias precedentes conformes y por ende no casacionables (§ 2), una cantidad de pleitos corrientes de menor interés jurídico, pero más urgentes[39]. Quedaban reservadas para la casación, sin excepción, las causas más importantes, de agravios superiores a los 500 táleros y fallos *disconformes* en las instancias inferiores. La consecuencia fue que la Exposición de motivos del Proyecto revisado de Ley de recurso de nulidad de 1860 pudo informar que correspondían a la casación mucho menos de un tercio y a la nulidad mucho más de dos tercios de las causas civiles que pasaban al *Obertrihunal*[40].

Es significativo que entre las causas de menor importancia asignadas al recurso de nulidad se contaban también la *acción alimentaria* por embarazo (§31 del Decreto de 1833), la provocación del *beneficium cessionis bonorum* (cesión de bienes) para liberar a un deudor del embargo personal en caso de ejecución infructuosa (§31 *ob. cit.)*[41], la resolución sobre el *levantamiento del embargo real* (§ 4 *ob. cit.* con I 29 § 61 AGO)[42], la *incapacitación por prodigalidad,* cuando el pedido de declaración de incapacidad o el de levantamiento de la incapacitación había sido rechazado en las instancias inferiores (§ 4 *ob. cit.* con I 38 § 33 y 44 AGO) así como los juicios posesorios *(possessoria summarissima),* en los cuales el legislador no había admitido siquiera la apelación (§ 4 *oh. cit.* con I 131, § 18 AGO)[43]. Mediante ese recurso podía impugnarse también la *adjudicación en la subasta judicial* sobre inmuebles (§ 7 *ob. cit.* con art. 2 de la Declaración del 6 de abril de 1839).

La Colección oficial de fallos del *Obertribunal* y el *«Archiv für Rechtsfälle»* (Archivo de casos judiciales) de Striethorst contienen gran cantidad de fallos en causas de nulidad, señal de que al recurso no puede tildárselo de haber sido estéril. Por lo demás, aun en las causas de menor trascendencia la unidad del derecho es también deseable e incluso alcanzable, poco a poco, por la posibilidad de recurrir al tribunal supremo. Pero lo que diferencia sustancialmente al recurso de nulidad de los recursos de casación prusiano y actual es la *falta de un principio selectivo* que le evite al tribunal supremo tener que ocuparse de quisquillas cuya utilidad para la unidad y el desarrollo del derecho es, visto en su conjunto, escasa.

bb) Teniendo el juez de la nulidad que ocuparse también de los casos corrientes que le afluían en abigarrada mezcla con los pleitos más importantes, la ausencia

---

38 Pormenores sobre el recurso de nulidad contra fallos de la primera instancia pueden verse en Benedict Waldeck, *Die Nichtigkeitsbeschwerde als das alleinige Rechtsmittel höchster Instanz mit besonderer Beziehung auf die Preusische Prozess-Gesetzebung* (1861), págs. 112 y sigtes.

39 Es esclarecedora la comparación con la competencia de los juzgados actuales, a los cuales, según los antecedentes de la CPO de 1877 (Hahn, 1. sección, pág. 145 *ad* § 16) y del GVG (Hamn, 1ª sección, págs. 29 y 68-70) les son asignadas causas de menor cuantía, jurídicamente simples y que requieran solución urgente.

40 *Justiz-Ministerial-Blatt,* pág. 443. Según el panorama de los asuntos del *Obertribunal,* reproducido en Waldeck, *ob. cit.,* pág. 165, en los años 1839-1855 se resolvieron alrededor de 23.000 recursos de nulidad, pero solamente unos 9500 recursos de casación.

41 Véanse I 48, §§ 1-49 AGO y Koch, *Lehrbuch des Preussischen Privatrechts,* 3ª ed. (1858), tomo II, § 478. El instituto de la cesión de bienes fue eliminado por el art. XVII de la ley introductoria a la Ley de quiebras prusiana de 1855 (*Gesetz-Sammlung,* págs. 317/20).

42 Si, en cambio, lo que había que resolver era el levantamiento del embargo personal, la casación era procedente: I 29, § 72 AGO.

43 Graeff-Rönne-Simon, *ob. cit.,* pág. 386 *ad* § 7.

de un principio selectivo degradaba al recurso de nulidad, forzosamente, a la categoría de un remedio de *grado inferior.* Cualquiera haya sido el propósito del legislador prusiano, a la luz de nuestras ideas actuales dicho recurso parece más bien un remedio adicional para proteger los derechos vulnerados de las partes en causas no apelables ni casacionables, que un recurso para salvaguardar la unidad de la jurisprudencia[44].

La indecisa mezcla de intereses públicos y privados que presentaba la arquitectura de ese recurso, se advierte también en la *ilimitada reexaminabilidad del derecho extranjero y de los estatutos locales,* facultades que a la casación actual le han sido quitados deliberadamente por su escaso valor jus-unitario[45]; y en la drástica abreviación a tres días de los plazos para interponer, motivar y contestar el recurso en las «*causas urgentes*».. ¿Habrá podido un abogado que actuaba ante el *Obertribunal,* y que hasta ese momento no se hubiera ocupado de la causa[46], redactar en tan breve lapso un escrito de agravios fundado? Pero como el juez de la nulidad sólo podía atender a los puntos impugnados en la demanda y no estaba facultado para criticar libremente la sentencia dictada en la instancia (§§ 11 y 16 del Decreto de 1833), la abreviación del plazo tenía que ir en detrimento de la jurisprudencia del *Obertribunal.* Si el legislador no había puesto cuidado en esta consecuencia, tuvo que haber valorado más el interés del adversario en un fallo rápido que el interés general en sentencias señeras.

Confirma el hecho de que el recurso de nulidad no tenía el rango que le correspondía, el «Proyecto de ley sobre el recurso de nulidad en causas civiles» de 1860, que no llegó a entrar en vigencia. Este proyecto preveía la abolición del concurrente recurso de casación y daba los siguientes motivos para convertir el de nulidad en recurso único de la última instancia[47]:

«Pero: como resulta de las actas legislativas, la ley (la de 1833) sólo pudo sancionarse tras arduas pugnas. No fue el producto de un unánime reconocimiento de que el recurso de nulidad es un remedio que brinda la tutela debida para todas las causas, incluso las más importantes, siempre que tanto al extendérselo como al limitárselo, se observen los principios correctos, y que reviste al mismo tiempo suprema importancia para la administración de la justicia en general. Por el contrario, se hizo sentir la opinión contraria por cuanto se mantuvo la casación para ciertas causas de mayor importancia. Por eso, no sólo se le imprimió al recurso de nulidad de antemano la marca de un remedio de segundo orden o inferior, sino que la subsistencia conjunta de los dos recursos no podía ser sino inconveniente para el desarrollo de otro nuevo».

---

44 Cfr. Koch, *Preussischer Civilprozess,* 2ª ed., 358 y 364 (págs. 699- 700); Waldeck, *ob. cit.,* págs. 97-99, 112 y sigtes. En esa dirección va también el informe del inspector de leyes, consejero secreto Reinhard, informe reproducido en Waldeck, *ob. cit.,* págs. 154 y sigtes., que dice textualmente: «La misión de la corte superior de justicia consiste en vigilar que los jueces no ultrapasen sus facultades» (pág. 160). Más adelante: «Si la tercera instancia hubiere de servir solamente para asegurar la correcta aplicación de las leyes y para proteger a las partes contra los excesos de la autoridad judicial, se modificaría con ello la naturaleza del recurso ...» (pág. 163).

45 Véanse *infra* 2b. La prohibición de reexaminar el derecho extranjero fue prevista por primera vez en el proyecto de ordenanza procesal para el Estado prusiano en 1864 (§ 656).

46 La falta de familiarización de los abogados ocupados en el *Obertribunal* con las cuestiones de hecho de las causas que les eran encomendadas, es destacada por la Exposición de motivos del proyecto de recurso de nulidad de 1860 (*Justiz-Ministerial-Blatt,* pág. 187/95 *infra*).

47 *Justiz-Ministerial-Blatt,* pág. 188, véanse también Waldeck, *ob. cit.,* págs. 57-60.

cc) El legislador prusiano no había previsto un método para seleccionar las causas que se llevaban al *Obertribunal,* y tuvo por tanto que prevenir por otros medios que ese tribunal fuera inundado de impugnaciones. El problema se resolvió estableciendo que el juez de la nulidad sólo podía fallar sobre las *infracciones invocadas* por el recurrente; no tenía, pues, derecho a la crítica libre. Mas la consecuencia de esto fue un formalismo inconveniente para la unidad del derecho y para el interés de las partes, superado recién con el derecho de casación de la Ordenanza procesal civil.

También la Ordenanza procesal civil le exige al recurrente en casación que indique en el escrito de motivación los puntos de agravio jusmaterialísticos y procesales (§ 554). El juez de casación no está atado de manera alguna a los primeros (§ 559), y en cuanto a los segundos, lo está sólo con reserva de los presupuestos irrenunciables que debe examinar de oficio[48]. Por consiguiente, hoy rige el principio de la «libre práctica de la casación», que el derecho prusiano había deliberadamente excluido[49]. El infortunado paso dado por el legislador prusiano al implantar esa limitación, tuvo necesariamente que desplazar las tónicas del remedio. Puesto que el éxito del recurso de nulidad dependía de que se invocara el punto de agravio pertinente, la jurisprudencia del *Obertribunal* estaba determinada por las *querella de las partes* y no por la misión de salvaguardar la unidad de la jurisprudencia. Aunque el juez de instancia hubiera violado manifiestamente el derecho, el juez de la nulidad nada podía hacer si el recurrente había dirigido su ataque contra un objetivo equivocado. El desplazamiento de la tónica fue visto también con toda claridad en la Exposición de Motivos de 1860. Allí se deplora como falla principal del recurso de nulidad el que la intervención del *Obertribunal* fuera requerida no tanto para controlar la jurisprudencia de las instancias inferiores cuanto para examinar las opiniones de los representantes de las partes[50]. Según el proyecto, el exagerado formalismo del remedio resultaba también nocivo para la ética profesional del juez porque en los jueces del *Obertribunal* «o bien se iría acallando paulatinamente el vivo sentimiento por el derecho material, o bien terminaría triunfando la propensión a ir eliminando de alguna otra manera, repugnante al espíritu del recurso, las vallas puestas por la ley»[51].

La defectuosa arquitectura del recurso no solamente empecía a la uniformización del derecho, sino que atentaba también contra el interés de las partes, por cuanto el resultado de un proceso dependía, justamente en la última instancia, no tanto de la verdadera situación jurídica *[Rechtlage]* como del arte y de la maña de los abogados.

En vista de las innaturales cadenas puestas al recurso de nulidad, no es de extrañar que Otto Bähr, uno de los magistrados del *Obertribunal,* informara que hubo sesiones enteras durante las cuales el tribunal más alto había trabajado en balde: «no porque todas las sentencias impugnadas hubieran sido buenas, sino porque el recurso, sencillamente, no alcanzaba a tocarlas»[52].

---

[48] Stein-Jonas-Schönke, 18ª ed., IV 2 a *ad* § 559.

[49] Vea el inciso 8 de la instrucción del Ministerio de justicia prusiano del 7.4.1839 (G.-S., pág. 139): «Sólo se resuelve sobre las reclamaciones mencionadas en la demanda. Si se quisiera ir más allá de esto, habría que apreciar en todos los casos el asunto íntegro, y transformar el recurso de nulidad en uno de casación».

[50] *Ob. cit.,* págs. 192-93.

[51] *Ob. cit.,* pág. 193.

[52] *Das Rechtsmittel zweiter Instanz,* págs. 29-30.

Sólo si se tiene en cuenta todas estas fallas, se explica por qué la Exposición de motivos de la Ordenanza procesal civil se apartó claramente del recurso de nulidad y negó la «igualdad de esencia» de los medios de impugnación. Señaló que el nuevo instituto de casación era una creación *per se stante,* que debía considerarse —si cabía argumentar por comparación— no como un recurso de nulidad ampliado, sino como una apelación limitada a la cuestión de derecho[53]. Por lo demás, ya el proyecto prusiano de 1860 había sostenido que el recurso de nulidad mejorado, en el que se facilitaba la sustanciación de las impugnaciones[54], era, por su naturaleza, una *«revisio in iure»,* porque «es más bien una casación modificada que un recurso de nulidad en el sentido en que se lo había entendido hasta ahora[55].

Se había roto con el recurso de nulidad y ello fue destacado por la Oficina de Justicia del Imperio, dos décadas después de entrada en vigencia la Ordenanza procesal civil, en los debates parlamentarios sobre la Novela de 1898[56] y en el Proyecto de novela de 1905[57]. Los pocos diputados que en aquel entonces pidieron su reimplantación, para poner remedio a la sobrecarga de trabajo del *Reichsgericht*[58] no hallaron eco en el Parlamento. Pocos años después, al deliberarse sobre la Novela de 1910, el tema no volvió ya a tocarse[59].

Visto todo esto, lo que cuenta en la comparación de los recursos de casación y de nulidad, no es solamente que ambos tengan en común circunscribirse al punto de derecho. *Hay que preguntar además hasta qué punto el recurso de nulidad fue útil para salvaguardar la unidad del derecho.* Mas a esto sólo puede contestarse con considerables reservas.

dd) Si se quieren extraer de la arquitectura del recurso de nulidad enseñanzas para el derecho actual, llama sobre todo la atención entre sus peculiaridades, el hecho de que el juez estuviera atado a los puntos impugnados por las partes. La prohibición de reexaminar libremente la sentencia recurrida fue también el aspecto que más críticas le reportó a este recurso, porque esta atadura, como bien lo destaca la Exposición de motivos del proyecto de 1860, perjudicaba tanto el interés general en la salvaguardia de la unidad del derecho como el interés de las partes en una resolución justa del caso.

La amalgama de intereses privados y públicos que gobierna los recursos no es fruto de la casualidad. También el derecho procesal civil alemán confía la decisión de recurrir al tribunal supremo a las partes y no a alguna autoridad pública. Y esto responde al sereno reconocimiento de que en las contiendas civilísticas cabe confiar más en la iniciativa privada que en la pesada maquinaria estatal, que por lo común

53 Hahn, *Die gesammten Materialien zur Civilprozessordnung* (1880), P sección, pág. 363.

54 Mientras que el § 11 del Decreto de 1833 preceptuaba la mención precisa del principio jurídico infringido, según el § 11 del proyecto de 1860 bastaba la indicación de los fundamentos de la decisión por los cuales el recurrente se sentía agraviado, y omitir o indicar mal el principio jurídico violado habría sido inocuo (*Justiz-Ministerial-Blatt,* págs. 185/93). Según una aclaración posterior del Ministerio de justicia, bastaba alegar que el; recurrente se sentía agraviado por «todos» los fundamentos de la decisión (1): *ob. cit.,* pág. 274.

55 *Justiz-Ministerial-Blatt,* págs. 273-74.

56 Hahn, *Materialien zum Gesetz betreffend Anderungen der Civilprozessordnung* (1898), pág. 358.

57 *Stenographische Berichte über die Verhandlungen des Deutschen Reichstages* 1903-04, anexos tomo 3, impreso Nr. 415, págs. 2114-2116.

58 Hahn, *ob. cit.; Stenographische Berichte, ob cit.,* tomo 4, págs. 2953, 2967, 2969-70.

59 *Stenographische Berichte* 1909-1911, tomo 273 (anexos), impreso Nr. 431; *Sitzungsberichte,* tomo 261, págs. 2291 y sigtes., 2342 y sigtes., 2857 y sigtes., 2881 y sigtes., 2939 y sigtes.

no está interesada en el resultado de un pleito civil[60]. La dependencia de la jurisprudencia del tribunal supremo de la iniciativa privada lleva forzosamente a que ciertas limitaciones severas puestas al recurso, tales como el requisito de que se indique exactamente el principio infringido, repercutan sobre el Estado, por faltarle entonces a las partes confianza en el remedio y porque la sobrevaloración de las formalidades impide al juez ocuparse del derecho material. Pero si los fallos defectuosos no son enmendados, el interés de la parte agraviada sufre quebranto en la misma medida que el interés general en la aplicación correcta de las leyes. En la tercera instancia el interés de la parte y el interés público marchan parejos y unidos.

Esa comunidad de intereses no es sin embargo ilimitada. La misma centralización de la jurisprudencia en un tribunal supremo obliga a limitar el control a la aplicación del derecho, porque ese tribunal, por razones de trabajo y por encontrarse más alejado del lugar de domicilio de los litigantes, no está en condiciones de volver a practicar las diligencias probatorias[61].

El interés particular y el interés general chocan también cuando toca regular el acceso al tribunal supremo. Si las partes tuviesen la posibilidad de acudir siempre a ese tribunal para que reexamine la cuestión jurídica, los pleitos cotidianos irían abarrotando la escena por razón de su mayor número e imprimirían su sello a la jurisprudencia, en detrimento de los fallos señeros. Por consiguiente, el legislador no puede evitar la opción entre una tutela jurídica amplia y un principio selectivo[62].

El generoso acceso que se tenía al *Obertribunal* debe entenderse, bajo ese punto de vista, como una decisión en favor de la tutela jurídica igualitaria[63], o sea del interés de las partes. Los regímenes que dan preferencia a la uniformización del derecho, en cambio, se sirven de una selección que logran realizar estructurando el orden de las instancias, fijando una mayor cantidad mínima para la procedencia del recurso o estableciendo que el remedio tenga que ser admitido por el juez.

El régimen del recurso de nulidad nos enseña, pues, que en la instancia suprema, el interés de las partes y el interés general sólo corren unidos y parejos en principio, y a partir de un punto determinado entran en pugna. Se hace necesario entonces decidirse poruña de las alternativas. El recurso de nulidad prusiano representaba todavía una transacción indecisa entre ambas tendencias. La Ordenanza procesal civil se decide claramente, al normar el recurso de casación, a favor de la finalidad jus-unitaria.

2. La casación en la ordenanza procesal civil de 1877

a) La casación: un recurso de la parte

Al igual que el recurso de nulidad, el recurso de casación legislado en la Ordenanza procesal civil de 1877 constituye un *auténtico remedio, puesto en manos de*

---

60 Esto fue destacado ya al deliberarse sobre el proyecto hanoverano de 1864: *Protokolle der Commission zur Berathung einer allgemeinen Civilprozessordnung für die deutschen Bundestaaten,* tomo X, pág. 3705. De época más reciente: REUSS, *DOV,* 1959, págs. 10 y sigtes.; DUSKE, *Die Aufgaben der Revision,* págs. 90-94.

61 Véase la Exposición de motivos del proyecto prusiano de 1860, *ob,. cit.,* pág. 195.

62 Véase la fundamentación del proyecto de Novela de 1905; *Stenographische Berichte der Verhandlungen des Deutschen Reichstages* 1903-04, anexos temo 3, impreso Nr. 415, pág. 2418.

63 Esto lo destaca también el Ministro de justicia prusiano al pronunciarse sobre el proyecto de 1860; *Justiz-Ministerial-Blatt,* pág. 285.

los litigantes, para impugnar sentencias de apelación dictadas por los superiores tribunales regionales (§§ 507, 514-522)[64-65]. Su interposición impide la cosa juzgada y la ejecutabilidad definitiva (§ 645) y lleva el pleito a la instancia suprema: el *Reichsgericht* (§ 136 GVG). El procedimiento de casación continúa pues, bien que ciñéndose a la cuestión de derecho (§ § 511, 524 CPO), las instancias primera y segunda (cfr. por ejemplo, §§ 510, 521). Por tanto, en la instancia tercera rigen también, fundamentalmente, las normas procedimentales generales (§ 520).

El objeto del procedimiento es determinado por las peticiones del escrito y por la eventual adhesión que se interponga (§§ 516, 518, 522). Siendo la casación un recurso, las costas son soportadas por los litigantes, teniendo el recurrente que efectuar los adelantos (§81 GKG) y dependiendo la carga definitiva del resultado de la causa (§§ 87, 92). Si la sentencia de apelación resulta ser errónea, deberá casársela (§ 527); la sentencia de casación afecta pues —a diferencia de la *«cassation dans l'interét de la loi»* francesa[66]— los derechos y deberes de las partes. Cuando los autos están conclusos para sentencia, el tribunal de casación resuelve «como juez de los hechos» sobre el fondo (§ 528)[67].

La Exposición de motivos del Proyecto gubernamental destaca este carácter de la casación como recurso confiado a las partes, tomando una clara posición contra la *«cassation dans l'interét de la loi»*. Según la Exposición, la corte de casación es «un tribunal que dice derecho a las partes y tutela un interés privado en cuanto invalida una sentencia cuando y en la medida en que ésta *repose* en una infracción de la ley, y, en consecuencia, perjudique los derechos de una de las partes»[68]. Puesto que el *Reichsgericht,* al igual que los tribunales de instancia, tiene que decir derecho a las partes, estaría también facultado para resolver sobre el fondo cuando la causa está conclusa para sentencia[69]: «La mera casación de la sentencia impugnada no constituye el fin último del recurso»[70].

b) Los límites de la casación.

Pese a ser la casación un recurso, en el procedimiento de tercera instancia, la gravitación del interés público se manifiesta en un sensible *cercenamiento de los*

---

64 Las normas citadas son las que en la Ordenanza procesal civil figuran en la versión del 30.1-1877; en la Ley de organización de tribunales en la versión del 27.1.1877, y en la Ley de costas judiciales en la versión del 18.6.1878.

65 El actual recurso de casación directo o *per saltum,* previsto en el § 566 *a* ZPO, fue implantado recién por la Ordenanza sobre el procedimiento en litigios civiles del 13.2.1924 (RGB I, pág. 135), la así llamada Ordenanza de Emminger.

66 Art. 51 II de la hoy vigente Ley sobre organización y procedimiento de la Corte de casación del 23.7.1947 dispone al respecto: *«Si une cassation* (es decir *cassation dans l'interét de la loi) intervient, les parties ne peuvent s'en prévaloir pour éluder les dispositions de la decision cassée, laquelle vaut transaction pour elles».* [Si se interpone una casación (esto es, casación en el interés de la ley), las partes no pueden prevalerse de ella para eludir las disposiciones de la decisión casada, la cual vale como transacción para ellas].

67 Véase *infra* § 7 IV.

68 HAHN, *Materialien,* 1ª sección, pág. 142; así lo sostuvo también el representante bávaro en el Consejo federal, al deliberarse en el Parlamento sobre la Ley de organización judicial: HAHN, *Materialien zum GVG,* 1ª sección, págs. 196-97.

69 HAHN, *Materialien zur CPO,* 1ª sección, pág. 143.

70 HAHN, *ob. cit.,* pág. 371.
La diversidad entre las dos instituciones (la alemana y la casación francesa) fue destacada también en las deliberaciones de la comisión parlamentaria que estudió la moción del diputado BAHR de que el recurso fuera examinado precisamente por una sala del *Reichsgericht* constituida según el modelo de la *«chambre des requétes»* (HAHN, *ob. cit.,* 737-38).

derechos de las partes. La casación es un procedimiento limitado a la aplicación de la ley, que no cabe frente a constataciones fácticas hechas en regla (§ 524), y que sólo puede apoyarse en «infracciones de la ley», en el sentido de una aplicación incorrecta de normas jurídicas (§§ 511, 512). Porque: «Las legítimas exigencias de los litigantes frente al Estado pueden considerarse plenamente satisfechas si el Estado les confiere la posibilidad de que su pleito sea visto dos veces (por completo) en un procedimiento bien articulado y resuelto por los fallos de dos tribunales bien compuestos»[71]. En consecuencia, la Exposición de motivos ve la justificación para el establecimiento de la tercera instancia en la necesidad «de unificar el derecho y la administración de justicia»[72], y esta finalidad impide también el re-examen del derecho local y del derecho extranjero (§§ 511, 525)[73]. A modo de complemento, la Exposición de motivos fundamenta la exclusión de la casacionabilidad del derecho local en la lejanía *[Sachferne]* del tribunal de casación[74]: para la aplicación de leyes provinciales y estatutos locales estarían mejor calificados los superiores tribunales regionales, por cuanto las normas jurídicas con limitado ámbito de validez espacial habrían de interpretarse según los usos y costumbres y las relaciones vitales y de tráfico del correspondiente territorio, sobre todo lo cual sólo pocos magistrados del *Reichsgericht* dispondrían de conocimientos suficientes.

Dentro del ámbito de la cuestión de derecho, empero, el recurso está construido como «*revisto in jure libremente configurada*»[75], esto es «no como recurso de nulidad ampliado, sino como apelación limitada»[76]. Esto supone un doble apartamiento del recurso de nulidad:

El juez de casación es *libre* en el *juzgamiento jusmaterialístico* de la causa y no está atado a las reclamaciones del recurrente (§§ 511, 512, 526). Este debe indicar en su escrito la norma jurídica infringida (§ 516 II, Nr. 2), mas este precepto es sólo instruccional y sirve simplemente para la preparación del debate oral: «(la norma infringida) puede omitirse sin desmedro del éxito del recurso y modificarse o completarse en el curso del debate oral»[77]. La casacionabilidad de los *conceptos indeterminados* se extiende también al resultado concreto de la subsunción y no se limita a la no captación de «principios jurídicos». Según lo dice la Exposición de motivos, al proyecto le son ajenas tanto la división de la cuestión de derecho en los campos del juzgamiento concreto y del juzgamiento abstracto, como la exclusión de la apreciación concreta de su control por el juez superior[78]. Por tanto, lo que está sustraído a la casación es «sólo la apreciación puramente fáctica de lo alegado por las partes y de las pruebas aportadas»[79]. Para dar expresión, también en el texto de la ley, a este

---

71 HAHN, *ob. cit.*, pág. 141.
72 HAHN, *ob. cit.*, pág. 144.
73 La Exposición de motivos refuta inequívocamente la opinión de KUCHINKE de que la prohibición de reexaminar el derecho local no sería un argumento a favor de la finalidad jus-unitaria sino que resultaría tan sólo de la lejanía del tribunal de casación *(Grenzen der Nachprüfbarkeit tatrichterlicher Würdigung und Festslellungen in der Revisionsinstanz,* págs. 38-39).
74 HAHN, *ob. cit.*, págs. 144-45.
75 HAHN, *ob. cit.*, pág. 141.
76 HAHN, *ob. cit.*, pág. 363.
77 HAHN, *ob. cit.*, pág. 365.
78 HAHN, *ob. cit.*, pág. 367.
79 HAHN, *ob. cit.*, pág. 364.

cambio operado con relación al recurso de nulidad, se menciona como fundamento de la casación, no ya la infracción de un «principio jurídico», sino simplemente la «infracción de la ley» (§§ 511, 512)[80]; y la tesis de Báhr de que al juez de la nulidad le estaría vedado, conforme a toda regla, indagar «si una posesión, una prescripción, una tradición, una culpabilidad, un daño o un interés jurídico está o no fundado según los hechos sub examen»[81] es desechada por la Exposición de motivos precisamente sobre la base de los ejemplos que el mismo Bähr emplea (posesión, tradición, culpabilidad)[82]. Y tampoco en las deliberaciones de la comisión parlamentaria Bähr pudo hacer triunfar su opinión de que una infracción casacionable de la ley estaría dada únicamente en caso de «no captación de la ley», o sea de interpretación errónea de un concepto jurídico[83].

c) Las limitaciones al acceso al tribunal de casación

Los padres de la ley advirtieron claramente que con sólo limitar la casación al juzgamiento de derecho no se impediría la sobrecarga de trabajo de la tercera instancia y el malbaratamiento de sus energías en litigios sin utilidad jurídica[84]. La CPO (Ordenanza procesal civil de 1877) prevé por tanto, a más de la incasacionabilidad de la cuestión de hecho, otras dos limitaciones para el *acceso al tribunal de casación:*

Casacionables son únicamente las sentencias de apelación dictadas por los superiores tribunales regionales (§ 507). El recurso procede pues sólo en aquellos pleitos que, en primera instancia, competen a los tribunales regionales. La vía al tribunal de casación queda cerrada para las causas tramitadas ante juzgados (§ 23 GVG). La distribución de negocios entre el juzgado y el tribunal regional reposa por cierto, según los casos, en razones diversas. .

La Exposición de motivos de la Ley de organización de tribunales designa como de competencia de los juzgados, a las controversias «que por su insignificancia no han menester una decisión colegiada, que requiere energías y costas desproporcionadas, o que exigen una justicia rápida, eficaz y familiarizada con las condiciones locales»[85], o que, como las pretensiones emergentes de un concúbito extramatrimonial, «se prestan muy especialmente, por la sencillez de las cuestiones jurídicas que plantean, a no tener necesidad de ser juzgadas en primera instancia por un cuerpo colegiado»[86].

---

80 Hahn, *ob. cit.*, pág. 365. El cambio de la terminología del fundamento del recurso corre por otra parte unido y parejo al cambio de designación del recurso mismo. El proyecto de Ordenanza procesal para el Estado de Prusia del año 1864 llamaba al remedio todavía «recurso de nulidad» contra la infracción de un «precepto legal» o de un «principio jurídico» (í 653), el proyecto prusiano de Ordenanza procesal civil alemana de 1871 habla ya de la «casación» para reexaminar las «infracciones de la ley» (§ 461).

81 *Das Rechtsmittel zweiter Instanz*, pág. 21.

82 Hahn, *ob. cit.*, pág. 367.

83 Hahn, *ob. cit.*, pág. 736. Bähr intentó nuevamente más tarde justificar su punto de vista, junto con sus ataques personales contra el ministro de Justicia prusiano Leonhardt *(JherJahrb*, tomo 23 [185], págs. 339/54).

84 Hahn, *ob. cit.*, pág. 143.

85 Hahn, *Materialien zum GVG*, 1ª sección, pág. 68.

86 Hahn, *ob. cit.*, pág. 70.

Y es que la mayoría de las contiendas de la vida cotidiana asignadas a los juzgados no plantean tampoco cuestiones jurídicas especialmente difíciles o de trascendencia general[87]; de modo que el recurso al tribunal supremo está vedado en esa instancia también por la escasa utilidad jurídica de los procesos[88].

Una segunda limitación al acceso al tribunal de casación es la llamada *summa minima [Erwachsenheitssumme]*. En las controversias patrimoniales, la admisibilidad de la casación depende de que el valor del agravio sea de más de 1500 marcos (§ 508). La fijación de esta suma, no prevista en el proyecto, es el fruto de arduos debates en el seno de la comisión parlamentaria.

En el proyecto se había rechazado la idea de denegar el recurso cuando el valor del litigio o del agravio «no estuviera en consonancia con los principios generales del proceso y el sistema de los recursos»[89], y se había excluido la casación cuando las decisiones precedentes fueran conformes, por cuanto parecía ineludible exonerar de trabajo al *Reichsgericht* (§ 485). Esta exclusión fue justificada en la Exposición invocando el fin jus-unitario: siendo así que el Estado no tenía obligación de poner a disposición de los litigantes más de dos instancias, habría buena razón para exigirle a un litigante que se resignara cuando el resultado le había sido desfavorable en ambas instancias por igual[90].

En la comisión parlamentaria se esgrimieron contra el «principio de conformidad»[91] más que nada[92] objeciones de orden político derivadas de la organización federal del Imperio[93]. Excluir la casacionabilidad cuando las decisiones precedentes fueran conformes, se argüía, favorecería el surgimiento de una jurisprudencia centrífuga de los superiores tribunales regionales, dirigida contra la autoridad central, lo cual haría peligrar la «supervisión federal» que al Imperio le incumbe ejercer[94] sobre los tribunales de los Estados federados. Un superior tribunal regional podría sustraer sus fallos al control del *Reichsgericht,* mediante el simple expediente de confirmar la sentencia del tribunal regional. Y también el juez de primera instancia tendría en sus manos un instrumento para disponer de la competencia del *Reichsgericht,* ya fuere siguiendo o apartándose de la jurisprudencia de su tribunal superior[95]. Mientras que un Estado unitario dispondría de mu-

---

87 Tales son los procesos con impronta localista.

88 En el mismo sentido el informe de la comisión preparatoria de una reforma de la jurisdicción civil (1961), pág. 75.
En cuanto a excepciones en las cuales también aquí sería deseable acudir al tribunal de casación: PAULUS, ZZP tomo 71 (1958), págs. 188/94.

89 HAHN, *Materialien zur* CPO, P sección, pág. 143.

90 HAHN, *ob. cit.,* pág. 144.

91 La designación «principio de disconformidad», que cuenta con gran aceptación, es incorrecta, como lo demuestra convincentemente BETTERMAN (ZZP tomo 77 (1964), págs. 3/8-13). Según el § 485 del proyecto, la admisibilidad de la casación no presuponía decisiones precedentes disconformes; antes bien, la casación estaba excluida en caso de conformidad de las mismas.

92 Otras dudas y reparos que aquí no interesa tratar se dirigían contra el juicio de la conformidad según la parte dispositiva de la sentencia, previsto en el proyecto, juzgamiento que se atendría sólo a una característica externa y no diría nada acerca de la conformidad de los fundamentos del fallo (HAHN, *ob. cit,,* págs. 722, 724, 726, 729, 1063, 1069).

93 Manifestaciones del diputado STRUCKMANN: págs. 721-23, 1057-59; REICHENSPERGER, pág. 723; GAUPP, págs. 724, 1067; BÄHR, pág. 726; MIQUÉL, pág. 731; LASKER, págs. 1059-60.
De la época más reciente: PAULUS, ZZP tomo 71, pág. 188/200.

94 BAUR, ZZP tomo 71, págs. 161-177; DUSKE, *Die Aufgaben der Revision,* págs. 149 a 151.

95 HAHN, *ob. cit.,* pág. 724 (GAUPP).

chos medios para unificar el derecho, bajo la constitución del Imperio no se lograría nunca la unidad jurídica insistiendo en excluir de la casación los casos de sentencias precedentes conformes[96].

Los defensores del principio de conformidad, que veían en la suma de casación «un privilegio para los ricos»[97], sólo fueron vencidos paulatinamente. La primera lectura de la comisión[98] sólo llevó a la abolición del principio en el derecho federal, manteniéndoselo en el derecho común y el derecho particular. No se implantó todavía una suma de casación; las sentencias de apelación que habían aplicado derecho federal, era casacionables. A la segunda lectura, empero, prevaleció la convicción de que si la casacionabilidad del derecho federal continuaba siendo ilimitada, ello conduciría a una sobrecarga de trabajo del *Reichsgericht* sin esperanzas de solución, y que por tanto resultaba imprescindible implantar una suma de casación[99]. Para uniformar el derecho de casación, se abandonó el principio de conformidad también en los derechos común y particular y la procedencia del recurso se hizo depender por doquiera de una suma mínima[100]. Una moción de reimplantar el principio de conformidad, lanzada por el Consejo federal, fue rechazada tras breve debate[101], quedando así asegurado el régimen de la suma de casación. El informe de la comisión al Parlamento motiva su implantación con la necesidad de dar unidad al derecho[102]:

«La razón determinante para arribar a esa solución fue la idea de apuntalar la unidad del derecho, que parecía puesta en peligro por el principio sustentado en el proyecto. Esta idea de marcar el límite a la competencia de la tercera instancia con una suma pecuniaria, es por lo demás plenamente congruente con la idea del proyecto, que deslinda también por sumas pecuniarias la competencia de las instancias anteriores. Por razón de todo esto, la comisión mantuvo su decisión también después de la segunda lectura, frente a la moción del Consejo federal de que se aprobara el proyecto».

El plenario aceptó en bloque el proyecto modificado [103].

d) La legislación de 1877 representa, comparada con el recurso de nulidad prusiano, un *progreso sensible.*

En opinión de los padres de la ley, la aplicación de conceptos indeterminados es casacionable ilimitadamente[104]. Y la exposición de motivos difícilmente podría expresar con más nitidez el rechazo del control abstracto, limitado a la interpretación de conceptos, que refiriéndose a los ejemplos de «posesión», «tradición» y «culpabilidad», que toma Bahr de la práctica prusiana. Consiguientemente, Stahl

---

96 HAHN, *ob. cit.*, pág. 1060 (LASKER).

97 HAHN, *ob. cit.*, pág. 727 (VON AMSBERG, director en la Cancillería del Imperio); pág. 730 (KURLBAUM, representante del gobierno de Prusia); pág. 732 (KRATZER).

98 HAHN, *ob. cit.*, págs. 733 y 925.

99 Fue revolucionaria la moción de STRUCKMANN, *ob. cit.*, págs. 1057-59.

100 HAHN, *ob. cit.*, págs. 1070 y 1230.

101 HAHN, *ob. cit.*, págs. 1143-1146.

102 HAHN, *ob. cit.*, pág. 1199.

103 HAHN, *ob. cit.*, págs. 1301 y 1310.

104 Esto en contra de SCHWINCE *(supra* I 3 in *fine)* y en contra de HANACK, *Der Ausgleich divergierender Entscheidungen,* págs. 88-89, quien afirma que el desarrollo de la casación demostraría «claramente» que el objetivo era que se eximiera al juez de casación de examinar las modalidades del caso singular en beneficio de una jurisprudencia «que señalara rumbos».

puso en duda[105] *expressis verbis* la claridad de los antecedentes, y ya en 1881 Wach pudo calificar a las tesis de Bahr de «totalmente superadas»[106].

Puesto que los antecedentes hacen hincapié en la iniciativa de las partes, el reexamen tiene indudablemente también por objetivo satisfacer los intereses de éstas. Quiere decir que también en la casación legislada en el nuevo derecho corren pues unidos y parejos el interés privado en una sentencia justa y el interés público en la salvaguarda de la unidad del derecho. Pero la Ordenanza procesal civil deja traslucir con mucho más claridad que el derecho prusiano que esa comunidad de intereses existe solamente en principio. En las deliberaciones de la comisión, el representante gubernamental declaró sin ambages que las partes sólo tenían derecho a la tercera instancia «en cuanto el Estado tuviera al mismo tiempo un interés en la unidad del derecho»[107]. En caso de colisión, el interés privado debía ceder ante el interés general. Esta decisión se reflejó en la ley en cuanto se fijó una suma de casación más alta, se excluyeron del orden de instancias que conduce al tribunal de casación las causas que competían a los juzgados, y se prohibió el reexamen de los derechos extranjero y local; limitaciones todas éstas que el derecho prusiano no conocía. Suprimida la atadura a las reclamaciones jusmaterialísticas de casación, el *Reichsgericht,* más aligerado de trabajo que el *Obertribunal,* pudo dedicarse a uniformar la jurisprudencia.

e) No todos están de acuerdo en que los antecedentes de la Ordenanza procesal civil asignen unívocamente prevalecencia al fin jus-unitario. Hay quienes ven contradicción[108] en que los Fundamentos del proyecto subrayen por un lado la iniciativa de parte (§ 14), y por el otro la unidad de derecho (§ 15), y esto los lleva a desestimar toda la interpretación histórica de la ley[109]. Mas esta crítica no advierte la relación sistemática en que están los pasajes. El § 14 toma posición *contra la casación francesa,* que tenía entre los juristas alemanes muchos admiradores[110] (una reacción del sentir nacional de aquellos tiempos). En el § 15, en cambio, donde se trata el fin jus-unitario, se discuten los medios para proteger al Reichsgericht *de la Sobrecarga de trabajo* (multas procesales en caso de vencimiento, suma de casación, principio de conformidad, exclusión de la casacionabilidad del derecho local). Los dos pasajes apuntan pues a objetivos totalmente diversos. La crítica tampoco presta atención a cómo evolucionó el proyecto a lo largo de las deliberaciones parlamentarias. Se ocupa únicamente de los Fundamentos, y así queda sin saber qué orden se asignó a los intereses en las deliberaciones y resoluciones de la comisión parlamentaria, donde se destacó la preferencia por los intereses públicos en caso de colisión. Esta tendencia de subordinar los intereses privados a los públicos, habría de fortalecerse aún en las reformas legislativas iniciadas en 1898.

3. Las Novelas sancionadas desde 1898

Estas leyes se sancionaron ante la apremiante necesidad de poner coto a la creciente sobrecarga de trabajo del tribunal de casación. Para remediar la situa-

---

105 *AcP* tomo 67 (1887), págs. 94/114-15.

106 *JW* 1881, pág. 74. Esto es destacado más tarde aún por Boyens, *Sächsisches Archiv,* fase, especial 1904, págs. 154-55; Manigk, *RG-Festfgahe* (1929), tomo VI, págs. 124-25, y por el proyecto de ZPO de 1931, pág. 365.

107 Hahn, *ob. cit.,* pág. 727.

108 Walsmann, *Judicium* tomo II (1928/29, págs. 64-65; Duske, *ob. cit.,* pág. 85.

109 Pohle, *Verhandlungen des 44. Veutschen Juristentages,* tomo I, 3ª parte, fase. B, pág. 15.

110 Trata esto detenidamente Schwinge, *Grundlagen des Revisionsrechts,* 2ª ed., págs. 39 y sigtes. Son también reveladoras las discusiones en pro y en centra de una asunción de la casación en las deliberaciones del proyecto banoverano *(Protokolle,* tomo X, págs. 3697, 3703 y sigtes.).

ción, se consideraron dos caminos: aumentar el número de jueces, y disminuir el número de casos.

La primera solución, pasados ciertos límites, resta homogeneidad al tribunal de casación y atenta así contra la *unidad del derecho*. Si se quiere evitar ese peligro, no queda más remedio que limitar el número de casos, o sea posponer los *intereses de las partes*. Las limitaciones cada vez más sensibles que se van sancionando con las Novelas permiten ver hasta qué punto el interés de las partes ha tenido que tolerar restricciones en aras de la unidad del derecho.

a) La Novela procesal civil de 1898

La Novela de 1898 sirvió en primer término para adaptar el procedimiento al derecho privado que entraría a regir con el nuevo siglo. Pero como el *Reichsgericht* había venido sufriendo una crónica sobrecarga de trabajo desde su instauración en el año 1879[111], el gobierno aprovechó esta ocasión para doblar la suma de casación: de 1500 pasó a 3000 marcos (§ 508 I del proyecto). Otro móvil determinante para tomar esta medida fue el temor a que los pleitos que fueran surgiendo en el nuevo derecho pudieran aumentar aún más aquella sobrecarga[112].

La propuesta, en la cual pronto se centró el interés de los diputados[113], chocó con la enconada resistencia de los abogados[114] y de los representantes de la clase media, quienes consideraban que ese aumento atentaba contra los intereses[115] y la «política»[116] de esa capa social. En los argumentos de los enemigos de la propuesta se mezclaban el egoísmo del pequeño burgués y un sentimentalismo no sincero. La unidad del derecho, se afirmaba, sería un ideal formal, pero no alcanzable, que ni siquiera la parte más culta de la población llegaría a entender. Si se intentara hacerle entender al «hombre de la calle» que, en gracia a la unidad del derecho, tendría que conformarse en adelante con sólo dos instancias, únicamente se cosecharía el rechazo: «¿Qué me importa a mí la unidad del derecho? Hasta ahora he tenido la posibilidad de hacer tratar mis créditos y pretensiones de esa manera esmerada. ¿Por qué habría de verla repentinamente cercenada?»[117]. La limitación de la casación «dejaría a la gente humilde y a la clase media a merced de las sentencias de los superiores tribunales regionales»[118], cuando de la sentencia del *Reichsgericht* pudiera eventualmente depender «toda la dicha y fortuna de una familia» y «su único haber pudiera quedar puesto en duda»[119].

El representante del gobierno exhortó a los diputados a no contemplar la reforma «desde el ángulo de las viudas y de los huérfanos» [120], máxime teniendo en

---

111 HERIUCI, *JherJahrb.* tomo 24 (1886), págs. 9 y sigtes.; *DJZ* 1897, págs. 455 y sigtes.; STEIN, ZZP tomo 24 (1898), págs. 209/42, y sobre todo las explicaciones del secretario de Estado Dr. NIEBERDING ante el Parlamento: HAHN, *Materialien zum Gesetz betr. Anderungen der Civilprozessordnung* (1898), págs. 240-42.

112 HAHN, *Materialien zur Novelle von 1898,* págs. 114-15, 192, 239-43.

113 HAHN, *ob. cit.,* págs. 195, 208, 222, 484, 493.

114 HAHN, *ob. cit.,* págs. 495 y 509.

115 HAHN, *ob. cit.,* págs. 214, 487 (TRÄCER); pág. 223 (VON BUCHKA); págs. 487-88 (SCHMIDT/WARBURG); pág. 499 (RINTELEN).

116 *Ob. cit.,* págs. 214, 487 (TRÄGER).

117 *Ob. cit.,* págs. 486 y 212 (TRÄGER); pág. 223 (VON BUCHKA).

118 *Ob. cit.,* pág. 499 (RINTELEN).

119 *Ob. cit.,* pág. 488 (SCHMIDT/WARBURG).

120 HAHN, *ob. cit.,* págs. 494-95.

cuenta que otros Estados imponían, en interés del prestigio de sus tribunales supremos, restricciones mucho más severas que una suma de casación[121]. Se le contestó que «en Alemania imperaban otras ideas»[122]. Tal como hizo suponer el debate, la reforma fue rechazada en la votación plenaria[123], aunque había logrado mayoría en el seno de la comisión[124].

b) La Novela de casación de 1905

El temor de que, con la entrada en vigor del Código Civil, habría de agravarse aún el exceso de trabajo del *Reichsgericht,* se verificó bien prontamente. La creación de la Sala VII en lo civil no pudo servir de remedio permanente[125], y los gobiernos federados se vieron constreñidos, a sólo seis años de rechazado el proyecto de 1898, a solicitar nuevamente que se limitaran las casaciones. El proyecto sometido al Parlamento en 1904 preveía, entre otras medidas[126], aumentar la suma de casación a 3000 marcos cuando los fallos precedentes fueran conformes y a 2000 marcos cuando no lo fueran (§ 546); que los recursos de casación improcedentes pudieran rechazarse por simple auto (§ 554 b), y que se exonerara sensiblemente al *Reichsgericht* de la resolución de recursos de queja (§ 568).

En los fundamentos se subrayó la prioridad del fin jus-unitario[127], que se vería frustrado por el exceso de asuntos a tratar. Y puesto que seguir el modelo de la casación francesa o del recurso de nulidad prusiano significaría un retroceso[128], la única salida viable sería aumentar la suma de casación. A los que objetaban que ese aumento era repudiable desde el punto de vista social, se les replicó que tal reparo significaba desconocer el verdadero valor de la casación como medio uniformizador de la jurisprudencia, ya que, a través de la publicación de las sentencias, repercutía también en los pleitos de las capas sociales menos acaudaladas[129]. Los críticos olvidarían también que en otros países cultos se le habían impuesto a la casación restricciones aún mucho más severas, como el depósito de cauciones previas considerables, o elevadas «penas de vencimiento»[130].

En las deliberaciones parlamentarias, los representantes de la clase media continuaron discutiendo el interés político-justicial en la salvaguarda del prestigio y de la eficiencia del *Reichsgericht* y calificaron de decisiva a la «cuestión político-social de sustentar y elevar a la clase media y a los humildes»[131]. Pero la mayoría de

---

121 *Ob. cit.,* pág. 360.

122 *Ob. cit.,* pág. 498 (RINTELEN).

123 *Ob. cit.,* págs. 509 y 672.

124 *Ob. cit.,* pág. 371.

125 *Stenographische Berichte über die Verhandlungen des Deutschen Reichstages* 1903-04, 3er. tomo anexo, impreso Nr. 415, págs. 2412, 2417-18, 2421.

126 Pormenores pueden verse en el impreso Nr. 782 del tomo anexo n. 8, págs. 4509-10 (informe de la comisión).

127 Impreso Nr. 415, pág. 2414. Véase también el parecer dado por el representante gubernamental en el Parlamento: *Stenographische Berichte,* tomo 4. págs. 2947 y sigtes.

128 Impreso Nr. 415, págs, 2414-16.

129 *Ob. cit.,* pág. 2418.

130 *Ob. cit.,* pág. 2418.

131 *Stenographische Berichte,* tomo 4, pág. 2952 (RINTELEN); tomo 4, pág. 2969 (SCHMIDT-WARBUBG); tomo 8, págs. 6030 y sigtes. (RINTELEN); tomo 8, págs. 6034 y sigtes. (STADTHAGEN); tomo 8, págs. 6040 y sigtes. (SCHMIDT/WARBUBG).

los diputados no alentaban ya una animosidad tan grande contra la limitación del recurso como en el debate del año 1898[132]. Por consiguiente, aprobaron[133] las resoluciones de la comisión[134], que había añadido al proyecto gubernamental una serie de «pequeñas» medidas exonerantes. La *suma de casación* fue elevada, sin distinguirse entre sentencias de apelación conformes y no conformes, a 2500 marcos (cfr. § 546 I en la versión del 5.6.1905). La *motivación de la casación,* hasta entonces facultativa, fue hecha obligatoria (cfr. § 5541ZPO en la versión actual), para facilitar la preparación del debate oral y para poner freno al abuso de interponer recursos de casación «preventivamente» y retirarlos poco antes del debate[135]. Se excluyó la posibilidad de hacer valer *nuevas causales de casación* una vez vencido el plazo de motivación (cfr. § 554 VI en la versión actual). Los *recursos por adhesión* tenían que motivarse en el futuro también dentro de ese plazo (cfr. § 556 en la versión actual). Se admitió el *rechazamiento* de los recursos improcedentes también por auto (cfr. § 554 *a* en la versión actual). Buena parte de las *cuestiones de competencia territorial* en las controversias patrimoniales pasaron *a ser* incasacionables (cfr. § 547 Nr. 1 en la versión de 1905 y § 549 II de la versión actual)[136] y la competencia del *Reichsgericht* en materia de recursos quedó de ahí en adelante limitada a pocos casos (§§ 567, 568 en la versión de 1905).

c) *La Novela de casación de 1910*

La Ley de exoneración de 1905 no pudo detener el alud de recursos de casación que sobrevino como secuela del aumento de la población y del incremento del bienestar general en los años de preguerra[137]. Para 1907 los efectos de esa ley ya estaban agotados[138]. Por tanto, los gobiernos federados reclamaron en 1909 nuevas limitaciones drásticas[139]. No se animaban a proponer al Parlamento *[Reichstag]* un nuevo aumento de la suma de casación[140], y por eso recurrieron al principio de conformidad: cuando los fallos precedentes fueran concordantes, el recurso sólo debería poder apoyarse en una contradicción a una interpretación del *Reichsgericht o* de un Superior tribunal regional. Además, los gobiernos pidieron la exclusión de reclamaciones emergentes del § 139 y del § 286 ZPO; la posibilidad de rechazar por auto también la casación infundada; la limitación del efecto suspensivo del recurso, lo que se lograría facilitando la ejecutabilidad de las sentencias de los superiores tribunales regionales; el aumento de las costas de la casación combinado con un adelanto obligatorio de las litis expensas; la supresión de la casacionabilidad en cuestiones de embargo y la exención del *Reichsgericht* de resolver cualesquiera recursos de queja.

---

[132] Esto cobra expresión en la segunda deliberación del plenario: *Stenographische Berichte,* tomo 8, págs. 5999 y sigtes., 6008 y sigtes., 6044 y sigtes., 6055 y sigtes.

[133] *Stenographische Berichte,* tomo 8, págs. 6136-37. Comentarios a la Novela: MEYER, *Recht 1905,* págs. 358 y sigtes.

[134] Impreso Nr. 792 del tomo anexo n° 8, págs. 4543 y sigtes.

[135] Impreso Nr. 782, págs. 4520 y sigtes.

[136] La casación sobre la cuestión de la competencia presuponía ahora *a)* que se alcanzara la suma de casación *b)* que se negara la competencia *ratione loci,* mientras que según el § 547 Nr. 1 CPO en la versión del 20.5.1898, la cuestión de la competencia era ilimitadamente casacionable (cfr. WILMOWSKI y LEVY, CPO, 7ª ed. (1895), 4 *ad* § 509).

[137] *Stenographische Berichte der Verhandlungen des Deutschen Reichstages 1909-11,* tomo 261, pág. 2302.

[138] Anexos tomo 273, impreso Nr. 309, págs. 7 y 25 y sigtes.

[139] Véase la sinopsis del impreso Nr. 309, pág. 12.

[140] *Ob. cit.,* pág. 12.

Aunque en el *plenum* un número sorprendente de diputados apoya la prioridad del fin jus-unitario y la necesidad de exonerar de trabajo al *Reichsgericht*[141] la moción es recibida fríamente. La implantación del principio de conformidad y la supresión de la casacionabilidad de constataciones fácticas chocan con general rechazo[142]; y también la abolición del debate oral obligatorio sobre la casación admisible es objeto de vivas críticas[143]. Esa atmósfera prosigue en las deliberaciones y resoluciones[144] de la comisión. El principio de conformidad, la exclusión de reclamaciones por constataciones fácticas logradas en violación de la ley[145] y el rechazamiento de casaciones infundadas por vía de auto sufren todos una repulsa unánime. Se rechaza también la propuesta intermedia de combinar el principio de conformidad con el principio de importancia fundamental, mencionado aquí por primera vez[146], con el cual se quiere impedir un anquilosamiento de la jurisprudencia por efecto de sentencias conformes.

Para compensar esto, la comisión propicia aumentar nuevamente la *suma de casación,* esta vez a 4000 marcos (§ 546 en la versión del 22.5.1910), y aumentar también las *costas judiciales,* para desalentar interposiciones temerarias (cfr. § 34 GKG en la versión actual). El *adelanto de costas judiciales es* convertido en presupuesto de admisibilidad (§ 554 VII en la versión del 22.5.1910),[147] y el *efecto suspensivo* del recurso es limitado por la ejecutabilidad provisoria de las sentencias de los superiores tribunales regionales, que de ahí en adelante procede sin previa garantía (cfr. §708, Nr. 7 en la versión actual). El *Reichsgericht* queda liberado de todos los *recursos de queja* y de fallos casacionables sobre *embargos y disposiciones provisionales de seguridad* (cfr. §§ 545 II, 567 III en la versión actual). En añadidura a la propuesta gubernamental, la comisión elimina la casacionabilidad ilimitada de la cuestión de la *competencia ratione materiae* en los procesos patrimoniales (§ 547, Nr. 1 en la versión de 1910).

El subsiguiente debate parlamentario gira principalmente en torno al mantenimiento de los recursos por beneficio de pobreza presentados al *Reichsgericht,* a los efectos de proteger al «hombre de humilde condición»[148]. La mayoría, sin embargo, rechaza esa excepción y acepta sin enmiendas lo resuelto por la comisión[149].

d) Las Novelas de la primera postguerra

Finalizada la primera guerra mundial, la legislación prosigue la ya iniciada senda de limitar la casación. Pasan ahora al Parlamento proyectos de ley para exonerar de trabajo al *Reichsgericht,* sin desatar aquella discusión apasionada que

---

141 *Stenographische Berichte* tomo 261, págs. 2297, 2300-01, 2342, 2349, 2363.

142 *Ob. cit.,* págs. 2298-2300, 2302-04, 2350, 2357, 2359.

143 *Ob. cit.,* 2298, 2304, 2343.

144 Anexos tomo 276, impreso Nr. 431, págs. 2252 y sigtes., 2274 y sigtes.

145 Y esto, aunque el representante gubernamental había asegurado que la limitación no afectaría la casacionabilidad de los conceptos de «culpa», «contrario a las buenas costumbres», «buena fe» (impresión Nr, 431, pág. 2254).

146 Impreso Nr. 431, pág. 2261/63. La norma propuesta sobre la casación del principio rezaba: «El tribunal de casación puede declarar admisible la casación en la sentencia, cuando considere beneficioso para la unidad del derecho o para su desarrollo que se acuda al *Reichsgericht.* En ese caso la casación es siempre admisible, cuando el valor del objeto del recurso supere el monto de 2500 marcos». Ver también las precedentes deliberaciones en el *plenum:* tomo 261, págs. 2303 y 2344.

147 Eliminado por el art. 2, Nr. 84 de la Ley unificatoria del derecho del 12.9.1950.

148 *Verhandlungen,* tomo 262, págs. 2859, 2863, 2866, 2870, 2873, 2875-76.

149 *Ob. cit.,* págs. 2940-42.

solía acompañar durante el Imperio a la cuestión de si «la finalidad de la casación era de orden nacional o social». Las limitaciones son dispuestas en creciente medida por decretos, y el Tercer Reich manipulea la competencia del *Reichsgericht* exclusivamente por esa vía.

La *ley de exoneración de trabajo del 8 de julio de 1922*[150] fija la suma de casación, habida cuenta de la desvalorización monetaria, en 20.000 marcos. Una *segunda ley exoneradora, del 27 de marzo de 1923*[151], aumenta esa suma a 500.000 marcos y autoriza al gobierno para variar ese límite por sí y bajo propia responsabilidad, previa consulta con una comisión parlamentaria (art. VI). Durante las deliberaciones se presentó la moción de implantar una casación previa admisión, con independencia del valor del agravio, propuesta que habría de ser encarada en la «futura reforma procesal»[152].

De 1923 a 1941 la suma de casación es modificada ocho veces por vía de decretos[153]. El punto final de esa evolución lo marca un límite de 6000 marcos fijado en decretos del 8 de febrero de 1929 y del 16 de julio de 1941.

Son excluidas las reclamaciones en casación emergentes de los §§ 139 y 286 ZPO, por *violación del deber de esclarecer y violaciones de la ley en la apreciación de la prueba,* primero por un decreto de exoneración de trabajo del 15 de enero de 1924[154] y más tarde por una ley de exoneración del 21 de diciembre de 1925[155], prorrogada hasta el 30 de junio de 1929[156]. Otra prórroga fracasa ante la resistencia opuesta por el Parlamento[157], pero la inimpugnabilidad de las constataciones fácticas es reimplantada mediante un decreto emergencial del 15 de julio de 1932[158] y sigue en vigencia hasta 1933[159].

Se crean ahora limitaciones también para las *causas matrimoniales.* Hasta 1924, éstas habían sido casacionables ilimitadamente. Pero el creciente número de divorcios en la guerra y postguerra había empezado a apabullar al *Reichsgericht*[160]. Los decretos del 15 de enero de 1924 (temporario hasta el 31 de diciembre de 1925) y del 30 de junio de 1932, establecen que la casación sólo procederá en adelante previa admisión por el superior tribunal regional. Dicha admisión tiene que concederse en caso de apartamiento de un fallo del *Reichsgericht* o a los efectos de clarificar una «cuestión jurídica de importancia fundamental». Este requisito de la admisión especial en las causas matrimoniales, no fue eliminado tampoco en la época siguiente[161].

---

150 *RGBl.* I, pág. 569. - Fundamentos de la ley: *Verhandlungen des Deutschen Reichstages* (anexos), I legislatura 1920, actas Nr. 4450.

151 *RGBl.* I, pág. 217.

152 *Rechstagsverhandlungen* I. periíodo electivo 1920, tomo 359, pág. 10383.

153 23.7.1923 (*RGBl.* I, pág. 742): 5 millones; 15.9.1923 (RGBZ. I, pág. 884): 1 mil millones; 30.10.1923 (*RGBl.* I, pág. 1041); 1500 «Indexmark» (que resultaban de la multiplicación de un número básico por un coeficiente de incremento de precios); 14.12.1923 (*RGBl.* I, pág. 1186); 1800 marcos oro; 21.12.1925 *(RGBl.* I, pág. 476): 4000 marcos oro; 8.2.1929 (*RGBl.* I, pág. 19): 6000 marcos; 1.9.1939 (*RGBl.* I, pág. 1658): 10.000 marcos; 16.7.1941 (*RGBl.* I, pág. 390): 6000 marcos.

154 *RGBl.* I, pág. 29.

155 *RGBl.* I, pág. 475.

156 *RGBl.* 1926, parte I, pág. 503 y 1928, parte I, pág. 120.

157 *Verhandlungen des Deutschen Reichstages,* 4ª legislatura 1928, tomo 424, págs. 1054-55.

158 *RGBl.,* I, pág. 287.

159 *RGBl.* 1933, parte I, págs. 780-87 (sección X, art. 2).

160 Según las indicaciones del entonces Ministro de Justicia del Reich, Emminger, desde el año 1913 se había duplicado la participación de las causas matrimoniales en las casaciones: *Verhandlungen des Deutschen Reichstages, Stenographische Berichte,* 1ª legislatura 1920, tomo 361, pág. 12498.

161 *RG* 143, 135.

La implantación de la admisión previa responde a una corriente general de aquella época[162]. La *Ley de tribunales de trabajo* del 23 de diciembre de 1926 (§ 69) combina la casación por valor litigioso y la casación previa admisión, y lo mismo ocurre con la *Ordenanza tributaria* del Reich en la versión del 22 de mayo de 1931 (§ 286)[163]. Y el *proceso administrativo prusiano* conoce desde 1932[164] junto a la casación por valor, el recurso de casación previa admisión al Superior tribunal administrativo, por «importancia fundamental» de una cuestión jurídica.

Con esto, la evolución de la casación había llegado al final de un trayecto y así lo demuestra el *proyecto de Ordenanza procesal civil de 1931,* donde se analiza la cuestión de si la crónica sobrecarga de trabajo del *Reichsgericht* no sería síntoma de fallas radicales en la arquitectura de ese recurso, que sólo podrían eliminarse mediante una «transformación interna de su misma esencia»[165]. Pero el proyecto desestima una reforma semejante. Una adaptación a la casación francesa estaría condenada al fracaso debido a la evolución totalmente distinta de la casación alemana, que era un «recurso ordinario puesto en mano de los litigantes»[166]. Si se obligara al *Reichsgericht* a tratar el recurso solamente como un medio auxiliar extraordinario para satisfacer un interés público, sin ocuparse ya del cumplimiento del deber de esclarecer y la observancia de las reglas de la apreciación de la prueba, se socavaría el prestigio del más alto tribunal ante los ojos de la población[167]. También sería equivocado limitar la casacionabilidad de conceptos indeterminados al problema de la interpretación, tal como lo proponía Philippi[168]. No sólo porque el control de la subsunción permitiría comprobar si la interpretación había sido correcta. Si se implantara la apreciación abstracta habría que renunciar también a que «el *Reichsgericht* establezca, acerca de conceptos tales como la diligencia exigible en el tráfico, la buena fe, etc., pautas concretas que aseguren la uniformidad de la aplicación del derecho»[169]. Por último, dado que la implantación del principio de conformidad haría difícil que el tribunal de casación continuase desarrollando el derecho, restaría, como único medio exonerante, el pre-examen del recurso, con la posibilidad de rechazarlo por auto [170].

e) El restablecimiento de la unidad del derecho en la segunda postguerra, la Ley modificatoria del derecho de familia de 1961 y la Novela de casación de 1964

Al igual que el proyecto de 1931, la *Ley de unidad del derecho* del 12 de setiembre de 1950 se atiene a la estructura tradicional de la casación. De cualquier manera, a la casación por valor litigioso se le añade la casación previa admisión; pero esta admisión es general, o sea no limitada a asuntos matrimoniales. La combinación de estos dos sistemas, como lo destaca el proyecto[171], tendría por objeto lograr una

---

162 Otros detalles en HANACK, *Der Ausgleich divergierender Entscheidungen,* págs. 47-48, y en tesis tubinguiana de GUSTAV ADOLF DRESCHER, *Die Zulassung der Rechtsmittel durch das Gericht der Prozessentscheidung,* Tubinga 1946.

163 *RGBl.* I, págs. 161 y sigtes.

164 § 93 II de la Ley de administración de tierras en la versión del 3.9.1932 *(Gesetz-Sammlung,* pág. 283), ver también BETTERMANN, *DVBl.* 1956, pág. 12.

165 *Ob. cit.,* pág. 361.

166 *Ob. cit.,* pág. 361.

167 *Ob. cit.,* pág. 365.

168 Ver *supra* § 2 III 6 d.

169 *Ob. cit.,* pág. 365.

170 *Ob. cit.,* págs. 367-68.

171 *Verhandlungen des Deutschen Bundestages,* 1ª legislatura 1949, impreso Nr. 530, pág. 26.

solución intermedia entre la selección concreta-judicial y la selección abstracto-valorativa de las causas casacionables. Pero anteponiendo la casación previa admisión en el texto de la ley (§ 546 IZPO) se quería poner de resalto la preponderancia del «interés abstracto de la comunidad en la unidad y en el desarrollo del derecho», sobre el interés de las partes en la justicia concreta del caso[172].

La suma de casación no se modifica. Aunque en el proyecto se preveía aumentar su monto a 10.000 marcos, la comisión jurídica del Parlamento vuelve a fijarlo en 6000[173]. No se pasa pues de la normado en 1929. La implantación de la casación previa admisión ensancha por ende (bien que para satisfacer mejor el interés público en la uniformización del derecho) las vías de acceso al tribunal de casación[174], lo cual, en opinión de los padres de la legislación, excluye que se conceda un recurso no admitido[175].

Tampoco la *Ley de tribunales de trabajo* del 3 de setiembre trae reformas en cuanto a la casación. Aunque el proyecto gubernamental se había pronunciado contra la casación por Valor litigioso, «especialmente inequitativa» en el procedimiento laboral[176], tras las deliberaciones de la comisión ella es incluida nuevamente en la ley[177].

El ámbito casacionable es ampliado algo por el § 547 I ZPO en la versión de la *Ley modificatoria del derecho de familia* del 11 de agosto de 1961. Disuelto un matrimonio por haber prosperado la acción de divorcio emergente del § 48 EheG (Ley de matrimonio) —basada en la desaparición de la comunidad hogareña—, pese a la oposición del demandado, o rechazada la acción por causa de esa oposición, la parte vencida puede recurrir en casación ante la Corte federal de justicia sin admisión previa. El recurso está limitado, sin embargo, por la «respetabilidad» de la oposición (§ 48 II EheG en la versión del 11 de agosto de 1961). El fin de esta regulación es asegurar la interpretación restrictiva de esa acción de divorcio; con ella se busca impedir que los superiores tribunales regionales se sustraigan a la supervisión de la Corte federal de justicia, denegando la admisión, y mantengan una jurisprudencia propia, más inclinada al divorcio[178]

También la Novela de casación de 1964 sigue la tendencia tradicional de exonerar a la tercera instancia mediante «medidas pequeñas»[179]. Sin reformar radicalmente los presupuestos del recurso,

aumenta la suma de casación a 15.000 marcos (§ 546 I ZPO nueva versión), suprime el acceso irrestricto al tribunal de casación en lo concerniente a la admisibilidad de la vía judicial (§ 547 II, nr. 2 nueva versión) y

suprime el privilegio del fisco (§ 547 II, nr. 2 nueva versión), en virtud del cual la casación en las causas de responsabilidad civil de funcionarios y para la

---

172 *Ob. cit.*

173 *Bundestags-Drucksache* Nr. 1138, pág. 33.

174 Así también HANACK, *ob. cit.*, págs. 45-48, dando pormenores.

175 *Verhandlungen des Bundestages, ob. cit., Stenographische Berichte,* tomo 4, págs. 2902-05.

176 *Verhandlungen des Bundestages, ob. cit.*, impreso Nr. 3516, pág. 32.

177 *Bundestags-Drucksache,* Nr. 4372.

178 *Verhandlungen des Bundestages,* 3era. legislatura, anexos tomo 75, impreso Nr. 2812, pág. 9 (SCHWARZHAUPT); *Stenographische Berichte,* tomo 49, pág. 9472, 9481. De época reciente: HEUSINGER, *FamRZ* 1965, págs. 233/37 *in fine.*

179 Ley para la modificación de los límites de valor y de las normas sobre costas en la jurisdicción civil del 27.11.1964 (*BGBl.* II, pág. 933).

acción de reembolso contra funcionarios, era procedente sin admisión y sin consideración al valor del objeto del recurso.

En el procedimiento laboral, en cambio, se mantiene la suma de casación de 6000 marcos por razón del «mayor peso socio-político» de las pretensiones emergentes de la relación laboral (§ 72 I cláusula 4 ArbGG, nueva versión)[180].

El debate parlamentario del proyecto gubernamental muestra que la prioridad del fin jus-unitario ya no se discute[181]. La moción presentada por la fracción del SPD (Partido Socialdemócrata), de abolir la casación por valor litigioso y de abrir la tercera instancia solamente en caso de admisión del recurso[182], es rechazada porque todavía no se estima llegado el momento para una casación por importancia fundamental[183].

4. Síntesis y consecuencias de la evolución histórica

a) El recurso de nulidad y el de casación han conservado, a lo largo de 130 años de evolución, el carácter de auténticos remedios jurídicos, pero el derecho de las partes a una tercera instancia ha tenido que soportar en ese lapso restricciones considerables. Durante la vigencia del recurso de nulidad podía acudirse al *Obertribunal* por causas tan corrientes como las acciones alimentarias. La casación previa admisión, en cambio, sólo concede acceso al tribunal supremo en causas especialmente seleccionadas, cuya resolución prometa tener vastas repercusiones en la jurisprudencia. Una síntesis de todas las reformas habidas desde 1898 permite ver hasta qué punto fue cercenado el recurso. Cabe citar aquí como limitaciones permanentes:

el aumento de la suma de casación de 1500 al décuplo, o sea 15.000 marcos;

la implantación de la casación previa admisión en las causas matrimoniales, en vez del acceso irrestricto al tribunal de casación;

la supresión del acceso irrestricto al tribunal de casación en las causas de competencia *ratione loci* y *ratione materiae,* así como de la admisibilidad de la vía judicial;

la supresión del llamado privilegio del fisco;

la inimpugnabilidad de las sentencias de embargo y de las medidas provisionales de seguridad;

la obligación de motivar el recurso;

la prohibición de hacer valer nuevas causales de casación una vez vencido el plazo de motivación;

la supresión del derecho al debate oral sobre la admisibilidad del recurso; la limitación del efecto suspensivo.

---

180 Véase el proyecto gubernamental y la posición del Consejo federal: *Verhandlungen des Deutschen Bundestages,* 4ª legislatura 1961, anexos tomo 88, impreso Nr. 1924, anexos 2 y 3.

181 *Verhandlungen des Deutschen Bundestages, Stenographische Berichte,* tomo 54, págs. 5550 y tomo 56, pág. 6479 (JAHN). Pero el diputado BENDA, valiéndose de una formulación cautelosa, habla de la «necesaria complementación» de los dos fines.

182 *Stenographische Berichte,* tomo 56, págs. 6478 y 6506.

183 *Ob. Cit.,* pág. 6482 (Ministro federal de justicia BUCHER, diputado BUSSE); pág. 6485 (BUSSE) y ya el informe escrito de la comisión jurídica: impreso Nr. 2394.

Tampoco la nueva redacción que le fue dada al § 547 ZPO por la Ley modificatoria del derecho de familia del 11 de agosto de 1961, tenía por objeto, en principio, ampliar las posibilidades de impugnar. De haber sido así, el legislador habría concedido la casación sin previa admisión con un alcance más amplio. La razón de esta reforma era la preocupación que se sentía por la uniformidad de la jurisprudencia en estos casos en que se fallaba sobre la oposición de la «esposa abandonada», cuestión ésta en la cual influyen los idearios. Aunque la norma beneficia a las partes, esto no es más que un efecto accesorio, que resulta del carácter de recurso de la casación.

La relación jerárquica que guardan el interés privado y el interés público en la tercera instancia, se manifiesta con toda nitidez en las Novelas., En principio, los dos intereses corren unidos y parejos; esto lo muestra también la casación sin previa admisión, que prevé el § 547 I ZPO con su texto según la Ley modificatoria del derecho de familia. Pero en caso de colisión, los intereses privados tienen que ceder.

b) La evolución histórica de la casación prueba la falsedad de los siguientes argumentos esgrimidos en la polémica en torno a cuál es la finalidad determinante del instituto:

aa) El orden de instancias que conduce al tribunal de casación no estaría estructurado en gracia a la unidad del derecho, sino simplemente en interés de las partes. Por cuanto: «Lo que sirve a la unidad del derecho no es el recurso de casación como tal, sino su concentración en el tribunal de casación»[184].

Esta tesis no toma en cuenta que la casación se basó desde un comienzo en un *principio selectivo* (exclusión de la reexaminabilidad de las causas de competencia de los juzgados, exclusión del derecho local y del derecho extranjero, fijación de una suma de casación), que restringía sensiblemente los derechos de los litigantes. Las Novelas aguzaron aún esta selección. La concentración en una esfera de controversias cada vez más pequeña, prueba que, en un orden de tres instancias, lo decisivo no es el interés de las partes. En caso de conflicto, lo que determina la estructura y los límites de la casación es la finalidad jus-unitaria.

bb) «La suma de casación se fija exclusivamente para impedir la sobrecarga de trabajo del tribunal de casación»; no sería indicio de que el legislador hubiera dado preferencia a la idea de la unidad del derecho y no a los intereses de las partes[185].

Este argumento olvida cuál fue el *origen de la suma de casación.* Esta había pasado a ocupar el lugar del principio de conformidad, al cual los padres de la Ordenanza procesal civil de 1877 no consideraron lo suficientemente eficaz como para impedir una jurisprudencia centrífuga, dirigida contra el Imperio[186]. La estre-

---

[184] Walsmann, *Judicium* tomo II (1929/30), págs. 58/64, y Seuffert- Walsmann, ZPO, 12ª ed. (1933), 1 *ad* §§ 545 y sigtes.; invocando ambas veces a Niíumann, *JW* 1910, pág. 314.

[185] Kuchinke, *Grenzen der Nachprüfbarkeit tatrichterlicher Würdigung und Feststellungen in der Revisionsinstanz* (1964), págs. 32-36, con la artificiosa distinción entre normas que «limitan» el alcance del control de casación (incasacionabilidad de la cuestión de hecho) y normas que «simplemente restringen» la actividad de la tercera instancia «dentro del marco de esos límites» (suma mínima, principio de admisión). Como llega Kuchinke, al hacer esta distinción, a la conclusión de que la fruición jurígena del tribunal de casación designaría los límites de su competencia (*ob. cit.*, págs. 132), es algo que el lector no alcanza a percibir.

[186] Véase *supra* 2 c.

cha vinculación de la suma de casación con el fin jus-unitario puede verse además en las muchas Novelas de casación y su debate parlamentario. Porque para exonerar de trabajo a la tercera instancia sin tener miramientos por la finalidad jus-unitaria, habría bastado que los gobiernos aumentaran, siguiendo el deseo de muchos diputados[187], el número de plazas judiciales en el tribunal de casación. Esto fue precisamente lo que no se hizo, en atención a la finalidad jus-unitaria, porque un aumento de plazas habría dificultado el contacto entre las salas del tribunal y restado uniformidad a su jurisprudencia[188].

cc) «Ya que a las partes se les da la posibilidad de interponer un recurso a su propia costa y riesgo, ese recurso debe estar estructurado de tal modo que los litigantes obtengan de él un provecho sensible»[189]

Si se tiene presente que la casación está estructurada como «*revisio in iure* libremente configurada», y no como un recurso de nulidad ampliado; que no contiene, como éste, «hampas» que malogren el recurso por el solo error del abogado en la formulación de las impugnaciones; que se vincula a un caso concreto y conduce a un reexamen también concreto incluso cuando se aplican conceptos indeterminados, esta argumentación resulta ser deshilachada. Parecería querer decir que, con el fin de promover intereses estatales[190], se abusa del recurrente, induciéndolo a interponer un recurso que a él no le aprovecha, cuando en realidad el único inconveniente que este recurso tiene para él es que le está radicalmente vedado atacar las inexactitudes en las constataciones fácticas. Aparte esta restricción la casación es en concreto eficaz. El recurrente conoce estos límites antes de interponer el recurso, y por tanto sabrá calcular sus posibilidades de éxito[191].

Es también equivocado invocar el *principio de equivalencia* arancelario[192], debatido ya al deliberarse sobre la Novela de 1898[193]. El sentido de ese principio es que, por financiarse el tribunal de casación con los aranceles cobrados a las partes, habría que dar también una «acogida adecuada» a los intereses de éstas. Al razonarse así se olvida que el control de casación, pese a estar limitado a las cuestiones jurídicas, significa para el recurrente una ventaja sensible y que, por tanto, éste no puede alegar que el principio de equivalencia haya sido infringido por la concesión de un remedio inútil.

dd) «Una prueba clara del carácter de tutela individual que tiene este recurso es la casación por valor litigioso»[194].

---

187 Ejemplarizador: Las deliberaciones del proyecto de la Novela de 1898 (HAHN, *Materialien*, págs. 246-47, 260, 489-90, 500) y de la Novela de 1905 (*Stenographische Berichte über die Verhandlungen des Deutschen Reichstages* 1903-04, tomo 4, págs. 2950, 2960; anexos, tomo 8, impreso Nr. 782, págs. 4515-16, 4532, 4538).

188 Ejemplo: la fundamentación del proyecto de Novela 1898 (HAHN, *ob. cit.*, págs. 114, 192, 354) y de la Novela de 1905 (anexos, tomo 3, impreso Nr. 415, pág. 2413).

189 MANNHEIM, *Beiträge zur Lehre von der Revision*, pág. 30; similar: REUSS, *DöV* 1959, págs. 10-11; WALSMANN, *Judicium* tomo II (1929/30), pág. 66.

190 Es equívoca también por tanto la formulación empleada por BÖTTICHER, *Die Gleichheit vor dem Richter* (1954), pág. 29, de que los intereses de las partes serían «puestos al servicio» del bien común.

191 Así también POHLE, *Revision und neues Strafrecht*, pág. 85.

192 Véase por ejemplo REUSS, *ob. cit.*, pág. 11 izquierda arriba.
Acerca del principio de equivalencia: *BVerwGer.* E. 12, 162 con más demostraciones.

193 HAHN, *Materialien*, pág. 358.

194 Véase por ejemplo REUSS, *ob. cit.*, pág. 11 izquierda arriba.
Es equívoco también BAUH, *ZZP* tomo 71, pág. 165: «La casación por valor litigioso destaca el interés de las partes en la apertura de la tercera instancia; la casación previa admisión, el interés supraordenado en la aplicación uniforme del derecho».

Si lo que se quiere destacar con esto es que la casación tiene carácter de recurso, lo cual explicaría también la referencia que se hace con la suma mínima al agravio del recurrente, se trata de una tesis inocente. Pero es incorrecta si lo que quiere decir es que la finalidad de la *casación por valor* se agota con la tutela de los derechos de las partes: el principio del valor es sólo un sucedáneo del principio de conformidad rechazado en la Ordenanza procesal civil de 1877. El propósito de ambos principios es que la composición del tribunal de casación no exceda de un número razonable. El principio de valor abona por tanto la preponderancia del interés público en que se mantenga la unidad del derecho. El encono con que tropezó en las deliberaciones parlamentarias se entiende recién si se comprende que la *suma mínima* importa una *limitación al recurso.*

Los defensores del interés de las partes tienen cierta razón en cuanto que, comparada con la casación previa admisión, la casación por valor constituye por ser la suma mínima hoy relativamente reducida (15.000 marcos)[195], un principio selectivo más benigno, bajo el cual podrían llegar a la tercera instancia también causas de importancia jurídica menor. Pero eso es también todo lo que puede extraerse del principio de valor en defensa del interés de las partes.

III. Las posibilidades de la casación en la aplicación de conceptos jurídicos determinados e indeterminados

Como lo manifiestan inequívocamente los antecedentes legislativos de la CPO de 1877 y del proyecto de 1931, son casacionables todas las cuestiones jurídicas (en el sentido lógico-conceptual). La ley no distingue entre conceptos jurídicos «determinados» e «indeterminados» ni entre determinación «abstracta» y «concreta» del derecho, esto es, entre interpretación y subsunción. Por consiguiente, no cabe afirmar que el legislador le haya conferido al juez de los hechos, en la subsunción, un margen discrecional no casacionable[196]. Esto sólo podría ocurrir en una futura reforma legislativa, que debería basarse en una necesidad de mejorar el régimen legal.

1. Una reforma tal no resulta aconsejable en lo atinente a los *conceptos jurídicos determinados*[197]. Aquí el reexamen ilimitado sirve, no sólo al interés del recurrente en una sentencia correcta, sino igualmente al interés general en la uniformización del derecho. La casacionabilidad de los conceptos jurídicos determinados puede satisfacer ambos intereses por igual, y esto nos lo muestra la forma de la determinación del derecho generalizadora en la cual se aplican los conceptos determinados. En ella no cabe efectuar una separación, elastificando la forma silogística, entre determinación del derecho generalizadora en la premisa mayor, y determinación del derecho especializadora, limitada al caso singular, en la premisa menor. La cuestión jurídica concreta puede convertirse siempre en cuestión jurídica general y de ahí derivarse una regla obligatoria *erga omnes*[198]. Esa regla es entonces aplicada al caso concreto mediante una conclusión lógica a la cual se extiende por supuesto el control del tribunal de casación. Porque si el juez de los hechos yerra aquí, se

---

195 Es distinto el caso por ejemplo cuando la suma de casación es de 50.000 marcos.

196 Esto lo sostiene sin embargo BÖTTICHER en la nota al *BAG AP* Nr. 1, § 23 *Betr.* VG. En contra, acertadamente, JESCH en la nota al BAG *AP* Nr. 7, § 626 BGB.

197 Acerca de la diferencia entre conceptos jurídicos determinados y conceptos jurídicos indeterminados *supra* § 3 II 2.

198 Véase *supra* § 4 I 2 b.

hace culpable de un error de razonamiento: la valoración contradictoria[199], o sea de un error de subsunción calificado. Y en que este error se rectifique no solamente tienen interés las partes, sino que lo exige siempre también el interés público[200].

2. Es problemático, en cambio, el reexamen de la aplicación de *conceptos jurídicos indeterminados, por* cuanto la determinación del derecho que se orienta por las circunstancias del caso da origen con frecuencia[201] a dos juicios *per se stantes:* en la premisa mayor la interpretación del concepto y en la premisa menor el juzgamiento jurídico concreto, que continúa la interpretación del concepto sobre la base del caso singular y contiene por ende un juicio valorativo y no una simple conclusión lógica[202].

Como el reexamen de la premisa mayor es siempre aconsejable por razón de su alcance general no se dan en eso diferencias con el concepto jurídico determinado.

Pero lo que es dudoso es la casacionabilidad de la subsunción efectuada en la *premisa menor.* Su reexamen presupone un estudio a fondo del material procesal, y exige del juez un considerable dispendio de energía [203], pero carece aparentemente de significación para la unidad del derecho, por estar limitada al caso singular. Lo penoso de la labor por un lado y la aparente intrascendencia de la «cuestión del caso singular», por el otro, fueron las razones que movieron a la escuela teleológica, en la versión de Schwinge, a negar la casacionabilidad de la valoración jurídica concreta[204].

a) La concepción de la escuela teleológica, según la cual el reexamen del juzgamiento concreto satisfaría solamente el interés del recurrente, reposa en tanto, como ya dijimos[205], en un error que es, en principio, de método, a saber, que consiste en no haber captado la relación funcional entre la interpretación y la aplicación del concepto. La valoración concreta en la subsunción *clarifica* la pauta formulada de manera indeterminada *y* hace posible aplicarla a otras situaciones con el auxilio de la *comparación de casos*[206]. Ella le proporciona al juez de casación la experiencia necesaria para formarse una pauta, o sea que constituye una *etapa previa a lá interpretación del concepto*[207]. Por último, permite el *control* de la pauta formulada de modo indeterminado, para detectar errores interpretativos mediatos[208]. El descubrimiento de esta relación entre los dos actos de la aplicación del derecho hizo tam-

---

199 El juez pudo haber deducido: «El pago de sobornos a empleados de la otra parte contratante viola (sin más ni más) las buenas costumbres. El demandado había pagado por cierto a A, empleado del demandante, un soborno de 1000 marcos; pero esto no violaba las buenas costumbres».

200 Véase *infra* § 7 I 2.

201 No siempre: si el juez consigue formar una pauta casuística, el derecho no se determina de manera distinta en los conceptos jurídicos determinados que en la pauta: «El pago de sobornos a un representante de la otra parto contratante, a fin de gozar de preferencia en el conferimiento de encargos, etc. viola las buenas costumbres» (*BGH LM* Nr. 13 *ad* § 138 (Cb) BGB).

202 Véase *supra* § 4 I 3 c.

203 Véase HARTUNG, *SJZ* 1949, col. 309.

204 Véase *supra* § 2 III 5 b.
De la misma opinión es por lo demás el muy criticado fallo del Tribunal federal administrativo E 2, 184/85, que distingue entre interpretación casacionable y subsunción no casacionable. Critican el fallo: JESCH, *DOV* 1956, págs. 77 y sigtes.; *AöR* tomo 82, págs, 163/200 y sigte.; WARDA, *Dogmatische Grundlagen des richterlichen Ermessens,* págs. 67-68; CZERMAK, *JZ* 1963, págs. 276/78.

205 *Supra* § 2 III 7.

206 *Supra* § 2 III 7 b, § 4 II.

207 Cfr. *supra* § 2 III 7 b, bb.

208 *Supra* § 2 III 7c, § 4 IV 1 e.

bién que en el proyecto de Ordenanza procesal civil de 1931 se mantuviera firme el principio de la casacionabilidad concreta[209]. Su importancia para la *iniciativa de las partes,* de la cual dependen tanto la actividad del tribunal, como la provisión suficiente de casos para la «clínica jurídica»[210] del juez de casación, no Se ha hecho sentir todavía en la práctica, porque nuestros tribunales de casación, si se prescinde de los comienzos de la jurisprudencia[211], no practicaron un control limitado a la interpretación. Es innegable, sin embargo, que cambios tales redundan en una sensible pérdida de confianza y podrían fomentar aún más la indeseada emigración hacia la jurisdicción arbitral[212].

b) Menos radical que el método del control abstracto es una opinión vertida ocasionalmente por el Tribunal federal de trabajo. En cuanto se apliquen conceptos indeterminados, el juzgamiento concreto seria (*absolutamente*) irreexaminable dentro del «margen de juicio» del juez de los hechos, puesto que cuando el fallo precedente fuera sustentable, no cabría «constatar» una infracción casacionable[213]. Esto quiere decir: el tribunal de casación sólo puede casacionar la subsunción cuando su resultado se salga del marco de lo sustentable, o se haya obtenido desatendiendo material procesal sustantancial o mediante un razonamiento defectuoso, de modo tal que su inexactitud sea «patente». Esta doctrina coincide con la frecuentemente invocada tesis de que en «cuestiones de opinión» el control por el tribunal de casación debería desecharse porque faltaría un módulo firme para el reexamen y el tribunal sólo podría por consiguiente, oponer su propio parecer personal al del juez de los hechos[214].

La tesis del Tribunal federal de trabajo evita la desafortunada separación de interpretación casacionable y subsunción no-casacionable. Con todo, se excede, porque del carácter indeterminado de una norma en blanco no puede deducirse que el resultado sustentable de una subsunción sea absolutamente irreexaminable[215]. Es verdad que la valoración del caso concreto va unida a una especial inseguridad en el juicio, de tal suerte que, en efecto, podrían frecuentemente ser «sustentables» varias opiniones. Pero de ahí no se sigue que el tribunal de casación tenga que respetar ese juicio íntegramente. Por el contrario: si se tienen en cuenta las exigencias de la *unidad del derecho,* habrá que postular también el reexamen de la subsunción, sustentable, porque la renuncia del legislador a efectuar una regulación concreta (jurídico-positiva), es tolerable sólo si el tribunal de casación subsana la falta de concretación mediante las pautas que crea y los ejemplos que brindan sus fallos[216]. Esta concretación no podría lograrse si el tribunal de casación tuviera por regla

---

209 Pág. 365; véase también *supra II 3 d in fine.*

210 HARTUNG, *ZStW* tomo 57 (1938), págs. 88/92; MÖHRING, *NJW* 1962, pág. 2.

211 *Supra* § 1 II 2 d.

212 Señala también el peligro de la pérdida de la confianza el proyecto de 1931, pág. 365.

213 *BAG* 4, 152/55; 9, 182/83; 12, 36/39; *AP* Nr. 42 *ad* § 626 *BGB* y *AP* Nr. 30 *ad* art. 44 del contrato de tropas.

214 HOENIGER, *Riskante Rechtsausübung* (1917), pág. 21; DROST, *Das Ermessen des Strafrichters,* págs. 72-73; SCHUPPENIES, *Die Revisibilität der normativen Tatbestandsmerkmale,* tesis, Halle-Wittenberg 1934, págs. 29-30; PETERS, ZStW tomo 57, págs. 72 y sigtes.; WICKHATH, *Die Abgrenzung der Tatfrage van der Rechtsfrage,* pág. 32.
De igual opinión en cuanto al derecho competencial: SALINGER, *JW* 1917, pág. 9 *in fine;* WERTHEIMER, *JW* 1931, págs. 425/27 (nota); REIMER. *GRUR* 1931, págs. 864-65.

215 Conforme JESCH, *AöR* tomo 82, pág. 235; en el mismo sentido también FORSTHOFF, *Lehrbuch des Verwdltungsrecht,* 8ª ed. (1961), págs. 77-78.

216 Véase la instructiva nota de GELHAAR al *BGH LM* Nr. 2, § 18 1. BMG.

abstenerse de opinar cuando el fallo de apelación fuera sustentable. El juez de la tercera instancia no necesitaría entonces desarrollar una concepción propia sobre la cuestión de la subsunción, sino que podría limitarse a rechazar sucintamente la demanda de casación[217], con lo cual se perdería el efecto ejemplarizador de los fallos casacionales, tan valioso para la práctica.

Según la buena doctrina, sólo cabe suponer que un margen de juicio es irreexaminable cuando por *razones especiales* la sentencia de casación no arroja un efecto ejemplarizador[218] (v.g. por la lejanía del tribunal de casación o por la aplicación de un módulo de juicio individual que varía de un caso a otro). Por lo tanto cabe sostener no sólo el principio de la *casacionabilidad concreta* (contra el método teleológico de Schwinge) sino también el principio del *reexamen pleno del juicio concreto* (contra la tesis del Tribunal federal de trabajo).

Es significativo que el mismo Tribunal federal de trabajo no haya perseverado en su tesis sobre el margen de juicio absoluto del juez de los hechos. Cuando veía la posibilidad de aplicar un módulo que fuera vinculante para todas las relaciones de trabajo o por lo menos para un determinado grupo profesional, y de dictar, observando ese módulo, un fallo ejemplarizador mediante el juzgamiento concreto, sometía a examen la subsunción en todos sus detalles, sin invocar la valla del margen de juicio del juez de los hechos.

Fue reexaminada sin restricciones, por ejemplo, la subsunción bajo los conceptos de «amenaza ilegal» (§ 123 BGB)[219], del carácter «contrario a las buenas costumbres»[220], del trabajo «peligroso»[221], de la «culpa in *contrahendo*»[222] y de los «servicios comerciales» (§ 59 HGB)[223], así como la aplicación concreta del principio de «igualdad de trato» de los trabajadores[224].

El Tribunal federal de trabajo destaca incluso expresamente la casacionabilidad plena del concepto de «culpa» simple[225].

3. Aceptándose que el tribunal de casación tiene que estudiar también la valoración concreta en el interés de la inteligibilidad, aplicabilidad y reexaminabilidad de sus pautas, se torna evidente que la casacionabilidad plena de los conceptos indeterminados puede en principio satisfacer por igual el interés de las partes y el interés público. Por lo tanto, el sistema casacionista creado por el legislador demuestra ser cabal y justo no sólo con vistas al postulado de la separación de cons-

---

217 *BAG* 2, 175/82: «No puede hablarse aquí de una infracción jurídica casacionable».
BAG AP Nr. 5 *ad* § 1 KSchG: «Sentando como base esta concepción jurídica, la apreciación de la conducta del demandante hecha por el tribunal de apelación no resulta objetable».
Otros ejemplos de un sintético rechazamiento de la impugnación de casación: *RG JW* 1925, pág. 1289; *BAG BB* 1955, pág. 995 (con comentario crítico de BÖTTICHER, *ob. cit.).*

218 Véase *infra* § 7 II c, §§ 8-10.

219 *AP* Nr. 8 *ad* § 123 BGB, según el cual el concepto de «ilegal» tendría que ser determinado de manera objetiva.

220 *BAG* 10, 316/20; 12, 60/65; AP Nr. 24 *ad* § 138 BGB.

221 *AP* Nr. 1 *ad* § 276 BGB, sub II 3 c, señalando la necesidad del juzgamiento concreto.

222 *AP* Nr. 1 y 2 *ad* § 276 BGB (culpa en la concertación del contrato).

223 *AP* Nr. 3 y 12 *ad* § 59 HBG con énfasis en el carácter determinante del módulo general de juicio de la manera de pensar del tráfico social.

224 *AP* Nr. 3, 13, 15 y 32 *ad* § 242 BGB (igualdad de trato).

225 *BAG* 7, 290/301: «El concepto de 'culpa' es un concepto jurídico reexaminable en casación en todo su alcance».

tatación de los hechos y apreciación jurídica[226], sino que también resiste el análisis desde los puntos de vista Ideológicos. La casacionabilidad plena de la cuestión de derecho responde al reconocimiento de que tampoco la apreciación concreta contiene en principio una valoración individualizadora, sino tan sólo especializadora, a la cual ha de procederse sin tener en cuenta la persona[227]. La decisión es por tanto abstraíble de las personas participantes y trasladable como ejemplo a otros casos.

No hay pues necesidad de estructurar algún nuevo sistema de casación. Sólo en los casos-límite podrá ser aconsejable una evolución legislativa *sobre la base de la regulación, histórica.*

IV. Ejemplos de reexaminabilidad plena de conceptos indeterminados

La tesis de que los conceptos en blanco son en principio ilimitadamente casacionables, sólo puede ser demostrada, en vista de la abundancia del material pertinente, por vía de ejemplos. Para mejor orientación del lector, distinguiremos en lo que sigue entre *conceptos* (indeterminados) *de valor* y *conceptos experienciales*[228].

1. Conceptos de valor ilimitadamente casacionables

a) Un ejemplo elocuente que apoya el principio de la casacionabilidad plena de los elementos de figura legal indeterminados, es el *concepto* civilístico *de la culpa* (§ 276 BGB), que determina la imputación personal de una conducta legal[229]. Juzgar si el deudor ha observado «la diligencia exigible en el tráfico» es un caso de determinación del derecho *concreto-general* y por ende *reexaminable en concreto.* La diligencia necesaria se determina, por un lado, según un módulo tipificado! (general), que se rige por los círculos sociales, por los grupos profesionales y de edad, mas no por el buen juicio y la experiencia del deudor[230]. P.or otro lado, hay que tener en cuenta la situación concreta en que el deudor se encontraba[231], porque para determinar los deberes ético-sociales, desempeña un papel decisivo el elemento situacional[232]. El juzgamiento concreto de la cuestión de la culpa según módulos tipificadores («¿cómo habría actuado *en esa misma* situación *un* comerciante diligente?») genera fallos ejemplarizadores, que proporcionan un patrón para valorar cuadros fácticos comparables y ejercen sobre el tráfico una influencia educadora[233].

---

226 Véase *supra* § 5 I y IV 1.

227 Véase *supra* § 3 1 2 b, § 4 II 1 b.

228 El que la diferenciación entre «conceptos de valor» y «conceptos experienciales» tiene valor meramente orientador, por cuanto el límite entre ambos tipos conceptuales es fluido, responde a la opinión general: Larenz, *Methodenlehre,* pág. 229, N. 1; Bachof, *JZ* 1955, págs. 97/99; Drost, *Das Ermessen des Strafrichters,* pág. 19 (para la diferenciación entre «conceptos de valor» y «conceptos de ser»); Mezger, *Festschrift Traeger* (1926), págs. 187/224-25; Engisch, *Festschrift Mezger* (1954), págs. 127/44 y 155, así como E. Schneider, *Logik für Juristen,* pág. 307 (estos últimos para la diferenciación entre conceptos «normativos» y «descriptivos»).

229 Sobre la clasificación jurídico-material de la culpa ver, entre otros: A. Blomeyer, *Allgemeines Schuldrecht,* 3ª ed. (1964), § 24 II 3; Deutsch, *Fahrlässigkeit und erforderliche Sorgfalt* (1963), págs. 43 y sigtes., 64 y sigtes., 179 y sigtes.; Larenz, *Schuldrecht, Allgemeiner Teil,* 7ª ed., (1964), § 19 IV, todos con documentación de opiniones divergentes.

230 Blomeyer, *ob. cit.;* Deutsch, *ob. cit.,* págs. 38-43; *RGR-Kommentar,* 11ª ed., 30-34 *ad* § 276, todos con apoyo en la jurisprudencia.

231 Deutsch, *ob. cit.,* pág. 39; Larenz, *ob. cit.,* § 19 III; Wiethölter, *Der Rechtfertigungsgrund des verkehrsrichtigen Verhaltens* (1960), págs. 23; *BGH VersR* 1955, pág. 82.

232 Véase *supra* § 3 I 2 c.

233 Sobre la función de censura del más alto tribunal, *supra* § 3 V 1.

¿En qué circunstancias cabría por ejemplo imputarle culpa a un fabricante de magnetófonos, que por el carácter dudoso de la situación jurídica, no tomó medidas para evitar que los compradores violaran los derechos de marca[234]? Debido al efecto ejemplarizador de la subsunción, esta cuestión no puede ser «de hecho». Puesto que la opinión del tribunal de casación servirá de guía para todo el ramo industrial, sería intolerable remitirla a la «discreción del juez de los hechos». El ejemplo de la subsunción señala rumbos también a los procesos futuros.[235]

En el primer cuarto de siglo de existencia del *Reichsgericht* no hubo acuerdo en la *práctica jurisprudencial* acerca del reexamen de la cuestión de la culpabilidad[236]. Mientras que la Sala III en lo civil la casacionaba sin limitaciones[237], las Salas II y VI declinaban reexaminar la subsunción. Tal actitud respondía, ya fuera a un error sobre la naturaleza jurídica del juzgamiento[238] ya a la creencia de que las cuestiones jurídicas concretas no podían pasar a casación[239]. Estas ideas influyen aún hoy en el análisis del problema.

La jurisprudencia del *Reichsgericht* cobró uniformidad recién cuando en 1906 la Sala II abandonó su anterior criterio y declaró ilimitadamente casacionables tanto la cuestión «de la culpabilidad en sí» como la cuestión de si «en determinados modos de proceder cabía ver una vacilación culpable»[240]. Pero desde entonces la casacionabilidad del concepto de culpa es para la jurisprudencia algo tan natural, que sólo ocasionalmente se dictan sentencias de casación que se pronuncian sobre este punto[241]. En particular los tribunales de casación no titubean en rectificar la instancia precedente, cuando ésta, como se dice en la jerga judicial, ha «estirado demasiado» las exigencias de diligencia concretas[242].

El juzgamiento de la cuestión de la culpa es *excepcionalmente irreexaminable* cuando incluye circunstancias locales especiales[243], que el lejano tribunal de casación desconoce[244], o una impresión obtenida en una inspección judicial[245]. Si en tal caso el juez de apelación ha apreciado el material procesal jurídicamente relevante de una manera sustentable, el juez de casación, más lejano y menos informado, no puede hacer prevalecer su criterio sobre el de un magistrado que pudo escrutar el

234 *BGH 17*, 266/95-96.

235 También la Corte federal de justicia hace referencia en la sentencia mencionada a fallos comparables precedentes.

236 Véanse FÖRSTER-KANN, ZPO, tomo II, 3ª ed. (1926), anexo al § 550; BOYENS, *Sachsisches Archiv* 1904 (fascículo especial), págs. 157-58; BOLZE, *AcP* tomo 84 (1895), págs. 358/67, WACH, JW 1881, págs. 73/77.

237 Véanse los fallos citados por BOYENS, *ob. cit.*, pág. 158, N. 2, especialmente la sentencia *JW* 1900, pág. 762, Nr. 38.

238 *JW* 1896, pág. 628, Nr. 73.

239 *JW* 1898, pág. 176, Nr. 58; *JW* 1902, pág. 592, Nr. 17.

240 *RG* 64, 159/61 (en concreto en cuanto al concepto de vacilación «culpable» en el sentido del § 121 BGB).

241 *RG* 145, 26/32; RG *JW* 1921, pág. 1237, Nr. 14 *in fine;* BAG 7, 290/301; *BGH FamRZ* 1963, págs. 517/18 sub II 2 b.

242 *RG* 96, 99, *BGH VersR* 1953, pág. 150; 1955, pág. 82; 1960, págs. 807/09 sub III; BGH NJW 1964, pág. 859.

243 Las condiciones locales sin carácter específico no impiden el reexamen (cfr. *BGH VersR* 1960, págs. 807 y sigtes.).

244 *RG LZ* 1923, col. 600 y *RG* 113, 425 (garantías necesarias contra la falsificación de contraseñas de vestuario en los teatros y hosterías de Berlín). Ver además las sentencias citadas por BOYENS, *ob. cit.*, págs. 160-61, del RG sobre la necesaria cautela náutica en las aguas de Hamburgo.

245 *BGH VersR* 1960, págs. 994/95.

asunto más de cerca[246]. Otra limitación de la casacionabilidad ocurre en el empleo de] concepto (de intensidad) de culpa «leve», contrapuesto al de culpa «burda», porque la subsunción no tiene aquí efecto ejemplarizador para otros casos[247].

b) El concepto *«contrario a las buenas costumbres»* (§§ 138, 817, 819 II, 826 BGB) se aplica, como el de culpa, según el método de determinación del derecho concreto-general. El juez tiene que poner en vigor las «reglas fundamentales de la moral» universalmente válidas atendiendo a las circunstancias del caso[248]. La decisión se rige por módulos generales, porque la ley le manda al juez juzgar según las máximas de la moral práctica aceptadas en toda la comunidad jurídica, lo cual excluye que se computen el grado de educación y la posición social de las partes[249]. La necesidad de tener en cuenta las exigencias morales en el caso singular deriva por otra parte de la dependencia situacional de juicios de valor morales[250]. Debido al efecto ejemplarizador de la sentencia de casación, la subsunción es casacionable ilimitadamente. Al juez de los hechos no puede conferírsele un margen de juicio incasacionable aun cuando en concreto cupieran opiniones diversas sobre la valoración moral[251]. Y ello es así porque la manera más eficaz de evitar que surjan ideas de moral particulares es que el *tribunal de casación* torne evidentes las exigencias morales mediante fallos ejemplarizadores.

El reexamen se extiende también a los elementos subjetivos del carácter contrario a las buenas costumbres [252], como por ejemplo a la «intención vil» de un cocontratante[253] o a la «despreocupación» Con lo cual desatendió los justificados intereses de otras personas[254], por cuanto también estos elementos tienen que ser juzgados según módulos objetivos[255].

En la *jurisprudencia,* la necesidad del reexamen ilimitado de estos elementos no se discute desde la vuelta del siglo [256]. Anteriormente, un fallo de casación del año 1886 había invocado por cierto la «naturaleza fáctica» de este juzgamiento, porque ésta dependería solamente «de la conciencia moral de la sociedad»[257]. En la

---

246 Ver detalles *infra* § 8.

247 Ver detalles *infra* § 9 I 3 a.

247 WEACKER, *Zur rechtstheorelischen Präzisierung des § 242 BGB* (1956), págs. 12-16; *JZ* 1961, págs. 337/39 y sigtes.; STEINDORFF, *Summum jus-summa iniuria* (1963), págs. 58/64 y sigtes.

248 Véase H. A. FISCHER, *Die Rechtswidrigkeit* (1911), págs. 79 y sigtes.

249 Ver detalles *supra* § 3 I 2 c.

251 Como podría serlo sobre el carácter concreto contrario a las buenas costumbres de contratos de transferencia de *garantías,* que ponen en peligro a otros acreedores: *BGH* Nr. 4 *ad* § 138 (Cb) BGB.

252 Sobre estos elementos de injusticia: H. A. FISCHER, *ob. cit.*, págs, 145-47; ENNECCERUS-NIPPERDEY, *Allgemeiner Teil,* 15, ed., tomo 1/2; § 191 II 2 b; SOERGEL-SIEBERT, 9ª ed., 25 *ad* § 138; RG (GZS) 150, 5 y sigtes.; FLUME, *Allgemeiner Tell des bürgerlichen Rechts,* tomo II, *Das Rechtsgeschaft* (1965), § 18, 3.

253 *BGH LM* Nr. 2 *ad* § 138 (Ba) y Nr. 1 *ad* § 138 (BC) BGB; *BGH* 20, 71/73 (disposición de última voluntad).

254 *BGH LM* Nr. 6 *ad* § 138 (Cb) BGB.

255 La Corte federal de justicia ha reexaminado por completo la constatación de los elementos de injusticia subjetivos mediante la aplicación de un módulo objetivo: *LM* Nr. 2 ad § 138 (Ba) y Nr. 1 *ad* § 138 (Be) BGB, lo cual está en consonancia con la concepción de FLUME, *ob. cit.,* de que la «reprochabilidad» de la figura legal subjetiva podría ser bastante.
El juzgamiento en el cual se aprovecha la impresión personal obtenida en el debate oral sería incasacionable debido a la lejanía del tribunal de casación; pero casos tales no pueden encontrarse en la jurisprudencia.

256 *RG* 51, 369/83; 58, 216 y 220; 67, 102; 128, 92/95; *BGH LM* Ni. *ad* § 138 (Cd) BGB. Sobre el desarrollo de la jurisprudencia: BOYENS, *ob. cit.,* págs. 171-72; FÖRSTER-KANN, *ob. cit.,* anexo siguiendo al § 550.

257 *RG Bolze* tomo III, Nr. 1432, una sentencia que BOYENS califica de «curiosidad histórica superada hace ya tiempo».

doctrina, en cambio, el reexamen pleno no tuvo al principio eco favorable. Allí se sostenía, o bien que el juez hacía aquí solamente una *«interpretatio facti»* del juicio moral de la sociedad[258], o bien que los elementos subjetivos tendrían que establecerse según módulos individuales, como por ejemplo el grado de educación o la posición social de las partes[259]. Finalmente volvió a hacerse escuchar la falsa creencia de que una cuestión de derecho que debiera juzgarse según las circunstancias del caso constituía una *«contradictio in adiecto»*[260]. Hoy día, la casacionabilidad plena es indiscutida en doctrina[261].

Por tanto, es también plenamente casacionable el concepto de la *«justificación moral»* de la demanda de divorcio en el sentido del § 43 *EheG* (Ley de matrimonio), porque la conducta del demandante tiene que apreciarse «bajo los puntos de vista morales universalmente válidos, desde el ángulo de la esencia del matrimonio»[262].

También lo es, por el efecto ejemplarizador de la subsunción, el concepto de «contrario a las buenas costumbre» propio del *derecho de la competencia comercial* (§1 UWG)[263]. Ese carácter contrario a las buenas costumbres puede deducirse de las *máximas de la ética práctica* (v.g. el «sentido de decencia del comerciante normal honesto»)[264]. O también puede suplirse el juzgamiento ético por el *sopesamiento de intereses,* que es más neutral a los valores, según el cual el carácter ofensivo a la competencia resulta de la menor «tutelabilidad» de un acto competencista ejecutado con respecto a la situación adquirida de un competidor[265].

Ocasionalmente, la Corte federal de justicia ha afirmado que el sopesamiento de los intereses en pugna es tarea del juez de los hechos y no reexaminable en concreto[266]. Dicha así en términos generales, tal afirmación es insostenible. Siendo así que el sopesamiento de los intereses sirve para deslindar los actos competencistas lícitos de los ilícitos, o sea para determinar la libertad de competencia[267], no es admisible, por razón de la eficacia ergo *omnes* del ejemplo subsuntivo, dejarlo librado a la discreción de los superiores tribunales regionales[268].

Es harina de otro costal juzgar la proporcionalidad de actos defensivos, esto es, estimar si la *defensa* contra un acto de competencia *ilegal* se mantiene dentro de los límites de lo «necesario» (cfr. § 227 II BGB).

---

258 LOTMAR, *Der unmoralische Vertrag* (1896), págs. 90-91; SALINGER, *JW* 1917, pág. 9 izquierda.

259 LABAND, *DJZ* 1905, col. 566/70.

260 SALINGER, *ob. cit.*, derecha. En contra, vehementemente, FUCHS, *JW* 1917, págs. 633 y sigtes.

261 Véase por ejemplo STAUDINGER-COING, 11ª ed., *ad* § 138; ENNECCERUS- NIPPERDEY, *ob. cit.*, § 191, n. 7; STEINDORFF, *ob. cit.*, pág. 63, n. 18.

262 *BGH LM* Nr. 7 *ad* § 43 EheG.

263 *RG* 81, 86/91; *RG GRUR* 1931, págs. 893/84; REIMER, *Wettbewerbs- und Warenzeichenrecht,* 3ª ed. (1954), pág. 948.
Véase también el reexamen concreto en las sentencias *BGH LM* nr. 19, 35, 49, 98 y 117 *ad* § 1 UWG.

264 BAUMBACH-HEFERMEHL, *Wettbewerbs - und Warenzeichenrecht,* tomo I, 9ª ed. (1964), n. 51 y sigtes. de la introducción al UWG; REIMER, *ob. cit.*, págs. 501-02; HUBMANN, *Gewerblicher Rechtsschutz* (1952) § 49 IV; MEYER-CORDING, JZ, 1964, págs. 273-77 y sigtes. y 310-11.

265 KRAFT, *Interessenabwägung und gute Sitien im Wettbewerbsrecht* (1963), págs. 118 y sigtes., 175 y sigtes. y 217 y sigtes. A favor de un juzgamiento neutral según el «uso de la clase profesional de los comerciantes» aboga también RINCK, *Göttinger für das OLG Celle* (1961), págs. 170 y sigtes.

266 *WM,* 1957, págs. 1103-04 sub 2 a in *fine.*

267 Véase STEINDORFF, *ob. cit.*

268 Por esa razón, la Corte federal de justicia ha casacionado también la aplicación del principio del «sopesamiento de los bienes e intereses» para determinar el ámbito tutelar del derecho general de la personalidad: *BGH* 24, 72-80; *LM* nr. 2 3 *ad* § 12 y nr. 9 *nd* § 823 (Ah) BGB. Más detalles *infra* d).

Por ser esa valoración relativa, cabe reconocerle al juez de los hechos un margen de juicio no sujeto a reexamen[269], cuestión ésta que habremos de analizar en conexión con la incasacionabilidad de los conceptos de grado y medida [270].

c) Mientras que el concepto de «carácter contrario a las buenas costumbres» caracteriza las reglas éticas que deben observarse para con todos, el de *«buena fe»* (§ 242 BGB) abraza los deberes morales más rigurosos a que están sujetos un acreedor y un deudor unidos por el vínculo de la obligación[271]. El juez, aunque ha de tener en cuenta los deberes especiales emergentes de una relación obligacional, no debe juzgar el caso singular según la ley propia de éste. El *Reichsgericht* sostuvo cierta vez que la admisión de la *exceptio doli* debería, por su naturaleza, dejarse librada a la discreción totalmente libre de los jueces; por tanto, los límites del ejercicio de un derecho no podrían determinarse nunca desde el punto de vista teórico, sino que deberían inferirse de las circunstancias no previsibles del caso singular[272]. El tribunal no había sabido discernir aquí el juzgamiento tipificador, que distingue a la aplicación del § 242 BGB de la interpretación complementadora del contrato prevista en el § 157 BGB. El § 242 faculta al juez para «colocar *dentro*» del contrato, como si fuera contenido típico aquello que por ley es deber de todo deudor cuando del contrato no se pueda (lamentablemente) *inferir* nada individual para resolver el problema en cuestión[273]. Combinando «buena fe» y «costumbre del tráfico», la ley destaca la necesidad de la valoración supraindividual, la cual, partiendo del caso concreto, busca desarrollar reglas para los negocios jurídicos de *esa especie*[274].

Gracias al método concreto-general de determinación del derecho, aplicado por la jurisprudencia, la doctrina pudo sistematizar las diversas funciones de la «buena fe». Distingue entre la *complementación* del contenido del contrato mediante la creación de deberes accesorios típicos, la *prohibición* de ejercer un derecho «contraviniendo a la buena fe» *(«exceptio doli») y* el *reajuste* de las prestaciones debidas en caso de variar las circunstancias económicas, de perderse la base negocial[275]. La casacionabilidad ilimitada[276] de todas las valoraciones que siguen un módulo tipificador, evita fallos de equidad difusos en las instancias inferiores y facilita la clasificación dogmática de los casos. Por eso, los tribunales de casación destacan que la aplicación del concepto de «buena fe» pertenece a la esfera de las cuestiones jurídicas casacionables[277].

---

269 *RG Warn. Rechtspr.* 1929, Nr. 140; Baumbach-Hefeumehl, *ob. cit.;* N. 236; Reiner, *ob. cit.*, págs. 870 y 872.

270 *Infra* § 9 II 2 c.

271 Henkel, *Recht und Individualität,* pág. 31; Larenz, *Schuldrecht, Allgemeiner Teil,* 7ª ed., § 10 I; Soergel-Siebert, 9ª ed., 12 *ad* § 242; R. Fischer, *Treu und Glauben im Versicherungsrecht, VersR* 1965, págs. 197/99.

272 *RG 85,* 108/20.

273 Esser, *Schuldrecht,* 2ª ed., § 13, 3; similarmente Oertmann, *Rechtsordnung und Verkehrssitte,* pág. 314; Soergel-Siedert, *ob. cit.*, 70 ad § 157; *BGH* 16, 4/8.

274 Larenz, *ob. cit.*, § 10 I; Esser, *ob. cit.*, § 31, 1-3; *Summum jus - summa iniuria,* págs. 22/32-34; Wieacker, *Zur rechtstheoretischen Präzisierung des § 242 BGB,* pág. 15. De la jurisprudencia: *RG* 160, 349/57-58, con enumeración de las diversas figuras legales del ejercicio inadmisible de un derecho.

275 Con respecto al conjunto: Soergel-Siebert, *ob. cit.*, 24-32 *ad* § 242, Wieacker, *ob. cit.*, págs. 20 y sigtes.; Larenz, *ob. cit.* También en el caso de la adaptación después de la pérdida de la base negocial se trata de determinación, y no de configuración del derecho, como lo destacan las sentencias *BGH IM* Nr. 18 *ad* § 242 (Bb) *BGB* y *BAG'AP* Nr. 3 *ad* § 242 BGB (jubilación).

276 Es ésta una cuestión que en la vasta literatura civilística es analizada rara vez. Por la afirmativa: Etman, BGB, 3ª ed., III le *ad* § 242; *RGR-Kommentar,* 11ª ed., 9 *ad* § 242; Soergel-Siebert, *ob. oit.*, 332 *ad* § 242; W. Henckel, *AcP* tomo 159 (1960/61), págs. 106/26.

277 *RG JW* 1905, pág. 370, Nr. 9 y *JW* 1906, pág. 457, Nr. 6; RG 145, 26/32; *BGH* 33, 216/19; *BGH LM* Nr. 13 *ad,* § 242 (Ca) BGB sub. 5. No se capta la juridicidad del juzgamiento en *BGH LM* Nr. 5 *ad* § 536 y Nr. 3 *ad* § 550 BGB.

En el campo de la *complementation de los contratos,* el *Reichsgericht* somete a reexamen la existencia de deberes contractuales de esclarecimiento[278]; el deber de la empresa ferroviaria de custodiar las mercaderías transportadas[279], y el deber del acreedor prendario de evitarle al pignorador de valores los perjuicios de una baja inminente, procediendo a la venta de los mismos[280];

La Corte federal de justicia analiza en concreto el deber de lealtad de un intermediario para con su mandante[281], el del asegurador para con el asegurado[282], el deber de esclarecimiento de un asegurador de responsabilidades civiles[283], los deberes de guarda de un arrendador urbano[284], así como las obligaciones accesorias de un empresario de obra[285] y de un hotelero emergentes del contrato de hospedaje[286].

Dentro del campo de la *«exceptio doli»,* el *Reichsgericht* examina la atendibilidad de una cláusula de caducidad[287];

la Corte federal de justicia reexamina en concreto los límites de la auto- exención de responsabilidad[288], niega el derecho de un licenciatario a impugnar de nulidad una patente[289] y analiza el derecho del arrendador a prohibirle al arrendatario transformar el sistema de calefacción[290].

Es ejemplarizador también lo que dice el Tribunal federal de trabajo sobre la caducidad de pretensiones en la relación de trabajo[291].

Son distintas en cambio las condiciones en el tercer campo de funcionamiento del § 242 BGB: el instituto de la *«pérdida de la base negocial».* La idea básica de ese instituto reza: Si se perturba gravemente el equilibrio entre prestación y contraprestación, no puede exigírsele al deudor el cumplimiento; es contrario a la buena fe mantenerlo sujeto a las estipulaciones del contrato[292] (pérdida de la llamada «base objetiva del negocio»)[293].

En concordancia con el principio de la casacionabilidad plena de la determinación del derecho concreto general, se someten también a un reexamen minucioso sentencias de la Corte federal de justicia[294] y del Tribunal federal de trabajo[295], sin formular la reserva de la «apreciación fáctica». Ello puede responder al razona-

---

278 *RG JW* 1905, pág. 370 y *JW* 1906, pág. 457; *RG* 111, 233/34.
279 *RG* 108, 341/43.
280 *RG* 101, 47/49.
281 *BGH* 16, 4/8.
282 *BGH* 9, 34/49-51.
283 *LM* nr. 1 *ad* § 3 *AHaftplichtVB.*
284 *LM* nr. 1 *ad* § 536 BGB.
285 *LM* nr. 15 *ad* § 631 BGB.
286 *NJW* 1954, pág. 718.
287 *RG* 145, 26/32.
288 *BGH* 33, 216/19.
289 *LM* nr. 7 *ad* § 9PatG.
290 *LM* nr. 25 *ad* § 535 BGB.
291 *AP* nr. 7 y 17 *ad* § 242 BGB (jubilación) así como nr. 1, 3 y 10 *ad* § 242 (caducidad).
292 Cfr. SOERGEL-SIEBERT, *ob. cit.,* 230-32 y 238 *ad* § 242; BLOMEYER, *Allgemeines Schuldrecht,* 3a ed., § 27; LARENZ, *Geschaftsgrundlage und Vertragserfüllung,* 3ª ed. (1963) págs. 117 *y* sigtes.
293 La supresión de la «base negocial subjetiva» por error de ambas partes sobre las circunstancias relevantes al contrato, no suscita problemas peculiares del derecho de casación y puede quedar aquí sin examinar.
294 *LM* Nr. 12, 33, 34, 36, 39-41 *ad* § 242 (Bb) BGB; *WM* 1959, págs. 297/99 y *WM* 1963, págs. 595/96.
295 *AP* Nr. 3 (sub IV-V) y nr. 9 *ad* § 242 BGB (jubilación).

miento de que uno de los presupuestos de la pérdida de la base negocial, la inexigibilidad del cumplimiento del contrato al deudor, tiene que juzgarse según un módulo general[296], no entrando por consiguiente en la apreciación la situación económica del deudor ni sus demás condiciones personales.

Quedan, sin embargo, dudas. Aunque la seguridad contractual aconseja juzgar la cuestión de la exigibilidad conforme al módulo general de la manera de pensar del tráfico social[297], el otro presupuesto para la rescisión del contrato, «la grave perturbación» de la equivalencia de las prestaciones, está ligado a módulos de *validez sólo relativa,* porque en cada caso hay que valorar magnitudes distintas (la prestación y la contraprestación) en su relación recíproca y, además, comprobar la especial intensidad de la desproporción[298]. A falta de un módulo de valoración de validez general, la sentencia no puede surtir efectos ejemplarizadores[299]. Si la Corte federal de justicia declara, por las mismas razones, que es «fáctica» la subsunción bajo el concepto de «desproporción notable» en el sentido del § 138 II BGB[300], también debería ser privativo del juez de los hechos resolver la cuestión de la equivalencia en el sentido § 242 BGB[301].

La jurisprudencia admite en cambio que es incasacionable otra circunstancia a resolver según el criterio de la «buena fe»; la obligación de quien ha sufrido una lesión física, de someterse a una operación quirúrgica o de cambiar de profesión, a los efectos de recobrar su capacidad de trabajo. Dado que aquí la solución depende de una manera decisiva de la constitución física y anímica y de las demás condiciones personales del lesionado, el juzgamiento compete sustancialmente al «juez de los hechos»[302]. Pero esta excepción al principio de la casacionabilidad plena del concepto de «buena fe», habrá de ser analizada recién en conexión con el obstáculo de la «valoración individual»[303].

d) La tarea de concretar por la vía inductiva conceptos jurídicos «amplios e indeterminados como cláusula generales»[304] se le presenta a la jurisprudencia ahora

---

296 Así lo dice expresamente *BGH LM* nr. *2 ad* § 242 (Ba) BGB sub IV 4; SOERGEL-SIEBERT, *ob. cit.*, 232 *ad* § 242. Discrepan LARENZ, *Geschaftsgrundlage und Vertragserfüllung,* págs. 118-19; STAUDINGER-WEBER, 11ª ed. B 145 y 161 *ad* § 242.
En el juicio tipificador sobre la cuestión de la tolerabilidad reposa también la casacionabilidad de la instructiva sentencia *BGH* 42, 118 (obligación del fabricante de magnetófonos de hacer distribuir sus productos solamente contra presentación del comprobante de identidad del comprador).

297 BLOMEYEB, *ob. cit.*, § 27 IV 2 b.

298 Sobre conceptos de intensidad («conceptos de grado») *infra* § 9 1.

299 Pero sí puede producirse un *efecto de pauta* cuando se fija el punto en el cual hay que afirmar *en general* que existe la «grave perturbación de la equivalencia»: «Una grave perturbación del equilibrio entre prestación y contra-prestación tiene que suponerse (normalmente) cuando, siendo constante el alquiler, el valor de la moneda ha disminuido en un 100 % desde el comienzo del arrendamiento». La solución del problema de la pérdida de la base negocial con arreglo a una pauta es propiciada en términos generales por FLUME, *Allgemeiner Teil des bürgerlichen Rechts,* tomo II, *Das Rechtsgeschäft* (1965), 4 26, 3 y 4 26, 7: una redistribución justa del riesgo del contrato no podría deducirse de las circunstancias del caso. El caso singular daría al juez ocasión para examinar si resulta indicado establecer nuevos tipos contractuales o diferenciar las normas dadas para un determinado tipo de contrato: «Quiere decir que el juez tiene que hallar una norma que esté apuntando al tipo contractual, y esta norma tiene que cuadrar dentro del todo del ordenamiento jurídico» (§ 26, 7 *in fine).*

300 LM nr. 4 *ad* § 138 (Ba) BGB, acerca de lo cual *infra* § 9 I 3 c.

301 Conforme *RG* 141, 212/18.

302 *BGH VersR* 1962, pág. 1101.

303 *Infra* § 10 II 4.

304 *BGH* 24, 72/78; 30, 7/11; *BGH LM* Nr. 23 *ad* § 12 BGB.

también en lo concerniente al *«derecho general de la personalidad»*. Tal como se hizo en muchos fallos con el principio de la buena fe hay que terminar aquí de conferirle sentido a este concepto y determinar su función.

El concepto de «derecho general de la personalidad», al igual que el de «buena fe», cobra vida recién cuando se llega al caso concreto. No puede interpretárselo de manera abstracta. Lo demuestra la historia del derecho[305], la cual nos enseña que los análisis de la esencia de la «personalidad» se reducen, desde hace tres siglos, a formulaciones más o menos vagas.

Pufendorf, por ejemplo ve en la personalidad esa «cierta dignidad» del ser humano, cuyo último y más eficaz argumento para rechazar ataques petulantes suele rezar: «¡No soy un perro, sino un ser humano como cualquier otro!»[306]. Según Pufendorf, la dignidad humana es ofendida por el trato desigual, de lo cual deriva que «una cosa común debe, en principio, ser repartida entre iguales en partes iguales»[307]. El deber de guardar respeto igualitario es violado sobre todo por la altanería, aunque «el envanecimiento constituye un vicio verdaderamente ridículo»[308].

Kant sostiene, en su *Metafísica de las costumbres,* que existe un soló derecho innato al hombre, «que corresponde por naturaleza a toda persona, con independencia de cualquier acto jurídico»: la libertad[309]. La libertad o sea la independencia del arbitrio de otra persona es el «único derecho originario que compete a todo ser humano por el hecho de ser tal». La igualdad innata y el consiguiente atributo del ser humano de ser su propio señor (sui *iuris)* «ya están contenidos» al igual que el honor «en el principio de la innata libertad y no son en realidad diferentes de ella (como partes de una clasificación bajo un concepto jurídico más elevado)».

El autor del ABGB (Código civil) austríaco, Franz von Zeiller, influenciado por Kant, interpreta el «derecho primigenio» *[Urrecht]* (el derecho de la personalidad[310]) como «la libertad para realizar todos aquellos actos (y solamente aquellos) por los cuales puede haber un estado social de seres libres»[311]. Según von Zeiller,

---

305 Las referencias que siguen están extraídas del escrito de DIETER LEUZE, *Die Entwicklung des Persönlichkeitsrechts im 19. Jahrhundert* (1962).

306 *De Officio Hominis et Civis juxta Legem Naturalem Libri Dúo* (1682), libri I, cap. VII, § 1: «Quin in ipso hominis vocabulo judicatur inesse aliqua dignatio, sic ut ultimum simul atque efficacissimum isthoc habeatur: utique non canis sum, sed aeque homo atque tu». [«Es más, en la misma palabra *'hombre'*, júzgase existir una cierta dignidad, de tal modo que aquí se considera como afirmación suprema y eficacísima: por cierto, no soy un perro, sino un hombre, lo mismo que tú»).

307 *Ob. cit.,* § 4: «Eadem aequalitas quoque ostendit, quomodo quis sese debeat gerere, ubi jus inter alios ipsi sit distribuendum, nempe ut tanquam aequales eos tractet, et ncutri praeter merita causae quid prae altero indulgeat. Secus enim si fit, is qui posthabetur, contumelia simul et injuria afficitur, et dignatio a natura data eidem detrahitur. Unde consequitur, ut res communis aequalibus portionibus inter aequales jure sit dividenda». [«La misma igualdad muestra también de qué modo deba uno comportarse: cuándo él mismo deba distribuir el derecho entre otros individuos, eso es, que él los trate como iguale®, y ni a uno ni a otro favorezca en algo, por encima de las razones de la causa. Porque si obra de otro modo, quien es preterido queda afectado por afrenta o injuria simultáneas; y al mismo tiempo le es sustraída la dignidad otorgada por la naturaleza. De lo cual se sigue que un bien común debe dividirse, según derecho, en partes iguales entre los iguales»].

308 *Ob. cit.*: «Contra hoc officium peccatur per superbiam.. . Nulla autem de causa sese efferre, revera ridiculum est vitium». [«Contra este deberse peca por soberbia... Y ensalzarse sin razón alguna es, en verdad, un vicio ridículo»].

309 4ª. reimpresión de la edición publicada al cuidado de K. VORLÄNDER (1922): *Einleitung in die Hechtslehre,* págs. 43-44.

310 Véase LEUZE, *ob. cit.,* págs. 34-37.

311 *Commentar über das allgemeine bürgerliche Gesetzbuch,* tomo 1 (1811), notas 1 y 5 *ad* § 6.

los derechos «innatos» resultantes de la personalidad no pueden ser descriptos de una manera completa ni universalmente comprensible; «expuestos de un modo abstracto e indeterminado, como en una metafísica de los derechos, dan ocasión a las más peligrosas interpretaciones erróneas, como lo demuestra la experiencia. Por otra parte, esos derechos son tan obvios que, cuando corresponde aplicarlos, hasta el raciocinio simple y el sentimiento de justicia saben encarecerlos con claridad a toda persona».

En nuestros días, no solamente la Corte federal de justicia[312] destaca que el «derecho general de la personalidad» es indefinible. También Hubmann, en su monografía, estima inútil todo intento de fijación conceptual, porque todas las definiciones «se estrellarían contra la manera de ser del hombre fáustico»[313]. Nada hay que agregar a estas citas. Sólo el ejemplo y quizá también la pauta derivada del caso pueden darnos una idea, un cuadro de ese derecho. La resolución del caso facilita al mismo tiempo discernir los «derechos especiales de la personalidad», más asequibles que deberían derivarse del «derecho general de la personalidad»[314], tal como se derivaron del § 242 BGB el «deber de lealtad», la *«exceptio doli»* y la teoría de la «pérdida de la base negociar.

¿Cómo hay que *aplicar en la práctica* ese concepto del «derecho general de la personalidad»? Esta cuestión es importante para la casacionabilidad. Las opiniones divergen.

Una opinión sancionada por la Corte federal de justicia recomienda que el contenido del derecho de la personalidad se determine conforme al principio del «sopesamiento de bienes e intereses»[315]. El derecho de la personalidad contendría «una limitación interna derivada del modo de entender la cultura», «un límite que puede determinarse sólo en el caso singular, sopesando los intereses contrapuestos»[316]. La «limitación interna» ha de tener en cuenta la circunstancia de que el desenvolvimiento de la personalidad conduce a conflictos con el derecho de la personalidad de los demás, lo cual exigiría un equilibramiento de los intereses.

Una opinión contraria estima equivocado incorporar al concepto del derecho de la personalidad la «limitación interna» según el interés preponderante, porque con esto se relativizaría el concepto de una manera no cabal[317]. Siendo este derecho un derecho absoluto, el concepto de la «personalidad» debería determinarse sólo de un modo *general,* es decir «igual para todos los lesionadores y lesionados»[318]. El «sopesamiento» *individual* «de bienes e intereses» sólo procedería cuando hubiere que comprobar si un acto adecuado a la figura legal, que afectó un derecho de la

312 Véanse los fallos arriba indicados.

313 *Das Persönlichkeitsrecht* (1953), págs. 121 y 143.

314 Reinhard, *AcP* tomo 153 (1954), págs. 548/59; Koebel, *NJW* 1955, pág. 1338; Rötelmann, *AcP* tomo 160 (1961); págs. 364/78. Un panorama de los tipos de lesión hasta ahora producidos nos lo da Fromm, *NJW* 1965, págs. 1201/04.

315 *BGH* 13, 334/38; 15, 249/61; 24, 72/80; 30, 7/11-12; Baumbach- Hefermehl, *Wettbewerbs- und Warenzeichenrecht,* tomo I, 9ª ed. (1964), o. 138 y 140 de las *Allgemeine Grundlagen* así como n. 232 de la Introducción a la UWG; Hubmann, *ob. cit.,* págs. 130-36; 144-45, 226-27, 230 y 239; Coing, JZ 1954, pág. 700; Martin en la nota al *BGH LM* n. 2, § 82. (Ah) BGB.

316 Hubmann, *ob. cit.,* pág. 135.

317 Neumann-Duesberg, *NJW* 1957, págs. 1277 y 1341/43; Enneccerus- Nipperdey, *Allgemeiner Teil,* 15ª ed., tomo I/1, § 101 1 3 *ad* N. 18; Michaelis en el escrito editado por Th. Heckel «Person und Recht» (1962), páginas 40/59.

318 Neumann-Duesberg, *ob. cit.,* pág. 1277.

personalidad *in concreto,* estuvo *justificado* por mediar un facultamiento especial para obrar de ese modo.

Por último, una opinión intermedia propicia que el enfoque generalizador y el especializador se combinen[319]. El derecho de la personalidad es limitado de una manera general por el respeto, elemento inexcusable de la convivencia humana, y cuya medida se rige por la habitualidad, la costumbre del tráfico y la adecuadez social[320]. «Fuera de esos límites» el concepto del derecho de la personalidad tiene que limitarse *caso por caso* según el principio del sopesamiento de los intereses.

Si se juzga la cuestión de la aplicación correcta del concepto según criterios metódico-jurídicos, hay que rechazar, por unilaterales, las dos concepciones extremas. Ambas olvidan que el concepto indeterminado del «derecho general de la personalidad», como todo otro concepto en blanco, presenta dos campos de aplicación que tienen que tratarse de manera diversa desde el punto de vista del método: el campo conceptual de la «certeza» y el campo conceptual de la «duda»[321].

La teoría del *sopesamiento de intereses* (posible sólo *in concreto)* descuida los casos unívocos ubicados en el campo de la certeza, que permiten una determinación del derecho generalizadora.

Si en un reportaje cinematográfico sobre homicidas y su represión aparece una persona que nada tiene que ver con los aludidos crímenes el derecho de personalidad de la misma habrá sido (sin más) lesionado[322].

Una mención, hecha de pasada en un filme, del domicilio de una prostituta (no) menoscaba (en ningún caso) el «derecho de la personalidad» del propietario de la casa[323].

Quien se «cola» en una fila para ascender a un tranvía, no lesiona el derecho de la personalidad de los pasajeros que quedan atrás[324].

En ninguno de estos casos cabe un sopesamiento concreto de los intereses para establecer el *ámbito de tutela*[325] de la personalidad; ello llevaría a relativizar el derecho de un modo no cabal.

A la inversa, quienes reclaman un *deslinde general* descuidan el campo conceptual de la duda, cuyo poco perfilado límite sólo permite resolver el caso singular aplicando el principio del sopesamiento concreto de los intereses. Puesto que aquí ese sopesamiento es necesario ya para establecer el ámbito de tutela, el juez no necesita examinar además la ilegalidad del acto.

---

319 LARENZ, *Schuldrecht, Besonderer Teil,* 7ª ed. (1965), págs. 420-21 y 425; *NJW* 1955, págs. 521/24; KRÜGER-NIELAND, *Das Problem der Rechtswidrigkeit bei Beeinträchtigungen der Persönlichkeit,* Karlsruher Forum 1961, páginas 15 y sigtes.

320 Véase también § 12 I del proyecto presentado en 1959 al Parlamento de una ley para dar nuevo ordenamiento a la tutela civilística de la personalidad y del honor (impreso Nr. 1237, pág. 13).

321 Véase *supra* § 1 III 1.

322 Cfr. *BGH LM* Nr. 16 *ad* § 823 (Ah) BGB.

323 Cfr. *BGH LM* Nr. 9 *ad* § (Ah) BGB.

324 NEUMANN-DUESBERG, *NJW* 1957, pág. 1342.

325 El sopesamiento de los intereses puede en todo caso cobrar significación para la cuestión de la ilegalidad: la grabación magnetofónica secreta de una conversación, sin el asentimiento del interlocutor, constituye una clara violación del derecho de la personalidad, pero en casos excepcionales la antijuridicidad del acto puede desaparecer. (*BGH* 24, 284).

Una información periodística veraz sobre la actividad profesional de un banquero no constituye un, menoscabo de su derecho de la personalidad, si la opinión pública tiene, en ese caso concreto, un interés legítimo en ser informada sobre el particular[326].

Del mismo modo, depende del estado de los intereses si la publicación del diario de una persona fallecida lesiona el derecho de la personalidad de ésta. También aquí los intereses legítimos de la generalidad, de la ciencia o del arte pueden excluir *in concreto* la adecuación a la figura[327].

Una información periodística veraz sobre hechos pertenecientes a la esfera privada, sólo puede justificarse por un interés serio en que la opinión pública sea informada[328].

Quiere decir que si se procede correctamente desde el punto de vista del método, siguiendo a la concepción intermedia, hay que distinguir entre la aplicación del derecho en el campo conceptual de la certeza y en el campo conceptual de la duda:

En los cuadros lácticos que entran en el campo de la *certeza,* las cuestiones de la adecuación a la figura y de la ilegalidad quedan nítidamente separadas. Una constatación general de que un hecho es adecuado a una figura («una grabación magnetofónica secreta viola siempre el derecho de la personalidad del interlocutor») es casacionable sin limitaciones en virtud de su *efecto de pauta*[329]. La constatación concreta de la ilegalidad («la grabación magnetofónica no estaba excusada por intereses legítimos del demandado» es casacionable igualmente por su *efecto ejemplarizador*[330], puesto que la decisión se toma siguiendo un módulo de juicio general, es aplicable a otros cuadros fácticos similares. En la determinación del derecho en el ámbito conceptual de la *duda,* como ya se dijo, la adecuación a la figura y la ilegalidad normalmente coinciden[331]. El juicio concreto sobre la adecuación a la figura y la ilegalidad («el informe veraz sobre las vinculaciones comerciales del banco X publicado en el diario demandado estaba justificado por intereses superiores de la opinión pública y por tanto no lesionaba el derecho de la personalidad del banquero Y») es aquí reexaminable por razón de su *efecto ejemplarizador*[332].

También el concepto del derecho general de la personalidad registra una excepción al principio de la casacionabilidad ilimitada, y es la que se refiere a la aplicación del principio del «medio más benigno»[333]. Cuando se sopesen intereses no solamente habrá que comprobar si el interés del autor pesaba más que el del ofendido, sino también si el autor se valió, al defender sus intereses, de los medios

326 *BGH* 36, 77.

327 Cfr. *BGH* 15, 249/61.

328 *BGH FamRZ* 1964, pág. 356.

329 Nótese el reexamen que reposa en ese principio en los fallos *BGH* 13, 334/37 y sigtes.; 24, 200/08-09; 27, 284/86 y sigtes.

330 Véase *BGH* 24, 209-10; 27, 289-90.

331 Cfr. *BGH LM* Nr. 30 *ad* § 12 BGB sub IV 1.

332 Nótese el reexamen concreto en los fallos de casación BGH 15, 249/61-62; 24, 72/80 y sigtes.; 31, 308/12 y sigtes.; 36, 77/81 y sigtes. Se equivoca MARTIN (nota al *BGH LM* Nr. 2, § 823 (Ah) BGB), quien considera el sopesamiento de bienes e intereses una «cuestión de hecho» no casacionable.

333 Acerca del principio del medio más benigno: HUBMANN, *Grundsätze der Interessenabwägung, AcP* tomo 155 (1956), págs. 85/127 y sigtes; ENNECCERUS-NIPPERDEY, *ob. cit.,* § 101 I 3 *in fine;* COING, *Ehrenschutz und Presserecht* (1959), pág. 21.

más benignos y no humilló o desairó innecesariamente al agraviado. Por eso, un acto que afecte el derecho de la personalidad puede, aun no siendo vituperable en sí, ser ilegal por haberse elegido un medio desproporcionado, como podría serlo una crítica «de parcialidad tergiversante»[334].

El juzgamiento de la proporcionalidad entre medio y fin es sin embargo muy relativo, por cuanto el medio usado tiene que ser medido en cada caso por el fin perseguido[335]. Puesto que esa comparación no proporciona puntos de apoyo seguros para juzgar otros casos, aquí hay que conferirle al juez de los hechos cierto margen de juicio, como en otras cuestiones de medida[336].

e) Una de las conclusiones ilimitadamente casacionables es también el deslinde de los conceptos de *«obra de arte»* (o, en su caso, «producto artístico») en el sentido de los §§ 1 y 2 *Kunst schutzG* y «modelo de fábrica» en el sentido del § 1 *GeschmacksmusterG.* de las obras corrientes no tuteladas por derechos autorales. Pero *entre sí esos* dos conceptos presentan solamente una diferencia de grado, por lo cual dejaremos para más adelante por razones de sinopsis el análisis de las cuestiones pertinentes[337]

f) En el límite entre los conceptos de valor y los conceptos experienciales se encuentra el elemento de la *«relación causal»*. Esta relación será un concepto de valor si las consecuencias de un hecho se imputan según el «fin tutelar de la norma» o bien —variando la formulación— según la «relación de ilegalidad» entre la violación de la norma y la consecuencia dañosa[338]. Será, en cambio, un concepto experiencial si la causalidad se juzga, siguiendo la llamada teoría de la adecuadez, según que el hecho en cuestión «haya sido en general adecuado, conforme a la experiencia del mundo, para producir un análisis de las cuestiones pertinentes[339].

La jurisprudencia y la doctrina discrepan notablemente acerca de la *casacionabilidad* del concepto de «relación causal». La suposición de la causalidad ha sido considerada ya una cuestión de derecho plenamente reexaminable[340], ya una cuestión de derecho limitadamente reexaminable[341], ya una pura cuestión de hecho con énfasis en la «libertad de convicción del juez de los hechos» en el sentida de los §§ 286 y 287 ZPO[342]. Esta cambiante clasificación en las sentencias de casación, para

[334] *BGH* 31, 308/18.

[335] Ver por ejemplo RG 140, 392/400, donde se trataba de la cuestión de si los escritos de los abogados estaban formulados con demasiada causticidad.

[336] *RG* 140, 401; BGH 3, 270/83. Véase también *infra* § 9 II 2 c.

[337] *Infra* § 9 1 3 b.

[338] E. Rabel, *Das Recht des Warenkaufs*, nueva impresión 1957, tomo I, págs. 495 y sigtes.; Blomeyer, *Allgemeines Schuldrecht*, 3ª ed. (1964), § 32 III 3; von Caemmerer, *Das Problem des Kausalzusammenhanges im Privatrecht* (1956), págs. 12 y sigtes.; Esser, *Schuldrecht*, 2ª ed., § 61; Hermann Lange, *Verhandlungen des 43. Deutschen Juristentages* (1960), tomo I/1, págs. 495 y sigtes.; *BGH* 8, 325/29; 10, 107-08; 19 114/25; 24, 263/66; 27; 137; 30, 154/56; 37, 311/15; *BGH VersR* 1963, págs. 262/64 y 487/88.

[339] Esser, *ob. cit.*, § 60, 5-8, quien combina las dos teorías; Enneccerus-Lemmann, Schuldrecht, 15ª revisión y ampliación § 15, 2; Larenz, *Schuldrecht, Allgemeiner Teil*, 7ª ed. (1964), § 14 III (págs. 155 y sigtes); Staudinger-Werner, 11ª ed., 26 y sigtes. *ad* § 249 y sigtes.; RG 81, 359/61; 104, 142; 158, 34/38; *BGH* 3, 261; 25, 86/88; *BGH NJW* 1952, pág. 1010; *BGH LM* Nr. 2 *ad* § 249 (Bb) *BGB* y Nr. 5 *ad* § 735 HGB.

[340] RG 119, 204/06; *RG JW* 1931, págs. 3117/18; *BGH LM* Nr. 5 *ad* § 735 HGB; Staudinger-Werner, *ob. cit.*, 21 *ad* § 249; Stein-Jonas-Schönke, ZPO, 18ª ed., III 3 *ad* § 549.

[341] *JW* 1919, págs. 729/30 *in fine; BGH* 2, 138/40; *BGH LM* Nr. 7 ad § 249 (Bb) BGB; *BGH VersR* 1962, pág. 443.

[342] *BGH VersR* 1960, págs. 401/02; *VersR* 1963, págs. 517/18; *VersR* 1963, págs. 652/53 y 711/12; Enneccerus-Lehmann, *ob. cit.*, § 15 II.

la cual no se mencionan razones constituye no sólo un error de método, que empaña la línea divisoria entre la constatación de los hechos y la apreciación jurídica, sino que también deja sin aclarar si la decisión sobre la cuestión de la causalidad es impugnable con la reclamación de fondo o la reclamación procesal (cfr. § 554 III, nr. 2 *b* ZPO)[343]. Para poner remedio a estas incongruencias, hay que marcar primeramente el límite entre la cuestión de hecho y la cuestión de derecho[344], que se determina por la diferencia entre la relación causal extrajurídica *y* la relación causal jurídicamente relevante[345].

Al campo de la *cuestión de hecho* pertenece la constatación de la causalidad extrajurídica o, dicho con más rigor, científico-natural[346], según la fórmula de la *«conditio sine qua non»*, que tiene que ser analizada como cuestión previa al estudio de la relación causal jurídicamente relevante. Y por ser ella cuestión de hecho, el juez puede valerse aquí de la libertad de apreciación de la prueba que le confieren los § § 286 y 287 ZPO.

En cuanto se trate de la causalidad «natural», es materia de convicción judicial, no recurrible en casación (§ 561 II ZPO), por ejemplo:

Si una operación quirúrgica ocular habría tenido éxito si un incendio estallado en la clínica no le hubiera provocado al paciente un acceso de tos[347], si un choque hubiera podido evitarse de no haber ingerido alcohol uno de los implicados[348],

si el empleador hubiera tenido que exigirle al solicitante que buscaba trabajo la presentación de su registro de conductor, cuando éste no figuraba anotado en la tarjeta expedida por la Oficina de trabajo[349], etc.

Es en cambio *cuestión de derecho* determinar si una relación causal natural puede serle imputada al autor o si éste tiene que ser exculpado de las consecuencias totalmente descomunales o que escapan al ámbito tutelar de la norma, sin que juegue aquí la cuestión de la culpabilidad.

La relevancia jurídica de la relación causal es cuestión de derecho y *plenamente casacionable,* ya sea que se resuelva según la teoría del «fin tutelar de la norma» o según la «teoría de la adecuadez».

---

[343] Cuestión ésta que puede tener significado también con vistas a la exclusión de las reclamaciones formuladas en casación emergentes de los 286 y 287 ZPO, como lo permiten ver los fallos RG 119, 206; *RG JW* 1929, pág. 2251 y *RG JW* 1931, pág. 3118.

[344] Ver GÖPPINGER, *Die Erledigung des Rechtstreits in der Hauptsache* (1958), pág. 181 N. 53; ESSER, *ob. cit.*, § 60, 1 c; SCHULER, *NJW* 1961, págs. 4/6, N. 17; ASCHER, nota *ad BGH LM* Nr. 5, § 287 ZPO; RG 103, 144, 145; 105, 264/65; 158, 38; *BGH* 25 86; *BGH LM* Nr. 2 y 3 ad § 249 (Bb) BGB. Es de notar que los fallos citados separan límpidamente la cuestión de hecho de la cuestión de derecho.

[345] Esta diferencia es determinante también para la casación en el procedimiento judicial-social. Con la «casación de la causalidad», exenta de admisión, según el § 162 I, Nr. 3 SGG solamente puede ser atacado el juzgamiento incorrecto de la causalidad jurídica: BSG E 1, 268/69; HAUEISEN, *NJW* 1961, pág. 2329.

[346] Más detalles en ENGISCH, *Die Kausalität als Merkmal der strafrechtlichen Tatbestände* (1931), págs. 5 y 21; RADBRUCH, *Die Lehre von der adäquaten Verursachung* (1902), págs. 2-3, 82-83. También RG 105, 266 habla, de la conexión causal «en el sentido natural, mecánico de ese concepto».

[347] Cfr. *BGH VersR* 1960, pág. 57, donde se analiza extensamente la relación causal «en el sentido jurídico», aunque la relación causal médica (que había que comprobar por la vía de la libre apreciación de la prueba) era problemática.

[348] Cfr. *BGH VersR* 1963, pág. 357.

[349] Cfr. *BGH VersR* 1963, págs. 711/12-13.

La decisión según el *«fin tutelar de la norma»* se sirve de la interpretación de la ley. Se indagan el sentido y alcance de la norma infringida a los efectos de establecer si el hecho ha producido precisamente aquellas consecuencias que esa norma tenía por objeto evitar[350]. La interpretación de la ley plasma entonces en un fallo-pauta ilimitadamente reexaminable.

«Las normas relativas a los peligros de la explotación ferroviaria tutelan únicamente la salud y la propiedad de las personas inmediatamente afectadas por el tránsito, pero no sus intereses patrimoniales generales»[351].

«Las costas de defensa en un proceso penal en que se vio complicada la víctima de un accidente de tránsito, están fuera del ámbito tutelar del § 823 1 BGB. Por tanto, no puede reclamarse que las abone el culpable del accidente»[352].

«No están exceptuados de la responsabilidad del propietario de un automotor, los daños resultantes del uso de ese vehículo para un homicidio doloso»[353].

Pero supongamos que, por excepción, el fin tutelar de una norma sólo pueda formularse en conceptos indeterminados por no poderle dar el juez una expresión acabada *y* definitiva. En tal caso la pauta que se mantiene indeterminada deberá ser complementada por el efecto ejemplarizador del resultado de la subsunción.

Es verdad que, según el derecho material, también hay que decidir con el auxilio del método generalizador si un hecho es *«adecuado»* para producir un determinado resultado. El juez tiene que comprobar, generalizando la situación que se juzga, si los hechos *de esa índole* pueden de alguna manera producir, conforme a la experiencia, resultados *de esa índole*[354], por ejemplo:

¿Puede la irrupción brusca de un ciclista en la ruta producir reacciones desatinadas en otros transeúntes, llevándolos a apreciar mal la situación o incluso perder la cabeza?[355].

O bien:

¿pueden los ladridos de un perro manso y dócil asustar a tal punto a una mujer adulta, de una nerviosidad no precisamente enfermiza, como para hacerla caer al suelo?[356].

El juzgamiento generalizador de la relación causal «adecuada» no debe por tanto ser comparado con la aplicación de los conceptos de «buenas costumbres» o «buena fe», como lo afirmó en cierta ocasión la Corte federal de justicia[357], la cual, felizmente se apartó claramente de esa comparación en una sentencia posterior [358].

---

350 RABEL, *ob. cit.*, págs. 502, 504; VON CAEMMERER, *ob. cit.*, págs. 12, 17; ESSER, *ob. cit.*, § 61, 1-2; H. LANGE, *ob. cit.*, pág. 500; *BGH* 19, 114/26; 27, 137/40; 37 311/15.

351 *BGH* 19, 114.

352 *BGH* 27, 137.

353 *BGH* 37, 311.

354 Detalles en TRAECER, *Der Kausalbegriff im Straf- und Zivilrecht*, 2ª impresión (1929), págs. 115-29, 159-66; RADBRUCH, *ob. cit.*, págs. 11-30; ESSER, *ob. cit.*, § 60, 8; HAUEISEN, *JZ* 1961, plágs. 9 y 11,

355 Cfr. *BGH VersR* 1963, pág. 262; *JZ* 1964, pág. 178 con nota de LORENZ.

356 Cfr. *RG* JW 1908, pág. 41, Nr. 16.

357 NJW 1952, pág. 1010.

358 *VersR* 1963, pág. 263. Contra la «fórmula de equidad», aplicando la teoría de la adecuadez, también ESSER, *ob. cit.*, § 60, 7 a-b; STAUDINGER-WERNER, *ob. cit.*, 36 ante 249 y sigtes.; KIRCHBERGER, *NJW* 1952, pág. 1000.

Pese a la aplicación del método generalizador de determinación del derecho, la «adecuadez» de una serie causa] no debe confundirse con su «tipicidad»[359]. La «adecuadez» está dada ya cuando un hecho produjo consecuencias que, según la experiencia del mundo, no eran «totalmente improbables». Los requisitos jurídicos están por consiguiente bastante por debajo del módulo, de la consecuencia típica.

En vista de estar la generalización preceptuada por el derecho material, llama la atención que muchos fallos de casación sólo se pronuncien con cautela sobre la adecuadez general y asignen por lo menos igual peso al análisis de la cuestión de derecho concreta[360]. No cabe hacerle objeciones a este proceder desde el punto de vista de la *fundamentación metódicamente correcta de) la sentencia.* Puesto que aquí no se trata de una interpretación de la ley, como cuando se juzga el fin tutelar de la norma, sino tan sólo de una apreciación hecha con el auxilio del saber experiencial, esa cautela tiene buenas razones. Las «sentencias fundamentales» podrían atar innecesariamente a la jurisprudencia[361]. La casacionabilidad de la suposición de que la causa ha seguido un curso «adecuado» reposa por consiguiente en una combinación de *efecto de pauta y efecto ejemplarizador*[362].

2. Conceptos experienciales

a) La figura legal de la *posesión,* en el sentido de «señorío táctico sobre una cosa», tiene que ser juzgada por el juez apoyándose en las «reglas experienciales nacidas en el seno del pueblo y avaladas en la práctica»[363] sobre el estado posesorio fáctico. La consideración especial de las circunstancias sociales del caso, y especialmente el mayor o menor respeto que se suele mostrar hacia el señorío real de otras personas en diversas épocas (en la guerra o en la paz, en tiempos de miseria o de bienestar)[364] caracteriza el concepto de posesión como «concepto experiencial» y no «de valor».

Sin embargo, la influencia codeterminante de las condiciones sociales es crasamente sobrestimada por la doctrina civilística, que no echa de ver el carácter meramente señero de las valoraciones sociales[365]. Según ella, la posesión sería un «concepto elemental de la conciencia general que la ley no puede determinar con mayor precisión», insusceptible de análisis jurídico, un concepto en fin cuyo contenido sería determinado (exclusivamente) por las «modos de ver generales del tráfico»[366]. Esta teoría que está tomada de

---

359 ENGISCH, *Die Idee der Konkretisierung* (1953), pág. 283. Ver también *supra* § 3 IV 2 a.

360 RG 81, 363; 103, 145; 105, 266; 119, 207; *RG JW* 1908, pág. 41; *BGH LM* Nr. 2 y 7 ad § 249; (Bb); *BGH VersR* 1959, págs. 31/32; *VersR* 1961, pág. 465; 1962, págs. 351/52; 1963, pág. 262 y 1161; 1965, págs. 363/64. Adviértase la falta de precisión y determinación de las frases rectoras en *BGH VrsR* 1962, pág. 351; 1963, págs. 262 y 1161: «Sobre la cuestión de la relación causal».

361 Cfr. las sentencias RG 119, 204 y *BGH NJW* 1952, pág. 1010: Si la amputación de una pierna puede ser causa de una caída posterior fue contestado afirmativamente por el *Reichsgericht;* fue desestimado en cambio por la Corte federal de justicia, que pudiera ser causa de la muerte por fuego de artillería durante la segunda guerra mundial.

362 Adviértase la comparación de casos hecha por el *BGH VersR* 1962, pág. 352, con BGH 25, 86.

363 Cfr. F. ENDEMANN, *Sachenrecht,* 8ª y 9ª eds. (1905), § 25, 3 *a* N. 12.

364 Ver LEVIN GOLSCHMIDT, *Grundlagen der Besitzlehre* (1884), publicado en 1901 en las póstumas *Vermischte Schriften,* tomo I, pág. 72; SOKOLOWSKI, *Der Besitz im klassischen Recht und dem Deutschen Bürgerlichen Gesetz* (1907), págs. 292-96.

365 Ver *supra* § 3 V 1.

366 WESTERMANN, *Sachenrecht,* 4ª ed. (1960), § 9 I 1; WOLFF-RAISER, *Sadhenrecht,* 10ª revisión y ampliación (1957), § 5 III; STAUDINGER-SEUFERT, 11ª ed., 2 *ad* § 854; BAUR, *Sachenrecht* 2ª ed. (1963), § 7 B II 1 *a;* PALANDT-HOCHE, 42ª ed. (1965), 1 *a ad* § 854.

la teoría de la posesión desarrollada en 1884 por Levin Goldschmidt contra Savigny y la literatura de su tiempo[367], niega la influencia judicial en la gestación de conceptos. El carácter determinante de los modos de ver del tráfico estaría fundado en la circunstancia de que la inclusión de la cosa en la órbita de señorío del poseedor debería ser respetada dentro del ámbito del tráfico social; y que por tanto sería conveniente que el mismo tráfico social determinara el módulo de valoración[368]. La fe en la fuerza jurígena «del tráfico» llegó incluso a ahogar la crítica de Heck[369] de que la conciencia colectiva sería incapaz de crear conceptos científicos. Su tesis de que el concepto de «posesión» constituye un concepto *in albis* que el juez tiene que suplir, choca aún hoy, en general, con rechazo[370].

Las concepciones amorfas del tráfico social han menester ser precisadas por el juez. El concepto de «posesión» es, por tanto, un concepto jurídico que tiene que juzgarse conforme a premisas mayores *jurídicas.* Una prueba de ello es la corriente confusión de «posesión» y «propiedad», que hace que se hable de «poseedor» de una casa cuando se quiere aludir al «propietario', o sea precisamente no a la persona, que tiene el señorío fáctico de la misma[*]. La impresión de oscuridad y multivocidad de la palabra «posesión», tanto en el lenguaje coloquial como en la literatura jurídica, se ahonda aun más cuando se consultan diccionarios de la lengua alemana.

Según el diccionario de Grimm[371], la voz «poseer» se refiere también a objetos incorporales, por ejemplo: «posee mucho saber y experiencia», o bien: «sólo posee las musas quien las guarda en mi cálido pecho» (Schiller, *Die Antiken zu Paris);* «poseer» se confunde además, como informa el mismo diccionario, con la idea de «tener»: «que solamente poseía manos y pies».

También el diccionario de Trübner[372] destaca la falta de precisión del vocablo popular «poseer»: «poseer la vida eterna».

Lo que quiere decir que, desde el punto de vista jurídico, es irrealizable el postulado goetheano: «lo que has heredado de tus padres, adquiérelo a fin de poseerlo»[**].

Buena razón tuvo, por tanto, el *Reichsgericht* al declarar en un caso en que se juzgaba la calidad de «accesorio» que era inútil tomar declaración de testigos y peritos sobre la existencia de una pretendida manera de pensar del tráfico[373], aunque la ley remite aquí a ella expresamente (§ 97 I 2 BGB). La manera de pensar del tráfico social no se manifestaría en los «meros modos de ver de individuos» o peritos, sino en las costumbres de la vida y del comercio *(que el juez tiene que aprovechar).*

Pero no es sólo la vaguedad de la conceptuación pre-científica lo que hace necesario que el juez interprete qué ha de entenderse por «posesión» de una cosa. El

---

367 Goldschmidt, *ob. cit.,* págs. 48-49, 70-71, 75, 77, 229.

368 Westermann, *ob. cit.,* § I 4.

369 *Grundriss des Sachenrechts* (1930), págs. 19-21.

370 Westermann, *ob. cit.,* § 9 I 12; Wolff-Raiser, *ob. cit.,* § 5 III, N. 5; Baur, *ob. cit.,* § 7 B II 1 a, N. 1.

* En el habla coloquial alemana (N. del T.).

371 Tomo I (1854), col. 1624-28.

372 Tomo I (1939), pág. 299.

** Famosa cita de Goethe (N. del T.).

373 *RG* 77, 241/44 en conexión con la Exposición de motivos III, pág. 63.

instituto jurídico de la «posesión» cumple también funciones jurídicas (de publicidad, de aseguramiento del llamado «orden pacífico» frente al ejercicio violento de las propias razones)[374] y ésta es otra razón por la cual no puede acuñárselo incorporando lisa y llanamente concepciones extrajurídicas.

Si Goldschmidt busca no obstante extraer el concepto de posesión de la manera de pensar del tráfico, esto sólo se explica por la prevención que había en su época contra la determinación del derecho por el juez. Ante el silencio de la ley, se tenía necesidad de una fuente, y así se acudió a la «sociedad» como órgano de creación de normas jurídicas, sin querer comprender que las ideas sociales no producen normas aplicables inmediatamente. La concepción ingenuo-idealística de la posesión había sido superada ya sin embargo por la Exposición de motivos del primer proyecto de Código civil, que encomendaba expresamente al juez suplir el concepto de la «violencia fáctica»[375].

Y las citas que hace Goldschmidt prueban además que este autor se contradice, al erigir su teoría de la posesión sobre una base puramente jurídica. En sus escritos no hay vestigio de «modos de ver populares». Abundan, en cambio, las remisiones a fuente romanas, o sea a voces de juristas.

Si, en síntesis, la posesión es un concepto en blanco que el juez tiene que interpretar *con el auxilio* de los modos de ver del tráfico, la constatación de que una persona está en «posesión» de una cosa está dando respuesta a una *cuestión de derecho*. Su casacionabilidad es indudable puesto que se aprovechan reglas experienciales de validez general[376]. Cierto es que los fallos-pauta[377] son raros en este terreno, debido a la influencia de las circunstancias del caso; predomina el análisis ejemplarizador de la cuestión de derecho concreta[378].

b) Las imprecisas ideas que circulan en el tráfico cobran en cambio importancia especial en el derecho de la competencia comercial, cuando toca juzgar el *«peligro de confusión»* de las denominaciones comerciales (§ 16 UWG)[379] y de las marcas (§31 WZG). Aquí, efectivamente, la «habitual superficialidad» que muestra en el tráfico la gente[380] —ese «autócrata del derecho competencial» como se la ha llamado[381]— pasa a ser elemento esencial de la determinación del derecho. La orienta-

[374] Ver por ejemplo *RG* 77, 201/08, donde es determinado el fallo por la función de publicidad de la posesión prendaria.

[375] Exposición de Motivos III, págs. 81 y 83.

[376] Esto se entiende por sí solo también en la jurisprudencia de los tribunales de casación. Por lo que puede verse, el reexamen no ha sido jamás denegado.

[377] Así por ejemplo *RG* 103, 100; *BGH LM* Nr. 1 *ad* § 854 y Nr. 3 *ad* § 855 BGB; *BGH WM* 1960, págs. 1148/49.

[378] *RG* 70, 314/17; 138, 118/20 y *RG* 143, 168 (la indicación de la naturaleza «fáctica» del juzgamiento se refiere a las constataciones de cuadros tácticos efectuadas por el tribunal de apelación); *RG Warn. Rechtspr.* 1919, Nr. 39; *RG JW* 1925, pág. 784; *BGH* 21, 317/27-28 (con sopesamiento de intereses); *BGH LM* Nr. 4 *ad* § 854 BGB; *BGH WM* 1956, pág. 1281 y *WM* 1958, págs. 903/04 (con comparación de casos).
Ver también GOLDSCHMIDT, *Gneist-Festgabe* (1888), pág. 65: «El concepto de poder del *«corpus posesorio»* tolera solamente la ejemplificación casuística».

[379] Razones sociales, denominaciones de establecimientos («Farmacia Adler», «Teatro Schiller») títulos de publicaciones impresas («Berliner Illustrierte Zeitung»).

[380] REIMER, *Wettbewerbs- und Warenzeichenrecht*, 3ª ed. (1954), pág. 230; BAUMBACH-HEFERMEHL, tomo I, 9ª ed. (1964), 46 *ad* § 16 UWG; *RG* 156, 355/61; *RG MuW* 1923, págs. 162/63; *BGH GRUR* 1961, págs. 535/37.

[381] BAUMBACH en la nota al *RG LW* 1931, pág. 416.

ción estricta por el tráfico, que obliga al tribunal a colocarse en el ánimo del comprador, se explica por cuanto el derecho competencial tiene por fin proteger, no sólo al competidor honesto, sino también al consumidor que hace un examen sólo fugaz, a menudo irreflexivamente[382]. Pero se explica también por la finalidad de las denominaciones comerciales de influenciar psicológicamente a vastos sectores. Por ende es justo y cabal medir la fuerza diferenciadora de los signos y señales por la facultad de discernimiento y la memoria de aquellos a quienes van dirigidos[383].

No se crea sin embargo, que, cuando se juzga el «peligro de confusión», se estén constatando puras facticidades no obstante tenerse tan en cuenta el tráfico. Es por cierto *cuestión de hecho* determinar cuál es la impresión que causa un signo a «quien observa fugazmente»[384]; y dado el caso también lo es la constatación de confusiones ya ocurridas[385]. Mas como no existe un tipo homogéneo de «persona que observa fugazmente», hay que resolver también en cada caso la *cuestión de derecho* de cuál es el sector de la población del cual ese tipo ha de extraerse (v.g. de la masa del pueblo o de las capas más elevadas[386]) y cuál el método de comparación que el juez ha de aplicar[387]. También es cuestión de derecho el juzgamiento concreto de si una similitud comprobada *es suficiente* para crear «un peligro de confusión» en el sentido del § 16 UWG o del § 31 WZG, por cuanto tiene que hacérselo siguiendo premisas mayores jurídicas. Aquí gravita sobre todo la diferenciación entre signos «especialmente tutelables» («fuertes») y «menos tutelables» («débiles»), que es la que determina, en el caso singular, cómo y hasta qué punto hay que apartarse de los signos usados por el competidor[388].

El juez, al igual que el tráfico, tiene que juzgar los signos según la impresión global que ellos causan atendiendo a los aspectos óptico, acústico y asociativo... puesto que esa impresión no puede reflejarse siempre con la debida precisión mediante los conceptos del habla coloquial, la constatación de los hechos y la apreciación jurídica pueden resultar entrelazadas en el texto de la sentencia[389]. Tomemos un ejemplo de una sentencia de apelación[390]:

La semejanza que presentan los dos signos competidores por los tres círculos o puntos «resaltaría poco», por cuanto el significado de esos puntos, dentro del cuadro conjunto, sería «totalmente diverso»; la disposición de los puntos sería asimismo «sustancialmente distinta», y también habría una diferencia en cuanto al efecto de los colores ya que los del signo de la demandada «impresionarían fuertemente» lo que no ocurriría con los del signo de la demandante.

---

[382] BAUMBACH-HEFERMEHL, *ob. cit.*, 163 de la Introducción a la UWG; así como 8ª ed. (1960), 1 y 6 *ad* § 31 *WZG;* HAGENS, *Warenzeichenrecht* (1927), 8 *ad* § 20; WALTER KÖHLER, *Verwechslungsgefahr* (1933), pág. 26.

[383] KÖHLER, *ob. cit.*, pág. 62.

[384] Cfr. *RG MuW* 1925/26, págs. 92/93; *BGH LM* Nr. 28 *ad* § 31 WZG sub III 3; así como la instructiva sentencia RG 117, 230/34.

[385] Cfr. *RG* 108, 272/76; *BGH LM* Nr. 31 *ad* § 31 WZG.

[386] Ver *BGH LM* Nr. 31 ad § 31 WZG; REIMER, *ob. cit.*, págs. 230-33; BAUMBACH-HEFERMEHL, *ob. cit.*, 8ª ed., 27 *ad* § 31 WZG.

[387] Cfr. *RG MuW* 1939, pág. 361; REIMER, *ob. cit.*, pág. 230; BAUMBACH-HEFERMEHL, *ob. cit.*, 8ª ed. 16 *ad* § 31 WZG; *BGH LM* Nr. 11 ad § 15 WZG (para la valoración de los llamados signos de combinación).

[388] BAUMBACH-HEFERMEHL, *ob. cit.*, 8ª ed., 7 y 60 sigtes. *ad* § 31 WZG con demostraciones tomadas de la jurisprudencia.

[389] Cfr. BAUMBACH-HEFERMEHL, *ob. cit.*, 8ª ed., 32 *ad* § 31 WZG; REIMER, *ob. cit.*, págs. 950. Los pormenores *supra* § 5 III 2 *c, bb.*

[390] *BGH LM* Nr. 11 ad § 15 WZG *sub* 1.

Esta descripción valoradora está preparando el camino para desestimar el peligro de confusión. De los giros empleados se desprende que fue redactada con un sentido fuertemente finalista.

El posible entrelazamiento de cuestión de hecho y cuestión de derecho carece sin embargo de importancia para el derecho de casación, puesto que los autos contienen siempre una representación gráfica de los signos[391], que el tribunal de casación puede apreciar. Y si el tribunal de casación puede apoyar su control jurídico en una impresión inmediata, no está más alejado del asunto que el tribunal de apelación.

El *reexamen pleno* de la cuestión de derecho no se fue imponiendo sólo lentamente. Hasta la década del 30 el *Reichsgericht* solía distinguir entre la suposición concreta del peligro de confusión y el análisis sobre la base de «consideraciones jurídicas atinadas», es decir, la elección de premisas mayores correctas[392]. La interpretación era una cuestión de derecho casacionable, mientras que la subsunción seguía siendo, en cuanto parecía sustentable, materia de «apreciación judicial fáctica». Según se desprende de opiniones doctrinales vertidas en aquel entonces, esta cautela obedecía a dos razones:

No se advertía que el examen hecho con arreglo a la experiencia según la manera de pensar del tráfico, no agota la cuestión del peligro de confusión[393], sino que, por el contrario, las constataciones hechas con arreglo a la experiencia (fácticas) tienen que ser complementadas por una apreciación jurídica, como ocurre con todos los conceptos experienciales.

Además, el juzgamiento concreto del peligro de confusión se consideraba como una cuestión, más que de juzgamiento jurídico, de buen tino judicial y de la facultad de colocarse en el lugar de otros para apreciar el efecto que produce un signo en la vista, el oído y los demás sentidos. Por consiguiente, el tribunal de casación sólo debía tener derecho a corregir al juez de los hechos cuando éste «no captara» algún concepto y ese error pudiera descifrarse en términos jurídicos[394]. El cauteloso control que ejercía el *Reichsgericht* no satisfacía las necesidades de una economía de organización suprarregional. Por eso, la Corte federal de justicia lo reemplazó por el reexamen libre de toda la cuestión de derecho, para lo cual contó con la aprobación de la doctrina moderna[395-396]. Esta evolución sólo puede calificar-

---

391 En el caso de las marcas, se echa mano regularmente de las actas de la Oficina de Patentes referentes a la inscripción en el Registro de marcas.

392 *RG* 109, 226/29; *RG MuW* 1926/27, pág. 85/86; *MuW* 1930, págs. 126/27; *MuW* 1933, págs. 562/63; *RG GRUR* 1929, pág. 1204/07 (obsérvese la nota de la redacción, pág. 1204); *GRUR* 1933, pág. 568/69. La reserva de la infracción de «principios jurídicos» no está contenida ya en la sentencia *RG MuW* 1941, págs. 175/78.

393 Así por ejemplo HAGENS, *Warenzeichenrecht*, 6 *ad* § 20: «La cuestión del peligro de confusión es una cuestión de hecho. Lo que es determinante no es la cautela deseable o necesaria que el comprador muestre en el tráfico, sino la cautela con la cual se procede efectivamente en los círculos de comercio, relevantes en la compra y en el examen de marcas. También el examen practicado por la Oficina de patentes y por los tribunales tiene que cumplirse por tanto preponderantemente siguiendo principios experienciales, y no principios jurídicos (I)»,

394 KÖHLER, *ob. cit.*, 56; REIMER, *GRUR*, 1931, pág. 864; WASSERMANN, *JW* 1929, pág. 2255; WERTHEIMER, *JW* 1931, pág. 427 (nota) *i.f.*

395 BAUMBACH-HEFERMEHL, *ob. cit.*, 8ª ed., 32 *ad* 31 WZG; BUSSE, *Warenzeichengesetz*, 3ª ed. (1960), 4 y 6 *ad* § 31; REIMER, *Wettbewerbs-und Warenzeichenrecht*, 3ª ed., pág. 950; TETZNER, *Warenzeichengesetz* (1958), 67 *ad* § 31.

se de feliz. Como lo destaca el mismo *Reichsgericht*[397], el «peligro de confusión» es el concepto más importante del derecho de la competencia comercial y de marcas, que determina el ámbito tutelar de un signo para todo el territorio del Estado. Su importancia hace necesario un manejo uniforme del derecho de los signos[398]. Pero una jurisprudencia uniforme no puede lograrse por el solo control de las premisas mayores porque el concepto de «peligro de confusión» recién cobra vida con el auxilio de la similitud acústica, óptica y asociativa de dos signos. Los fallos-pauta no agotan pues la problemática de este campo. El hecho de ser el juzgamiento concreto un asunto espinoso no obsta al control casacional. Cuando el juzgamiento conceptual de la cuestión de derecho fracasa, puede reemplazárselo por una decisión ejemplarizadora. Y la literatura especializada aprovecha efectivamente la práctica jurisdicente de los tribunales para alumbrarle al lector, mediante el precedente y la comparación de casos, el concepto de peligro de confusión[399].

c) Para cerrar esta investigación[400] daremos un ejemplo más de aplicación del método concreto-general para juzgar negocios jurídicos, esto es, de la valoración de negocio individual según un módulo supraindividual: el derecho de impugnación por faltarle al objeto del negocio o a la otra parte *«cualidades consideradas esenciales en el tráfico»* (§ 119 II BGB).

El derecho de impugnación previsto en el § 119 II BGB sirve a los intereses del contratante que fue víctima de un *error qualitatis.* Es necesario colocar ciertas vallas, sin embargo, para evitar que el contrato sea resuelto arbitrariamente (lo que en ciertos casos podría hacerse mediante una declaración unilateral de voluntad) en desmedro del que se opone a esa impugnación. Según la doctrina actual[401] esta pugna de intereses tiene que resolverse mediante el método concreto-general de determinación del derecho. Para determinar a qué *categoría* pertenece el objeto del negocio (compra de una «casa barata», de una «vivienda urbana unifamiliar», de una «quinta representativa»; contratación de un «médico asistente», «médico-jefe», «director médico»), hay que consultar la *convención concreta* de las partes, que en caso necesario tiene que establecerse por vía de interpretación. Mas para decidir de qué *calidad* tiene que ser la categoría convenida (cuáles son los vicios en que se funda la impugnación del contrato) hay que atender a las *cualidades normales* de esa categoría, presupuestas por doquiera en el tráfico, siempre y cuando no medien convenciones especiales. El concepto de cualidades «consideradas esenciales en el tráfico» Contiene pues una regla de interpretación que sirve para determinar cuál es la calidad que las partes han puesto en la base de la categoría convenida[402]. En la

---

396 *GRUR* 1957, págs. 339/40 («según jurisprudencia constante, una cuestión de derecho que ha de reexaminarse independientemente»); *BGH* 28, 320/25; *BGH LM* Nr. 1, 3, 8, 14, 16 y 28 *ad* § 31 WZG, donde solamente! se declara casacionable el análisis «sobre la base de consideraciones jurídicas atinadas», esto es sobre la base de premisas mayores correctas.

397 *GRUR* 1929, págs. 1204/07.

398 Así lo dice ya Bolze, *AcP* tomo 84 (1895), págs. 358/62 y sigtes.; Köhler, *GRUR* 1916, págs. 73/74 *i. f.*

399 Heinz A. Daniel, *Warenzeichen-Verwechselbarkeit,* 2ª ed. (1960); W. Miosga, *Verwechslungsgefa.hr,* 2ª ed. (1965). Véanse los prefacios de ambas obras.

400 Sobre la complementación del contrato según el § 242 BGB ver *supra* 1 c.

401 Flume, *Eigenschaftsirrtum und Kauf* (1948), págs. 83-129; *Allgemeiner Teil des bürgerlichen Rechts,* tomo II, *Das Rechtsgeschaft* (1965), § 24, 2*c* y *f;* Kegel, *AcP* tomo 150 (1949), págs. 356/60; Staudinger-Coing, 11a ed., 18 *ad* § 119; Enneccerus-Nipperdey, *Allgemeiner Teil,* 15ª ed., tomo 1/2, § 68 II 2; Flad, *Festschrift Erwin Bumke* (1939), págs. 233/46; H. Henkel, *Recht und Individualität,* pág. 57.

402 Kegel y Enneccerus-Nipperdey, *ob. cit.*

duda, sólo justificará la impugnación el apartamiento de la medida normal. Es ésta una regla que la seguridad del tráfico exige. El impugnado no tiene por qué tolerar que se lo ataque con ideas unilaterales del impugnante acerca de la calidad. A la inversa, tiene que contar con que para la otra parte la presencia de las cualidades normales, por considerarse «esenciales» en el tráfico, es contenido del contrato.

También dentro del § 119 II BGB el enfoque concreto-general conduce al *reexamen ilimitado* en virtud del *efecto ejemplarizador* del fallo de casación[403]. Este fallo es aplicable a cuadros fácticos similares, por cuanto mide el negocio jurídico con una norma de juicio de validez general.

El carácter determinante de la categoría concretamente convenida no excluye una interpretación acorde a pautas del concepto de «cualidades sustanciales al tráfico, en cuanto estén dados cuadros fácticos unívocos y por tanto accesibles a una decisión general abstracta:

«En las ventas al contado no constituye una cualidad del comprador que se considere esencial en el trafico el ser digno de crédito»[404].

«La propiedad de una cosa no constituye una cualidad esencial en el tráfico, por cuanto no puede influir en la utilizabilidad y el valor de esa cosa»[405].

«La puntualidad y la confiabilidad constituyen cualidades del arrendatario que, según la manera de pensar del tráfico, tienen que considerarse esenciales»[406].

Hay que recordar siempre, sin embargo, que el juzgamiento se orienta en principio por el negocio jurídico singular. Los negocios jurídicos sobre categorías con características especiales (v. g. antigüedades y artículos para coleccionistas aficionados) pueden siempre invalidar la aplicabilidad de la pauta[407].

Una *excepción* al principio de la casacionabilidad ilimitada la constituyen las cualidades, esenciales en el tráfico, de la «confiabilidad» y la «puntualidad». Estas tienen que ser concretadas según un módulo individual; exigen que las cualidades de *este* arrendatario, *este* tomador de crédito, etc., se juzguen por el *contrato que con él se ha concertado.* Del caso concreto no surge, pues, ningún efecto ejemplarizador, y aparte los errores de subsunción calificados que son la valoración incompleta o la contradictoria, sólo es casacionable la «no captación del concepto»[408].

3. Resumen

Si se aprovechan los ejemplos que sirvieron para clarificar el principio de la casacionabilidad ilimitada de los conceptos indeterminados, se advierte que el vínculo que los une es el juzgamiento según un módulo de validez general. El principio de su casacionabilidad puede, por tanto, precisarse así: *el reexamen ilimitado de los conceptos indeterminados procede siempre, en principio, cuando el caso singular es juzgado según un módulo general.*

---

403 Destacan el carácter de «cuestión de derecho» RG 90, 342/43; RG *Warn. Rechtspr.* 1909, Nr. 2; 1932, Nr. 119; *RG JW* 1912, pág. 25, Nr. 2. No se conocen fallos de la Corte federal de justicia sobre la casacionabilidad del concepto.

404 *RG* 105, 206/08.

405 *BGH* 34, 32/41.

406 *RG* 102, 225/26.

407 Cfr. HENKEL, *ob. cit.*, pág. 46.

408 *RG* 90, 342/46: «Esta apreciación de los hechos singulares, que da por resultado la imposibilidad de descansar en una persona, está ubicada en cambio en el campo fáctico, no reexaminable». Véase también *RG* 162, 73/77-78.

Este principio se justifica por cuanto el juez procede aquí según la máxima de la justicia *generalizadora*[409]. Cuando dos personas hacen lo mismo o algo similar, su conducta tiene que valorarse por igual sin atención a la persona: «a cada cual lo mismo». El derecho se aplica aquí, no siguiendo el método individualizador, sino el especializador [410], que contempla el caso no como algo único en su género, como un acontecimiento a valorar según su ley propia, sino como *infima species* de un determinado género de casos. La subsunción bajo un módulo general acaba con su aislamiento y unicidad y posibilita la comparación casuística con otros cuadros fácticos sometidos al mismo módulo.

La precisación de este principio no ha de entenderse, empero, como un reconocimiento tardío de la escuela teleológica en la versión de Schwinge. La escuela teleológica procede de un modo abstracto-general y justifica la casacionabilidad con el efecto de pauta de un fallo. La aquí sostenida teoría del efecto ejemplarizador de la sentencia de casación complementa ese enfoque abstracto con un enfoque concreto general, en cuanto apoya la reexaminabilidad también en la fuerza de irradiación del caso ejemplarizador. *Habrá pues «infracción casacionable de la ley» en el sentido de los §§ 549 y 550 ZPO, cuando el tribunal de casación pueda demostrar, mediante el efecto de pauta o el efecto ejemplarizador, que el juez de los hechos ha aplicado mal la ley.*

La reexaminabilidad plena depende pues de la aplicación de un módulo de juicio de validez general. Los casos de la valoración individualizadora, o sea el juzgar *«ad personam»*, requieren otro régimen. Pero el hecho de que la doctrina del reexamen pleno de los conceptos en blanco sea válida solamente en principio demuestra que hay casos en los cuales, pese a aplicarse un módulo de juicio general, el control de casación tiene que limitarse. En lo que sigue estudiaremos estas peculiaridades.

---

409 Véase *supra* I 2-a.

410 Véase *supra* § 3 I 2-b, § 4 II 1-b.

§ 7. LOS PRINCIPIOS DE LA CASACIONABILIDAD LIMITADA DE CONCEPTOS INDETERMINADOS

I. El ámbito irrenunciable de la casacionabilidad

El expuesto panorama de los errores jusmaterialísticos en la aplicación del derecho permitió distinguir entre los cometidos en la premisa mayor del silogismo —resumidos bajo el término «no captación del concepto»— y los cometidos en la premisa menor, por valoración concretamente incorrecta, apreciación incompleta del cuadro láctico, violación de las leyes del razonamiento y confusión de constatación de hechos y apreciación jurídica[1].

Según el principio de la casacionabilidad ilimitada de los conceptos indeterminados, la aplicación del derecho, sea en la premisa mayor o en la menor, está sometida al control del tribunal de casación. Mas esto no impide que se excluyan del reexamen ciertos actos singulares, en cuanto su control no arroje utilidad para la unidad del derecho. En tal caso cabrá afirmar que existe, desde el punto de vista jusmaterialístico, un «error jurídico», el cual, sin embargo, por razones procesales, no es ni recurrible ni reexaminable en casación. En lo que sigue señalaremos los límites dentro de los cuales cabe contemplar una limitación de la casacionabilidad.

1. Ya hemos destacado[2] que es siempre reexaminable la *interpretación del concepto en la premisa mayor* (con prescindencia de que esa premisa haya sido formulada expresamente o supuesta en forma tácita) cuya defectuosidad se comprueba recién al repetirse la subsunción. Quiere decir que el punto de arranque de la determinación del derecho debe poder controlarse también en aquellos conceptos en los cuales el resultado de la subsunción constituye una «cuestión de hecho» no reexaminable.

Por existir entre la interpretación y la subsunción una conexión que posibilita descubrir errores de interpretación «mediatos» (deducidos de la apreciación concreta)[3], se suscita aquí un problema: ¿puede el tribunal de casación controlar de alguna manera la exactitud de la premisa mayor, sin volver al mismo tiempo los ojos a la subsunción? Porque si en el silogismo elastificado se comprueba recién al tenerse el resultado de la subsunción si la elástica premisa mayor[4] reviste solidez, parecería que fuese imposible distinguir entre la premisa mayor casacionable y la premisa menor no casacionable[5].

---

1 *Supra* § 4 IV.

2 *Supra* § 6 III 2.

3 *Supra* § 4 IV 1-e.

4 Véase *supra* § 4 I 3 b-c.

5 Así KUCHINKE, *Grenzen der Nachprüfbarkeit tatrichterlicher Würdigung und Feststellungen in der Revisionsinstanz*, pág. 109, quien dice textualmente: «Si el tribunal de casación rechaza el reexamen

A esto nos brinda respuesta el concepto (técnico) del «reexamen»[6]: «reexaminar» una conclusión significa dar, en la misma sentencia de casación, un parecer sobre ella y, si fuese defectuosa, anularla mediante un fallo casatorio (o, en ciertos casos, casatorio-reformatorio). La prohibición de «reexaminar « cuestiones de hecho no llega al extremo de vedarle al juez de casación *repetir el razonamiento* de la subsunción y exponer brevemente su resultado, sin lo cual la interpretación no sería asible. Esto no hace peligrar la finalidad de la prohibición, que es exonerar al tribunal de casación de resolver «cuestiones de hecho».

En plena concordancia con lo que aquí sostenemos, el *Reichsgericht* dice con laudable claridad, en un fallo relativo al concepto de la «habitualidad local» de inmisiones (§ BGB), que el juzgamiento es, en concreto, «de naturaleza sustancialmente fáctica», pero que de los considerandos debe desprenderse que el juez partió de puntos de vista jurídicos correctos [7]. Asimismo, la Corte federal de justicia señala que el cálculo de la indemnización legislada en el § 847 BGB, es de cualquier manera casacionable en lo atinente a los principios y criterios jurídicos que sirven de base a ese cálculo[8].

El principio de la casacionabilidad de la premisa mayor sólo admite *excepción* en los casos, relativamente raros, en los cuales se gestan pautas de alcance meramente *particular o local,*[9] por ejemplo:

«Según)a concepción del tráfico imperante en Berlín, el arrendador de una casa residencial tiene para con los arrendatarios la obligación de hacer expulsar de la casa, por el cuidador, a las personas sospechosas»[10].

O bien:

«Según los usos vigentes en Francfort del Meno, un oficial de plomero está facultado para aceptar y ejecutar, en nombre de su principal, trabajos similares de valor exiguo, aun excediéndose de su mandato»[11].

Estas proposiciones son incasacionables, no sólo por no estar familiarizado el tribunal de casación con los usos locales, sino también por ser las reglas de limitados alcances, dentro de los cuales no cabe ocuparse de interpretaciones divergentes hechas por los tribunales de apelación. La lejanía del tribunal de casación y el nulo interés para la unidad del derecho hacen aconsejable encomendar la interpretación al correspondiente Superior tribunal regional, más cercano al asunto. Por tanto, cuando los conceptos indeterminados del derecho federal tales como el de «buena fe» o de «culpa», se completan con reglas experienciales de validez exclusivamente local[12], debe tratárselos, en derecho de casación, como genuino derecho particularista (§ 549 ZPO)[13].

---

de la subsunción bajo el concepto, ello encierra también la renuncia a reexaminar la cuestión de si el concepto mismo no ha sido comprendido».

6 Véase *supra* § 1 II *ad* N. 4.

7 *RG* 139, 29/31.

8 *BGH LM* Nr. 4 *ad* § 847 BGB; de manera similar *BGH LM* Nr. 4 *ad* § 9 PatG respecto del concepto de causa «grave» de despido.

9 No cabe considerar a este respecto la «estatuición autónoma de premisas», tal como la imagina JESCH en el aprovechamiento de imponderables en el debate oral (*supra* § 4 I 3 d).

10 Cfr. *RG* 103, 140/42.

11 Cfr. RG *Seuff Arch* tomo 59, Nr. 177 (aquí a los efectos de la interpretación de una declaración de voluntad).

12 STEIN *(Das private Wissen des Richters,* págs. 27-28) destaca con buena razón que, estrictamente considerado, la «validez» local limita la declaración en cuanto a su contenido, pero no la vinculación extrínseca.

13 Cfr. RG 153, 62; *BGH LM* Nr. 15 § 549 ZPO; *BGH JZ* 1963, pág. 757, con respecto a la casacionabilidad de condiciones negociales que solamente son aplicables en la circunscripción de un superior tribunal regional.

2. De los errores en la *premisa menor,* son siempre casacionables la apreciación incompleta del cuadro fáctico, la violación de las leyes del razonamiento, así como la insuficiente separación de cuestión de hecho y cuestión de derecho en la subsunción. En todos estos casos se trata de errores de subsunción calificados, que el tribunal no debe tolerar por diversas razones. La apreciación incompleta del cuadro fáctico no sólo pone en peligro la justeza de la subsunción, sino que es también siempre un error de método en la determinación del derecho. Errores de método son también la subsunción defectuosamente razonada y la confusión de cuestión de hecho y cuestión de derecho, afecten o no la exactitud del resultado de la subsunción.

Un error de método reclama siempre, en tales casos, la intervención del tribunal de casación, porque aun cuando la valoración concreta fuere irreexaminable por razón de la lejanía de la tercera instancia o por la falta de interés para la unidad del derecho, el tribunal de casación deberá tener al menos el poder para vigilar que se llegue a la subsunción por la vía correcta, a fin de asegurar que la cuestión de derecho concreta se resuelva siguiendo un orden determinado, que las instancias inferiores observen siempre[14]. El control por el tribunal de casación pone así coto a los resultados logrados arbitrariamente, asegurando la uniformidad del método.

La casacionabilidad sólo puede tener su valla, pues, en el resultado de subsunción logrado por un método correcto. Mas antes de estudiar los grupos de casos a los cuales cabría aplicar esta regla, haremos el análisis de las razones que podrían justificar esta limitación.

II. Las razones para limitar la casacionabilidad

Las posibles razones para limitar el control de casación pueden ser extrínsecas o intrínsecas.

Una razón extrínseca es la disminución de la carga de trabajo del tribunal de casación (1).

De las razones intrínsecas, relativas al sentido y a la finalidad del control de casación y que pretenden validez con independencia de aquella carga, cabe considerar (2):

a) el mejor mantenimiento de la autoridad de la instancia inferior;

b) la falta de infracción de un derecho cuando la decisión precedente es sustentable;

c) la falta de poder de convicción y de efecto ejemplarizador de la sentencia de casación.

1. La exoneración de trabajo del tribunal de casación

Si, al indagar las razones para limitar la casacionabilidad de los conceptos en blanco, nos guiamos por la historia del derecho de casación —que puede muy bien caracterizarse como la historia de la lucha contra la sobrecarga de trabajo de la última instancia— no hallaremos nada más natural para justificar esa limitación

---

14 Peters, *ZStW,* tomo 57 (1938), págs. 53/73. Scheuerle, *AcP* tomo 163 (1963), págs. 429/31, destaca acertadamente que los métodos de aplicación del derecho constituyen «derecho de aplicación del derecho».

que la *exoneración de trabajo del tribunal de casación*. Esto responde a una difundida concepción doctrinal[15], que hizo oír su voz especialmente en la época del *Reichsgericht*, y le reprochó a éste haber causado él mismo esa crónica sobrecarga por el generoso y liberal reexamen de cuestiones de derecho concretas[16].

El criterio de que la capacidad de trabajo de la tercera instancia debe aprovecharse cabalmente no puede ciertamente desecharse como un argumento de «mera conveniencia» ajeno al instituto[17], porque al tribunal de casación no se le puede negar el derecho de asegurar la eficacia del remedio jurídico, aún yendo más allá de las ideas del legislador, si se comprueba que la ley ha menester mejora.

No obstante, el alcance de este criterio es limitado. Una práctica «elástica» de la casación, que maneje el reexamen de manera diversa según cual sea la ocasional cantidad de trabajo de la tercera instancia, debe descartarse de entrada. Ello violaría el principio de la seguridad de los remedios jurídicos y cercenaría ilícitamente el derecho del recurrente de acudir a sus jueces legítimos (art. 1011 2 GG)[18]. Pero también una «autoexoneración» del tribunal supremo hecha con vistas a perdurar, no influenciada por contingencias, es admisible sólo dentro de límites estrechos, por cuanto no debe violar los presupuestos objetivos del recurso. Si la casación tiene por misión principal satisfacer el interés público en la unidad del derecho, no cuadra que esa función sea puesta en duda por mudanzas jurisprudenciales. Una exoneración lograda al precio de renunciar al reexamen concreto sería inadmisible, puesto que una casacionabilidad abstracta llevaría sólo a uniformizar las directrices y condenaría a la atrofia a la unidad del derecho bien entendida. Si la exoneración no puede ser puesta en consonancia con las tareas que le incumben a la casación, la única solución consistirá en que el legislador rigorice los presupuestos de admisibilidad.

Quiere decir que la idea de exonerar de trabajo al tribunal no puede justificar por sí sola la limitación de la casacionabilidad, pues aunque ella puede haber compelido con frecuencia a restringir el control, la exoneración debe estar en consonancia, además, con las funciones del tribunal de casación. Y esto nos lleva al análisis de los límites intrínsecos señalados por el sentido y la finalidad del recurso.

2. Las razones intrínsecas para limitar la casacionabilidad

a) Peters dio al postulado del mejor *mantenimiento de la autoridad* de la instancia inferior la siguiente formulación clara y concisa[19]: cuando la respuesta a una cuestión jurídica es cuestión de pareceres y la decisión del juez de apelación es sustentable, el tribunal de casación tiene que abstenerse de hacer una valoración propia. De lo contrario, sólo se reemplazaría una «opinión útil, sustentable y posible» por otra, de ningún modo más convincente. La idea de mantener la autoridad judicial fundamentaría la prioridad del fallo del juez de los hechos sobre la valoración hecha por la instancia de casación.

---

15 SALINGER, *JW* 1917, págs. 4/9; PHILIPPI, *Judicium*, tomo I (1928/29), págs. 103/31-32; HUECK-NIPPERDEY, *Arbeitsrecht*, tomo I, 7ª ed. (1963), § 59 III 12; DUSKE, *Die Aufgaben der Revision*, tesis, Marburgo 1960, págs. 69-71; ASCHER en la nota *ad BGHLM* Nr. 1, § 282 BGB.
El temor a una sobrecarga de trabajo de los tribunales como tema general de la interpretación de la ley es tratado por SCHEUERLE, *Rechtsanwendung* (1952), págs. 136-37.

16 SALINGER y PHILIPPI, *ob. cit.*, Asimismo, el proyecto de ordenanza procesal civil de 1931, págs. 361-67.

17 Conforme MANIGK, *RG-Festgabe* (1929), tomo VI, pág. 97.

18 Véase BETTERMANN, *Die Unabhdängigkeit der Gerichte und der gesetziliche Richter, Handbuch der Grundrechte*, tomo III/2 (1959), págs. 523/62-64 y 570 sub f.

19 *ZStW* tomo 57, págs. 53/71.

Otro argumento para recomendarle prudencia al juez de casación en la rectificación de fallos es que, de no hacerse así, se desautorizaría al juez de los hechos[20], se fomentarían las impugnaciones y se conmovería la confianza en la justicia[21].

No creo que este postulado sea apropiado para justificar una zona incasacionable. El deseo de mantener incólume la autoridad judicial podrá gravitar en la formulación de una sentencia de casación. El juez de casación no es un superior jerárquico del juez de los hechos y no tiene derecho a imponerle apercibimientos[22]. El mismo *nobile officium* de juez de recursos le manda tratar con discreción la sentencia impugnada, evitando la crítica áspera. Pero el postulado no nos lleva a otras consecuencias, porque la razón para limitar la casacionabilidad no estriba, según la buena opinión, en mantener la autoridad del *a quo,* sino en la *falta de autoridad de la instancia de casación*[22]. Esto quiere decir: si el resultado de la subsunción no puede ser examinado por el lejano tribunal de tercera instancia, o carece de relevancia para la unidad del derecho, el tribunal de casación no posee la *auctoritas* para modificarlo, y el juez de la instancia inferior puede aspirar efectivamente a que su juicio prevalezca. Pero si el reexamen de la subsunción es posible y si el efecto ejemplarizador de la sentencia de casación beneficia a la unidad del derecho, el tribunal de casación no deberá renunciar a pronunciarse, movido por un mal entendido espíritu de cuerpo. La sentencia de casación, que está revestida de la más alta autoridad, es de más valor, a no dudarlo, que la sentencia de apelación, y por tanto debe desecharse la equivalencia de sentencias, supuesta por Peters, que haría prevalecer a la instancia inferior.

El *Reichsgericht* fue criticado cierta vez por haber dictado una decisión (en materia de competencia comercial) contraria a la opinión concordante de dos instancias anteriores[24], reproche especialmente objetable, porque revivió el viejo principio de conformidad, que el legislador había desechado expresamente en beneficio de la unidad federal del derecho[25]. Por último, objetar que la rectificación de sentencias de apelación fomentaría las impugnaciones, constituye un argumento oportunista que no debe llevar al juez de casación a callar una opinión que juzga correcta.

Como se ve, las antedichas razones para limitar la casación no resisten al análisis. Pasaremos ahora a estudiar la tesis de que, cuando el fallo precedente es sustentable, no hay una «infracción de un derecho» que abra la vía para la casación.

b) Esta tesis aparece ya en los fallos de casación del *Reichsgericht*[26] Verdad es que, para rechazar demandas de casación, dicho tribunal invocó rara vez la sustentabilidad de la valoración concreta, y mucho más frecuentemente su «naturaleza fáctica». Hoy día, en cambio, goza de mayor estima el argumento de que, cuando el falló de apelación es sustentable, no hay o no se echa de ver una in-

---

20 W. Köhler, *Verwechslungsgefahr im Warenzeichen- und Wettbewerbsrecht* (1933), pág. 56: Cabo, *GBUB* 1930. págs. 480-81; Werthelmer, *JW* 1931, págs. 425/27: *El Reichsgericht* «es injusto con el tribunal de apelación».

21 Philippi, *ob. cit.,* pág. 134.

22 Cfr. Sattelmacher-Lüttig-Beyer, *Gutachten und Urteil,* 24ª ed. (1963), pág. 204.

23 Véase *supra* c).

24 Wertheimer, *ob. cit.*

25 Véase *supra* § 6 II 2 c.

26 *Warn. Rechtspr.* 1925, Nr. 176: Cuando se sopesan los intereses en pugna del principal y del dependiente de comercio «no hay un error de derecho, aun cuando en el aspecto fáctico se pudiera ser de distinta opinión».

fracción[27]. Esta nueva fórmula, fruto de la influencia del derecho administrativo[28], tiene el mismo fin que la tradicional «cuestión de hecho»: ahorrarle al juez de casación pronunciarse sobre cuestiones jurídicas resueltas con fundamento[29].

Aplicando esta tesis, un fallo fundamental del Tribunal federal de trabajo niega que sea reexaminable un fallo que suponga una «grave violación de deberes»; no podría hablarse de infracción sólo por haber llegado el tribunal de casación a una conclusión distinta que el juez de los hechos, sino únicamente cuando la sentencia de apelación valorara el cuadro fáctico «de una manera evidentemente defectuosa»[30]. Concordando con esto en cuanto al fondo, una sentencia de casación de la Corte federal de justicia trae a colación la siguiente fórmula protectora: la fijación del grado de la culpa concurrente conforme al § 254 BGB, no podría ser reexaminada por el tribunal de casación de no mediar un error jurídico reconocible»[31].

El fundamento teórico de esta fórmula se remonta a Zitelmann[32] y a Hoeniger[33], según quienes, el juicio concreto de valor sería, dentro de un determinado margen de fluctuación, una posición personal que, objetivamente, no podría calificarse de «correcta» o «errónea»; por tanto, sería de «discreción valorativa» del juez. Mas como el reexamen por el tribunal de casación presupone una «infracción», la casacionabilidad dentro del campo discrecional queda excluida, por cuanto: «los juicios valorativos exigidos por la ley, estarán arreglados a la ley en cuanto no franqueen los inevitables límites de fluctuación condicionados por la individualidad de la persona que valora. Mientras así se haga, no cabrá hablar de infracción»[34].

A diferencia del postulado del mantenimiento de la autoridad judicial, la «doctrina de la sustentabilidad», en su versión aquí expuesta, es positivística. El resultado de la subsunción sólo podría examinarse para comprobar si encierra «infracciones a la ley»; pero el legislador habría excluido de la competencia del juez de casación, el juzgar sobre el ejercicio de la «discreción valoradora» (cfr. §§ 549, 550 ZPO).

Pese a invocar textos legales, esta doctrina no convence. Zitelmann y Hoeniger arguyen que un resultado sería casacionable sólo si se ha infringido la ley, pero que no cabría hablar de «infracción a la ley» dentro del margen de fluctuación del juicio

---

27 Conforme, aparte las sentencias de la Corte federal de justicia y del Tribunal federal de trabajo que se citan a continuación, también KUCHINKE, *Grenzen der Nachprüfbarkeit tatrichterlicher Würdigung und Feststellungen in der Revisionsinstanz*, pág. 52.

28 Acerca de la cuestión de la sustentabilidad en el proceso administrativo: BACHOF, JZ 1955, págs. 97 y sigtes.; ULE, *Jellinek-Gedächtnisschrift* (1955), págs. 309/19 y sigtes. *Verwaltungsgerichtsbarkeit*, 2ª ed. (1962), II 1 *ad* § 114 VwGO.

29 Esto sele escapa a JESCH en su crítica de la teoría de la sustentabilidad (*AöR* tomo 82, pág. 200, N. 147). JESCH destaca que no cabe considerar correcta una interpretación distinta de la dada por la instancia precedente y pese a ello negar la existencia de una infracción de un derecho. Pero es que el tribunal de casación sostiene en este caso que la interpretación no es correcta.

30 BAG 2 175/82; 7, 290/301; 9, 263/66.

31 *VersR* 1960, págs. 224/25 *ad* 3. Cfr. también *BGH WM* 1963, págs. 290/91 (con respecto al concepto de «valor de la sucesión» en el sentido del § 2311 BGB): «Las estimaciones y tasaciones son por su' esencia de competencia del juez de los hechos. El tribunal de casación sólo puede objetarlas excepcionalmente cuando les subyacen consideraciones jurídicamente erróneas en cuanto al fondo. Violaciones de esa índole no pueden advertirse en el caso sub examen».

32 *Lücken im Recht* (1903), págs. 31-32.

33 *Riskante Rechtsausübung* (1917), págs. 16-21.

34 HOENIGER, *ob. cit.*, pág. 21.

valorativo, porque el juez ejercería allí su «discreción». Esta deducción es precipitada. No hay que dar por descontado que la inevitable inseguridad de que adolecen muchos juicios valorativos lleve a la incasacionabilidad de los mismos; prueba de que no es así son los conceptos jurídicos plenamente reexaminables. Incluso cuando (todavía) falte la norma para juzgar una cuestión-límite, el juez de casación no está eximido de *sentar, apoyando una concepción determinada, un módulo señero,* que pueda granjearse el ascenso de la comunidad jurídica y eliminar la inseguridad[35]. En contra de Zitelmann y Hoeniger puede aducirse además, ya que se está argumentando con conceptos, que la subsunción pertenece a la cuestión de derecho por mera lógica[36]. De ahí puede deducirse, apoyándose en razones igualmente poderosas, que hay «infracción a la ley» toda vez que se haga una valoración que sea incorrecta según la concepción del tribunal de casación; porque la ley se estaría aplicando entonces a un caso al cual no quiere ser aplicada.

Tampoco es sólido el argumento de que cuando el resultado de la subsunción es sustentable, no 'habría infracción a la ley y la subsunción sería, «por tanto», no reexaminable, porque con esto sólo se está afirmando algo sin fundamentarlo.

La «falta de infracción» no es, pues, una construcción que sirva para adelantar las soluciones[37] Oculta la verdadera razón por la cual se excluye el reexamen. Muchas cuestiones jurídicas pueden resolverse de una manera o de otra, pero su carácter dudoso no impide que el tribunal de casación, ejemplarizando, resuelva según lo que en su opinión es «correcto» o «erróneo», «equitativo» o «inequitativo», «adecuado» o «inadecuado». Y si bien en ciertos casos no lo hace, ello no es por razón del margen de fluctuación del juicio valorativo, sino por razón de la finalidad jus-unitaria de la casación[38]; hay juicios valorativos que no tienen efecto ejemplarizador.

El correcto enfoque teleológico revela que el margen de juicio del juez de los hechos es sólo *consecuencia y* no causa de la no reexaminibilidad. En determinados casos, un reexamen de la subsunción no procederá por su escasa utilidad para la unidad del derecho, y es por eso que el juez de los hechos dispone de cierta libertad para hacer juicios de valor, es decir de «discreción valorativa».

c) Aunque el margen de fluctuación del juicio valorativo no le brinda sostén a la construcción de una «discreción incasacionable», puede no obstante cobrar significación en el aspecto de la *fuerza de convicción de la sentencia de casación,* sobre el cual la doctrina funda con buena razón la validez del precedente sentado por el tribunal más alto[39]. Según este criterio, los límites dentro de los cuales cabe que actúe el tribunal de casación, no los fija ni la autoridad del juez de los hechos ni la sustentabilidad de su fallo, sino la autoridad de la *sentencia de casación.* La subsunción

---

35 Véase Gunther Abzt, *Die Ansicht aller billig und gerecht Denkenden,* tesis, Tübingen 1962, págs. 89-101; Larenz, *Methodenlehre der Rechtswissensdhaft,* pág. 226.

36 Véase *supra* § 5 II 2.

37 La posición de Schwinge, *Grundlagen des Revisionsrechts,* 2ª ed. contra la «estéril jurisprudencia de construcción y de conceptos» de la doctrina tradicional de la casación, está aquí plenamente justificada.

38 Así dice bien Bettermann, *Jellinek-Gedächtnisschrift,* págs. 361/86 sub 2 b, bb, BAG 2, 181.

39 O. A. Germans, *Präjudizien als Rechtsqudle* (1960), págs. 49-50; Esser, *Grundsatz und Norm in der richterlichen Fortbildung des Privatrechts,* 2ª ed. (1964), págs. 275 y. 289; Brüggemann, *JR* 1963, págs. 162/63; Ohlmer, *Richterfreiheit und Begründungsflicht,* tesis, Mainz 1953, pág. 81; Zajtay, *Begriff, System und Präjudiz, AcP* tomo 165 (1965), págs. 97/104.

es casacionable en cuanto la sentencia de casación tenga autoridad para el juzgamiento de otros casos. Es incasacionable en cuanto un fallo de tercera instancia que modificare o confirmare el anterior no poseyese fuerza de convicción (general).

La determinación de los límites de la casación según la fuerza de convicción del fallo dictado por el tribunal más alto estriba en el reconocimiento de que el precedente sentado por ese tribunal no puede pretender ni la *potestas* de la ley ni tampoco, sin más ni más, la fuerza vinculante del derecho consuetudinario[40]. Para que los tribunales inferiores lo sigan, debe *convencer.* Quiere decir que si en un juicio valorativo la opinión personal del juez vale en cuanto la decisión está labrada totalmente a propósito del caso singular y no posee una fuerza que irradie a otros casos, al fallo de casación le faltará precisamente el poder de convicción que es propio de las decisiones de la autoridad judicial más alta. El juez de casación podría por cierto satisfacer el interés del recurrente en que su caso sea reexaminado, pero no servir de guía, con esa opinión, a la jurisprudencia de los tribunales inferiores. Dadas esas circunstancias, sin embargo, no estará facultado para someter a la sentencia de apelación a su control, porque la finalidad jus-unitaria del instituto sólo permite el reexamen cuando el fallo de casación fomente la unidad del derecho[41].

Mas esta autoridad del precedente judicial destacada por la doctrina no es otra cosa —en cuanto se trate de la valoración concreta en la premisa menor— que el *efecto ejemplarizado!' de la sentencia de casación.* La autoridad del fallo de casación sienta un ejemplo que los tribunales inferiores podrán seguir cuando tengan que resolver una cuestión jurídica concreta. La casacionabilidad y la incasacionabilidad pueden reducirse pues, a un mismo y único principio: si la *casacionabilidad* se funda, como ya se dijo[42], en el efecto ejemplarizador de la sentencia de casación, *se sigue, recíprocamente, que ella se excluye 'cuando no se puede ofrecer un fallo ejemplarizado)',* lo que da motivo, en vista de estar los tribunales de casación tan atareados, para poner en observancia la idea jus-unitaria también en lo concerniente a la *extensión del reexamen.*

La casacionabilidad limitada de los conceptos indeterminados tiene por tanto dos razones: por un lado, la permanente *sobrecarga de trabajo* de la tercera instancia, para la cual en los casi noventa años de historia de la casación no pudo hallarse alivio sensible[43] (razón extrínseca), y por el otro la *realización de la finalidad determinante del instituto de la casación,* que no se cumpliría, en parte, si la reexaminabilidad fuera plena (razón extrínseca). *Hay que desestimar, pues una «infracción casacionable de la ley» en el sentido de los §§ 549, 550 ZPO, con prescindencia de la exactitud jus-materialística del resultado de la subsunción, cuando el tribunal de casación no sepa corregir al juez de los hechos ni con pautas ni con ejemplos, y no tenga tampoco motivo para objetar su método de determinar el derecho.*

Sienta un concepto fundamental sobre la fuerza de validez del pronunciamiento judicial BETTERMANN, *ob. cit.,* págs. 378 y sigtes.: «No es *potestas,* sino *auctoritas* lo que da sostén al pronunciamiento judicial».

40 La génesis del derecho consuetudinario por el uso judicial (ENNECCERUS-NIPPERDEY, *Allgemeiner Teil,* 15ª ed., tomo 1/1, § 39 II-III) sólo puede referirse a la interpretación de la ley y no a la valoración concreta en la premisa menor.

41 Véase *supra* § 6 II 2-d *ad* N. 107 (posición del representante gubernamental en la comisión parlamentaria).

42 *Supra* § 2 III 7-b, § 6 III 2-a, § 6 IV 3.

43 Véase, de época reciente, la *Ubersicht über die Ceschäftslast des Bundesgerichtshofs* (Panorama de la carga de asuntos en la Corte federal de justicia) del 1er. semestre 1965 (*DRiZ* 1965, pág. 275).

Últimamente se le ha objetado a esta limitación, que sólo la ley puede tomar en cuenta la idea jus-unitaria, en ocasión de legislarse los presupuestos de los recursos, y que si la casación fuere admisible según esos presupuestos, la tercera instancia tendría que examinar plenamente todas las cuestiones jurídicas «sin guardar consideración a ideas jus-unitarias»[44]. Tal objeción no resiste al análisis. Si se admite que el tribunal de casación fue creado con el fin primordial de salvaguardar la unidad del derecho, ese fin tiene que servirle también de guía para deslindar las valoraciones casacionables de las no casacionables. Esperar que esto lo regule el derecho positivo sería inapropiado más que nada en cuanto se trate de establecer cuándo son casacionables los conceptos indeterminados, por cuanto entonces hay que resolver cuestiones de método jurídico, difícilmente accesibles para la legislación[45].

¿En qué casos debe desecharse el reexamen por falta de efecto ejemplarizador? Esto habremos de analizarlo en los capítulos siguientes. Por el momento, bástenos dejar sentado que esos casos son los de

lejanía del tribunal de casación (§8),

las cuestiones jurídicas de grado y medida (§ 9), así como

el juzgamiento según un módulo individual (§ 10).

III. El margen de juicio

La irreexaminabilidad de las subsunción en estos grupos de casos no debe llevar a pensar que el juez de los hechos pudiera pretender libertad plena para resolver la cuestión jurídica concreta. La valoración no sujeta a casación tiene siempre sus límites, los cuales, de acuerdo con la terminología correcta, corresponde llamar límites del «margen de juicio»[46]. Margen que, como ya dijimos, es consecuencia y no causa de la incasacionabilidad de la subsunción.

1. Los *límites del margen de juicio* son determinados no solamente por la casacionabilidad del método de subsunción[47]. El tribunal de casación interviene también cuando la apreciación hecha por el juez de los hechos es «evidentemente incorrecta»[48]. Habrá defectuosidad «evidente», qué «saltará a la vista» de todo experto, cuando el caso pueda clasificarse inequívocamente dentro de una determinada categoría de cuadros fácticos[49], y el juez haya basado su decisión en razones que nada pesaban frente al criterio que era el único decisivo[50]. Por ejemplo, si el caso

---

[44] STUMPF, *Festschrift Nipperdey* (1965), tomo I, págs. 957/71; JESCH, *AöR* tomo 82, pág. 200, N. 147, así como la nota *ad* BAG AP Nr. 7, § 626 BGB; WARDA, *Dogmatische Grundlagen des richterlichen Ermessens,* págs. 72-73.

[45] Conforme KUCHINKE, *Grenzen der Nachprüfaarkeit tatrichterlicher Würdigung,* págs. 48-49. Dejar esta fijación al criterio, cambiante de un caso a otro, del juez de casación, tal como lo estima correcto KUCHINKE, *ob. cit.,* págs. 57, 132, 211, 215, 227, sería caer en el extremo opuesto.

[46] *Supra* § 5 IV 2.

[47] *Supra* I 2.

[48] *BAG* 2 175/82; 12, 36/39; *BAG AP* Nr. 19 orí § 3 TOA y AP Nr. 30 *ad* art. 44 contrato de tropas (II 4 b); *BGH LM* Nr. 9 *ad* § 932 BGB.
En cuanto al concepto de «defectuosidad evidente», véase también HEIKE, *DOV* 1962, pág. 416; ACHTERBEHG, *DOV* 1963, pág. 331; *BGB LM* Nr. 8 *ad* § 317 BGB.

[49] Véase por ejemplo *BGH VersR* 1963, págs. 390/91 (*ad* § 319 BGB): La «inexactitud evidente» de un fallo arbitral ha de ser supuesta cuando la estimación correcta importa el triple de la suma fijada por el árbitro.

[50] *BAG* 12, 254/69: «Sin embargo, si no se ha captado el peso que tiene el hecho constatado con respecto a la idea jurídica de la causal grave, decae la atadura del tribunal de casación al juicio de la instancia precedente».

resuelto de manera «evidentemente incorrecta» tuviera su lugar en el campo conceptual de la certeza, y el juez lo incluyera por error en el ámbito de la duda, o viceversa[51]. El olvido de la univocidad de valoración en la instancia de los hechos, da ocasión al tribunal de casación para señalarles a los tribunales inferiores que la subsunción objetada resultaría viciosa también en otros casos. El tribunal de casación puede rectificarla mediante la *interpretación conceptual,* estableciendo una regla general, mas puede limitarse también, para no crear una pauta que ate a la jurisprudencia, a una subsunción *ejemplarizadora.* Aclararemos esto con dos fallos del Tribunal federal de trabajo.

Un ingeniero a quien se le habían encomendado trabajos de construcción había entrado en tratos, a espaldas de su empleador, con empresas competidoras, con el propósito de vender a éstas, por su propia cuenta, una máquina que él había diseñado. Además, había aceptado, de proveedores de su empleador, sobornos disfrazados de «comisiones». Se lo despidió sin preaviso por «causa grave».

En el juicio de apelación, el juez echó en la balanza, como lo observa el Tribunal federal de trabajo[52], «demasiadas circunstancias atenuantes, a más de otras que en parte sólo tenían una vinculación muy remota con la cuestión», y apoyándose en éstas, negó que hubiera habido causa grave.

El Tribunal federal rectificó esta valoración concreta calificándola de «evidentemente defectuosa». Evitó sin embargo interpretar el concepto de causa grave, estableciendo que una seria infidencia constituía, como quiera que fuera, una causal de despido extraordinario[53]. Se limitó a constatar, *ejemplarizando* que la infidencia cometida por ese ingeniero tenía tal peso «que, valorándosela, era inequívoco e indudable que ninguna razón contraria que pudiera aducirse en ese caso concreto alcanzaría a justificarla».

Una valoración «evidentemente defectuosa» fue rectificada por medio de la *interpretación conceptual* en un fallo de casación relativo a la «actividad especialmente responsable», elemento que la antigua tabla de sueldos A exigía para el grupo remunerativo II[54]. El juez de apelación había rehusado clasificar en esa categoría al presidente de una cámara decisora de las antiguas supervisiones de seguros, por cuanto la actividad de ese funcionario habría sido predominantemente «esquemática» ya que en la mayoría de los casos, sólo habría confeccionado la «forma jurídica de dictámenes médicos» y no dictado resoluciones propias.

El Tribunal federal de trabajo objeta que el juez de los hechos no habría echado de ver la responsabilidad que le incumbía a ese funcionario ni la libertad de que gozaba con respecto a los dictámenes de los médicos, y enuncia la siguiente

---

51 Acerca de los ámbitos conceptuales de la «certeza» y de la «duda» ver *supra* § 3 III 1.
El Tribunal federal de trabajo menciona en esta conexión también el olvido de circunstancias sustanciales (por ejemplo *AP* Nr. 18 y 19 *ad* § 3 TOA), pero tal referencia es inexacta: el aprovechamiento insuficiente del material procesal pertenece a otra categoría de fallas (ver *supra* I 2).

52 BAG 12, 254/68.

53 *Ob. cit.,* pág. 268: «Por tal razón, no puede seguirse a la casación en su tesis de que aquí el sopesamiento de intereses exigido siempre por el Tribunal federal de trabajo en jurisprudencia constante, no habría sido necesario». Nótese también la directriz Nr. 5: «Con respecto al sopesamiento de los intereses...».

54 BAG *AP* Nr. 19 *ad* í 3 TOA. El contrato colectivo de remuneraciones de los empleados federales (BAT) del 23.2.1961 se ha hecho cargo de los grupos de retribución de la TOA hasta su regulación definitiva (§ 73 III 1-*a* BAT).

regla general: «la actividad de un presidente de una cámara decisora en las antiguas supervisiones de seguros era una actividad 'especialmente responsable' en el sentido de los elementos del grupo remunerativo II TOA»[55].

2 . El margen de juicio es equiparable al *margen de apreciación de la prueba* de que dispone el juez de los hechos según los §§ 286 y 287 ZPO[56]. También al apreciar las pruebas, el juez de los hechos es libre *in concreto;* el tribunal de casación interviene sólo si ese juez llegare a infringir preceptos jurídicos, leyes del razonamiento o reglas experienciales[57], o si, al hacer sus constataciones, pasare por alto material procesal sustancial[58] o dedujere conclusiones «evidentemente incorrectas»[59].

¿Por qué concuerdan de tal modo las facultades para intervenir en el campo de los conceptos jurídicos limitadamente casacionables y en el campo de la apreciación de la prueba? Porque la finalidad de la casación consiste en asegurar en todo caso la uniformidad de las premisas mayores —sean éstas de naturaleza fáctica (experiencial) o jurídica— y del método de juzgamiento. No procede en cambio reexaminar en tercera instancia aquella actividad del juez que no es ejemplarizadora, sino que está ligada al caso. Pero la comparabilidad de estos dos márgenes no debe llamar a engaño; el régimen de la subsunción y el de la apreciación de la prueba sólo son iguales en algunos grupos de casos, y el juez de los hechos no cuenta con margen alguno en el vasto ámbito de los conceptos jurídicos plenamente reexaminables (por cuanto se los aplica en función ejemplarizadora[60].

IV. Fallos fáctico-judiciales del tribunal de casación

(§ 565 III nr. 1 ZPO)

Las limitaciones por falta de efecto ejemplarizador no juegan cuando el tribunal de casación anula el fallo de la instancia precedente y al mismo tiempo *resuelve sobre el fondo*[61]. El fallo casatorio presupone por cierto una violación casacionable del derecho o sea en el caso de los conceptos jurídicos limitadamente reexaminables, que no se haya captado algún concepto, o que se haya ultrapasado el margen de juicio. En el fallo reformatorio, en cambio, el tribunal de casación pasa a ocupar el lugar del juez de apelación[62]. En esa etapa procedimental no se efectúa ya ningún reexamen en el sentido técnico del concepto[63].

Esta facultad para resolver a la manera de un juez de los hechos responde a razones de economía procesal y de consideración a los litigantes. Si la causa está conclusa para sentencia (reformatoria), el pleito puede ser terminado en la instancia de casación sin ocasionar una carga grave de trabajo. En tales casos, el tribunal de casación no debería disponer, por razones doctrinales, el reenvío de los autos al

---

55 La corrección interpretativa hecha por el Tribunal federal de trabajo no es advertida en la crítica de Jescsh (nota *ob. cit.).*

56 Así lo sostiene bien Bötticher en la nota *ad BAG AP* Nr. 1, § 23 BetrVG.

57 *BGH VersR* 1960, págs. 518/19; *VersR* 1963, págs. 190/91 y págs. 925/27 sub II 1.

58 *BGH VersR* 1963, págs. 165/66, págs. 657 y 925/27 sub II 1.

59 *BGH VersR* 1963, págs. 257/58 sub II y págs. 711/12; *RG HRR* 1940, Nr. 243 (casacionabilidad de la estimación según el § 287 ZPO solamente en el caso de errores palpables).

60 Cfr. Jesch en la nota *ad* BAG AP Nr. 7, § 626 BGB.

61 *BAG* 9, 243/47.

62 *RG* 45, 95/97; Stein-Jonas-Schönke, 18ª ed., III *ad* § 565; Johannsen en la nota *ad BGH LM* Nr. 3, § 565 ZPO.

63 Johannsen, *oh. cit.*

tribunal de apelación, para que se efectúe allí la subsunción fallante[64]. Se presupone, empero, que el cuadro fáctico representa, para el tribunal de casación, «un cuadro acabado de los hechos»[65]. En el procedimiento reformatorio sólo habrá que resolver entonces sobre la cuestión concreta de la subsunción. Bajo ese presupuesto, los tribunales de casación procedieron por ejemplo a distribuir la carga de los daños según el grado de las culpas concurrentes (§ 254 BGB)[66], resolvieron sobre la existencia de «culpa burda»[67] y el despido sin preaviso por «causa grave»[68], aunque todos estos casos eran decisiones limitadamente casacionables, en sí reservadas al juez de los hechos[69].

---

64 *BGH LM* Nr. 2 *ad* § 565 III ZPO.

65 *BAG* 9, 247; *BGH NJW* 1964, págs. 195/96; *BGH VersR* 1963, págs. 652/55.

66 *BGH NJW* 1964, pág. 196; *BGH VersR* 1961, págs. 756/57; *BGH VersR* 1963, pág. 655; *BAG AP* Nr. 1 *ad* § 276 BGB (incumplimiento de contrato).

67 *BAG* 9, 248.

68 *BAG* 12, 254/69.

69 *Infra* § 9 I 3', § 9 II 2-a, § 10 II 2.

§ 8. LA LEJANÍA DE LA TERCERA INSTANCIA, VALLA PARA LA CASACIÓN

La *lejanía* de la tercera instancia, que excluye el reexamen, está dada en dos casos:

Cuando en la subsunción desempeñan un papel decisivo los usos, costumbres o condiciones particulares de una comarca o de una localidad (I);

cuando el juez de los hechos aprovecha, para realizar la subsunción, la impresión personal que le causan las partes litigantes, una localidad o la cosa objeto del litigio, impresión inasequible para el tribunal de casación (II).

Estas dos variantes tienen *en común* el que al tribunal de casación le es imposible sentar, mediante el reexamen, un ejemplo subjuntivo que sirva de guía a los tribunales inferiores. *Se diferencian* en que la lejanía juega con respecto a los usos, costumbres[1] o condiciones locales, cuando se juzga una cuestión de derecho; hay en cambio, lejanía con respecto a la cuestión de hecho cuando al tribunal de casación no puede serle transmitida una impresión personal y esta lejanía hace imposible, a su vez, reexaminar plenamente la cuestión de derecho.

I. La lejanía en el juzgamiento de condiciones particularísticas o locales

Cuando se juzgan los *usos, costumbres o condiciones particulares* de una comarca o localidad, la casacionabilidad se excluye por la falta de familiaridad del tribunal y de los letrados que actúan en casación[2] con la tierra y las personas de regiones distantes. El juez de los hechos, más cercano al asunto, aventaja al lejano juez de casación en cuanto a elementos de juicio jurídico, y como un reexamen sólo tiene sentido cuando éste dispone, para juzgar la cuestión de derecho, de por lo menos los mismos conocimientos que aqqél, hay que prescindir del control de conclusiones subsuntivas que aprovechan usos, costumbres o condiciones particularísticas o locales[3]. Este principio podría plasmarse en el siguiente proverbio: «*Nulla revisio a iudice bene informato ad iudicem peius informatum*»[4].

Otra razón para desechar la casacionabilidad es que la conclusión subsuntiva deducida sobre la base de condiciones particularísticas o locales, no influye en el

---

1 Acerca de la diferencia entre uso y costumbre: Henkel, *Einführung in die Rechtsphilosophie* (1964), págs. 116-19.

2 Esto lo señala, en relación a otro tema, el proyecto prusiano de Ley de recurso de nulidad de 1860: *Justiz-Ministerial-Blatt,* págs. 183/95.

3 Conforme Boyens, *Sächsisches Archiv,* fasc. especial 1904, págs. 153/60 y 163: Oertmann, *Rechtsordnung und Verkehrssitte,* págs. 516 y sigtes.; Klee, *GA* tomo 70 (1925), págs. 158/59; Schuler, *NJW* 1961, págs. 4/7 *ad* N. 25.

4 Formulado según Wach, *Kritische Vierteljahresschrift,* tomo 15, páginas 339/57.

juzgamiento de controversias en otras zonas. Lo que es «apropiado», ''habitual» ,o «llamativo» en Hamburgo, Berlín o Francfort, no surte necesariamente efecto ejemplarizador en otras ciudades, para no hablar de regiones rurales. Quiere decir entonces que el tribunal de casación tiene que renunciar al reexamen, aun cuando casualmente estuviere familiarizado con las condiciones locales, por haberse producido el caso a resolver cerca de su sede.

La ley sólo ha limitado la casación para el caso de que el juez de los hechos aplique derecho particularístico cuyo ámbito de vigencia no ultrapase el ámbito de competencia territorial del tribunal de apelación (§ 549 ZPO). Pero también aquí se dan las razones que movieron al legislador a sustraer el derecho particularístico al reexamen, o sea, la falta de familiaridad del tribunal de casación con las condiciones locales y la falta de alcance general de la norma jurídica aplicada[5]. Estas razones obligan a que, cuando toque especificar la ley, se observe la regla de que la subsunción bajo conceptos indeterminados —así sean del derecho federal, es incasacionable cuando en ella tuvieron peso decisivo los usos, costumbres o condiciones particulares de la región o comarca[6].

Esta proposición sirve de guía, por ejemplo, a una sentencia de la Corte federal de justicia, que versa sobre la pérdida por inconducta de la pretensión alimentaria de un cónyuge divorciado (§ 66 EheG)[7].

Un marido divorciado había suspendido los pagos de alimentos, fundándose en que su mujer había causado un público escándalo por sus relaciones con otro (hombre y perdido por consiguiente su pretensión alimentaria.

El juez de apelación desestimó el argumento: aunque la divorciada se había hecho efectivamente culpable de inconducta, las relaciones que había tenido sólo habían trascendido al círculo de los vecinos más próximos. Por tanto «en una ciudad como Hamburgo» el prestigio y el honor del marido no habían sido afectados tan gravemente, como para justificar liberarlo de su obligación alimentaria.

La Corte federal de justicia rehusó reexaminar esta suposición por la importancia decisiva que habían tenido las condiciones locales. Determinar si un cónyuge divorciado ha perdido su pretensión alimentaria «es, en lo sustancial, función del juez de los hechos, y en casación la cuestión sólo puede reexaminarse con limitaciones. La resolución depende también sustancialmente de las condiciones locales en las cuales las personas viven. Una mujer divorciada tiene que observar, en interés del honor familiar de su marido, un recato sustancialmente mayor en zonas rurales o aldeas que en grandes urbes o metrópolis».

Debido a la lejanía del tribunal de casación, también está reservada al juez de los hechos la suposición concreta de la *«habitualidad local»* de inmisiones prevista en el § 906 BGB[8]. Por consiguiente, una sentencia del *Reichsgericht* dice[9]:

---

5 Hahn, *Materialien zur CPO,* 1ª sección, págs. 144-45.

6 Conforme Kuchinke, *Grenzen der Nachprüfbarkeit tatrichterlicher Würdigung und Feststellungen in der Revisionsinstanz,* págs. 183-84.

7 *BGH* 31, 210/17.

8 *RG* 105, 213/17; 139, 29/31; RG *Warn. Rechtspr.* 1916, Nr. 138; *BGH* 30, 273/77; *BGH LM* Nr. 1 y 18 *ad* § 906 BGB. Puede haber superposiciones con la lejanía respecto de la impresión personal causada por una localidad, cfr. *BGH LM* Nr. 11 *ad* § 906 BGB.

9 RG 105, 217.

Si el Superior tribunal regional llega a la conclusión de que, según las condiciones locales, el uso que la demandada ha dado a su inmueble no es habitual para inmuebles de esa situación, a saber: que la instalación de un lavadero de lanas no le habría impuesto al barrio D. la impronta de zona fabril «no cabe ver en todo esto un error de derecho. El concepto de la 'habitualidad' es, en lo sustancial, de índole táctica».

Mas como el concepto remite a una práctica general, o sea que contiene un elemento generalizador, la limitación a la casación ya puede surtir efectos en la premisa mayor[10]. Esto ocurre normalmente cuando el juez de los hechos se pronuncie sobre la «habitualidad local», creando una pauta [11].

Es también «cuestión de hecho» la *constatación del deber de enarenar las calles públicas,* debido a la falta de familiaridad del tribunal de casación con las condiciones locales y el limitado alcance del fallo[12].

II. La lejanía con respecto a los imponderables de la impresión personal

La lejanía del tribunal de casación con respecto a los *imponderables de la impresión personal* que el juez de los hechos obtuvo en el debate oral o en una inspección ocular, se explica, como ya dijimos[13], por la escasa expresividad del lenguaje coloquial del cual el juez de los hechos debe valerse para describir el cuadro fáctico en la sentencia. Sus conceptos resultan inútiles cuando toca exponer la «situación global» que resultó de las constancias de autos y los imponderables del cuadro fenoménico que presentaban los litigantes, una localidad o una cosa en la instancia de los hechos. Puesto que el juez de los hechos no puede fijar los imponderables por escrito, la apreciación jurídica fluye a la constatación del cuadro fáctico, y ambas se entrelazan indisolublemente en la sentencia: «El joven demandado tenía, en opinión de la Sala, el 'discernimiento' exigido por el § 828 BGB». Pero si en la sentencia de apelación la constatación de los hechos y la subsunción no aparecen claramente deslindadas, el tribunal de casación no estará en condiciones de reexaminar el resultado de la subsunción, por cuanto no podrá compararlo con el cuadro fáctico efectivamente aprovechado[14]. Aquí, pues, la irreexaminabilidad se debe a la insuficiente información de la tercera instancia sobre la base fáctica de la sentencia, y no necesariamente al limitado alcance de la conclusión subsuntiva. Si, por consiguiente, de los fundamentos de la sentencia puede deducirse que el juez de los hechos había echado en la balanza imponderables de la impresión personal, el lejano juez de casación tendrá que limitar su control a la interpretación de los conceptos, a la observancia del método correcto de subsunción y a las fallas evidentes, esto es, a las que pueden descubrirse también en el procedimiento de casación.

Es verdad que la especificación de la ley, que se necesita para limitar la casacionabilidad, no puede tomar como punto de arranque normas de la Ordenanza

---

10 Acerca de la incasacionabilidad de premisas mayores con manifestaciones particularísticas *supra* 5 7 11.

11 Cfr. RG *JW* 1906, anexo pág. 86. La casación censuraba pues también una «no captación de un concepto».

12 *BGH* 31, 73/76; *BGH LM* Nr. 15 *ad* § 823 (Eb) BGB; *BGH VersR* 1963, pág. 661. Es especialmente instructivo *BGH LM)* Nr. 15 *ad* § 823 (Eb) sub II, sobre el estado de los caminos federales «tal como se los encuentra en: todas partes en Baden-Württemberg».

13 *Supra* § 5 III 2 c.

14 Jesch, *AöR* tomo 82, págs. 197 y sigtes.; Warda, *Dogmatische Grundlagen des richterlichen Ermessens im Strafrecht,* págs. 73-77, así como los autores mencionados *supra* § 5 III 2 c. aa.

procesal civil, como ocurre en el caso de la lejanía de los usos y costumbres locales. Pero, como bien lo destaca Jesch[15], la conclusión que deduce la falta de competencia de la falta de medios de cognición tiene validez general, por cuanto: «A quien las leyes le confieren un derecho, le dan también los medios sin los cuales ese derecho no podría ejercerse» (§ 89 de la Introducción a la ALR prusiana)[16].

El margen de juicio que se concede al juez de los hechos, más cercano al asunto, tiene sin embargo límites ajustados. Obligado como está a separar la constatación de los hechos de la apreciación jurídica, tiene que desaparecer nítidamente el fundamento del fallo de la subsunción, tanto en los resultandos como en los considerandos de la sentencia. No debe tener en sus manos la posibilidad de dictar conclusiones «a prueba de casación», sintetizando la constatación y la apreciación en un solo cuerpo. Por lo tanto, sólo puede permitírsele hacer una descripción jurídico-valorativa del cuadro fáctico, cuando en la subsunción tuvieron peso decisivo los imponderables no fijables por escrito (y por consiguiente no separables netamente de la subsunción), esto es, cuando la determinación del derecho habría sido defectuosa en caso de no haberse juzgado globalmente el cuadro fenoménico personal.

Por el contrario, las sentencias en las cuales se mezclen la cuestión de hecho y la de derecho sin razón imperiosa, tienen que ser invalidadas por el tribunal de casación por violación del precepto de la separación. En tal caso no cabe consentir un margen de juicio por razón de la lejanía de la tercera instancia.

Ya hemos dado ejemplos[17] en los cuales los imponderables de la impresión personal tuvieron influencia decisiva en la subsunción. Por lo tanto, sólo nos resta dar una síntesis de los casos en cuestión:

La lejanía del tribunal de casación con respecto a la impresión personal causada por una parte[18] estaba dada por ejemplo cuando se desestimó que hubiera incurrido en una omisión culposa un pequeño agricultor «poco ducho en los negocios»[19], cuando se supuso que poseía discernimiento un «niño de desarrollo normal»[20] y cuando se negó que hubiera cometido una grave violación de sus deberes un miembro de un consejo de empresa «que no sabía elegir ni medir debidamente sus palabras»[21].

Los imponderables de la impresión personal causada por una *localidad* gravitaron por ejemplo en una inspección ocular en la cual se constató que una zona señalada por el demandante no era «una localidad especial», que por sus edificaciones y su actividad comercial tuviera un carácter «peculiar, distinto de otros

15 *Ob. cit.*, pág. 242 *ad* N. 292.

16 Véase KOCH, *Allgemeines Landrech für die Preussischen Staaten*, 7ª ed. (1878), tomo I, pág. 66, N. 95: «El § 80 enseña cuáles son las tareas que incumben a las leyes: darles a aquellos, a quienes compete un derecho, también los medios para ajercerlos... El legislador está haciendo alusión, pues en el § 89, a una regla que se observa al redactar las leyes».

17 Véase *supra* § 5 III 2 c. cc.

18 Cuando se aprovecha la impresión personal que causa un litigante, el obstáculo de la lejanía concurrirá normalmente con el analizado *infra* (§ 10), del juzgamiento según una pauta individual.

19 *RG Juristische Rundschau für die Privatversicherung 1934*, págs. 379/80 (reproducción literal de la correspondiente formulación *supra* § 5 III 2 c, cc).

20 *BGH VersR* 1954 (literalmente *supra* § 5 III 2-c, cc).

21 *BAG* 2, 175/80 (literalmente *supra* § 5 III 2-c, cc).

barrios»[22]. Esos imponderables fueron asimismo decisivos para suponer que un transporte de menores había estado mal organizado por «el peligro más que normal que significaba aglomerar una gran cantidad de niños en una superficie pequeña hasta el cordón de la acera»[23].

Los imponderables de la impresión causada por una *cosa* cuentan sobre todo cuando hay que decidir si una obra puede calificarse de «obra de arte» en el sentido del § 1 *KunstSchutzG,* o si existe un peligro de confusión de marcas en el sentido del § 31 WZG, por cuanto una obra de arte y una marca constituyen totalidades cuya impresión conjunta en los órdenes estético, óptico y, en su caso, también acústico y asociativo, no puede reflejarse en un análisis conceptual[24]. Mas sólo habrá una lejanía que impida el reexamen en casación, cuando la obra o marca controvertida sólo pudo ser inspeccionada por el tribunal de apelación, como ocurrió cierta vez con una película[25]. Normalmente, las marcas y los signos pueden ser sometidos al tribunal de casación al menos en efigie[26], y entonces las dos instancias trabajarán en las mismas condiciones, con la consiguiente cesación del impedimento[27].

---

22 *BGH LM* Nr. 11 *ad* § 906 BGB.

23 *BGH VersR* 1960, págs. 994/95.

24 Véase *supra* § 5 III 2 c. gg; § 6 IV 2 b.

25 *BGH* 9, 262/69.

26 La presentación es mencionada expresamente en los fallos *RG* 76, 339/41; *RG* 117, 230/31; *BGH* 27, 351/58.

27 *BGH GRUR* 1958, págs. 500/01: «Dado que, en caso de controversia, no son ya necesarias ulteriores clarificaciones de orden táctico para juzgar este complejo de cuestiones, la Sala puede decidir por sí, sobre la base de la impresión inmediata de las distintas alegaciones, si existe una contrafacción ilícita; porque, en cuanto tal, se bata de una apreciación jurídica».
Cuando se juzga la calidad de «obra de arte», sin embargo, puede hacerse valer el impedimento de la cuestión jurídica del grado (*infra* § 9).

§ 9 LA INCASACIONABILIDAD DE LOS CONCEPTOS JURÍDICOS DE GRADO Y DE MEDIDA

Los *conceptos jurídicos de grado*[1] (llamados también de «aumento», de «intensidad» o de «tipo») resultan de la descomposición y graduación de un elemento de figura legal en una serie continua con puntos extremos, que guardan entre sí una relación de antítesis contraria[2]: «culpa levísima» —'»culpa normal»— «culpa burda». Estos conceptos nos dicen algo acerca de la intensidad de una cualidad, por ejemplo, el «especial» contenido estético («excedente» estético) que distingue a la obra de arte del modelo de fábrica[3], o acerca de la intensidad de una *conducta,* por ejemplo la «gravedad» de una culpa que determina el deslinde entre culpa simple y culpa burda.

Los *conceptos* (indeterminados) *de medida*[4] se refieren a la relación que guardan entre sí dos magnitudes (distintas la una de la otra), como podría ser la «adecuadez» de prestación y contraprestación, o bien la «equidad» de una indemnización en vista de la gravedad de la lesión y la culpa del autor.

La cuestión jurídica concreta del grado y de la medida es incasacionable por el carácter peculiar de los conceptos que han de aplicarse. Los conceptos jurídicos de *grado* le posibilitan al juez juzgar de una manera más diferenciada, más a propósito del caso singular de aquella de la que podría hacerlo con conceptos no graduados. La graduación, sin embargo, acarrea considerables dificultades de deslinde entre conceptos vecinos (como por ejemplo entre culpa simple y culpa burda). En los conceptos jurídicos de *medida* se constata la proporcionalidad entre diversas magnitudes y esto hace que el caso sea juzgado según un módulo sólo relativo, no aplicable a otros cuadros lácticos. Y en las mediciones de cantidades, que son frecuentes se presentan además dificultades de deslinde entre magnitudes vecinas (por ejemplo entre una indemnización «equitativa» de 1000 y 1100 marcos), semejantes a las que ofrecen los conceptos de grado.

Los fallos sobre estas cuestiones pueden suministrar, en verdad, ciertos puntos de apoyo para juzgar otros cuadros tácticos. Pero el resultado de la subsunción,

---

1 Véase *supra* § 3 IV 2 b, así como EISLER, *Worterbuch der philosophischen Begriffe,* 4ª ed. voz «grado»; el diccionario de J. y W. GRIMM, tomo IV, sección 1/5, col. 1667 sub II A 2; ENGISCH, *Die Idee der Konkretisierung,* págs. 287-88, KOHLER, *GRUR* 1916, págs. 72-73; HOENIGER, *Die gemischten Vertrage in ihren Grundformen* (1910), págs. 300-02; MAYER-MALY, *AcP* tomo 163 (1964), págs. 114 y sigtes.

2 Sobre conceptos contrarios cfr. EISLER, *ob. cit.*, voz «*konträr*» (contrario); LUKOWSKY, *Verwaltungsarchiv* 1962, págs. 25/29.

3 Véase *infra* I 3 b.

4 Véase *Grimmsches Worterbuch,* tomo VI col. 1728 sub 4. Respecto de *la «proporcionalidad» [«Verhältnismässigkeit»],* concepto de medida, véase el escrito homónimo de V. KRAUSS (1955), págs. 14-15.

muy diferenciado y sólo relativamente válido, no es suficiente para proporcionar a los tribunales inferiores una guía y una ayuda seguras. Por lo tanto, la decisión no posee de ordinario un efecto ejemplarizador que justifique la casacionabilidad[5].

I. Los conceptos jurídicos de grado

1. Aclararemos ahora las *peculiaridades de la determinación del derecho* en las cuales reposa la incasacionabilidad de los conceptos jurídicos de grado. Lo haremos a base de un cuadro fáctico que fue sometido al Tribunal federal de trabajo[6]:

En una obra de pavimentación, el conductor de una máquina móvil, al dar marcha atrás, y no pudiendo observar suficientemente la superficie a recorrer, había lesionado a otro obrero.

En casos de esta índole, la presunción de la culpabilidad «simple» no ofrece dudas, al punto que incluso podría fijársela en forma de pauta: «Quién da marcha atrás con un vehículo no pudiendo observar suficientemente el espacio a recorrer, actúa normalmente de una manera culpable».

Más difícil es decidir si la conducta del conductor merecía calificarse de culpabilidad «grave», sin la cual los trabajadores no responden entre ellos por los daños más que dentro del marco de lo tolerable[7]. Esta decisión depende totalmente del caso singular. De las muchas circunstancias que tienen que computarse para determinar la «gravedad» de la culpa, pueden mencionarse el grado de entorpecimiento de la visualidad, la velocidad de la máquina y las condiciones en el lugar del accidente, hechos todos ellos en los cuales el juez no tiene que detenerse si se supone que la culpa fue «simple». El empleo del concepto aumentativo de culpabilidad «grave» torna más diferenciada y más problemática la determinación del derecho, por cuanto el deslinde entre la culpabilidad «simple» y la culpabilidad «grave» obliga a aprovechar pormenores que no cumplen función alguna cuando el concepto de la culpabilidad no está graduado («culposo»-»no culposo»).

Por supuesto que la aplicación de conceptos jurídicos de grado no conduce siempre a complicaciones en la determinación de la sentencia. Cabe imaginar cuadros fácticos en los cuales la intensidad se determina echando mano de irnos pocos criterios («quien adquiere un automóvil sin hacerse presentar el certificado de características técnicas, actúa normalmente con culpa burda»)[8].

Sin embargo, los cuadros fácticos de contextura tan indubitable no vienen al caso aquí, porque estando el fallo formulado a guisa de pauta («actúa normalmente con culpa burda»), sólo cabrá el reexamen cuando se aduzca que no se ha captado un concepto, de modo que la resolución correcta de la cuestión jurídica concreta cederá entonces en importancia a esa otra.

La mayor diferenciación que se presenta en la subsunción bajo conceptos de grado hace que el fallo sea insusceptible de comparación, y esto tiene razones diversas:

---

[5] Son instructivas las dudas de HOHST GÜNTHER, *Schmerzensgeld* (1964), págs. 88-90, 104, contra la comparación de casos con el auxilio de tablas de indemnizaciones,

[6] *AP* Nr. 26 *ad* § 611 BGB (responsabilidad del trabajador).

[7] *BAG (GS)* 5, 1; *BAG 13*, 326; *BAG AP Nr.* 18 *ad* 898, 899 RVO; *BGH AP* Nr. 25 *ad* 898, 899 RVO.

[8] *BGH VersR* 1964, pág. 45; *BGH JZ* 1965, pág. 219.

Tal diferenciación obliga a *penetrar en la unicidad del caso,* con lo cual los hechos típicos, que sirven de sostén a la comparación, pierden en todo o en parte su valor orientador.

Desde el punto de vista de la culpa «burda», el hecho de no observar una señal de tránsito podría dejar de ser decisivo para que se presuma conducta «culposa» del conductor, porque a ello tendrían que añadirse otras circunstancias que dieran a esa omisión el carácter de «burdamente culposa».

Si se aprovechan otros pormenores aumenta aún más el número de las ya de por sí incontables) *constelaciones de cuadros fácticos*[9], de modo que una casuística de las sentencias de casación sobre la aplicación de conceptos de aumento resultaría verdaderamente inmensa.

Por último la implantación de una serie continuada («culpa levísima» —»culpa normal»— «culpa burda») conduce a mayores *dificultades de deslinde* entre conceptos vecinos, por cuanto las transiciones del uno al otro se tornan flúidas[10]. Por tanto, el caso sólo puede clasificarse en alguno de esos conceptos vecinos con menor fuerza de convicción, porque: «cuanto más microscópicamente contemplo un caso de la vida, tanto más difícil se me hace contemplarlo con justeza y acierto». La decisión acerca de la presencia del concepto de intensidad de culpa «normal»[11], dentro de la graduación «culpa normal - culpa burda», es por tanto incasacionable, a diferencia de la aplicación del concepto de culpa no graduado[12].

2. Las razones que dan *la jurisprudencia y la doctrina* para excluir de la casacionabilidad los conceptos de aumento, pasan muchas veces de largo por el meollo de la cuestión. Dos tempranos fallos del *Reichsgericht* destacan por cierto claramente la dificultad de deslindar conceptos de intensidad, a los efectos de fundamentar la incasacionabilidad de la subsunción bajo el concepto de culpa burda. En el primero de esos fallos se dice[13]:

«No puede desde luego encerrarse en una regla determinada cuán grande ha de ser la duda que se tiene que sentir para que termine la buena fe, y empiece la mala. Esto es materia de discreción judicial.

En el caso en cuestión es seguro, sin embargo, que el tribunal de apelación no ha ultrapasado los límites de la discreción cabal».

En el segundo fallo se dice[14]:

«El concepto de culpa buida es un concepto jurídico, pero su deslinde de la culpa común no es tan nítido y tajante como para que en todos los casos sea posible

---

9 Véase la observación de LARENZ *ad BAG Sammlung arbeitsrechtlicher Entscheidungen,* 1959, págs. 185/89-90.

10 Véase SPENDEL, *Zur Lehre von Strafmass* (1954), págs. 176 y sigtes.: «El término medio entre dos extremos no es una magnitud determinable con exactitud».

11 ENGISCH, *Die Idee der Konkretisierung,* págs. 216. En este reconocimiento reposa también el principio, desarrollado por la jurisdicción social, de que los tribunales sociales tienen que abstenerse de rectificar cuando el grado fijado de disminución de la capacidad adquisitiva es del 5 % o menos: BRACKMANN, *Handbuch der Sozialversicherung,* 6ª ed., tomo II (1964), págs. 568 *ad* voz: «*Unfallversicherung, Leistungen* [Seguro de accidentes, prestaciones]», B I 3 *a, aa); BSG* 5, 222/29.

12 Con esa perspicuidad lo dice *RG JW* 1904, págs. 406, Nr. 9; *BAG* Nr. 19, 23 (sub III) y Nr. 26 (sub 5) *ad* § 611 BGB (responsabilidad del trabajador).

13 *RG* 39, 160/63 del año 1897.

14 *RG JW* 1904, pág. 406, Nr. 9.

reexaminar en la instancia de casación la subsunción efectuada por el juez de los hechos bajo uno u otro de estos conceptos. Sólo cuando su contextura sea especial... esa culpa burda podrá comprobarse con certeza, sin que le quede margen alguno a la discreción judicial».

A este «margen de juicio» o a la «discreción judicial» en la aplicación de conceptos de grado aluden también la jurisprudencia[15] y la doctrina[16] de nuestros días.

La razón decisiva de la incasacionabilidad, es la falta de efecto ejemplarizador del resultado de la subsunción, pero por lo común se la insinúa sólo nebulosamente, como en un fallo fundamental de la Corte federal de justicia relativo a la suposición de culpa burda en el que se dice[17] que, a diferencia del concepto de culpa simple, sería de la esencia de la culpa burda la falta de una «norma válida para todos los casos»; por consiguiente, la decisión tendría que tomarse siempre «de un caso a otro».

3. *a)* El ejemplo más importante de un concepto de aumento no casacionable es el grado en que puede imputársele a alguien culpabilidad, especialmente *«culpa burda»,* a lo cual se refieren, entre otros, los §§ 277, 932 y 1207 BGB así como el § 366 HGB, el § 47 II PatG y el § 6 III WG. Los tribunales de casación desestiman casi unánimemente reexaminar si en concreto hubo culpa burda o leve[18].

La jurisprudencia del *Reichsgericht* se apartaba de esta regla en lo concerniente a las acciones de responsabilidad contra funcionarios públicos[19]; pero esta jurisprudencia ha perdido de cualquier manera su significación con la eliminación del privilegio del fisco por la Novela de casación de 1964[20].

Esta práctica repercute especialmente en la cuestión de la «mala fe» que puede haber cuando se adquiere una cosa de un vendedor o pignorador no autorizado o legitimado (§ 932 BGB, § 366 HGB). Por cuanto la apreciación concreta es una «cuestión de hecho», el propietario vindicante y el adquirente demandado podrán contar con que el tribunal de casación acceda a dar su opinión propia cuando el juez de apelación haya captado mal un concepto, o incurrido en un error de método en la aplicación del derecho (por ejemplo, una apreciación insuficiente del material procesal) o en una valoración evidentemente equivocada[21].

---

[15] *BGH* 10, 14/17 (sobre el concepto de culpa burda»); *BAG* 2, 175/81 (sobre el concepto de «burda violación de los deberes»); *BAG AP* Nr. 38 *ad* § 3 TOA (actividad *«per se stante»* en un puesto de «mucha importancia»); *BAG AP Nr.* 45 *ad* § 3 TOA (puesto «de especial responsabilidad»).

[16] LARENZ, *Methodenlehre,* págs. 221-22; O. A. GEBMANN, *Präjudizien als Rechtsquelle,* págs. 33-34; SCHWEIZER, *Freie richterliche Rechtsfindung intra legem,* pág. 50.
A. M. WARDA, *Dogmatische Grundlagen des richterlichen Ermessens,* págs. 35-36, quien justifica también aquí la casacionabilidad con el efecto ejemplarizador de la subsunción.

[17] *BGH* 10, 14/17. Muy claro es HENKEL, *Recht und Individualität,* págs. 54-55.

[18] Véase aparte los fallos mencionados *supra* N. 15: *RG* 141, 129/31; 164, 292/300; *BGH LM* Nr. 9 § *ad* § 932 BGB; *BGH VersR* 1963, págs. 652/54; BAG 7, 290/301.
Conformes: PBÖLSS, *Versicherungsvertragsgesetz,* 15ª ed. (1965), 12 *ad* § 6; *VersR* 1952, pág. 119; EHBENZWEIG, *VersR* 1954, págs. 335/37; REIMER, *Patentgesetz und Gebrauchsmustergesetz,* 2ª ed. (1958), 28 *ad § 47* PatG *in fine* – A. A. *BGH LM* Nr. 2, *Allgem. Deutsche Seeversicherungsbedingungen.*

[19] *Warn. Rechtspr.* 1913, Nr. 197; *LZ* 1918, col. 388 Nr. 20; *JW* 1924, pág. 1977, Nr. 11. El reexamen por el fallo *RG* 163, 104/06 se explica por los muchos errores de cálculo en la sentencia de apelación (*ob. cit.,* págs. 107, 108, 111).

[20] Véase *supra* § 6 II 3 e.

[21] *RG 164, 292/300; BGH* 10, 14/17; *BGH LM Nr. 9 ad* § 932 BGB.

A diferencia de la jurisprudencia, un sector no desdeñable de la doctrina se pronuncia a favor del reexamen pleno del resultado de la subsunción[22]. Así, según Manigk, «no se entiende» que la jurisprudencia reexamine sin más el concepto de la culpa, pero trate a la constatación de la culpa burda como una «cuestión de hecho» no casacionable. Mas esta doctrina no capta el peculiar carácter de los conceptos de intensidad, para el cual la jurisprudencia revela al menos un instinto seguro.

Si en el fallo se computan también las cualidades individuales del actuante (edad, formación y educación, defectos físicos)[23], al obstáculo que significa tener que juzgar la intensidad se le añade la valla de las valoración individual, de la cual nos ocuparemos en el capítulo siguiente.

Cuando se juzga según un módulo puramente objetivo[24], por ejemplo según la «capacidad normal de percibir y recordar» de los compradores, no se tiene el obstáculo de la valoración individual, pero sí el del concepto de intensidad[25].

Pertenecen también a los conceptos de grado de culpabilidad no casacionables en concreto la *«burda violación de los deberes»*[26], que justifica la exclusión de un trabajador de un consejo de empresa (§ 23 BetrVG), y la causal de divorcio de la *«grave violación de los deberes conyugales»* (§43 EheG). La reconocida incasacionabilidad del concepto de «grave falta conyugal»[27] resulta sin embargo, más que nada, del módulo individual con el cual se mide la conducta del cónyuge. Por consiguiente, este concepto será analizado recién en el capítulo siguiente.

b) Son también conceptos de grado incasacionables los siguientes elementos de figura legal: la *«obra de las artes plásticas y gráficas»* (§1 *KunstschutzG)* así como el *«producto artístico»* (§2 1 *KunstschutzG)* en comparación con el concepto de *«muestra o modelo industrial»* (el llamado «modelo de fábrica») según el § 1 del *Geschmackmustergesetz.*

En el deslinde entre la «obra de arte» y el «producto artístico-industrial» por un lado[28], y el «modelo de fábrica» por el otro, se manifiesta patentemente el carácter del concepto de intensidad. La distinción entre las dos categorías es sólo gradual: la obra de arte se diferencia del modelo de fábrica por su «especial contenido estético» (según otras formulaciones, por la «altura artística de su configuración» o por el «grado de contenido individual»)[29]. El deslinde gradual entre los dos conceptos tuvo su origen en una sentencia del *Reichsgericht* del año 1911[30], en la que

---

22 MANIGK, ZZP tomo 60 (1936/37), págs. 351/53; ENNECCERUS-NIPPERDEY, *Allgemeiner Teil,* tomo I/1, § 50 II 3 b, N. 22ª JESCH, *AöR* tomo 82, págs. 198 y sigtes.; WARDA, *ob. cit.,* págs. 35-36.

23 *BGH* 10, 17; RG *JW* 1924, págs. 1977/78; otras pruebas en PRÖLSS, *VersR* 1952, pág. 119.

24 *BGH LM* Nr. 9 *ad* § 932 BGB; *BGH LM* Nr. 2, *Allgem. Deutsche Seeversichsrungsbedingungen;* DEUTSCH, *Fahrlässigkeit und erforderliche Sorgfalt,* págs. 156, 344-47.

25 Es por tanto erróneo *BGH LM* Nr. 9, *Allgem. Seeversicherungsbedingungen,* con posición de rechazo de PRÖLSS, *VersR* 1952, pág. 119.

26 *BAG* 2, 181; *BAG AP* Nr. 3 *adi* 23 BetrVG.

27 Véase entre otros *BGH* 4, 186/88; 12, 111/14.

28 Productos de la industria artística pertenecen, según el § 2 KunstschutzG, a las obras de las artes plásticas.

29 RG 124, 68/72; RG *GRUB.* 1941, pág. 59; *BGH* 22, 209/15; OSTERRIETH-MARWITZ, *Das Urheberrecht an Werken der bildenden Kunst und der Photographic,* 2ª ed. (1929), III *5 ad* § 2 *KunstschutzG;* FURLER, *Geschmacksmustergesetz,* 2ª ed. (1956), págs. 56-61; *GRUB* 1949, págs. 325/29-30; ULMER, *Urheber - und Verlagsrecht,* 2ª ed. (1960) § 3 I, § 25 I 2 y II 1 b-c («altura artística de configuración»); HUBMANN, *Urheber - und Verlagsrecht* (1959), § 9 III 2 («grado de contenido individual»).

30 *RG* 76, 339/44.

se tenía que dictaminar sobre la tutela autoral de una letra artística y donde se dice que no podría trazarse entre los dos campos una línea demarcatoria fija, asegurada para siempre por elementos conceptuales; lo decisivo, por el contrario, sería el mayor o menor contenido estético. Sólo, cabría suponer que exista un «producto de la industria artística» y, por ende, una «obra de arte», cuando el «excedente estético» que se añade a la finalidad de la forma alcanzare un grado que, según los modos de ver imperantes en el mundo, pudiera hablarse de «arte».

Un fallo posterior del *Reichsgericht*[31] —como también los fallos sobre el reexamen del concepto de culpa burda— justifica que el deslinde sea incasacionable por ser tan vagos los elementos diferenciadores. Había que resolver sobre la calificación de un ornato de cubiertos, y el litigio cobró una nota especial por las discrepancias que en él surgieron: una cámara perital en materia de artes plásticas había afirmado que tenía carácter de «obra de arte»; un perito «de renombre» había negado que lo tuviera, y otro perito, también «de renombre», había vuelto a pronunciarse por la afirmativa. El *Reichsgericht* rehusó pronunciarse sobre la cuestión de derecho, dando el siguiente fundamento:

«La dificultad residía, en el caso en cuestión, en el deslinde de la simple tutela de muestras. La jurisprudencia de este tribunal ha recalcado ya más de una vez que aquí no puede trazarse una línea demarcatoria definitiva y segura. Aunque el juicio sobre el grado de contenido estético es reexaminable en instancia de casación, en lo sustancial debe quedar librado al juez de los hechos. . .

Se trata de un caso límite... Dadas esas condiciones, no existe motivo para que el tribunal de casación le salga al paso al juez de los hechos, por razones jurídicas, en lo relativo a la cuestión del «excedente estético», aunque es fuerza reconocer que someter esos modelos de ornato a la Ley de tutela artística constituye una interpretación sobremanera lata».

La aplicación de los conceptos de «obra de arte», «producto artístico-industrial» y «modelo de fábrica» es en cambio plenamente casacionable en cuanto haya que resolver sobre su deslinde respecto de la masa, no tutelada por el derecho autoral, de los *productos corrientes,* los bienes artísticos comunes[32]. La diferencia entre la obra de arte (o, en su caso, del modelo de fábrica) y los bienes comunes no debe entenderse como meramente cuantitativa; es cualitativa. Los bienes comunes son irrelevantes para el derecho autoral. Por tanto, si el juez sólo tiene que resolver sobre la cuestión del opuesto contradictorio («obra de arte o no-obra de arte» — »modelo de fábrica o no-modelo de fábrica»), no se llega a formar una serie de conceptos de intensidad con particularidades casacionísticas. El efecto ejemplarizador de la subsunción, que justifica la casacionabilidad, resulta de la aplicación del mó-

[31] *RG* 124, 68/72 de 1929. De la misma opinión: *RG GRUR* 1941, pág. 59; BGH 22, 209/17; 27, 351/57. El reexamen de la cuestión del deslinde en la sentencia *RG* 155, 199/205 fue una decisión judicial-fáctica del tribunal de casación en el sentido del § 565 III, Nr. 1 ZPO (respecto de lo cual *supra* § 7 IV). Según el *Reichsgericht,* el juez de apelación no había captado el concepto de obra de arte (*ob. cit.,* págs. 202-03).

[32] Conforme RG 117, 230/34; 155, 199/201 sub 2; *BGH* 22, 209/16; 24, 55/68; *BGH GRUR* 1959, págs. 289/90 así como *GRUR* 1961, págs. 635/ 37; sobre el concepto de obra de arte.
BGH LM Nr. 3 *ad* § 1 *GeschmacksmusterG* (sub 3) y Nr. 1 ad § 13 *GeschmacksmusterG* (sub 2) sobre el concepto de modelo de fábrica.
Los fallos ocasionalmente divergentes que suponen también aquí una «cuestión de hecho» (*RG* 135, 385/88; *BGH GRUR* 1962, págs. 144/46), parten de una diferencia solamente cuantitativa entre obra de arle y no-obra de arte.

dulo general de juicio. Sobre la existencia de una obra de arte resuelven los «modos de ver imperantes en el mundo, del profano familiarizado hasta cierto punto con el arte y sensible a las cosas artísticas»[33].

c) Contienen también conceptos de intensidad muchas de las *características de actividad del anexo 1 de la antigua tabla de sueldos «A»* para los empleados de los servicios públicos, que rige aún hoy las remuneraciones de éstos, habiendo llegado a su fin el convenio federal del 23 de febrero de 1961 (§22 BAT en combinación con el § 73 III, Nr. 1 a BAT). Los conceptos de aumento dentro de las características de actividad del anexo de la Tabla de sueldos «A» son por ejemplo[34].

en el grupo I:

Empleados con formación científica universitaria completa «que se destacan por tener un campo de tareas especialmente arduo e importante o por registrar méritos sobresalientes en un sector de tareas especialmente difícil del grupo II»;

del grupo II:

Empleados con formación científica universitaria completa «que se destacan del grupo III por tareas de especial responsabilidad»;

en el grupo V b:

Oficinistas, empleados de contadurías y demás servicios internos y externos, ocupado en actividades que «requieren conocimiento especializados, a fondo y amplios, y trabajos predominantemente autónomos».

Para aclarar esto se destaca aún que los conocimientos especializados «a fondo y amplios» han de entenderse, frente a los conocimientos especializados «a fondo y múltiples» exigidos para el grupo VI, como una «extensión en cuanto a profundidad y latitud»[35].

La clasificación de un empleado por su empleador es por cierto plenamente reexaminable en las instancias de hechos de la jurisdicción laboral[36], pero en el procedimiento de casación entran a jugar las peculiaridades del concepto de intensidad, que obstaculizan también en otros aspectos el control de la subsunción. El Tribunal federal de trabajo subraya por tanto que la clasificación sólo podría casacionarse a los efectos de determinar «si se ha captado mal el concepto jurídico de las características de la actividad, o si al subordinarse el cuadro fáctico a la norma jurídica se han infringido leyes del razonamiento o reglas experienciales generales, o si la valoración es ostensiblemente defectuosa por no haberse reparado en circunstancias esenciales». Con lo demás, esa clasificación estaría comprendida en el margen de discreción de la instancia de los hechos[37].

d) El juez tiene que efectuar además un deslinde gradual entre conceptos de intensidad cuando le toca discernir si un caso es de *«enfermedad mentar* o de *«debili-*

---

33 *BGH* 27, 352; *BGH* 22, 209/15; BGH *GRUB* 1961, 635/38 sub 2; Furler, *Geschmacksmustergesetz,* 2ª ed., págs. 56-58. Son críticos: Gunther Abzt, *Die Ansicht aller billig und. gerecht Denkenden,* (tesis), Tübingen 1962, págs. 113 y sigtes.

34 Reproducido según Uttlinger, *Bundes-Angestelltentarifvertrag,* tomo II (anexo).

35 El subrayado es mío.

36 *BAG AP* Nr. 9 y 41 ad § 3 TOA.

37 *AP* Nr. 18 (clasificación en el grupo VII, hoy VI b, o en el grupo VIII); Nr. 19, 27 y 43 *ad* § 3 TOA. De épocas más recientes ver Nr. 85 y 100, *in fine.*

dad mental» en el sentido del § 6 Nr. 1 BGB. Estos dos conceptos difieren por la mayor o menor influencia que la alteración ejerce en la libre determinación de la voluntad, o sea por el «mayor o menor remanente de eficiencia mental global»[38]. Por aplicarse conceptos de grado, pero también por valorarse según un módulo individual, la decisión es «sustancialmente fáctica»[39].

e) Para completar el cuadro, señalemos aún los siguientes conceptos de intensidad no casacionables:

la *desproporción «notable»* entre prestación y contraprestación en el sentido del 5 138 II BGB[40], que representa un concepto de aumento dentro del concepto de medida «desproporción»;

el *monto «desproporcionado»* de una multa contractual según el § 343 BGB[41], que es igualmente un concepto de aumento contenido dentro de un concepto de medida, por cuanto se presupone una desproporción «evidente» entre la multa y los intereses del acreedor[42];

el *monto «desproporcionado»* de los gastos necesarios para reponer una cosa (§ 251 II BGB)[43];

la *«insignificancia* de un vicio en el sentido del § 459 II BGB[44];

el *arraigo «firme»* en la tierra según el § 94 I BGB[45];

la *imposibilidad «evidente»* de la paternidad en el sentido del § 1591 II BGB[46].

II. Los conceptos jurídicos de medida

1. Tal como dijimos a guisa de introducción, la incasacionabilidad de los conceptos jurídicos de medida debe atribuirse a dos razones. Por un lado, ellos obligan al juez, con frecuencia[48], a aplicar un *módulo* sólo *relativo* que varía de un caso a otro. No cabe entonces comparar casos, pues esa comparación presupone una norma de juicio general, vinculante por igual para todos los cuadros fácticos que se comparan (la diligencia exigible «en el tráfico»). Además los conceptos de medida requieren frecuentemente una *medición de cantidades,* lo que da origen a una dificultad de deslinde similar a la que pudimos observar en la clasificación entre conceptos de intensidad vecinos.

---

38 Enneccerus-Nipperdey, *Allgemeiner Teil,* 15ª ed., tomo 1/1, § 93 I 1; RG 50, 203 y RG 131, 69/71.

39 RG 50, 207; RG *Gruchot* tomo 49, págs. 881/82.

40 Cuestión de hecho según RG *Seuff. Archiv* tomo 80, Nr. 2 (pág. 6); *BGH LM* Nr. 4 *ad* § 138 (Ba) BGB.

41 Cuestión de hecho: *RG* 86, 28; *RG JW* 1907, pág. 12; *RG HRR* 1932, Nr. 1645; *BGH LM* Nr. 2 *ad* § 339 BGB *in fine; BAG NJW* 1964, págs. 123/24 («discreción»).

42 *Protokolle* (Actas) I, pág. 785.

43 «Desproporcionado» en comparación con el daño que habrá que suponer si no se restablece la cosa. El juzgamiento es «cuestión de hecho» según *BGH VersR* 1962, págs. 137/38 y *VersR* 1965, págs. 351/52.

44 Cuestión de hecho: *RG* 131, 343/51; *BGH* 10, 242/48.

45 Cuestión de hecho: *RG* 158, 362/74.

46 Es cuestión de hecho si el resultado de un dictamen «es suficiente» para probar la imposibilidad evidente: *BGH* 12, 41/47; RG *JW* 1936, pág. 259. Sobre la intensidad de la verosimilitud que se exige: *BGH* 7, 116/19-20.

47 No siempre: La determinación del «valor común» de una cosa se deduce exclusivamente de un módulo general.

48 Véase *RG* 164, 84/95; *BGH LM* Nr. 1 ad § 126 HGB in *fine;* Blomeyer, *Allgemetnes Schuldrecht,* 3ª ed., § 32 III 6 d; Venzmer, *Mitverursachung und Mitverschulden* (1960), págs. 134 y sigtes., especialmente 144, Nr. 3.

a) Que se aplique un *módulo de validez sólo relativa* se explica porque magnitudes distintas tienen que medirse comparándolas. Cuando el juez juzga una concurrencia de culpas (§ 254 BGB) relaciona lo que ha contribuido el perjudicado a producir el daño con lo que ha contribuido a producirlo el damnificador[48]; compara las dos medidas de causación, con el fin de comprobar cuál fue la causa «preponderante». Luego, determina la proporción exacta de las dos culpas.

Otro caso de determinación del derecho según un módulo relativo es la medición de la indemnización «equitativa» que prevé el § 847 BGB. La «equidad» exige que el monto de la indemnización guarde proporción «adecuada» con la índole y la duración de los daños sufridos[49]. También deben incluirse en el cómputo la medida de la culpa del danmificador y las condiciones económicas de las partes[50].

La relatividad de la valoración no impide que se establezcan reglas generales sobre el método de medición a elegir y los factores que, en general, deberán observarse al practicar la comparación[51]. Por el contrario, las premisas mayores de validez general son imprescindibles por cuanto no puede hacerse ninguna comparación sin un patrón que determine el criterio para efectuar las comparaciones. La peculiaridad de la subsunción bajo los conceptos jurídicos de medida reside pues solamente en que, junto al módulo general de la premisa mayor, se aplica también un módulo individual en la premisa menor, por el cual se resuelve en concreto la cuestión de la «equidad», «proporcionalidad» y «adecuadez».

b) Resulta palmario, pues, que es precisamente en la medición de cantidades (unidades de valor, tiempo, distancia y peso) donde surgen *dificultades de deslinde considerables*[52]. Por lesiones que tuvieron por consecuencia la pérdida de un ojo, la tabla de indemnizaciones de Schunack[53] menciona indemnizaciones «equitativas» entre 3000 y 9000 marcos (!) que fueron reconocidas por fallos judiciales.

El considerable margen que media entre los valores extremos tiene la ventaja de permitirle al juez adentrarse hasta lo más hondo de la peculiaridad del caso, y prestar atención incluso a los casos «especialmente leves» y «especialmente graves», pero el inconveniente de diluir el límite entre la indemnización en concreto «equitativa» y la «inequitativa». En consecuencia, parece imposible la comparación de casos singulares, y sólo cabe fijar el límite de la diferencia cualitativa, pasando la cual comienza la casacionable no captación del concepto o la valoración evidentemente defectuosa (en el caso de pérdida de un ojo, por ejemplo, menos de 2500 marcos y más de 15000 marcos). La Corte federal de justicia caracteriza este cuadro fáctico diciendo que la estimación es «por su esencia» insusceptible de fundamentación exacta; por tanto, sería materia del juez de los hechos y el tribunal de casación sólo podría objetarla, si al juicio le «subyacieren consideraciones jurídicamente defectuosas o la violación de una ley del razonamiento o de la experiencia»[54].

---

49 *BGH LM* Nr. 4 *ad* § 847 BGB = *NJW* 1953, pág. 1626; VersR 1964, pág. 842.

50 Fundamental *BGH (GZS)* 18, 149.

51 Véase Bötticher, *MDR* 1963, págs. 353/57; *BGH (GZS)* 18, 149 (ambos sobre el cálculo de la indemnización).

52 Instructivo a los efectos de la medida de la pena Spendel, *Zur Lehre vom Strafmass*, págs. 168-69.

53 *Schmerzensgeld, Entscheldungen und Veröffentlichungen* 1955-1962, pág. 18; es muy instructivo también el material en la monografía de Günther, *Schmerzensgeld*, págs. 70-77, 79-81.

54 *WM* 1963, 290/91 sub I 2 respecto del concepto de «valor de la sucesión» en el sentido del § 2311 BGB. Similar *BSG* 11, 102/18.

El argumento adicional de que el margen discrecional del juez de los hechos resultaría del § 287 ZPO[55] es por supuesto tan insostenible como la remisión a ésa norma hecha en el fallo sobre la «relación causal adecuada»[56]. Dicha norma se refiere, según su conexión sistemática con el § 286, simplemente a la libertad del juez para determinar las condiciones fácticas, como podrían serlo los daños físicos sufridos por el lesionado. La incasacionabilidad de la cuestión de la subsunción sólo puede fundamentarse con la falta de efecto ejemplarizador de la sentencia de casación.

2. *a)* De entre los conceptos jurídicos incasacionables corresponde mencionar, en primer lugar, la *«proporción de la causación bilateral»* (§ 524 I BGB, § 17 StGV), que determina decisivamente la distribución de la carga de los daños entre el danmificador y el damnificado co-responsable.

Hoy día, la incasacionabilidad de la distribución de los daños es jurisprudencia constante[57], En 1921, por supuesto, estaba discutida[58].

El tribunal de casación resuelve sobre la distribución concreta de los daños solamente si la sentencia de apelación tenía de cualquier manera que ser anulada y la causa estaba conclusa para sentencia. La facultad para valorar «a la manera de un juez de los hechos» resulta, en este caso excepcional, del § 565 III, Nr. 1 ZPO[59].

b) Otro ejemplo importante de aplicación de un concepto de medida indeterminado es el cálculo de la «indemnización equitativa» según el § 847 BGB. Las dificultades para la determinación del derecho son aquí aún más grandes que en otros terrenos, por cuanto hay que relacionar factores que se resisten a la comparación, como los sufrimientos del lesionado y una indemnización en dinero, y porque el juez ha de tener especialmente en cuenta la individualidad del lesionado[60], ya que el dolor se manifiesta como el «producto de una amalgama regular de componentes individuales somáticos y psíquicos»[61].

Debido a la importancia que reviste la individualidad del lesionado, la medición de la indemnización dineraria contiene asimismo elementos de la determinación del derecho individualizadora, tampoco reexaminable en concreto[62]. Lo que determina, empero, su clasificación entre los conceptos de medida es el juicio mensurador que efectúa el juez: la indemnización tiene que fijarse (ante todo) según la medida de los sufrimientos experimentados por el lesionado.

---

55 *BGM WM* 1958, pág. 499 sub 2 (sobre el concepto de indemnización «adecuada» por expropiación); *BGH LM* Nr. 10 *ad* § 847 BGB; *BGH VersR* 1962, págs. 429/30; ENNECCERUS-LEHMANN, *Schuldrecht,* 15ª ed. corregida y aumentada (1958), § 250, 2; LIEBERWIRTH, *Das Schmerzensgeld,* 3ª ed. (1965), pág. 55; GÜNTHER, *ob. cit.,* págs. 2, 46-47 (todo respecto del concepto de indemnización «equitativa»); *BGH VersR* 1962, págs. 137/38 (sobre la fijación de la reposición del valor por una cosa dañada según el § 251 II BGB).

56 *Supra* § 6 IV 1 *f.*

57 *RG* 125, 203/06; 133, 126/28; *BGH* 20, 290/92-93; *BGH LM* Nr. 7 *ad* § 254 (Da) BGH *in fine; BGH LM* Nr. 1-3 *ad* § 254 (G) BGB; *BGH VersR* 1962, págs. 1005/06 y 1152/54 sub III 2.

58 *RG JW* 1921, pág. 1231, por un lado Nr. 5 *a,* por el otro Nr. 5 *b.*

59 Véase *supra* § 7 IV.

60 La Corte federal de justicia considera que hay un mal jurídicamente relevante en el hecho de que un amante de la buena mesa se vea obligado, a raíz de los daños causados en su dentadura por un accidente, a moderarse en el comer y en el beber y a limitarse a comidas livianas (*VersR* 1964, páginas 842/44).

61 GÜNTHER, *ob. cit.,* pág. 22.

62 Véase *infra* § 10.

Un intento de eliminar las notables discrepancias que presentan los importes reconocidos judicialmente se emprende en la monografía médica de Günther, autor que cree poder reducir, aplicando un módulo de juicio radicalmente general[63] y un sistema de números-índice «para determinar y numerizar el menoscabo de la vida»[64], el margen de fluctuación de las sentencias. El escrito se pierde, sin embargo, en su complicado sistema de números-índice[65] y una casuística de propuestas de solución para valorar condiciones personales especiales (¿en qué edades son relevantes las menores perspectivas de casamiento para las mujeres?)[66] Constituye una prueba clara de que el cálculo de la indemnización no puede ser objetivado y racionalizado hasta los detalles mínimos[67], y que tiene que quedar reservado al juez de los hechos por su falta de efecto ejemplarizador. La incasacionabilidad de la subsunción (a diferencia del reexamen de los principios que rigen el cálculo) responde por tanto a una jurisprudencia constante[68]; una sentencia reciente de la Corte federal de justicia observa expresamente que una comparación de fallos sería equivocada desde el punto de vista jurídico; «porque una indemnización sólo puede ser calculada equitativamente (dentro de un determinado margen de fluctuación de la sentencia[69] según las circunstancias del caso singular»[70].

Según sostienen los tribunales de casación, valiéndose de formulaciones casi estereotipadas, no cabría rectificar al juez de los hechos ni siquiera cuando la indemnización acordada parezca «excesiva» o «demasiado baja»[71]. Mas esto ha de entenderse *cum grano salis:* la sentencia de apelación no debe anularse sólo porque el tribunal de casación hubiera acordado una suma «algo más elevada» o «algo más baja»[72]. Pero si el importe acordado no guarda una relación «adecuada» con la índole y la duración de los daños sufridos, el juez de casación interviene por no haberse captado en tal caso el concepto de indemnización «equitativa»[73]. Esto prueba que la «libre discreción del juez de los hechos no es de modo alguno soberana. Su margen de juicio para efectuar el cálculo está limitado por los puntos en los cuales el juzgamiento cuantitativo se trastrueca en cualitativo («equitativo» - «inequitativo»).

Es de notar que ocasionalmente la indemnización acordada no puede reexaminarse por razón de la lejanía del tribunal de casación, cuando el juez de los hechos aprovechó, al calcularla, la impresión personal que le causaron el damnificado y su estado físico[74].

---

[63] *Schmerzensgeld,* págs. 69, 103 y 107.

[64] *Ob. cit.,* págs. 66, 103 y sigtes., 128 y sigtes.

[65] Págs. 128-167.

[66] Págs. 107 y sigtes.

[67] Por la pérdida de una pierna, GÜNTHER estima una indemnización «equitativa» de 9240,— marcos o, en su caso, de 7392,— marcos *(ob. cit.,* pág. 148).

[68] *RG* 76, 174; *RG DR* 1941, pág. 1298, Nr. 20; *BGH LM* Nr. 4, 5 y 20 *ad* § 847 BGB; *BGH VersR* 1962, págs. 93/94.

[69] Para determinar el margen que tiene a su disposición el juez para hacer el cálculo, puede ser útil recurrir a una tabla de indemnizaciones bien estructurada; cuestión sobre la cual habré de dar mi opinión en otro lugar.

[70] *VersR* 1964, págs. 842/43 sub III 2, cfr. también *BGB VersR* 1961, págs. 460/61.

[71] *RG JW* 1915, págs. 89/90 *in fine; BGH LM* Nr. 4, 5 y 20 ad § 847 BGB; *BGH VersR* 1962, pág. 94 y *Vers.* 1964, pág. 843.

[72] Es similar la práctica de los superiores tribunales ingleses, sobre lo cual véase REMÉ. *Die Aufgaben des Schmerzensgeldes im Persönlichkeitsschutz* (1962), pág. 116.

[73] *BGH LM* Nr. 4 *ad* § 847 BGB; *BGH VersR* 1964, pág. 842.

[74] Cfr. *BGH VersR* 1958, pág. 801 («declaraciones del demandante dentro del término de la sala»).

c) Por último, es «cuestión de hecho» la concreta *«proporcionalidad»* de medio y fin en la defensa contra los actos de competencia desleal[75] y en salvaguardia de «intereses legítimos»[76], así como la *«adecuadez»* concreta

de la prórroga concedida por el acreedor al deudor moroso (§ 326 BGB) «, de la indemnización para el trabajador cesante en el proceso de protección contra despido (§ 8 II KSchG) [78],

de la indemnización por expropiación, que tiene que medirse «sopesando con justicia los intereses de la generalidad y de los expropiados» (art. 14 III GG)[79].

La comparación de casos suele ser entorpecida por la constatación, de validez sólo relativa, de la proporcionalidad de magnitudes diversas como podría ser la «adecuadez» del plazo de gracia que se concede, en vista del tiempo que el deudor necesita aún para acabar de cumplir su obligación y por la dificultad en el cálculo de cantidades. Mas estos obstáculos para la casación no tienen necesariamente que darse juntos. Cuando se juzga la «proporcionalidad» de medio y fin en la defensa competencialística sólo juega —por cuanto no hay que medir cantidades— la relatividad del módulo. Cuando se fija una indemnización «adecuada» por expropiación, en la cual el tribunal tiene que tomar como base el valor objetivo de la cosa expropiada, sólo existe la dificultad (de deslinde) de la estimación cuantitativa[80].

---

[75] *RG Warn. Rechtspr.* 1925, Nr. 140; véase también *supra* § 6 IV Ib *in fine.*

[76] *RG* 140, 392/401; *BGH* 3, 270/83, véase también *supra* § 6 IV Id. *in fine.*

[77] *RG* 89, 123/25; *BGH WM* 1959, págs. 624/25 sub II 2.

[78] *BAG* 9, 131/36; BAG *AP* Nr. 7 *ad* § 7 KschG.

[79] *BGH* 29, 217; 30, 281/88 *in fine; BGH LM* Nr. 13 *ad* art. 14 (Eb) GrundG (sub II 1); BGH *WM* 1959, págs. 499/500; PAGENDARM, *WM* 1958, págs. 1350/60 *in fine;* KRÖNER, *Die Eigentumsgarantie in der Rechtsprechung, des Bundesgerichtshofs* (1961), pág. 108.

[80] *BGH* 30, 286; *BGH LM* Nr. 13 *ad* art. 14 (Eb) GrundG.

§ 10. LA EXCLUSIÓN DE LA CASACIONABILIDAD EN LA DETERMINACIÓN DEL DERECHO INDIVIDUALIZADORA

I. El carácter peculiar de la determinación del derecho individualizadora

1. En la determinación del derecho individualizadora se hace sentir con especial fuerza la *unicidad* del caso: el fallo judicial busca hacer justicia a los datos únicos e irrepetibles de un cuadro fáctico.

El carácter peculiar de esta forma de determinación del derecho no se agota con pensar que ella no es más que una apreciación de «circunstancias concretas». La individualidad como peculiaridad cualitativa se destaca claramente de la singularidad sólo cuantitativa («un» automóvil tipo Opel Rekord). Es lo «inconcebiblemente propio y original»[1] que se distingue de otros entes singulares por su unicidad[2]. La determinación del derecho individualizadora tiene pues que procurar no considerar un dato como un fenómeno entre muchos (por así decirlo, como un «número»), sino como algo nuevo y distinto; por ejemplo, *precisamente esa* «mujer de veintidós años de edad cumplidos, contemplada en su constitución física y psíquica así como en su madurez mental y moral, acusada por su marido de haberle negado sin derecho la comunidad hogareña»[3].

El pronunciamiento judicial está regido aquí por el lema: «a cada cual lo suyo». Por eso, es válido también el argumento de que la casacionabilidad de la subsunción estaría excluida por el carácter determinante de las circunstancias «concretas» (dicho con más precisión: únicas), porque cuando se juzgan hechos en su unicidad, e incluso en su «incomprensibilidad», una comparación de casos no puede prometer frutos.

2. La casacionabilidad puede excluirse también, en el enfoque individualizador, por razón de la lejanía de la tercera instancia. En el proceso de divorcio, en el que hay que dedicar especial atención a la individualidad de los cónyuges, la sentencia será determinada muchas veces por la impresión personal[4]; y esto basta por sí solo para que el juez de casación deba abstenerse de reexaminar, por cuanto no pueden serle transmitidos los imponderables del debate oral.

Pero los imponderables no constituyen siempre un obstáculo para el reexamen, porque la impresión personal es muchas veces irrelevante para la sentencia. La determinación del derecho individualizadora da origen pues a una

---

1 Engisch, *Die Idee der Konkretisierung,* pág. 13.

2 Engisch, *ob. cit.,* págs. 10-22 con análisis detallado de la literatura filosófica. Basándose en Engisch: Henkel, *Recht und Individualität,* págs. 1-6.

3 Cfr. el caso *BGH LM* Nr. 6 *ad* § 43 EheG (el subrayado es mío).

4 Véase *supra* § 5 III 2 c, gg.

categoría especial de impedimentos para la casación, que no debe identificarse con el criterio de la lejanía.

La determinación del derecho individualizadora tampoco debe confundirse con un aprovechamiento irrestricto de todos los hechos que componen un cuadro fáctico[5]. En rigor, la unicidad de un caso sólo podrá discernirse mediante un enfoque global que contemple todos los rasgos singulares. Si el juez, no obstante, tiene que descartar algunos elementos por irrelevantes, o sea contentarse con discernir una «individualidad» sólo relativa, ello se debe al inevitable esquematismo de todas las regulaciones jurídicas. Dado que el reconocimiento irrestricto de la individualidad encierra un «elemento anárquico»[6], ninguna ley puede evitar que los enfoques individualístico y colectivístico sean sometidos a una transacción. Hechos cuya consideración contravendría a la ley, no podrán contemplarse en el juicio, parque de lo contrario no podría cumplirse la función ordenadora del derecho.

La individualidad es solo relativa incluso en el derecho del divorcio, que es uno de los dominios de la individualización jurídica. Por ello, la Corte federal de justicia subraya que la discreción judicial en la aplicación del concepto de «grave falta conyugal» (§43 EheG) tampoco es irrestricta, «en cuanto las apreciaciones no deben reposar en una concepción errónea de la esencia del matrimonio y de los deberes de los cónyuges de ella resultantes»[7]. Dado que el matrimonio está fundado en el valor moral de la unión intrínseca, no puede, por ejemplo, desestimarse una acción de divorcio con el fin de *castigar* a un cónyuge por su conducta reprensible, manteniendo el lazo extrínseco; por más que, en concreto, haya buenos motivos para desaprobar su conducta[8].

Sólo al margen señalaremos que una individualización en sentido absoluto hallaría un obstáculo insalvable en los mismos presupuestos del procedimiento judicial: la forma escrita, la representación por apoderados ajenos al asunto, el apremio de tiempo y las escasas fuentes de conocimiento no le permiten al tribunal penetrar en todas las ramificaciones de un cuadro fáctico.

¿Qué queda entonces del postulado de la determinación del derecho individualizadora? Visto por fuera semeja a la mera especialización, que es un enfoque que contempla el caso singular sólo como una *infima species* de un género de cuadros tácticos[9]. Sin embargo, entre la individualización (relativa) y la especialización hay una diferencia fundamental. En la valoración *especializadora,* la subsunción se rige exclusivamente por un módulo de juicio *general* (la diligencia exigible en el «tráfico»)[10]. En la *apreciación individualizadora* se le añade al módulo general de la premisa mayor un *módulo individual* en la premisa menor. Pongamos el caso de que hubiera que establecer si una conducta determinada justifica el divorcio por falta conyugal grave; esto se juzgará según la «esencia del matrimonio» y según la concreta relación vital que habrá de apreciar el juez. La «esencia

[5] Sobre lo que sigue: HENKEL, *ob. cit.*, págs. 2 y sigtes.; ENGISCH, *ob. cit.*, págs. 199-203, 214-17; HUBMANN, *Das Menschenbild unserer Rechtsordnung, Festschrift für Nipperdey* (1965), tomo I, págs. 37/46-48.

[6] HENKEL, *ob. cit.*, pág. 18 con referencia a COING, *Grundzüge der Rechtsphilosophie* (1950), pág. 115.

[7] *BGH* 4, 186.

[8] *BGH LM* Nr. 8 *ad* § 48 II EheG.

[9] Véase *supra* § 3 I 2 b, § 4 II 1 b.

[10] Véase *supra* § 6 IV 3.

del matrimonio» señalará aquí los límites dentro de los cuales el módulo individual halla aceptación[11].

3. La determinación del derecho individualizadora no se limita a cualidades personalísimas, es decir, a la valoración de la individualidad humana. Si se sigue la teoría subjetiva de los vicios del derecho de compraventa[12], también deberá juzgarse de una manera individualizadora si existe o no un *«vicio redhibitorio»* en el sentido del § 459 BGB, en cuanto el juez parta de una convención especial sobre la calidad del objeto de la compraventa y mida con ella la defectuosidad de la cosa tal como suele hacerse con los objetos de arte individuales;, etc. Habrá «vicio» cuando la calidad sea inferior a la calidad contenida en el contrato. Pero si el módulo de juicio está contenido en el contrato, la interpretación del contrato y la subsunción práctifiamente coincidirán[13]. La constatación de un vicio es en tal caso de naturaleza «fáctica» por dos razones: por ser incasacionable la interpretación del contrato[14] y por haberse juzgado según un módulo-individual[15].

No hay que olvidar, sin embargo que la determinación del derecho individualizadora se ocupa principalmente de la individualidad del ser humano. Esto se explica porque las relaciones jurídicas que aquí entran en cuenta están *referidas a personas*[16]. Un módulo de juicio individual tiene que aplicarse cuando la relación jurídica no crea entre los participantes tan sólo un vínculo negocial fugaz, sino que toca y abarca también, por su intensidad, la esfera personal, como ocurre en el derecho matrimonial y de familia, en el derecho laboral y el derecho societario. Esa referencia personal no existe normalmente en los negocios de circulación de bienes. Si los vicios redhibitorios se determinan, no obstante, de una manera individualizadora, conforme a la teoría subjetiva de los vicios, no es por los vínculos personales entre los contratantes, sino por las «necesidades legítimas del actual tráfico especializado»[17], esto es, porque se reconoce una autonomía privada lo más amplia posible[18].

---

11 Cfr. ERMAN-ROKKE, *BGB*, 2ª ed., 3 *ad* § 43 EheG. La cooperación de un módulo de juicio general y uno individual puede observarse también en el concepto de «sujeción al matrimonio» en el sentido del § 48 II EheG (nueva redacción). Según la concepción de la Corte federal de justicia lo decisivo es, en principio, el punto de vista subjetivo del marido, contra el cual se dirige la acción de separación de hogares, «pero la sujeción al matrimonio debe estar determinada siempre por un valor moral». Cuando hay odio, sed de venganza, etc. no puede hablarse ya de una sujeción al matrimonio que sea jurídicamente atendible por ser moralmente valiosa» (*LM* Nr. 47 *ad* § 48 II EheG).

12 *RG* 135, 340; FLUME, *Eigenschaftsirrtum und Kauf* (1948), págs. 109, 117-19, 145; VON CAEMMERER, *Festschrift M. Wolff* (1952), págs. 15-16; *RGR- Kommentar*, 11ª ed., 15 ad § 459; STAUDINGER-OSTLER, 11ª ed., 21 ad § 459.

13 Distinto es el caso cuando la defectuosidad es entendida como un apartamiento de la «calidad normal» de la categoría convenida contractualmente, de lo cual resuena un eco en FLUME, *ob. cit.*, págs. 114-17. El enfoque general-concreto conduce en tal caso también a la casacionabilidad de la subsunción (cfr. *supra* § 6 IV 2 c).

14 Acerca de la casacionabilidad del resultado de la interpretación: *BGH LM* Nr. 1 *ad* § 133 (B) *BGB; BGH WM* 1961, pág. 823 sub 2 a; *BGH VersR* 1961, págs. 173/74 y *VersR* 1962, págs. 522/23; *BAG* 4, 360/65.

15 Es dudoso RG *LW* 1906, págs. 548, Nr. 16 y *BGH* 10, 242/45. Ambas sentencias invocan la «naturaleza fáctica» de la cuestión, pero no se alcanza a ver la aplicación, de un módulo individual. La Corte federal de justicia, por el contrario, habla de un juicio conforme a la concepción del tráfico (*ob. cit.*, pág. 247). El *punctum saliens* de la casacionabilidad no ha sido captado.

16 Cfr. MÜLLER-FREIENFELS, *Ehe und Recht*, pág. 265. La formulación de HENKEL, *ob. cit.*, págs. 10-11, 76-80, de que aquí estaríamos en presencia de una especial «hondura de la responsabilidad», no es feliz desde el punto de vista idiomático.

17 *RG* 135, 342.

18 También el comprador de un objeto descomunal, ha de tener derecho por vicios redhibitorios; no es lícito remitirlo a un módulo cualitativo normal, que en este caso no existe.

II. Ejemplos de determinación del derecho individualizadora

1. Comenzaremos exponiendo las relaciones jurídicas referidas a personas a las cuales les subyace un módulo de juicio individualizador, con el ejemplo del *matrimonio.*

Pero hemos de advertir, continuando nuestras observaciones introductorias, contra el error de creer que todas las cuestiones jurídicas que aquí se presenten hayan de ser resueltas según el módulo individual. Un enfoque puramente individualista no responde al ordenamiento moral del matrimonio. Tal enfoque terminaría llevando a la conclusión de que los cónyuges tienen en sus manos hacer con la relevancia jurídica de su matrimonio lo que les plazca. No hace falta fundamentar mayormente que sólo lo contrario puede ser verdad; como que los cónyuges, al casarse, pasan al «estado matrimonial», ordenamiento que les viene preestablecido y es independiente de su arbitrio.

Por consiguiente, los recíprocos deberes morales de los cónyuges[19] y la «justificación moral» de la petición de divorcio en el sentido del § 43[20] y del § 47[21] EheG, son juzgados aunque observando siempre las condiciones del caso concreto – según un módulo de validez general, que justifica la casacionabilidad del resultado de la subsunción[22].

Pero al llegarse a las *causales de divorcio,* el «institucionalismo»[23] del derecho matrimonial cede a una avanzada individualización. El pasaje del enfoque institucional al enfoque individualizador se explica por estar edificado nuestro derecho divorcial sobre el llamado principio del desquiciamiento[24]. No se justifica ya ante la ley mantener un matrimonio cuando la comunidad de vida de los (cónyuges está arruinada, o —como se dice en el lenguaje de la ley (§§ 43, 44, 48 EheG)— «insanablemente desquiciada». La Exposición de motivos fundamenta la orientación por el principio del desquiciamiento con los siguientes argumentos[25]:

«Es fuerza reconocer que hay casos en los cuales el Estado, en consideración a las necesidades de la vida, a las condiciones reales y a la naturaleza del matrimonio como relación jurídica, no tiene interés ni motivo para entender que el deber de los cónyuges de no divorciarse sea un deber jurídico, sino que, por el contrario, tiene que permitir que el matrimonio sea disuelto por estar desecha a- morales, por haberse esfumado los presupuestos de la más íntima de las comunidades de vida, y, por tanto, no cabe ya pensar que la unión resulte ennoblecedora y sea fuente de bendición y prosperidad».

También las figuras legales del divorcio (§42 EheG) y de la falta conyugal grave (§43 EheG) constituyen formas especiales de la ruina de la comunidad matrimonial, dentro del principio del desquiciamiento[26].

---

19 Véase *BGH* 26, 196, con comentario de MAULOH, *JZ* 1958, pág. 497.

20 *BGH LM* Nr. 7 *ad* § 43 EheG: «La cuestión de si una petición de divorcio está moralmente justificada, exige que se la sopese y valore con criterios morales universalmente válidos desde el ángulo de la esencia del matrimonio».

21 ERMAN-RONKE, 2ª ed., *2 ad* § 47.

22 *RG Recht* 1917, N° 1078; BGH 26, 199.

23 Cfr. *BGH LM* Nr. 35 *ad* § 48 II EheG. Detenidamente sobre el matrimonio como institución: MÜLLER-FREIENFELS, *ob. cit.*, págs. 73 y sigtes., especialmente 85-88.

24 Véase MÜLLER-FREIENFELS, *ob. cit.*, págs. 135 y sigtes.; MIKAT, *FamRZ* 1962. págs. 81-83, 273 y sigtes.; DÖLLE, *Grundsätzliches zum Ehescheidungsrecht* (1946), págs. 25-26; *Familienrecht,* tomo 1 (1964), pág. 488; GERNHUBER, *Familienrecht* (1964) § 26 I 1.

25 *Motive* IV, pág. 562.

26 DÖLLE, *ob. cit.* y MIKAT, *ob. cit.*, págs. 82-83. En cuanto a la clasificación del adulterio bajo el principio del desquiciamiento, MIKAT, *ob. cit.*, págs. 82-83, y MÜLLER-FREIENFELS, *ob. cit.*, pág. 135, N. 2, remiten acertadamente al § 49 EheG.

De acuerdo con este principio, hay que negar valor jurídico a un matrimonio[27] cuando la comunidad de los cónyuges ha cesado de existir por la pérdida del ánimo conyugal. Por eso, las causales de divorcio, excepción hecha del adulterio[28], tienen que juzgarse según el módulo individual de esa comunidad. Lo que da la impronta a ese módulo de juicio son la madurez moral de los cónyuges, su sensibilidad e idiosincrasia. El módulo se rige pues más que nada por las realidades espirituales; consecuencia ésta de tener el desquiciamiento insanable carácter de pérdida del ánimo conyugal[29].

La exhortación de juzgar *con miras a la persona* precisamente en el derecho del divorcio, atraviesa como un hilo visible los fallos de la Corte federal de justicia. Cuando se aplica el concepto de *«falta conyugal grave»* (§43 EheG), el juez de los hechos deberá tomar en cuenta no solamente la conducta externa, sino también la tesitura interna del cónyuge demandado, su constitución psíquica, su idiosincrasia y la vinculación de su falta con las faltas del cónyuge demandante[30]. En un fallo de casación se le da a entender inequívocamente al juez de apelación, que, dada la índole de la falta cometida por la mujer demandada, «el tribunal debería haberse abstenido de establecer módulos más o menos abstractos y haber apreciado completa y circunstanciadamente el cuadro fáctico concreto»[31].

El *«desquiciamiento insanable»* del matrimonio (§§ 43, 44, 48 EheG), que la Corte federal de justicia caracteriza como la «pérdida del ánimo conyugal» [32], o sea la «figura legal psicológica»[33], no puede determinarse para todos los matrimonios por igual, sino que tiene que inferirse del cuadro de la personalidad y de la sensación subjetiva de los cónyuges que el juez tiene en su presencia[34].

También cuando se plantea la cuestión de la falta conyugal *«culpable»* (§ 43 EheG) o del desquiciamiento del matrimonio (§48 II EheG), el juez tiene que juzgar de una manera individualizadora. No debe usar como patrón un ideal moral especialmente elevado ni tampoco el heroísmo. Tiene que partir, tan sólo, de la conciencia moral y de las aptitudes morales «que pueden esperarse, con recto y buen criterio, de ese cónyuge, conforme a su formación y educación morales, y tomando de cierto modo en cuenta su idiosincrasia»[35].

Si tenemos presente la tendencia individualizadora del derecho divorcial, es sólo lógico y consecuente que en el proceso de divorcio la «cuestión de hecho» sea la dueña del campo[36]. Por consiguiente, son incasacionables, en concreto,

---

27 La Corte federal de justicia habla, en esta conexión, de un «matrimonio errado» (*LM* Nr. 36, 39 y 44 *ad* § 48 II EheG).

28 El concepto de adulterio remite a datos científico-naturales y debe por tanto juzgarse de manera tipificadora.

29 Véanse los fallos citados *infra* N. 32 de la Corte federal de justicia, así como Erman-Ronke, *ob. cit.*, 5ª *ad* § 43; Soergel-Siebert-Voge, 9ª ed., 10 *ad* § 43 EheG.

30 *BGH* 4, 186, con nota de Lersch, *LM* Nr. 2 *ad* § 43 EheG; *BGH* 26, 196/200; 33, 145/58; *LM* Nr. 5 y 7 *ad* § 43 EheG.

31 *LM* Nr. 7 *ad* § 43 EheG.

32 *BGH* 2, 255/58; 4, 186/91; *LM* Nr. 15 *ad* § 48 II EheG.

33 *BGH* 3, 71; cfr. también Johannsen en la nota *ad LM* Nr. 4, § 43 EheG.

34 *BGH* 12, 112; *LM* Nr. 6 *ad* § 43 EheG.

35 *BGH* 2, 258-59; 3, 73; 39, 26/33; *LM* Nr. 59 *ad* §48 II EheG. Esser, *Wertung, Konstruktian und Argument im Zivilurteil* (1965), págs. 10-13; ve también otras tendencias en la jurisprudencia de la Corte federal de justicia.

36 Cuando se hace lugar al recurso de casación sin necesidad de admisión previa en caso de oposición a la acción de separación de hogares prevista en el § 48 EheG 547 I ZPO en la redacción del 11.8.1961) ello no tiene influencia en el deslinde entre cuestión de derecho y cuestión de hecho, sino que afecta simplemente los presupuestos de admisibilidad del medio de impugnación (véase también *supra* § 1 I *in fine*).

la falta conyugal grate[37].

el *desquiciamiento insanable* del matrimonio[38]

la *culpabilidad* en el desquiciamiento del matrimonio[39]

la *sujeción al matrimonio,* así como

la *tolerable disposición de continuar la unión conyugal con el demandante* 0 48 EheG, texto del 11-8-1961)[40]

del *perdón* (§ 49 EheG)[41],

de la *ausencia de sensibilidad por el hecho de que una falla conyugal haya destruido el matrimonio* (í 49 EheG)[42].

Este catálogo no es taxativo. Sólo enumera los casos de incasacionabilidad en materia de divorcio que se han presentado en la jurisprudencia.

2. También en el *derecho laboral* y en el *derecho societario* se combinan elementos objetivos y humano-personales.

En el derecho laboral la relevancia de los elementos personales resulta del hecho de que el empleador y el trabajador se unen para crear una obra común. A tal fin, el segundo pone toda su fuerza laboral al servicio del primero. A cambio de esta renuncia a la independencia profesional y de la «lealtad» que debe mostrarle, el empleador le debe al trabajador, además de la remuneración, la «previsión» personal[43]. En el derecho societario, el elemento personal se manifiesta en la asociación para actividades comunes sobre la base de una confianza incondicionada[44].

El carácter jurídico-personal de los contratos de trabajo y de sociedad determina especialmente la interpretación y casacionabilidad del concepto de «*causa grave*» para resolver el contrato unilateralmente, antes de término. En el concepto de causa grave cobra expresión un principio general: las relaciones jurídicas que, en virtud de su intensidad, se extienden también a la esfera personal, pueden ser resueltas antes de término si no resulta ya tolerable para el resolvente mantenerlas[45].

Sin pretender dar un cuadro completo, ofrecemos aquí algunos casos de aplicación de ese principio[46]:

El *contrato de trabajo* de los obreros industriales (§ 124 *a* GewO), de los empleados de la industria (§ 133 *b* GewO), de los dependientes de comercio (§ 70 HGB) y de

---

37 Véanse, además de los fallos citados *supra* N. 22: *BGH* 4, 188; 12, 114; 33, 158; BGH LM Nr. 5 *ad* § 43 EheG; *BGH FamRZ* 1965, págs. 126/29; Lersch, en la nota *ad LM* Nr. 2, § 43 EheG, subraya la lejanía del juez de casación frente a los «apenas ponderables detalles cuya importancia sólo puede apreciarse contemplando el cuadro global del matrimonio que se le expone al juez de los hechos». Si el juez emplea, al hacer la subsunción bajo el concepto do falta conyugal grave, la impresión personal que le han causado las partes, podrían pues darse conjuntamente tres impedimentos para la casación: la lejanía de la tercera instancia (*supra* § 8), la aplicación irreexaminable de conceptos de intensidad (*supra* § 9; falta «grave») y la incasacionabilidad de la determinación del derecho según un módulo personal.

38 *BGH* 4, 190; *BGH LM* Nr. 15 *ad* § 48 II EheG; Lersch, *ob. cit.*

39 *BGH* 39, 134/42.

40 *BGH FamRZ* 1964, págs. 39/40 sub. 3.

41 *RG* 96, 268/70; *RG Warn. Rechtspr.* 1926, Nr. 160.

42 *BGH* 18, 200.

43 Véase Hueck-Nipperdey, *Arbeitsrecht,* 7ª ed., tomo I, § 7 III y § 22 III; Nikisch, *Arbeitsrecht,* 3ª ed., tomo I, § 1 II 4 y § 5 I 3.

44 *BGH* 4, 108/13; *BGH LM* Nr. 4 *ad* § 133 HGB.

45 *BGH* 9, 157/62.

46 Un panorama amplio lo da *BGH* 9, 161-63.

todos los demás trabajadores (§ 626 BGB) puede ser resuelto por cualquiera de las partes por «causa grave»;

por «causa grave» pueden también revocarse las *facultades de gerencia y de representación* de un socio de una sociedad colectiva (§§ 117, 127 HGB), de una sociedad en comandita (§ 161 II HGB) y de una sociedad civil (§ 712 BGB);

conforme al mismo principio, está sujeto a revocación extraordinaria el *nombramiento de un miembro del directorio* de una sociedad anónima (§84 III AktG);

por «causa grave» son resolubles antes de término la *sociedad colectiva* (§ 133 HGB), la sociedad en comandita (§ 161 HGB), la sociedad civil (§ 723 BGB), y la sociedad en o

por último, el *socio* de una sociedad colectiva (§§ 140, 142 HGB), de una sociedad en comandita (§ 161 II HGB) y de una sociedad civil (§ 737 BGB) puede ser excluido de la sociedad por «causa grave».

El vínculo personal entre los contratantes se manifiesta en la aplicación del concepto de la causa grave en dos aspectos.

El juez tiene que tomar en cuenta la especial sensibilidad de los contratos de trabajo y de sociedad a los trastornos que se producen en la esfera humana por la pérdida de la confianza entre los contratantes[47] y, en el contrato de trabajo, también por la pérdida de autoridad y valimiento del empleador[48].

En derecho laboral, la sola sospecha de un acto punible puede justificar el despido sin preaviso por su efecto destructor de la confianza[49]. Del mismo modo, las incorrecciones fiscales de un dependiente de comercio pueden fundamentar su despido, por cuanto dañan también la fama del principal[50].

En el derecho societario, la pérdida de la confianza tiene tanto peso que ni siquiera el florecimiento de los negocios puede salvar entonces a la sociedad[51].

Por estar la relación jurídica referida a la persona, tienen importancia también los males que la resolución del contrato acarrea a la parte que se opone a la resolución. Por tanto, es necesario apreciar la edad y el estado familiar, y quizá también las condiciones de vivienda del trabajador despedido sin preaviso[52]. Y en la disolución de una sociedad, el juez tiene que tener en cuenta la inminente pérdida de los medios de subsistencia que podría sufrir alguno de los socios[53].

Por todas estas razones, el concepto de causa grave requiere un examen mucho más hondo y extenso que, por ejemplo, la cuestión de la pérdida de la base negocial en las operaciones comerciales, donde rigen criterios objetivos[54]. No es de extrañar, por tanto, que muchos fallos de casación sobre la causa grave fustiguen la apreciación incompleta del material procesal efectuada en las instancias de los hechos[55]; la relevancia de las circunstancias personales prohíbe limitarse a los

---

47 Cfr. para la relación laboral *BAG AP* Nr. 3 (sub 6), Nr. 5, 42 y 49 *ad* § 626 BGB. Para la relación societaria: *BGH* 4, 108; *BGH LM* Nr. 4 *ad* § 133 HGB y Nr. 4 *ad* § 9 PatG.

48 Cfr. *BAG AP* Nr. 6 *ad* § 626 *BGB* sub II; *AP* Nr. 1 *ad* 124-a GewO.

49 BAG Nr. 8 *ad* § 626 BGB; *AP* Nr. 1 y sigtes. *ad* § 626 BGB (sospecha de acto punible).

50 BAG AP Nr. 6 *ad* § 626 BGB.

51 *BGH* 4, 112-13.

52 Cfr. *BAG AP* Nr. 5 (sub II), Nr. 15, 16 y 51 *ad* § 626 BGB.

53 Cfr. *BGH LM* Nr. 4 *ad* § 133 HBG *in fine.*

54 *Supra* § 6 IV 1 c.

55 *BAG AP* Nr. 3, 5, 7 (sub 5), Nr. 8, 13 y 49 ad § 626 BGB; AP Nr. 1, 2, 8 *ad* § 124-a GewO; *BGH LM* Nr. 4 *ad* § 133 HGB y Nr. 4 *ad* § 9 PatG.

aspectos objetivos de un caso. Exagerando la nota, puede decirse que no hay causas graves «en sí»[56].

¿Por qué método se hace valer la idea de la previsión en el concepto de causa grave? En la opinión dominante, por el principio del sopesamiento de los intereses. Por lo tanto, el juez debe tener en cuenta no sólo el interés del resolvente en la rescisión sino también, por respeto a la otra parte, el interés de su adversario en la subsistencia de la relación. Sólo tras haber sopesado los intereses de ambas partes, podrá decidir si verdaderamente es intolerable para el resolvente mantener el contrato hasta que se produzcan las causas de resolución ordinarias[57]. Si se intenta obtener una visión más cabal de la imagen, familiar en la literatura, «de los platillos de la balanza»[58]; se descubre, detrás del principio del sopesamiento de los intereses otra idea: la de la *proporcionalidad entre la causa y las consecuencias del despido*[59]. La causa y las consecuencias deben guardar entre sí una adecuada proporción, determinada por el respeto mutuo. El concepto de causa grave encierra pues (pero no solamente)[60] una cuestión de medida.

La apreciación de si está dada una causa grave para resolver el contrato antes de término, pertenece a las clásicas «cuestiones fácticas», sobre la base de las cuales el *Reichsgericht* desarrolló las excepciones al principio de la reexaminabilidad ilimitada. Mas sobre esta jurisprudencia reina una mala estrella, porque, comenzando con una sentencia del año 1911, el *Reichsgericht*[61] estableció la teoría de que el control en casación era puramente abstracto y esta teoría habría de enturbiar por decenios los principios rectores de la casacionabilidad de los conceptos indeterminados. Fue desechada en la década del 30 por el mismo tribunal que extendió entonces su examen a la apreciación exhaustiva del material procesal[62]. Pese a ello, todavía la Corte federal de justicia tuvo que defenderse contra esta errónea doctrina que recogieron los abogados que actuaban en la instancia. La Corte señaló que no podía decirse «de manera tan excluyente» que el tribunal de casación sólo tendría que controlar si una conducta «en sí» constituía una causa grave de resolución; porque el juez de casación tendría que cuidar también de cualquier manera de que los hechos fueran apreciados en su totalidad[63]. Es esta la línea seguida por la entretanto consolidada jurisprudencia de la Corte federal de justicia[64] y del Tribunal federal de trabajo[65]. Pese a su «naturaleza fáctica», la causa grave es siempre reexaminable a los efectos de comprobar si el juez de los hechos ha agotado el material procesal relevante.

Por supuesto no siempre se ha destacado con la suficiente nitidez que la razón decisiva de la incasacionabilidad del resultado de la subsunción estriba en la aplicación de un *módulo de juicio individual*. En las sentencias de casación puede leerse aún que la constatación de una causa grave sería una «decisión a juzgar según el estado

56 TITZE, *JW* 1919, pág. 504 (nota).

57 NIKISCH, *ob. cit.*, § 50 II 1; MOLITOR, *Die Kündigung*, 2ª ed. (1951), págs. 295-96; STAUDINGER-NIPPERDEY-MOHNEN, 11ª ed., 20 ad § 626 y STAUDINGER-KESSLER, 52 *ad* § 723; FREY, *JZ* 1955, pág. 106; *BAG* AP Nr. 4-8 y 16 (sub IV) *ad* § 626 BGB.

58 FREY, *ob. cit.*, pág. 107.

59 BETTERMANN, *Meterschutzgesetz* (1950), 66 *ad* § 2; RG 94, 167 y, a guisa de insinuación, también FREY, *ob. cit.*, pág. 106.

60 Antes hay que examinar la pérdida de la confianza entre los contratantes.

61 RG 78, 22.

62 Véase *supra* § 1 II 2 d.

63 *LM* Nr. 4 *ad* § 9 PatG.

64 *BGH* 4, 108/11; 16, 20-21 y 23; *LM* Nr. 8 *ad* § 626 BGB; *LM* Nr. 6 *ad* § 142 HGB (sub 2ª); *LM* Nr. 4 *ad* § 9 PatG.

65 *AP* Nr. 3-8 *ad* § 626 BGB, Nr. 5 *ad* § 626 BGB (sospecha de acto punible) y Nr. 1-2 *ad* § 124 *a* GewO.

del caso concreto» y, por ende, de «naturaleza mayormente fáctica» (por cuanto dependería del caso «concreto»)[66].

3. Los principios jusmaterialísticos, de método y jurídico-casacionales de la causa grave son aplicables también (con pocas divergencias)[67] al concepto de *«despido socialmente justificado»* en el sentido del § 1 KSchG. La Ley de protección contra el despido le exige al juez que dicte un fallo individualizador hecho a la medida del trabajador despedido para decidir si el despido resiste la prueba de las consideraciones sociales[68]. Esto requiere un juicio que vaya más allá de los criterios objetivos. El tribunal de casación controla pues si el juez de los hechos ha aprovechado el material procesal exhaustivamente[69]; pero el resultado de la subsunción obtenido mediante la apreciación exhaustiva es una «cuestión de hecho»[70].

4. También hay que juzgar de manera individualizadora ciertas *obligaciones de aminorar daños* conforme a lo dispuesto por el § 254 II BGB. Una persona que ha sufrido lesiones físicas tiene obligación de aminorar la compensación que deberá abonarle el danmificador por pérdida de ingresos (§ 843 I BGB), sometiéndose a un tratamiento médico tolerable, cambiando de profesión, reeducándose o cambiando de empleo. Esta obligación es determinada según un módulo personal[71]. De la misma manera, hay que juzgar según un módulo personal si la viuda de un occiso (cfr. § 845 BGB) tiene la obligación de aceptar un trabajo que sea tolerable para ella[72].

La razón jurídica de estas obligaciones es el deber de obrar de «buena fe»[73]. El acreedor de una indemnización actúa abusivamente y deberá sufrir una reducción de sus pretensiones, si insiste en su derecho al resarcimiento sin hacer lo que puede buenamente exigírsele a los efectos de disminuir el daño.

Se juzga de manera individualizadora, según el módulo de la tolerabilidad personal, no por razón de alguna solidaridad existente entre el damnificador y el lesionado, sino por la cautela que debe observarse con respecto a intervenciones en la esfera personalísima. La intervención en la integridad física del lesionado y la libertad de su elección de profesión no debe ser valorada desde el punto de vista de la utilidad económico-nacional (integración en el proceso de actividad, exoneración del asegurador), sino únicamente según una norma ética, que tenga en cuenta su constitución física y anímica[74]. La Corte federal de justicia desestimó por tanto inequívocamente la siguiente proposición asentada en el escrito del deudor de una indemnización: «A toda persona puede exigírsele cumplir cualquier trabajo con tal

---

66 Véase por ejemplo *BGH LM* Nr. 8 *ad* § 626 BGB.

67 La continuación de la relación laboral no tiene que ser necesariamente intolerable para el empleador; basta que el despido sea socialmente «admisible»: *BAG AP* Nr. 50 *ad* 4 1 KSchG.

68 *BAG AP* Nr. 1 (sub 3) y Nr. 7 (sub 2) *ad* § 1 KSchG (resolución por razón de la empresa); *AP* Nr. 1 (sub III 1) *ad* § 1 KSchG (resolución por razón de la persona).

69 *BAG AP* Nr. 5, 6, 23, 27 y 56 *ad* § 1 KSchG; *AP* Nr. 1 *ad* § KSchG (resolución por razón de la empresa); *AP* Nr. 1 *ad* § 1 KSchG (resolución pollazón de la persona).

70 *BAG AP* Nr. 5 y 71 *ad* § 1 KSchG; *AP* Nr. 1 *ad* § 1 KSchG (resolución por razón de la empresa); *AP* Nr. 1 *ad* § 1 (resolución por razón de la persona).

71 HANS GOEBBELS, *Die Duldung ärztlicher Eingriffe als Pflicht* (1950), págs. 66 y sigtes.; RG 139, 131/33; RG *JW* 1937, 2366/68; *BGH* 10, 18; *BGH VersR* 1955, págs. 38/39; *VersR* 1957, págs. 752/53; *VersR* 1961, pág. 1018; *VersR* 1962, pág. 1100.

72 *BGH 4*, 70/76; *BGH VersR* 1955, págs. 275/78 sub III-a; *VersR* 1960, págs. 159/60 y págs. 320/21 sub II 3; *VersR* 1962, págs. 1176/77.

73 REIMER SCHMIDT en SOERGEL-SIEBEBT, 9ª ed., 95-96 *ad* § 254; LABENZ, *Schuldrecht, Allgemeiner Teil,* 7ª ed., § 15 I-c; BGH 4, 170/76.

74 GOEBBELS, *ob. cit.,* págs. 54-65 y 104-107; BGH 4, 175-76.

que ello sirva de alivio a la sociedad en general»[75]. Qué esfuerzos y sacrificios pueden exigírsele al lesionado, sólo puede ser, por ende, una «cuestión de hecho»[76].

5. Para completar el cuadro, señalaremos aún los siguientes conceptos, en los cuales entra en cuenta una determinación del derecho individualizadora, no reexaminable en concreto:

el *peligro de le.ión* y *reiteración* como presupuesto de la acción precautoria de abstención para la defensa de derechos absolutos[77]. En cuanto haya que ajustarse, para constatar un peligro de esa índole, a la «dirección en que apuntan la mente y la voluntad» del demandado, a su integridad (¿cabe imaginar que el demandado cometa esta infracción?) y a un eventual «prudente cambio de conducta»[78], la decisión será sustancialmente «propia del juez de los hechos»[79].

el *discernimiento* de un menor delincuente, cuya ausencia excluye la responsabilidad delictual (§ 828 BGB). Puesto que la aptitud de reconocer lo inicuo de una acción y sus consecuencias depende de la madurez mental, también aquí debe dictarse un juicio individual[80], «propio del juez de los hechos» [81];

la *equidad* de una indemnización según el § 829 BGB[82]. Esto no se rige solamente por la diferencia entre la situación económica del damnificador y la del damnificado (cuestión de medida), sino también por la intención que el damnificador puso de manifiesto en el acto, o sea por un elemento que debe juzgarse de modo individual[83].

---

75 *VersR* 1957, págs. 752/53 *in fine*.

76 *RG JW* 1937, pág. 2368; *BGH VersR* 1962, págs. 1100/01.

77 Sobre el desarrollo y la dogmática de la acción precautoria de abstención: ENNECCERUS-LEHMANN, *Recht der Schuldverhältnisse*, 15ª ed. corregida, y aumentada, § 232 I; ESSER, *Schuldrecht*, 2ª ed., § 211, 1-2, BAUMBACH-HEFERMEHL, *Wettbewerbs- und Warenzeichenrecht*, 9ª ed., tomo I, 174 y sigtes. de la introducción al UWG.

78 *RG* 98, 267/69; 148, 114/19; *BGH GRUR* 1955, págs. 390/92 y *GRUR* 1957, págs. 348/49. En la nueva jurisprudencia de la Corte federal de justicia se manifiesta empero una tendencia al juicio generalizador: si el demandado no se ha obligado a pagar una multa contractual para cada caso de nueva violación de un derecho, cabe concluir, sin más ni más, que existe el peligro de reiteración (*GRUR* 1961, págs. 138/40).

79 *RG* 98, 269; 148, 119; *RG MuW* 1931, págs. 277/79; *BGH* 14, 163/67; *BGH GRUR* 1961, págs. 288/90; BAUMBACH-HEFERMEHL, *ob. cit.*, 174 de la introducción al UWG.

80 *BGH VersR* 1958, pág. 177 y 1959, págs. 732/33.

81 *BGH VersR* 1953, págs. 28/29 sub 2; *VersR* 1954, págs. 118/19 (aquí jugó también la lejanía con respecto a la impresión que había causado el joven demandado, ver *supra* § 8 II); *BGH VersR* 1959, pág. 733.

82 Cuestión de hecho» según *BGH VersR* 1962, págs. 811/12 sub 3.

83 ESSER, *ob. cit.*, § 203, 7-e; *RGR-Kommentar*, 11 § ed., 5 *ad* § 829; *BGH 7*, 223/30; 23, 90/99. La causa jurídica de la responsabilidad equitativa son, según las actas, las exigencias de la moral y de la decencia (*Protokolle II*, pág. 583).

SÍNTESIS

I. Los conceptos jurídicos indeterminados son elementos de figura legal con límites fluidos, cuyo contenido no puede fijarse de una manera concluyente[1].

Estos conceptos le posibilitan al juez valorar grupos de casos multiformes, asi como adaptar su pronunciamiento a las peculiaridades del caso singular y a los cambios en las relaciones vitales[2].

Ellos hacen posible la determinación del derecho individualizadora, que busca captar el caso en su unicidad y así hacer justicia y satisfacer a la individualidad de las personas interesadas[3]. Colocan al juez en condiciones de hacer valer las máximas de la ética social, que están en gran medida referidas a la situación de cada caso[4], y de interpretar la ley en consonancia con las costumbres y modos de ver del tráfico social[5]; las máximas éticas y las reglas experienciales ele la costumbre y el modo de ver del tráfico social funcionan aquí como medios auxiliares de aplicación del derecho para la formulación de la premisa mayor judicial[6].

Los conceptos determinados, definidos de un modo concluyente, constituyen en cambio la armazón del ordenamiento jurídico: hacen posible edificar un sistema científico-jurídico y garantizan la seguridad jurídica[7].

El deslinde entre conceptos determinados e indeterminados se rige por su determinadez práctica, y no por la medida de exactitud científico-natural[8].

Los conceptos indeterminados no son idénticos a la figura ideal del tipo. Los tipos son simples medios auxiliares de aplicación del derecho, que pueden servir de orientación al juez en la aplicación de los conceptos indeterminados («el representante de comercio que ha menester tutela»)[9]. Pero el llamado «concepto de tipo» o «concepto de aumento» (desproporción «notable») constituye, a diferencia del tipo, una subespecie de los conceptos indeterminados[10].

II. Los conceptos indeterminados se aplican según el esquema de la conclusión silogística[11], que sirve para reexaminar y exponer el resultado de la determinación

---

1 § 3 I y III.
2 § 3 I 2 a.
3 § 3 I 2 b.
4 §3 I 2 c.
5 § 3 I 2 d.
6 § 3 V.
7 § 3 II.
8 § 3 II 2.
9 §3 II 2 a.
10 § 3 IV 2 b.
11 § 4 I.

del derecho[12]. En la determinación del derecho que se efectúa según la configuración del caso, sin embargo, la conclusión silogística tiene que ser elastificada a fin de exonerar a la premisa mayor, de manera tal que la proposición —elásticamente formulada— indique sólo la dirección que ha de tomar la valoración del caso en la premisa menor[13].

Para concretar premisas mayores de formulación indeterminada en la conclusión elastificada, sirven fallos precedentes en casos comparables[14].

La valoración del caso concreto, la subsunción, se efectúa entonces mediante la comparación de casos[15].

La elastificación de la conclusión silogística obliga a diferenciar entre fallas de interpretación y fallas de subsunción[16].

III. La constatación del cuadro fáctico y la apreciación jurídica tienen que separarse por motivos de buen razonamiento, de aplicación desprejuiciada del derecho y de un control eficaz de la casación[17].

La diferenciación de constatación de los hechos y apreciación jurídica se determina según el origen de la premisa mayor (fáctica o jurídica) que el juez aplica en cada caso[18].

En casos-límite, la separación no es practicable por razones de lenguaje, cuando el juez tiene que constatar y valorar factores imponderables de la impresión personal[19].

IV. La evolución histórica de la casación muestra que la finalidad jus-unitaria prevalece sobre el interés del recurrente en que se reexamine la aplicación del derecho[20].

La prevalecencia de la finalidad jus-unitaria acarrea las siguientes consecuencias para la casacionabilidad de los conceptos indeterminados:

La interpretación de conceptos es casacionable ilimitadamente, salvo que el juez de los hechos haya formulado premisas mayores de alcance meramente particularístico o local[21].

Por su efecto ejemplarizador para el juzgamiento de otros casos, cabe casacionar igualmente la subsunción cuando el caso haya de ser valorado según un módulo universalmente vinculante (determinación del derecho especializadora)[22]. El ejemplo subsuntivo clarifica la premisa mayor y hace posible aquel procedimiento de determinación del derecho que es la comparación de casos.

La subsunción es incasacionable por otro lado, por faltarle efecto ejemplarizador[23], cuando el juez de los hechos

[12] § 4 I 2.
[13] § 4 I 3.
[14] § 4 II 1.
[15] § 4 II, 2-3.
[16] § 4 I 3 e, 4 IV.
[17] § 5 I.
[18] § 5 II.
[19] § 5 III 2 c.
[20] § 6 II.
[21] § 6 III 2, § 7 I I.
[22] § 6 III 2, § 6 IV.
[23] § 7 II 2 c.

aprovechó las especiales condiciones de una comarca o localidad o fundó su juicio en factores imponderables de la impresión personal[24], aplicó conceptos jurídicos de grado o de medida[25].

o valoró el caso según un módulo individual, no aplicable a otros cuadros fácticos[26].

V. Cuando la subsunción es incasacionable, el juez de los hechos cuenta con cierto margen de juicio[27].

Los límites de ese margen son determinados por la casacionabilidad de la valoración evidentemente errónea[28] y la casacionabilidad del método de la subsunción[29].

Las valoraciones evidentemente erróneas y las fallas en el método de la determinación del derecho, a saber: La apreciación incompleta del material procesal, la violación de las leyes del razonamiento y la confusión de constatación de los hechos y apreciación jurídica cuando esos dos campos son claramente separables[30], tienen que ser rectificadas por el tribunal de casación en gracia a la salvaguarda de la unidad del derecho.

VI. Una «infracción de la ley» casacionable en el sentido de los §§ 549, 550 ZPO sólo estará dada, visto todo esto, cuando el tribunal de casación pueda demostrar, con efecto de pauta y efecto ejemplarizador, que el juez de los hechos ha aplicado la ley incorrectamente o bien cuando haya sido equivocado el método de determinación del derecho empleado por ese juez[31].

---

24 § 8.
25 § 9.
26 § 10.
27 § 7 III.
28 § 7 III 1.
29 5 7 12.
30 § IV 2 b-d.
31 § 6 IV 3 y § 7 II 2 c.

CLAVE DE ABREVIATURAS

ABGB	= *Allgemeines Bürgerliches Gesetzbuch*	= Código civil austríaco.
AcP	= *Archiv für die zivilistische Praxis*	= Archivo de jurisprudencia civilística (P.).
ALR	= *(Preussisches) Allgemeines Landrecht*	= Código civil prusiano.
AöR	= *Archiv des öffentlichen Rechts*	= Archivo de derecho público (P.).
AP	= *Arbeitsrechtliche Praxis*	= Jurisprudencia de derecho del trabajo (P.).
ArbGG	= *Arbeitsgerichtsgesetz*	= Ley orgánica de los tribunales de trabajo.
BAT	= *Bundesangestelltentarifvertrag*	= Pacto colectivo sobre condiciones de trabajos de los empleados públicos de la Federación.
BAG	= *Bundesarbeitsgericht*	= Tribunal federal de trabajo.
BayOLG	= *Bayerisches Oberstes Landesgericht*	= Tribunal superior regional de Baviera.
BetrVG	= *Betriebsverfassungsgesetz*	= Ley de comités de empresa.
BGB	= *Bürgerliches Gesetzbuch*	= Código civil.
BGH	= *Bundesgerichtshof*	= Corte federal de justicia.
BrZ	= *Britische Zone*	= Zona de ocupación británica.
BSG	= *Bundessozialgericht*	= Tribunal federal social.
BVerwG	= *Bundesverwaltungsgericht*	= Tribunal federal administrativo.
DAR	= *Deutsches Autorecht*	= Derecho alemán del automóvil (P.).
DJZ	= *Deutsche Juristenzeitung*	Revista alemana de juristas (P.).
DNotZ	= *Deutsche Notarenzeitschrift*	= Revista alemana de notarios (P.).
DÖV	= *Die Öffentliche Verwaltung*	= La administración pública (P.).
DRiZ	= *Deutsche Richterzeitung*	= Periódico alemán de jueces (P.).
DVBl.	= *Deutsches Verwaltungsblatt*	= Periódico administrativo alemán (P.).

E	= *Entscheidungen*	= Fallos.
EheG	= *Ehegesetz*	= Ley de matrimonio
FamRZ	= *Zeitschrift für das gesamte Familienrecht*	= Revista de todo el derecho de familia (P.).
GA	= *Goltdammers Archiv*	= Archivo de Goltdammer.
GewO	= *Gewerbeordnung*	= Código industrial.
GG o GrundG	= *Grundgesetz*	= Ley fundamental (constitución de la RFA).
GRUR	= *Gewerblicher Rechtsschutz und Urheberrecht*	= Protección de la propiedad industrial y comercial y derecho de autor.
GSZ	= *Grosser Senat in Zivilsachen*	= Gran sala de asuntos civiles.
GVG	= *Gerichtsverfassungsgesetz*	= Ley de organización de tribunales.
HGB	= *Handelsgesetzbuch*	= Código de comercio.
HRR	= *Höchstrichterliche Rechtsprechung*	= Jurisprudencia del más alto tribunal (P.).
JhrJb	= *Jherings Jahrbuch für Dogmatik des Bürgerlichen Rechts*	= Anuario de Jhering de dogmática de derecho civil.
JR	= *Juristische Rundschau*	= Visión jurídica (P.).
JW	= *Juristische Wochenschrift*	= Semanario jurídico (P.).
JZ	= *Juristenzeitung*	= Periódico de juristas (P.).
KSchG	= *Kündigungsschutzgesetz*	= Ley de protección contra el despido.
LM	= *Lindenmaier-Möhring, Nachschlagewerk (der Entscheidungen) des Bundesgerichtshofes*	= Lindenmaier-Möhring, Obra de consulta (de los fallos) de la Corte federal de justicia.
LZ	= *Leipziger Zeitschrift*	= Revista de Leipzig (P.).
MDR	= *Monatsschrift für Deutsches Recht*	= Revista mensual de derecho alemán (P.).
MuW	= *Markenschutz und Wettbewerb*	= Protección de marcas y competencia (P.).
NJW	= *Neue Juristische Wochenschrift*	= Nuevo semanario jurídico (P.).
OGH	= *Oberster Gerichtshof*	= Tribunal supremo de cada zona de ocupación.
OLG	= *Oberlandesgericht*	= Tribunal regional superior.

OVG	= *Oberverwaltungsgericht*	= Tribunal supremo administrativo.
PatG	= *Patentgesetz*	= Ley de patentes.
RAG	= *Reichsarbeitsgericht*	= Tribunal de trabajo del Reich.
RG	= *Reichsgericht*	= Tribunal (supremo) del Reich.
RGBl.	= *Reichsgesetzblatt*	Boletín oficial del Reich (P.).
RGR-Komm.	= *Kommentar der Reichsgerichtsräte*	= Comentario de los consejeros del Tribunal del Reich (P.).
RGSt	= *Entscheidungen des Reichsgerichts in Strafsachen*	= Fallos del Reichsgericht en materia penal (P.).
RVO	= *Reichsversicherungsordnung*	= Ordenanza de seguros del Reich.
RzW	= *Rechtsprechung zum Wiedergutmachungsrecht (Beilage zur NJW)*	= Jurisprudencia sobre derecho de reparaciones (anexo a la NJW) (P.).
SeuffArch	= *Seufferts Archiv*	= Archivo de Seuffert (P.).
StGB	= *Strafgesetzbuch*	= Código penal.
StPO	= *Strafprozessordnung*	= Ordenanza procesal penal.
StVG	= *Strassenverkehrsgesetz*	= Ley de tránsito callejero.
StVO	= *Strassenverkehrsordnung*	Ordenanza de tránsito callejero.
TOA	= *Tarifvertrag A für Angestellte im öffentlichen Dienst*	= pacto colectivo de trabajo A para empleados públicos.
UWG	= *Gesetz gegen den unlauteren Wettbewerb*	= Ley contra la competencia desleal.
VersR	= *Versicherungsrecht. Juristische Rundschau für die Individualversicherung*	= Derecho de seguro. Visión jurídica del seguro individual (P.).
VVG	= *Versicherungsvertragsgesetz*	= Ley de contratos de seguros.
Warn. Rechtspr.	= *Warneyers Rechtsprechung*	= Jurisprudencia de Warneyer (P.).
WM	= *Wohnungswirtschaft und Mietrecht*	= Economía de vivienda y derecho de alquileres (P.).

WZG	= *Warenzeichengesetz*	= Ley de marcas.
ZPO o CPO	= *Zivilprozessordnung*	= Ordenanza procesal civil.
ZStW	= *Zeitschrift für die gesamte Strafrechtswissenschaft*	= Revista de toda la ciencia del derecho penal (P.).
ZZP	= *Zeitschrift für (deutschen) Zivilprozess*	= Revista de proceso civil (P.).

P = Publicación.

BIBLIOGRAFÍA PRINCIPAL SOBRE EL TEMA

ARZT, GUNTHER: *Die ansicht aller billig und gerecht Denkenden,* tesis, Tübingen 1962.

BETTERMANN, KARL AUGUST: *Verwaltungsakt und Richterspruch,* en *Fotschungen und Berichte aus dem öffentlichen Recht, Gedächtnisschrift für Walter Jellinek,* pág. 361, München 1955.

BOYENS, WALTER: *Grenze zwischen Tat- und Rechtsfrage in der Rechtsprechung del Zivil enate am Reichsgericht,* en *Die ersten 25 Jahre des Reichsgerichts, Sächsisches Archiv für Deutsches Bürgerliches Recht,* Leipzig, fase, especial 1904, pág. 153.

DUSKE, KLAUS: *Die Aufgaben der Revision,* tesis, Marburg 1960.

ENGISCH, KARL: *Die Idee der Konkretisierung in Recht und Rechtswissenschaft unserer Zeit,* Heidelberg 1953.

– *Die Relativität der Rechtsbegriffe,* en *Deutsche Landesreferate zum V. Internationalen Kongress für Rechtsvergleichung in Brüssel,* 1958, pág. 59, Berlín 1958.

– *Logische Studien zur Gesetzesanwendung,* 3ª ed., Heidelberg 1963.

– *Wahrheit und Richtigkeit im juristischen Denken,* München 1963.

– *Vom Weltbild des Juristen,* 2ª ed., Heidelberg 1965.

ESSER, JOSEF: *Ermessensfreiheit und Billigkeitsspielraum de: Zivilrichters, Verhandlungen der Fachgruppe für Grundlagenforschung anlässlich der Tagung für Rechtsvergleichung in Wien 1963,* prefacio, Frankfurt/Main y Berlín 1964.

– *Grundsatz und Norm in der richterlichen Fortbildung des Privatrechts,* 2ª cd., Tübingen 1964.

– *Wandlungen von Billigkeit und Billigkeitsrechtsprechung im modernen Privatrecht,* en *Summum jus, summa iniuria. Individualgerechligkeit und der Schutz allgemeiner Werte im Rechtsleben,* pág. 22, Tübingen 1963.

FUCHS, ERNST: *Zur juristischen Neuorientierung. Vertragsauslegung, gute Sitten und Revisionsfeindschaft,* en *Juristische Wochenschrift,* año 46, pág. 504 y pág. 633, Berlín 1917.

GERMANN, OSKAR ADOLF: *Methodische Grundfragen,* Basel 1946.

– *Präjudizien als Rechtsquelle,* Stockholm 1960.

HATZ, HELMUT: *Rechtssprache und juristischer Begriff,* Stuttgart 1963.

HEDEMANN, JUSTUS WILHELM: *Die Flucht in die Generalklauseln,* Tübingen 1933.

HENKEL, HEINRICH: *Recht und Individualität,* Berlín 1958.

HOENIGER, HEINRICH: *Riskante Rechtsausübung,* Tübingen 1917.

HRUSCHKA, JOACHIM: *Die Konstitution des Rechtsfalles. Sludien zum Verhältnit, von Tatsachenfeststellung und Rechtsanwendung,* Berlín 1965.JELLINEK, WALTER: *Gezetz, Gesetzesanwendung und Zweckmässigkeitserwägung,* Tübingen 1913.

JESCH, DIETRICH: *Unbestimmter Rechtsbegriff und Ermessen in rechtstheoretischer und verfassungsrechtlicher Sicht,* en *Archiv des öffentlichen Rechts,* tomo 82, pág. 163, Tübingen 1957.

KUCHINKE, KURT: *Grenzen der Nachprüfbarkeit tatrichterlicher Würdigung und Feststellungen in der Revizionsinstanz. Ein Beitrag zum Problem von Rechts- und Tatfrage,* Bielefeld 1964.

LARENZ, KARL: *Methodenlehre der Rechtswissenschaft,* Berlín-Gottingen-Heidelberg 1960.

– *Wegweiser zu richterlicher Rechtsschöpfung,* en *Festschrift für Arthur Ni-kich,* pág. 275, Tubingen 1958.

MANICK, ALFRED: *Die Revisibilität der Auslegung von Willenserklärungen,* en *Die Reichsgerichtspraxis im deutschen Rechtsleben, Festgabe der juristischen Fakultäten zum 50jährigen Bestehen des Reichsgerichts,* año VI, pág. 94, Berlín-Leipzig 1929.

MANNHEIM, HERMANN: *Beiträge zur Lehre von der Revision wegen materiellrechtlicher Verstösse im Strafverfahren,* Berlín 1925.

MEIER-HAYOZ, ARTHUR en *Berner Kommentar zum Schweizerischen Zivilgesetzbuch,* tomo introductorio, 3ª ed., notas a los arts. 1 y 4, Bern 1962.

– *Der Richter als Gesetzgeber,* Zürich 1951.

MERZ, HANS: *Auslegung. Lückenfüllung und Normberichtigung,* en *Archiv für die civilistische Praxis,* tomo 163, pág. 305, Tubingen 1964.

MEZGEII, EDMUND: *Der psychiatrische Sachvertändige im Prozess,* Tübingen 1918, suplemento del tomo 117 del *Archiv für die civilistische Praxis.*

MÜLLER-FREIENFELS, WOLFRAM: *Ehe und Recht,* Tübingen 1962.

OERTMANN, PAUL: *Recht ordnung und Verkehrssitle insbesondere nach Bürgerlichem Recht,* Leipzig 1914.

OHLMER, HENNING: *Richterfreiheit und Begründungspflicht,* tesis, Mainz 1953.

PHILIPP., F.: *Zur Reform des Zivilprozesses,* en *Judicium. Vierteljahresschrift für die gezamte Zivilrechtspflege,* tomo I, pág. 126, Hamburg 1928/29.

POHLE, RUDOLF: *Empfiehlt es sich, die Revision (Rechtsbeschwerde) zu den oberen Bundesgerichten (ausser in Strafachen) einzuschränken und ihre Zulässigkeit in den einzelnen Gerichtsbarkeiten einheitlich zu regeln?,* en *Verhandlungen des 44. Deutschen Juristentages,* Hannover 1962, tomo I (Dictámenes), parte 3, fase. B, Tübingen 1962.

– *Revision und Neues Slrafrecht,* Leipzig 1930.

RADDRUCH, GUSTAV: *Klassenbegriffe und Ordnungsbegriffe im Rechtsdenken,* en *Revue Internationale de la Théorie du Droit,* tomo XII, pág. 46, Briinn 1938.

– *Rechtsidee und Rechtsstoff,* en *Archiv für Rechts- und Wirtschaftsphilosophie,* tomo XVII, pág. 343, Berlín 1923/24.

SAX, WALTER: *Uber Rechtsbegriffe,* en *Festschrift der Rechts- und Staatswissenschaftlichen Fakultät der Julius-Maximilians-Universität Würzburg für Hermann Nottarp,* pág. 133, Karlsruhe 1961.

Sgheuerle, Wilhelm A.: *Beiträge zum Problem der Trennung von Tat- und Rechtsfrage* en *Archiv für die civilistische Praxis,* tomo 157, pág. 1, Tü-bingen 1958/59.

Schneider, Econ: *Logik für Juristen,* Berlín y Frankfurt/Main 1965.

Schweizer, Otto: *Freie richterliche Rechtsfindung intra legem als Methodenproblem,* Basel 1959.

Schwince, Erich: *Grundlagen des Revisionsrechts,* 2ª ed., Bonn 1960.

Stein, Friedrich: *Das private Wissen des Richters,* Tübingen 1893.

Viehweg, Theodor: *Topik und Jurisprudent,* 3ª ed., München 1965.

Wach, Adolf: *Die That- und Rechtsfrage bei der Revision im Civilprozess,* en *Juristische Wochenschrift,* 10. Jahrgang, pág. 73, Berlín 1881.

Warda, Günther: *Dogmatische Grundlagen des richterlichen Ermessens im Strafrecht,* Koln-Berlín 1962.

Wehlí, Albert: *Beiträge zur Analyse der Urleilsfindung,* en *Festschrift für Adolf Wach,* tomo I, pág. 405, Leipzig 1913.

Wieacker, Franz: *Zur rechtstheoretischen Präzisierung des* § 242 *BGB,* en *Recht und Staat in Geschichte und Gegenwart,* fase. 193/94, Tübingen 1956.

LA CUESTIÓN DE HECHO
EL CONCEPTO INDETERMINADO EN EL DERECHO CIVIL Y SU CASACIONABILIDAD,
de HORST-EBERHARD HENKE, se imprimió
en la República Argentina en enero de 2023.

www.ingramcontent.com/pod-product-compliance
Lightning Source LLC
LaVergne TN
LVHW082237051026
849532LV00012B/4014
* 9 7 8 9 5 6 4 0 7 2 8 8 3 *